ANARCHY, STATE, AND UTOPIA/BY
ROBERT NOZICK
Basic Books Inc. 1974

根据 Basic Books Inc. 1974 年版译出

无政府、国家和乌托邦

〔美〕罗伯特·诺奇克 著

姚大志 译

 外国伦理学名著译丛

中国社会科学出版社

图字：01—1999—2786 号

图书在版编目（CIP）数据

无政府、国家和乌托邦／（美）罗伯特·诺奇克著；姚大志译.
北京：中国社会科学出版社，2008.1（2021.2 重印）
（外国伦理学名著译丛／罗国杰，郑文林主编）
书名原文：Anarchy State and Utopia
ISBN 978－7－5004－6540－9

Ⅰ. 无⋯　Ⅱ.①诺⋯②姚⋯　Ⅲ.①无政府主义—研究②国家
理论—研究③乌托邦—研究　Ⅳ. D091.6　D03

中国版本图书馆 CIP 数据核字（2008）第 035211 号

出　版　人　赵剑英
责任编辑　冯春凤
责任校对　石春梅
责任印制　张雪娇

出　　　版　中国社会科学出版社
社　　　址　北京鼓楼西大街甲 158 号
邮　　　编　100720
网　　　址　http://www.csspw.cn
发 行 部　010－84083685
门 市 部　010－84029450
经　　　销　新华书店及其他书店

印　　　刷　北京君升印刷有限公司
装　　　订　廊坊市广阳区广增装订厂
版　　　次　2008 年 1 月第 1 版
印　　　次　2021 年 2 月第 9 次印刷

开　　　本　880×1230　1/32
印　　　张　15.625
插　　　页　2
字　　　数　379 千字
定　　　价　33.00 元

外国伦理学名著译丛序

出版一套外国伦理学名著译丛，我们素有此愿，但碍于各种原因，一直未能实现。近几年来，一些同志已经努力译出了一批国外伦理学专著，但毕竟力量分散，也难见系统。现在由中国社会科学出版社出面组织并承担出版，这套丛书方得以陆续问世，这是一件值得拍手称庆的好事。

中国历来号称文明古国、礼义之邦，伦理思想一向发达，特别是值此加强建设社会主义精神文明的时期，伦理学更有勃兴之势。为了迎接和促进伦理学的发展和繁荣，最重要的当然是研究当前我国社会主义社会的道德现象，按照党和人民的要求，探讨建设社会主义精神文明、提高全社会的道德水平和人们的精神境界的规律和方法，这是我们的主要着力点。但是，也有必要整理我国历史上留传下来的丰富的道德文化遗产，有必要借鉴国外从古典到当代的各种独特的伦理思想成果，这是我们不能忽视的两翼。

这一套外国伦理学名著译丛，我们力求选入已有定论的古典名著和有较大影响的当代专著，包括较好的伦理学史和教科书；在翻译上，则力求做到文从字顺，不走原意。我们不仅希望伦理学专业的同志，也希望其他研究领域的同志来参加这一工作。本着贵精勿滥的原则，准备一年先出两三本，积数年之功，想必会做出较大的成绩。

　　国外的伦理思想所产生的社会历史条件、所处理的道德问题和依凭的价值观念，跟我国目前的情况均有不同，所以，一番批判改造和消化吸收的功夫自然是不可少的。相信我们的读者，一定能以马克思主义的立场、观点、方法，带着中国的问题去阅读这些书，并从中得到正反两方面的启发借鉴，这也正是我们出这套丛书的希望所寄。

罗国杰　郑文林
1986 年 4 月

译者前言

1971 年，美国哈佛大学教授罗尔斯（John Rawls）发表了他的著作《正义论》。这本巨著的出版很快使政治哲学变成众人关注的焦点，在较短的时期内，出现了一大批政治哲学文献来回应罗尔斯。在这些政治哲学的文献中，最著名、最有影响的是诺奇克（Robert Nozick）的《无政府、国家和乌托邦》。

诺奇克 1938 年 11 月 16 日出生于纽约的布鲁克林。诺奇克很早就对哲学产生了浓厚的兴趣，在 15 岁的时候，他就带着柏拉图的平装本《理想国》在布鲁克林的街道上转悠。在 1963 年于普林斯顿大学获得博士学位后，他曾在普林斯顿大学和洛克菲勒大学短暂任教，然后于 1969 年来到哈佛大学。1974 年，他发表了《无政府、国家和乌托邦》，并于 1975 年获得美国国家图书奖。后来诺奇克又出版了一系列重要著作，但其影响都无法超越《无政府、国家和乌托邦》。1998 年，诺奇克被提名为大学教授（the Joseph Pellegrino University Professor），这在哈佛是极大的学术荣誉。2002 年 1 月 23 日，诺奇克病逝于麻省剑桥。

罗尔斯和诺奇克是西方当代最重要的两位政治哲学家，《正义论》和《无政府、国家和乌托邦》是对当代政治哲学影响最大的两部经典。两者同为当代自由主义的代表，但是其观点却是对立的。罗尔斯是平等主义的自由主义者，诺奇克属于极端自由主义（libertarianism）。如果说解读罗尔斯的关键词是正义，那么解读诺奇克的关键词则是权利。对罗尔斯而言，正义意味着平等，任何不平等都是应该而且能够加以纠正的。诺奇克则认为，正义意味着权利，而权利则是神圣不可侵犯的。

自由与平等是最重要的两种政治价值，而两者之间形成了一种张力。在当代自由主义中，罗尔斯靠近平等的一端，诺奇克靠近自由的一端，其他自由主义理论家通常只能在两者之间寻找自己的理论位置。

一 自由主义与权利

维护人的权利是自由主义的传统，从洛克到罗尔斯的自由主义者都承认权利的重要性。诺奇克与其他自由主义理论家不同的地方在于，他不仅使权利成为自由主义的核心概念，赋予权利以至高无上的意义，而且把自由主义奠基在权利理论之上。诺奇克建立了一种以权利理论为基础的自由主义，并且使权利话语在当代政治哲学讨论中处于霸权地位。

罗尔斯与诺奇克同作为自由主义者在权利问题上有许多一致的地方：他们都主张权利优先于善，并以此共同反对功利主义；他们都重视维护人的权利，主张人是目的，而不能被用作手段。但是，如果我们把"权利"嵌入他们的整个理论体系中，两者的分歧立刻就显现出来了。

对于罗尔斯，正义原则是在先的东西，是确定社会基本结构的东西，而权利（以及义务）的分配则是由社会基本结构规定的。关于正义的命题都必须建立在两个正义原则的基础之上，都是由两个正义原则推论出来的。对于诺奇克，权利是在先的东西，是确定不移的东西，是已有明确归属的东西，无论是他人、群体或国家都不能加以侵犯。关于正义的任何命题都必须建立在权利的基础之上，都必须纳入权利的话语体系。

罗尔斯赋予正义原则以首要性，试图从基本的政治制度和社会制度上解决历史延续下来并存在于现实中的不平等，而解决分配正义问题的方式是再分配。诺奇克强调权利的首要性，认为由再分配所维持的平等将不可避免地侵犯个人权利，从而主张一种功能最少、权力最小的国家。诺奇克在《无政府、国家和乌托邦》的"前言"里便开宗明义：个人拥有权利，有些事情是任何人或任何群体都不能对他们做的，否则就会侵犯他们的权利。

诺奇克所坚决捍卫的权利是指个人所拥有的各种具体权利，特别是指洛克所说的生命权、自由权和财产权。诺奇克主张每一个人都毫无疑问地拥有这些权利，而且这些权利是神圣不可侵犯的。但是需要指出，这些权利仅仅具有否定的意义。例如，一个无家可归者具有生命权，为此他需要食物和住房。那么他是不是有权可以强行要求任何一个有多余食物和住房的人为他提供食物和住房呢？对于诺奇克来说，不是这样的，人们没有这种强行的权利。一个人对于自己的生命拥有权利，但这并不能使他拥有要求别人为自己提供食物的权利。那么他是否有权要求国家给他提供食物和住房呢？在诺奇克看来，他也没有这个权利，国家可以对他的这种要求无动于衷。因为国家要进行财富的再分配，就必须从个人那里征税，但国家没有为此而征税的权利。从这种意义上说，人们拥有的仅仅是不受伤害和不被干涉的权利。就此而言，个人对于自己生命、自由和财产的权利是绝对的、无条件的和神圣不可侵犯的。

上面无家可归者的例子表明，人们的权利之间存在着冲突。当一个穷人的生命权同一个富人的财产权之间发生了冲突的时候，而且这个穷人由于缺乏食物和住房面临饿死和冻死的危险，为什么他没有权利强行要求这个富人为他提供食物和住房呢？诺奇克认为，因为存在着一种对人的行为的道德约束。

他把这种道德约束称为"边界约束"（side constraints）。诺奇克提出，人们可以把权利当作所要采取的行动的边界约束，即其他人的权利构成了对你的行为的约束，你在任何行动中都不要违反这种约束。

权利是界限性的道德约束，而不是直接追求的行为目的。你必须服从权利的道德约束，但你不能把它当作目的加以追求。对于诺奇克，权利不是目的，不能对权利进行功利主义的解释。如果将权利当作正面的目的来追求，就会为了不发生对权利的较大侵犯而允许对权利的较小侵犯，就会侵犯某人的权利，只要这样做能够最大程度地减少权利侵犯的总量。这种观点被诺奇克称为"权利的功利主义"（utilitarianism of rights）。诺奇克反对"权利的功利主义"，他认为，"不得侵犯权利"不是一种孜孜以求的目标，也不是一种刻意达到的状态，而是对所有人的行为的一种道德约束。他人的权利确定了你的行动界限，你不可越雷池一步。在这种意义上，权利的不可侵犯性是不受挑战的。

为什么权利是不可侵犯的？为什么权利的不可侵犯性构成了对所有行为的"边界约束"？同罗尔斯一样，诺奇克在道德哲学上也忠于康德的义务论。在诺奇克看来，"边界约束"表达了康德主义的根本原则：个人是目的，而不仅仅是手段；他们若非自愿，就不能被牺牲或者被用来达到其他的目的；个人是不可侵犯的。换言之，"权利是不可侵犯的"归根结底是因为"个人是不可侵犯的"。"边界约束"以一种否定的方式表达了义务论的命令：不得以任何方式来利用他人。

个人在任何情况下都是神圣不可侵犯的吗？为什么不可以为了较大的社会利益而侵犯个人呢？通常，我们每个人都愿意承担某些痛苦或牺牲，以获得更大的利益或避免更大的痛苦。例如，节食以求健康，拔牙以避痛苦等。那么为什么不能在社会范围内同样坚持：某些人应该付出某种代价，以增进较大的社会利益。诺奇克认为，并不存在拥有善并为了自身的善而愿意承担某些牺牲的社会实体。存在的仅仅是个别的人，不同的具有他们自己个别生命的个别人。

对于诺奇克式的自由主义来说，个人是惟一的实体，个人的生命和存在具有不可超越的价值，而社会或国家既不是实体，也没有生命。所以，要求为了国家或社会的利益而牺牲某些个人的利益，实质上这是为了一些人的利益而牺牲另一些人的利益。诺奇克认为，一方面国家在所有公民面前应是中立的，不可偏袒任何人，另一方面个人是目的，不能被用作他人的手段，因此，任何以社会利益的名义对个人权利的侵犯都是不道德的，也都得不到证明。诺奇克的道德约束所依赖的根本观念是：存在着不同的个人，他们分享着不同的生命，从而没有任何人可以为了别人而被牺牲。

一方面，诺奇克的权利是属于个人的，而不是属于群体的。因为个人是惟一的实体，群体、国家或社会都不是实体。在诺奇克看来，一个国家的权利就是个人权利的总和，国家没有超出个人权利之上的权利。另一方面，诺奇克的权利是特殊的，而不是一般的。诺奇克认为，特殊的人对特殊的事物拥有特殊的权利，任何与这些特殊权利相冲突的权利都是不存在的。因为关于特殊事物的权利充满了权利的空间，没有为任何一般权利留下余地。

二 最低限度的国家

政治哲学的主题是国家。古典自由主义的国家理论建立在契约论之上，从霍布斯到洛克，从卢梭到康德，都是根据社会契约来论证国家的合法性。19世纪之后，功利主义开始流行，并取代契约论成为占统治地位的政治哲学。直到20世纪70年代，罗尔斯才重提契约论，恢复了契约论在政治哲学中的应有地位。诺奇克反对功利主义，这点同罗尔斯一致。然而他也不赞成契约论，无论是古典契约论还是罗尔斯的新契约论。

诺奇克试图超越契约论和功利主义，在更为广阔的基础上提出国家理论。套用康德的说法，就是证明"一个正当的国家是如何可能的"。以权利理论为基础，诺奇克的政治哲学试图解决以下三个问题：第一，反驳无政府主义，证明"最低限度的国家"（minimal state）的产生是符合道德的，没有侵犯任何人的权利；第二，证明"最低限度的国家"是功能最多的国家，比它功能更多的任何国家都是不道德的，都会侵犯人的权利；第三，证明这种"最低限度的国家"同时也是乌托邦，拥有美好的前景。

但是，在探讨这些问题之前，存在着一个国家是否应当存在的问题。国家并非人们的惟一选择。诺奇克以一名无政府主义者的口吻问道：为什么不无政府呢？无政府也是一种政治选择。诺奇克对无政府主义的批判是一种关于国家问题的前提批判，正如康德对纯粹理性的批判是一种关于认识问题的前提批判一样。

在诺奇克看来，无政府主义对国家的指控主要有两条：第一，人们在没有国家的自然状态中会生活得更好；第二，任何国家都必然侵犯个人权利，因此国家本质上是不道德的。诺奇克认为，如果政治哲学能够一方面展示国家确实优于最好的无政府状态，另一方面能够明确地解释从自然状态到国家的诞生过程，而且揭示这一过程并不包含任何对个人权利的侵犯，那么这就反驳了无政府主义，这就为国家的存在提供了一个合理基础，就将证明国家是正当的。

诺奇克把他关于国家的解释称为"看不见的手的解释"。所谓"看不见的手的解释"一方面意味着它与契约论相对立，既不接受任何关于自然法或自然权利的形而上学观点，也不接受任何"公意"或集体意志的思想，另一方面它表达了一种市场机制的隐喻，即政治哲学从没有国家的自然状态开始，自然而然地追溯出国家的诞生。

在自然状态中，人们处于一种完全自由的状态，个人的生命、自由和财产不受任何侵犯。如果有人侵犯了这些权利，受害者完全有权保护自己、惩罚犯罪和索取赔偿。但是，这种自然状态存在着种种不便之处。例如，一个人虽然受到了伤害，但他可能缺少强行正义的权力，无力惩罚一个比他更强大的对手，或无力从他那里索取赔偿。

解决这些不便之处的最自然方法是当一个人受到伤害时，吁请亲朋好友或别人帮忙。作为交换，他以后也会回应请求而帮助他们。这样就自发地开始形成一些简单的"保护性社团"（protective associations）。这种"业余的"保护性机构显然很不方便，为适应人们的安全需要，某些专业性保护机构便应运而生了。它们专门出售保护服务，为"委托人"进行惩罚和索取赔偿。在一个地域之内，起初可能存在着许多这样的专业性保护机构，但由于竞争，一个提供优质服务并收费低廉的社团能够击败其他对手，承担起此区域内的全部保护服务，成为"支配的保护性社团"（dominant protective association）。

这种"支配的保护性社团"是一个国家吗？还不是。尽管诺奇克主张国家的职能越少越好，但他认为，一个国家最低限度应该具备两个必要条件，否则就不成其为一个国家。第一，国家具有对使用强力的垄断权，禁止任何个人或机构私自进行惩罚和索取赔偿。第二，国家应该保护所有公民，而不仅仅为某些公民服务。私人的保护性社团一方面不具有强力的垄断权，那些愿意自己保护自己的人仍然有强行正义的权利，另一方面，它并不为所有人服务，而只为付钱的委托人提供保护。

由"支配的保护性社团"到"最低限度的国家",诺奇克分作两步进行推论。

在一个地域之内,一些人付钱给"支配的保护性社团",用以购买保护服务。同时,也存在着许多"独立者",他们不想加入或没有能力加入"支配的保护性社团"。那么如何解决"独立者"和"委托人"之间发生的冲突?诺奇克认为,如果"独立者"以一种十分可靠的程序来实行恰如其分的报复,那么他有权利这样做,而且任何其他人或机构都无权干预。但是,个人的行动程序是非常不可靠的,通常具有惩罚一个无罪者或者对一个有罪者惩罚过分的危险。为了保持社会安定,防止人们对不可靠的报复产生恐慌,这个区域内的"支配的保护性社团"将禁止任何个人的报复行动,由它自己垄断全部惩罚和索赔的权力。这种社会安排被诺奇克称为"超低限度的国家"(ultra-minimal state)。当然,"超低限度的国家"还不是一个完全意义上的国家。

"超低限度的国家"是依靠强力来获得对使用强力的垄断权的。这种权力是事实上的,但不合法理。严格说来,"超低限度的国家"无权禁止"独立者"强行正义。仅仅根据"独立者"强行正义的危险性和行动程序的不可靠性来禁止他们使用报复来保护自己,这种理由既不充分,也损害了"独立者"的利益,侵犯了他们的权利。因此诺奇克提出,"超低限度的国家"要使自己的"禁止"和强力垄断成为合法的和合乎道德的,就必须给予"独立者"的损失以赔偿。这就是诺奇克所谓的"赔偿原则"。诺奇克曾举例,某个癫痫病患者可能终生开车也不会伤害任何人,如为公众福利着想而禁止他开车,那么对他因此受到的损失就应当给予赔偿。在诺奇克看来,如果"独立者"被禁止个人强行正义确实需要赔偿,那么赔偿"独立者"最省钱的方式就是对他们也提供保护服务。

这种既拥有强力垄断权又能为全体公民提供保护的机构就是诺奇克所想望的"最低限度的国家"。

诺奇克对国家诞生的论证实质上分为三步：从"自然状态"发展为"支配的保护性社团"；然后，通过"禁止"，形成了"超低限度的国家"；再通过"赔偿原则"，又达到了"最低限度的国家"。从道德的观点看，"禁止"必然伴随"赔偿原则"，强力的垄断权也必然意味着给所有公民提供保护服务。那么诺奇克为什么还要将从"支配的保护性社团"到国家诞生分作两步呢？为什么还要在"超低限度的国家"与"最低限度的国家"之间做出区别呢？

这里涉及到关于国家性质的一个关键问题，即"再分配"。一般认为，任何国家都是"再分配的"，因为一个国家必须为所有公民服务，但维持国家运行的费用（税收）并不平均地来自所有公民。在一个由罗尔斯的正义原则所支配的社会里，国家的再分配程度是非常高的。诺奇克反对国家的再分配性质，认为任何再分配都是对个人劳动的掠夺，都是对个人权利的侵犯。为此，他提出，即使国家中的一部分人出钱为所有公民购买了保护服务，这也不必是再分配的，它可以用"赔偿原则"来证明。在这里，诺奇克仍然坚持权利的首要性。诺奇克一方面用"赔偿原则"来捍卫个人权利，另一方面又用它来证明"最低限度的国家"的合理性、合法性和合道德性。在他看来，为了说明国家的起源及其正当性，仅仅证明国家产生的必要性是不够的，还必须表明在国家的产生过程中没有侵犯任何个人的权利。

几百年来，西方政治哲学的主流一直是自由主义，而自由主义的国家理论则是社会契约论，从霍布斯到罗尔斯，都莫不如此。诺奇克反对传统的社会契约论，针锋相对地提出了一种"看不见的手的解释"。"看不见的手"和"契约"这两种隐喻都来自市场经济。"看不见的手"在于根本就没有一只支配着国家形成的"手"。诺奇克试图表明，类似于市场经济的形成，国家的诞生是一个自然而然的过程，没有计划，没有始终如一的目的，更没有步调一致的行动。

这种"看不见的手的解释"在政治哲学上具有重大意义。众所周知，霍布斯认为，契约缔结之后，个人的所有权利都转让给了国家，个人不再拥有任何权利。后来的自由主义者（特别是洛克）对此非常忧虑，担心这种国家会变为暴虐的专制主义。为此洛克曾提出，个人的某些权利（生命、自由和财产）是不可让渡的。但洛克无法说明，在人们一致同意转让权利、缔结契约并由国家行使公共权力之后，这些权利如何能够免于国家的干预。由于诺奇克完全抛弃了契约论，提出国家诞生于一种"看不见的手"的自然过程，在这个过程中，没有权利的转让，没有契约的订立，更没有全体人民的一致同意，从而，自由主义者们仍然保有他们极其珍贵并且视为神圣不可侵犯的个人权利。

从更为广阔的视角看，这种"看不见的手的解释"的意义在于，它将西方传统政治哲学中自然状态与国家之间的根本区别和僵硬界限彻底打破了。现象上"最低限度的国家"作为"自然而然的国家"是从自然状态中产生出来的，但实质上自然状态同自然国家是一回事。人们从来就存在于国家中。对于诺奇克，自然状态顶多是一种没有政府的国家（如某些原始部落），而理想的国家则是一种有政府的自然状态（最低限度的国家）。

三　资格理论

诺奇克为自己设立了两个靶子。一个靶子是无政府主义。通过反驳无政府主义，展示国家的产生和存在无需侵犯任何人的权利，诺奇克证明"最低限度的国家"是合法的和正当的。所谓"最低限度的国家"就是管事最少的国家，其基本功能是保护人们安全和强制履行契约。另一个靶子是罗尔斯。通过对他的批评，诺奇克试图表明任何比"最低限度的国家"功能更多的国家都不可避免地侵犯人们的权利，从而失去道德根据。前一个靶子是虚的，今天西方社会几乎无人在理论和实践上认真坚持无政府主义。后一个靶子是实的，第二次世界大战之后，西方各国普遍实行的社会保障制度以及各种新的政治、经济和社会理论（如"福利经济学"和"正义理论"等）的兴起，都在理论和实践上不约而同地扩大着国家的功能。

国家功能的扩大主要体现在社会经济方面，特别表现于罗尔斯所说的"分配正义"之中。罗尔斯认为，任何初次分配都必定是非常不平等的，而非常不平等的分配则是不正义的，所以需要国家通过再分配来改变初次分配的不平等，来改善那些社会处境最差者，以达到更大程度的平等。这样，"分配正义"必然要求一种功能更多的国家，并表明了这种国家的正当性。

诺奇克反对"分配正义"的观念。在他看来，"分配"一词意味着由一种社会制度按照某些原则来集中地提供某些东西，但是，在西方社会中，没有任何集中的分配，没有任何人或群体有权控制所有的资源，并共同决定如何将它们分发出去。诺奇克认为，在一个自由主义的社会中，任何决定都是分别做出的，生产、交换和资源的控制是由不同的人分散进行的，所有人的合力形成了总的结果。这里没有统一意志、统一目的和统一结果。分配在市场资本主义里没有任何位置，也不是自由主义的应有之义。

"分配正义"的关键是"再分配"，而"再分配"的实质是国家通过各种手段将一部分资源转移给社会处境最差者。这是一种倾向于社会底层群体的理论。诺奇克批评这种理论不是中立的：分配正义只考虑接受者的利益，而没有考虑给予者的利益；只关心财富往哪里去，而不关心财富从哪里来；只维护天赋较低者的权益，而没有维护天赋较高者的权益；只把处境最差者当作目的，而将处境更好者当作手段。

罗尔斯的分配正义的背景是国家，国家具有一种再分配的功能，而诺奇克则是从市场经济的背景下来讨论分配正义问题的。他相信市场能够解决一切问题：市场机制不仅维持了生产的效率，而且也维护了分配的公平。与罗尔斯的"分配正义"相对立，诺奇克将自己的分配理论称为"资格理论"（entitlement theory）。

这种资格理论的核心是"持有正义"（justice of holdings）。诺奇克的持有正义由以下三个论题组成：第一，持有的最初获得，或对无主物的获取；第二，持有从一个人到另一个人的转让；第三，对最初持有和转让中的不正义的矫正。对上述三个论题的讨论形成了持有正义的三个原则，即"获取的正义原则"、"转让的正义原则"以及关于不正义的"矫正原则"。"获取的正义原则"规定了事物如何从无主的状态变为被人拥有的状态，并且通过什么方式这种拥有是合法的。"转让的正义原则"说明已经合法拥有的财产如何可以转让给他人，诺奇克强调，只有当一种转让是自愿的时候，它才是正当的。并非所有的实际持有都符合上述两条原则，许多财产是以不正义的方式获得的，所以需要"矫正原则"来加以纠正。如果一个人对其持有符合这三个正义原则，那么他对其持有就是有权利的。

这样，诺奇克就提出了关于持有正义的一般纲领：如果一个人依照获取和转让的正义原则或依照对不正义的矫正原则（这种不正义是由前两个原则确认的）对其持有是有权利的，那么他的持有就是正义的；如果每个人的持有都是正义的，那么持有的总体（分配）就是正义的。

我们可以把诺奇克关于持有正义的一般纲领同罗尔斯关于正义的一般观念相比较：所有的社会价值——自由和机会、收入和财富以及自尊的社会基础——都应该加以平等地分配，除非对所有这些价值或任何一种价值的不平等分配有利于每一个人。两个人在分配正义方面强调的东西显然是不同的。对于罗尔斯，正义意味着平等。对于诺奇克，正义意味着尊重权利。

在分配正义方面，诺奇克的资格理论有两个特点。第一，资格理论主张一种"历史原则"；第二，资格理论是非模式化的。诺奇克的"历史原则"与"即时原则"是对立的。"即时原则"（如功利主义）只注意分配的结果，主张分配的正义取决于分配的结构。"非模式化"与"模式化"是对立的。所谓"模式化"的原则是指，一种正当的分配应按照某种"自然维度"或某些"自然维度"的综合或序列来进行分配，这些"自然维度"有道德价值、需要、贡献、努力程度等等。诺奇克认为，包括罗尔斯的正义理论在内的所有分配正义原则都是模式化的。

对于任何一种可供社会分配的东西都可以思考两个问题：一个是它们从哪里来的？另一个是谁将得到它们？罗尔斯更为重视后一问题，从而倾向于一种平等分配的结果。诺奇克主张前者是更为根本性的问题，他坚持权利的不可侵犯性，用权利来对抗平等。任何分配都意味着财富在人们之间的转移，财富来自所有者，去向接受者。如果说在分配中所有者和接受者的利益和权利是不同的，那么诺奇克重视的是所有者的利益和权利。诺奇克坚持认为，所有者对其所有是拥有权利的。如果所有者对其所有是拥有权利的，那么他就可以随其所愿地处理自己的东西，可以用来交换，可以馈赠他人，别人或国家都无权加以干涉。

　　在分配正义问题上，诺奇克对私人财产权的尊重和保护给人留下了最深刻的印象。对于诺奇克，正义不在于平等，也不在于分配或再分配，而在于承认、尊重和保护个人的财产权。但是，这种资格理论本身作为一种正义理论是成问题的。

　　首先，诺奇克的资格理论是向后看的，取向于历史和现实，而不是向前看的，取向于理想。诺奇克声称他的资格理论坚持历史原则，反对目的原则。历史原则尊重历史，而历史就是某种财产的来龙去脉；历史原则也尊重现实，而现实就是某人对某种财产是拥有权利的。在分配问题上，尊重历史意味着承认既定事实，而既定事实与某些人的既得利益是连在一起的。

　　其次，诺奇克的资格理论看起来好像是公平的和中立的，对所有人都平等对待，但实际上并非如此。诺奇克的资格理论并不公平，因为它没有对竞争中的地位不利者给予考虑，这种不利或者产生于社会文化条件（如少数种族），或者产生于自然天赋（如身心的残疾）。诺奇克的资格理论也不是中立的，因为它提供的主要东西是对个人财产权的尊重和保护，而这种尊重和保护对于不同的人，其意义和价值是不一样的。也就是说，与处于社会底层的人们相比，它更有利于处于社会顶层的人们。

四　乌托邦

　　西方政治哲学中的国家理论有两个极端。一端是古典自由主义的"守夜人式的国家"，诺奇克的"最低限度的国家"是其最新表述。另一端是各种各样的乌托邦理论，从柏拉图的《理想国》到圣西门的《新基督教》都描述了一种关于国家的理想。乌托邦被设想为具有最大最多的国家职能，能够解决人类社会的所有问题；而诺奇克的"最低限度的国家"只履行保护责任，将国家职能减少到最低限度。

与乌托邦相比，诺奇克的"最低限度的国家"不是太枯燥乏味了吗？人类不能没有理想和激情，而理想和激情的政治表达就是乌托邦。如果政治哲学的基本任务是说明国家的合理性和正当性，那么这种合理性和正当性应该将追求理想的乌托邦精神包括在内。换言之，如果诺奇克试图表明他的极端自由主义比其他形式的自由主义更胜一筹，那么他就不仅必须证明国家的诞生是合法的和合乎道德的，而且还必须找到一条由"最低限度的国家"通往乌托邦的道路。

各种乌托邦所描绘的前景确实十分诱人，但传统的乌托邦观念本身却是不合理的：每种乌托邦都有自己的特殊理想，若将这些理想放在一起考察，就会发现它们是相互矛盾的；这些乌托邦理想代表了社会和政治的善，然而人们不可能同时并且持续地将它们都实现出来；乌托邦提出了理想的目标，但无法提供达到这些目标所必需的手段，而且这种目标本身通常也都脱离了它们所依赖的历史文化条件。

诺奇克承认乌托邦精神是值得追求的，但主张传统的乌托邦观念必须改变。诺奇克的新乌托邦与传统乌托邦的基本区别在于：后者作为理想是惟一的，而诺奇克认为乌托邦理想应该是多元的。对此他提出了三条论证。

第一，人们是有差别的。人们在气质、兴趣、理性能力、自然倾向、精神追求、生活计划等方面都是不同的。例如，对于维特根斯坦、毕加索、摩西、伊丽莎白·泰勒、爱因斯坦、亨利·福特、甘地、佛陀、哥伦布、弗洛伊德、爱迪生等人，不可能只有一种最好的生活，不可能只有一种乌托邦理想。

第二，如果所有的善不能够同时实现，那就必须使它们能被实现的机会相等。不同的人们组成了不同的共同体，这些共同体应该是平等的，每个人都可以自由地选择能够最有利于实现自己价值的共同体。诺奇克把这种乌托邦称为类似于自助餐厅的观念，以区别于传统的乌托邦思想，即全城只此一家的餐馆只供应一道菜。

　　第三，如果存在着不同的乌托邦，那么如何发现最适合于每个人自己的乌托邦呢？诺奇克提出了两种方法，即"设计手段"和"过滤手段"。这些手段的实质是进行社会实验，让人们尝试在各种共同体中生活。幻想家和癫狂者，狂热分子和圣徒，修士和放荡分子，资本主义者和社会主义者等等，都有一试身手的机会，来实践他们的梦想。

　　诺奇克通过上述三条论证试图表明：人是不同的，不同的人具有不同的理想，追求不同的善和价值，从而人们借以实现善、价值和理想的乌托邦也应该是多种多样、形态万千的。不存在一个对所有人都是最好的世界，只存在一个相对于某个人或某些人而言的最好世界。那么哪一个世界对我最好呢？

　　为了解决这个问题，并帮助人们了解这个多元化的乌托邦世界，诺奇克建议大家都来做一个思想实验：想象一个你生活于其中的世界，在这个世界中，其他人可以选择居住其间，如不满意，也可离开，居于一个他们自己想象的世界；你也可以放弃目前的想象，去创造另一个世界；这个过程可以持续下去，创造一些世界，人们离开它们，又创造一些世界，又离开它们，……直至达到一个稳定的"联合体"（association），人们感到它是最好的世界，从此不再离开。

　　在现实世界中，与想象中的"联合体"对应的是人们实际生活于其中的"共同体"。按照诺奇克的设想，一个社会包含着无数个共同体，每一个共同体都是一个乌托邦。人们尝试在各种共同体中生活，以便发现一个对自己而言最好的世界。在这些尝试中，一些共同体得到了改善，另一些则被完全抛弃了，还有一些行将分裂，再有一些则兴旺发达。人们自愿选择建立和离开自己的共同体，任何共同体都不能将自己强加于人。在诺奇克设想的乌托邦中，任何人都可以建立自己喜爱的共同体。在这种意义上，诺奇克将国家称为"乌托邦框架"（framework for utopia）。在"乌托邦框架"内，存在着许多不同的共同体，在这些共同体中，人们接近于按照他们的意愿去生活，去追求他们的善、价值和理想。

政治哲学家始终面对一个难以解决的问题：如何能够在一个国家内实现所有人的善、价值和理想？传统的乌托邦是不现实的，而现实的政治制度又不能令人满意。这个问题在传统政治哲学的框架内是无法解决的。

诺奇克另辟蹊径。在他看来，人是不同的，人们有着不同的价值信仰和对善的追求，而国家无法满足所有人的价值要求，更无力将所有人的善和理想统一起来；所以，国家不是实现善、价值和理想的适当地方，也与它们根本无关。国家的基本功能是保护整个社会的安全、稳定和秩序。国家位于政治体系的一极，另一极是个人。在国家和个人之间，存在着各种各样的共同体。国家只有一个，但共同体的数量却可以是无限的。因此，在国家中找不到安身立命之处的善和价值可以栖息于各种各样的共同体之中，理想的翅膀可以在共同体的多元天空中自由翱翔。

在传统的自由主义政治哲学中，国家与乌托邦是互相对立的。现在诺奇克将两者统一起来，宣布我们描述的这种乌托邦框架就等于是最低限度的国家。诺奇克的"最低限度的国家"是一种与传统乌托邦完全不同的新乌托邦：它不是某种理想的表达，而是一个将各种理想都可包含于其中的框架；它不是善和价值的体现，而是一个不具内容的形式，所有善和价值的内容都存在于共同体之中。就此而言，诺奇克的"最低限度的国家"与其被看作是一种乌托邦，不如被看作是一种"元乌托邦"（meta‑utopia）。

　　这样我们在诺奇克的自由主义中看到了两种事关重大的统一：在"自然状态"与国家的统一中，诺奇克反驳了无政府主义，宣布了国家的诞生，并且强调他的"最低限度的国家"是道德上惟一合法的国家；在国家与乌托邦的统一中，诺奇克声称这种"最低限度的国家"同时又是乌托邦，它能够最好地实现人们对善、价值和理想的追求。"最低限度的国家"既是最合法的国家也是最好的国家，对此，诺奇克坚信不移。在《无政府、国家和乌托邦》的结尾处，诺奇克满怀信心的反问：任何国家或由个人组成的团体怎么敢做得比它更多？

　　但是，在这种国家与乌托邦的统一中存在着许多问题。诺奇克一方面主张理想的国家是"最低限度的国家"，要求国家管事越少越好，另一方面他又赋予国家以浓重的乌托邦色彩，坚称这种管事最少的国家实际上做的事情比任何国家都多。一方面，诺奇克作为政治现实主义者反对传统的乌托邦观念，批评它不现实，主张将理想与现实分开。另一方面，在他对国家和乌托邦所进行的统一中，理想与现实的界限则变得模糊不清了，理想被整合进入现实之中。更重要的问题在于，诺奇克以明确的态度消解了国家的乌托邦化，但他又将人们生活于其中的共同体加以乌托邦化了。于是国家和乌托邦的统一便具有双重意义：首先，在国家的层次上，诺奇克把理想的乌托邦变为现实的国家之后，"最低限度的国家"成为惟一的政治选择，人们从此不必再追求任何政治理想了；其次，在共同体的层次上，他又使现实的共同体变成了难以实现的乌托邦，人们被赋予充分的自由从事各种乌托邦实验，以致沉溺于各种各样共同体的永恒"试错"之中。

五　诺奇克与罗尔斯

　　罗尔斯和诺奇克是当代自由主义的最重要代表，他们之间的分歧支配了西方政治哲学近四分之一世纪以来的发展，确定了西方政治思想的主线。他们都是名符其实的自由主义者。而作为真正的自由主义者，他们的思想在许多方面则是共同的：他们都自称自己的理论属于义务论，都坚决反对功利主义，而且都在与功利主义的对立中阐明自己的观点；两者的正义理论都依赖于道德哲学，都主张正当优先于善；两者的正义理论都以个人为基础，都强调人的多样性和差别性；他们都承认自由的优先性，都对目前西方通行的自由民主制度给予肯定；两者的正义理论最终都求助于康德伦理学，都诉诸于"人是目的而不能被用作手段"。

诺奇克尽管尖锐地批评了《正义论》，但也对罗尔斯及其正义理论给予了充分的尊重。他认为：《正义论》非常有力、深刻和精致，将众多给人以启迪的观念综合为一个整体，是自约翰·密尔以来最重要的政治哲学和道德哲学著作；罗尔斯的《正义论》如此重要，以至于此后的政治哲学家或者必须在罗尔斯的理论框架内从事工作，或者必须解释不在其理论框架内工作的理由。

但是，他们给人印象深刻的不是共同点，而是不同点。在《无政府、国家和乌托邦》中，尽管诺奇克几乎在所有地方都或明显或隐含地以罗尔斯为靶子，然而还是单独辟出一节专门批评罗尔斯。

诺奇克与罗尔斯的主要理论分歧可以归纳为三点。

首先是程序问题。罗尔斯的程序是契约论的，契约论强调了正义原则本质上是人的理性选择。罗尔斯认为古典契约论存在两个错误：第一，它以形而上学的自然法理论为基础；第二，它的当事人完全是自私的，只知道追求个人的善。为此，罗尔斯提出了新契约论。通过无知之幕的设计，他赋予新契约论以这样的力量：在原初状态中选择的任何原则都是正义的，

无论它们是什么。这是一种程序主义的思想。罗尔斯的程序是
这样一种程序，即人们一旦接受他的程序，一旦进入原初状态
并受无知之幕的约束，那么他们就必然地同意他的正义原则。
因此，对于罗尔斯，古典契约论最大的问题不是它的虚构性，
而是它不允许真正的选择，尽管合理选择是它的理想。也就是
说，正义原则作为选择的结果是由它的特定程序保证的，而这
种程序的设立却是任意的，虽然设立它的目的是为了克服选择
的任意性。

　　诺奇克反对契约论，但赞成程序主义，并且认为他自己的
理论就是程序主义的。相反，在诺奇克看来，罗尔斯的契约论
看起来是程序主义的，而实际上却不是。罗尔斯为其正义原则
的产生设计了一个程序，这个程序所达到的任何结果都是正义
的，无论它是什么。但是，诺奇克批评说，罗尔斯为这个程序
规定了一个外在的标准——差别原则，而没有满足差别原则的
程序实际上都被排除了。差别原则本身是一个结果原则，不是
一个程序原则。罗尔斯表面上重视程序，实质上强调结果，看
起来是程序主义的，实际上是结果主义的。这样罗尔斯在理论
上陷于两难的困境：如果程序是重要的，那么罗尔斯的理论就
是有缺陷的，因为它不能产生出正义的程序原则；如果程序是
不重要的，那么罗尔斯就没有为其正义原则提供充分的支持，
因为正义原则应该是正义程序之结果。

　　其次是分配正义问题。罗尔斯主张，当代社会分配领域中
存在着严重的不平等，这种不平等有悖于正义的理想，从而是
必须加以解决的。诺奇克承认社会分配领域中不平等的存在，
但他认为这种问题不应由国家通过再分配来解决，否则就会侵
犯个人的权利。罗尔斯用以解决不平等的正义原则是差别原
则，他试图从"最不利者"来确定基准，以达到最可辩护的
平等。诺奇克则用资格理论来对抗差别原则，他主张只要个人

财产的来路是正当的，符合正义的获取原则和转让原则，那么任何他人、群体和国家都无权加以剥夺。

罗尔斯对差别原则的论证分为两个部分。一个是否定的部分，即说明社会和经济的不平等产生于人们在自然天赋和社会文化条件方面的差异，而从道德的观点看，这些差异是偶然的和任意的，也就是说，作为其差异之表现的不平等是应该而且必须加以纠正的。那么如何纠正这些不平等呢？罗尔斯的办法是再分配。这种从一些人那里取走财富然后转给另外一些人的再分配有没有什么正当的理由？对此的回答就形成了关于差别原则的另一部分即肯定的论证。肯定的论证包括两个理由：第一，人们都从社会合作中受益；第二，自然天赋是人们的共同财富。

诺奇克对罗尔斯的论证进行了全面的反驳，对差别原则给予了严厉批评。诺奇克据以提出批评的理论根据是他的资格理论：如果一个人的持有符合正义的获取原则和转让原则，那么他对其持有是有权利的；如果一个人对其持有是有权利的，那么这种权利是神圣不可侵犯的。

罗尔斯从一种历史的观点来证明不平等是应该加以解决的。在他看来，历史是一个人类逐渐由不平等变得更为平等的过程。在历史的早期，社会是等级制的，每个人生来就具有一个固定的社会位置，这里毫无平等可言。等级制被废除之后，出现了一种机会的平等或"自然的自由"，每个人的所得或社会地位取决于激烈的竞争。显然，自然天赋和社会文化条件对竞争具有重大影响，其结果是严重的不平等。在罗尔斯所说的"自由的平等"中，导致不平等的社会文化因素被消除了，但自然天赋的因素依然存在，从而依然也存在着不平等。在罗尔斯看来，这些自然天赋对个人来说是偶然的和任意的，它们对收入和社会地位产生的优势在道德上是不应得的，所以应该彻底解决不平等问题。这就是罗尔斯所说的"民主的平等"。罗尔斯的观点是激进的，但还不是平均主义。他不主张完全拉平人们之间的收入差别，而是主张通过改善社会中"最不利者"的处境来缩小人们之间的差别。

　　诺奇克对罗尔斯的这种证明提出了强烈批评。罗尔斯的差别原则以"最不利者"为基点来解决不平等问题，而"最不利者"是指处于社会底层的群体。诺奇克对此提出了质疑。他认为，原初状态中的人应该考虑的是关于个人的正义原则，而不应该是关于某个群体的正义原则，因为处于原初状态中的人的动机应该是个人的，不会是群体的。他认为，如果考虑问题的基点是个人，那么每个人对社会或他人做出了什么贡献，以及是否得到了与其相应的回报，这是清清楚楚的，从而没有差别原则的用武之地。如果考虑问题的基点是群体，那么个人的贡献与回报就搅成一锅粥了。

　　诺奇克认为，无论从道德的观点看人们的自然天赋是不是任意的，人们对其自然天赋都是有权利的，对来自于自然天赋的东西也都是有权利的。对于诺奇克，"任意的和偶然的东西"并不等于它们没有意义，也不意味着应该加以纠正。诺奇克指责罗尔斯将人们的所有价值都归因于"外在的因素"（自然天赋和社会文化条件），完全否定了人的自主性、主体性、人的选择能力和责任，这样其理论就是对人类形象的贬低，而罗尔斯的本意应是提高人类的尊严。应该承认，诺奇克对罗尔斯的这种批评是正确的。没有充分重视人的主观努力与其财富和地位的关系，是罗尔斯《正义论》的一个主要缺点。

　　罗尔斯为"差别原则"所需的再分配进行了论证，这种论证的第一个根据是"社会合作"。罗尔斯认为，每个人都必然加入到某个社会合作体系中，并由此获益。罗尔斯认为他的这种主张依据于一种直觉：由于每个人的幸福都依赖于一种合作体系，没有这种合作体系，所有人都不会拥有一种满意的生活，因此利益的划分就应该能够导致每个人都自愿地加入到合作体系中来，包括那些处境较差的人们。

诺奇克根本不承认这种直觉的说服力。第一，如果正义问题与社会合作有关，那么在没有社会合作的场合，就不需要正义原则。没有社会合作，谁对什么东西拥有权利，这是一清二楚的。一引入社会合作，资格问题就立即变得模糊不清了。第二，即使社会合作是必需的，也不能证明差别原则的合法性。在诺奇克看来，参与一种社会合作体系实质上就是从事一种基于市场制度的自愿交换，每个人在交换中都得到了他自己应得的一份，所以，这里不仅根本不存在再分配的问题，而且也不存在分配的问题。第三，诺奇克认为，罗尔斯的社会合作概念所强调的东西是互惠性，但是以差别原则为正义原则的社会合作体系只代表了那些才智较低者的意愿，只提供对他们有利的条件，而很难吸引那些才智较高者的自愿加入。诺奇克认为，社会合作已经使那些才智较低者受益了，如果实行差别原则，则会使他们更加受益。因此，这种社会合作体系不是对称的，不是中立的，从而也不是互惠的。

罗尔斯为差别原则提供的第二个根据是关于"共同的财富"的论证。罗尔斯否认个人应该从其自然天赋中获利，而应该把自然天赋的分配看作一种共同的财富。无论这种自然天赋的分配降临在每个人身上的是什么，其利益应是所有人共享的。也就是说，应该把自然天赋的分配看作是一种集体的资产，以致较幸运者只有通过帮助那些较不幸者才能使自己获利。

诺奇克针对罗尔斯的上述观点提出了一系列反问，其中包括：一方面，他指责"差别原则"的心理基础是嫉妒，才智较低者嫉妒才智较高者，而这是非常不合理的；另一方面，他又批评"共同的财富"或者"集体的资产"这类说法暗示了一种"人头税"的合理性，这样，那些正在利用自己自然天赋的人就是在滥用公共资产了。

最后是平等问题。最重要的现代政治价值是自由和平等。关于自由，诺奇克与罗尔斯没有什么实质性的分歧。两人之争的实质是如何看待平等。罗尔斯认为正义总是意味着平等，从而不平等是应该而且能够加以解决的。诺奇克则主张正义同平等无关，正义在于坚持人的权利。归纳起来，诺奇克反对平等要求的论据有三个。第一，不平等是无法解决的。诺奇克以篮球明星张伯伦的例子说明，任何强行的平等最终都将变成不平等。第二，不平等是不幸的，但不是不公平的。第三，平等的主张缺乏根据。诺奇克抱怨人们对待平等与不平等的态度是不一样的，也是不公平的。如果一种分配出现了不平等，那么人们都坚持要求一种关于不平等分配的证明。但如果分配是平等的，那么则不需要提供任何证据，似乎平等是一个自明的真理。诺奇克认为，平等也需要提出证明。

在诺奇克对罗尔斯的批评中，反映了两人的理论基点的分歧。罗尔斯是平等主义的自由主义者，而诺奇克是权利主义的自由主义者。罗尔斯坚持自由和平等不可分离，诺奇克坚持自由至上。

《无政府、国家和乌托邦》不仅在理论上是一部经典，而且它所表达出来的政治哲学为20世纪80年代西方各国的保守主义转向提供了思想基础。自第二次世界大战结束以来，西方各国开始朝福利国家的目标前进。一直到60年代末，西方各国经历了一段辉煌的社会发展时期。罗尔斯的《正义论》是这一历史时代的完美的哲学表达。到了80年代，以美国里根总统和英国撒切尔首相的上台为标志，西方的政治思想潮流发生了变化，保守主义开始流行。这种保守主义也是一种自由主义，即洛克式的古典自由主义，而诺奇克的极端自由主义是这种政治潮流的思想代表。

姚大志
2007 年 9 月 9 日于吉林大学前卫校区

前　言

个人拥有权利，而且有一些事情是任何人或任何群体都不能对他们做的（否则就会侵犯他们的权利）。这些权利是如此重要和广泛，以致它们提出了国家及其官员能够做什么的问题，如果有这类问题的话。个人权利为国家留下了多大的空间？国家的性质、它的合法功能和它的证明是本书关注的中心。在我们对这些问题的探讨过程中，范围广泛的各种各样的话题是交织在一起的。

我们关于国家的主要结论是：能够得到证明的是一种最低限度的国家（minimal state），其功能仅限于保护人们免于暴力、偷窃、欺诈以及强制履行契约等等；任何更多功能的国家都会侵犯人们的权利，都会强迫人们去做某些事情，从而也都无法得到证明；这种最低限度的国家既是令人鼓舞的，也是正当的。有两点值得注意：国家不可以使用强制手段迫使某些公民援助其他公民，也不可以使用强制手段禁止人们追求**自己的利益**和**自我保护**。

尽管这是一个事实，即被排除的只是达到这些目标的强制性途径，而自愿的途径则依然保留着，但是许多人仍会立即拒绝我们的结论，因为他们不**愿**相信对别人的需要和苦难如此冷漠无情的任何东西。我知道这种反应。当我第一次开始考虑这种观点的时候，我也有这种反应。虽然带着不情愿，但由于各种各样的考虑和论证，我还是发现自己开始信服极端自由主义的观点（libertarian views），正如它们现在被称呼的那样。这本书没有表现出我早期的不情愿。相反，它包含了许多我现在尽力所能展示的考虑和论证。这样，我就冒着得罪人的双重危险：既由于我阐述的主张，也由于我为支持这种主张而出示的理由。

这本书没有表现出我早期的不情愿，因为它已经消失了。随着时间的推移，我已经习惯于这些观点及其推论，而且我现在也通过它们来理解政治领域。（或许我应该说它们能够使我看透政治领域？）既然持有相似主张的许多人都是狭隘的、僵化的、顽固不化的和荒谬绝伦的，并对其他更自由的生活方式表示不满，所以现在我对这种理论的自然反应就将我放在了坏人一堆。我不喜欢这一事实——我熟悉并尊敬的大多数人与我观点相左，这种不快已经压倒了由激怒人和使人哑口无言所带来的不完全值得赞美的快乐，而我之所以激怒人和使人哑口无言，是因为我出示了强有力的理由来支持他们不喜欢甚至憎恨的主张。

我的写作方式同当代关于认识论和形而上学的许多哲学著作是一样的：包含了精致的论证、不可能的反例所反驳的观点、使人惊讶的论题、困惑、抽象的构造条件、对发现另外一种适合某些具体场合之理论的挑战以及令人大吃一惊的结论等等。虽然这么做是出于理智上的兴趣和刺激（我希望如此），但是一些人会觉得，关于伦理学和政治哲学的真理是如此严肃和重大，以致不能通过这些"华而不实的"手段来获得。然而，也许情况是这样的，即伦理学中的正确性不是在我们自然思考的东西中能够发现的。

公认观点的整理或公认原则的解释无须使用精致的论证。仅仅指出别的观点与读者希望接受的观点相冲突，这一般被认为只是反对这些别的观点而已。但是，一种与读者不同的观点不能单凭指出公认观点与它相冲突来证明自己！相反，它必须使公认观点经受最大程度的理智的检查和考验，也就是说，它必须提出反证、仔细研究其先决条件和展示一系列可能的处境，而在这些处境中，甚至它的支持者也会对其推论感到不安。

即使读者没有被我的论证所说服，那么他也应该发现，在维护和支持自己观点的过程中，他已经将它澄清了和深化了。另外，我认为，理智上的诚实要求我们必须勇敢面对与我们观点相反的有力论证，至少有时是这样。否则，我们如何能够使自己不再继续犯错误呢？要做到公平，也应该提醒读者：理智上的诚实有其风险；初看也许使人十分迷惑的论证可能会变得令人信服，甚至看起来是自然的和直觉的。在这种场合，只有拒绝倾听，才能避免陷入"真理"的圈套。

本书的要旨是它的特殊论证。此外，我还可以进一步提示后面所要讨论的内容。既然我以关于个人权利的强力表述为开端，所以我应该严肃地对待这种无政府主义者的主张，即国家在领土范围之内维持其使用强力的垄断权和保护每一个人的过程中，必定侵犯个人的权利，从而在本质上就是不道德的。与这种主张相反，我提出，国家能够从无政府（犹如洛克所说的自然状态）中产生出来，其过程也无须侵犯任何人的权利，即使没有人有意于此或试图使它产生。本书第一部分关于这个核心问题的论证通过多种论题而展开，这些论题包括：为什么道德观点包含着对行为的边界约束（side constraints），而不仅仅是由目标导向；如何对待动物；把国家产生的复杂模型解释为一种没有任何人为意图的过程，为什么这是令人满意的；为什么即使对其受害者进行赔偿，某些行为仍然是被禁止的，而不是被允许的；不存在关于惩罚的威慑理论；关于禁止风险行为的问题；赫伯特·哈特（Herbert Hart）所说的"公平原则"；先发制人的攻击；以及预防性的拘禁。这些论题以及其他一些论题是在探讨国家和无政府的性质及其道德合法性时产生出来的。

第一部分为最低限度的国家提供了辩护。第二部分主张，任何更多功能的国家都无法得到辩护。我首先论证，旨在为一种更多功能国家（more extensive state）提供辩护的各种理由都不能成立。针对这种主张，即要是在其公民中达到或产生出分配正义，这样一种国家就能够得到辩护，我阐发了一种正义理论，即资格理论（entitlement theory），而这种理论不需要任何更多功能的国家。而且，我使用这种资格理论来分析和批判其他各种设想了更多功能国家的分配正义理论，其中特别是近来影响很大的约翰·罗尔斯（John Rawls）的理论。我也批评了一些其他的理由，其中包括平等、嫉妒、工人控制以及马克思的剥削理论，而一些人可能会认为这些理由能够证明一种更多功能国家是正当的。（对于第一部分感到困难的读者，将会发现第二部分更容易一些，而且第 8 章要比第 7 章更容易一些。）第二部分的结尾是一个关于更多功能国家如何能够产生出来的假设描述，一个其目的在于表明这样一种国家毫无吸引力的故事。即使最低限度的国家是唯一能够得到辩护的国家，它看起来也是苍白无力的和平淡乏味的，既没有激励人心的东西，也没有提出值得为之奋斗的目标。为了评价这点，我转向了社会思想之伟大的、激动人心的传统，也就是乌托邦理论，并论证，在这个传统中能够保留下来的东西正是最低限度国家的结构。这个论证包含了形成社会之不同方法的比较，即设计方法和过滤方法之间的比较，并且展示了一种需要使用数量经济学家的组织核心观念的模式。

我的结论与大多数读者所相信的观点相背离，而我对这个结论的强调也许会误导人们认为这本书是某种政治作品。它不

是。它是对许多本性上迷人的问题的哲学探索，而这些问题是
我们在思考个人权利和国家时产生出来并相互关联在一起的。
"探索"这个词用在这里是非常恰当的。关于如何写作哲学著
作，一种观点认为，作者应该思考清楚他所陈述的观点的所有
细节及其问题，不断地推敲和提炼，然后向世界展示出一种最
终的、全面的和精致的整体。这不是我的观点。无论如何我相
信，在我们不断进行的理智生活中，一种还不完善的作品也有
立足之地，也能发挥其功能，这种作品包含着不完全的描述、
猜测、悬而未决的问题和困难、暗示、次要的关联，当然还有
论证的主线。在这些问题上，应该为那些并非定论的话语留有
一席之地。

　　我确实对写作哲学著作的通常方式感到困惑。作者写起哲
学著作来就好像他们坚信这些书是关于该主题的绝对定论一
样。谢天谢地，幸亏不是每一位哲学家都认为他已经发现了最
终的真理，并围绕它构筑了坚不可摧的堡垒。我们大家实际上
要比这谦虚得多。这有充分的理由。对自己所拥有的观点进行
长期的和艰苦的思考之后，哲学家对它的弱点也具有足够的认
识：巨大的理智力量用在了某种东西的某些地方，而这些地方
过于脆弱，以致无法承受；一种观点有可能开始分崩离析的某
些地方；一些使他感到不安、未加审查的假定。

　　有一种哲学活动看起来就像挤压一些东西，以使其符合某
种固定的具体形状。所有东西都摆在那里，它们必须被压进
去。你将材料挤压进这个固定的区域，它在一边压进去了，在
另一边又鼓了出来。你来回转动，把一个鼓起之处按平了，另
外一处又鼓起来了。这样你就不断地挤压，削平这些东西的棱
角，以使它们符合要求；你不断按压，直到最终几乎所有东西
都暂时各安其位；而对于不符合要求的东西则抛得**远远**的，以
使它们不再被注意。（当然，并非所有**这些做法**都是粗鲁的，

也有甜言蜜语、花言巧语以及语言技巧。）很快，你找到了一个看起来非常合适的角度，并拍了一张快照，其快门速度刚好在某些东西鼓出来从而被注意到之前。然后，回到暗室，按照其形状构造来修饰各种破绽。余下的事情就是发表这张照片，把它作为事物究竟如何的表象，并指明这张照片中的任何东西都不可能具有其他的形状。

任何一位哲学家都不会说："那里是我开始的地方，这里是我结束的地方，我的作品的主要缺点是我从那里走到这里，特别是在这个过程中，我进行了值得注意的歪曲、推按、挤压、敲打、穿凿、拉抻和切削，更甭提被抛开和忽略的事情，以及所有故意回避的东西。"

哲学家对他们在自己观点中觉察到的缺点保持沉默，我认为，这不仅仅是哲学上的诚实和正直的问题，尽管当意识到它们的时候，它确实**是**或至少变成了这样的问题。这种沉默与哲学家表达自己观点时的意图有关。为什么他们力求把所有事情都强行压入一种固定的模型？为什么不是另外一种模型？或者更彻底地说，为什么不让事情保持其原样呢？将所有事情纳入一个模型对我们**意味着**什么？为什么我们想要这样做呢？（它遮蔽了什么？）对于这些深层（和使人震惊）的问题，我希望在将来的著作中能够设法保持关注。

然而，我在这里提到这些问题，不是因为我觉得这本书比其他的哲学著作更加适合讨论它们，而是我认为，我在这本著作中所说的东西是正确的。收回自己的观点不是我的作风。相反，我打算把所有东西都交给你们：既有信念、确信和论证，也有怀疑、焦虑和犹豫。

凡是我觉得紧要的地方，在我的论证、转折点和假设等这些特殊之处，我都试图指出或者提醒读者注意那些令我感到不安的东西。事先表达出某种一般的理论忧虑是可能的。这本书并没有展示出关于个人权利之道德基础的精确理论，它既不包含报复性惩罚理论的精确陈述和证明，也不包含所提出的关于分配正义之三原则理论的精确陈述。我说的许多东西依赖于或利用了我相信这些理论应该具有的一般特征，如果这些理论能被构造出来的话。我愿意在将来继续讨论这些话题。如果我在将来讨论这些话题，那么所产生的理论将会不同于现在我对它的预期，从而这会要求对这里树立的上层结构进行某些修正。期望我以令人满意的方式来完成这些基础工作，如同我在这些基础工作完成之前一直保持沉默一样，都是愚蠢的。也许本书会激励其他人一起来做这些工作。

致　谢

　　本书的前 9 章写于 1971—1972 年，当时我在帕洛阿尔托（Palo Alto）的行为科学高级研究中心做研究员，这是一个很小的学术机构，近似于个人主义的无政府组织。我非常感谢该中心及其工作人员为我提供了有益的环境来完成工作。第 10 章是在 1969 年美国哲学协会东部分会的会议上为"乌托邦和乌托邦精神"专题讨论会所提交的论文，那次会议发言中的一些要点也散见于其他各章。1973 年夏天，我重写了整部手稿。

　　巴巴拉·诺奇克（Barbara Nozick）对这里所捍卫的一些观点提出了异议，这有助于我把自己的观点打磨得更加犀利；另外，她也以无数其他的方式提供了巨大的帮助。过去一些年，当我就本书的某些话题反复验证迈克尔·沃尔策（Michael Walzer）的想法的时候，我得益于他的评论、提问和反驳。在该中心期间，我收到了奎因（W. V. Quine）、德里克·帕菲特（Derek Parfit）和吉尔伯特·哈曼（Gilbert Harman）对整部手稿，约翰·罗尔斯和弗兰克·米歇尔曼（Frank Michelman）对第 7 章以及阿兰·德舒维茨（Alan Dershowitz）对第一部分早期草稿的详细和非常有益的书面评论。我也得益于同罗纳德·德沃金（Ronald Dworkin）就竞争性保护机构如何发挥作用所进行的讨论，以及来自波顿·德莱本（Burton Dreben）的建议。在过去的几年里，这部书稿各个部分的许多段落在伦理和法哲学学会（SELF）的会议上进行了宣读和讨论，同这个学会成员的定期讨论是我思想上兴奋和快乐的一个源泉。六年前同莫雷·罗斯巴德（Murray Rothbard）的一次长谈引发了我对个人主义的无政府主义理论的兴趣。甚至更早一些时候，同布鲁斯·哥德博格（Bruce Goldberg）的争论使我认真对待极端自由主义的观点，以致想反驳他们，因此导致后来对这个主题的研究。结果就是呈现在读者面前的这本书。

目　录

第一部分
自然状态理论，或如何自然地追溯出国家

第三部分
乌托邦

第一部分

自然状态理论，或如何自然地追溯出国家

第一章 为什么要探讨自然状态理论？

如果国家并不存在，那么是不是一定要将它发明出来？如果**需要**一个国家，那么它就必须被**发明**出来吗？政治哲学和解释政治现象的理论就面对着这些问题，并通过探讨"自然状态"（state of nature）——用传统政治理论的术语说——来回答这些问题。对复兴这一古老观念可以提出这样的辩护，即由它而产生的理论将会是内容丰富、意义重大和影响深远的。为了那些事先心存疑虑（不太信任）的读者，这一章将讨论为什么研究自然状态理论是如此重要的理由，以及为什么认为这种理论将会是内容丰富的理由。这些理由或多或少必定是抽象的和元理论的。最好的理由就是展开了的理论本身。

政治哲学

在探讨国家应该如何加以组织的问题之前，政治哲学的基本问题是：任何国家是否应该存在。为什么不是无政府呢？如果无政府主义的理论是有道理的，从而意味着对**政治**哲学的整个主题釜底抽薪，那么从检验作为一种理论选择的无政府主义来开始政治哲学就是非常合适的。那些觉得无政府主义并非没有吸引力的人们，将会认为政治哲学也许就在这里**终结**了。其他人则焦急地等待后来将会出现什么结果。然而正如我们将看到的，有政府主义者，那些想从这个起始点谨慎跳开的人们，和无政府主义者，那些不愿离开这个起始点的人们，都能够同意，从自然状态理论来开始探讨政治哲学具有一种**解释的**目的。（当认识论试图从反驳怀疑论者而开始的时候，就不存在这样的目的。）

　　为了回答为什么不是无政府的问题，我们应该探讨哪一种无政府状态？也许是这样一种状态：如果实际的政治状态不曾存在，而任何其他可能的政治状态也不曾存在，那么这种状态就会存在。但是，除非直接假定所有地方的所有人都处于相同的无国家状态，而要达到一种有国家的状态又面临着难以克服的巨大困难，否则这种无政府状态将会缺少重大的理论意义。确实，如果无国家状态糟糕透了，那么现在就有理由制止破坏或摧毁一种特殊的国家，也有理由制止用无国家来取代它。

　　将注意力放在包含所有相关状态的基本抽象描述上面，其中包括"假如……我现在会怎样"的描述，这种做法看来会更好一些。如果这种描述十分糟糕，那么国家就会显得是一种更好的选择，就像在牙痛时去找牙医一样。这样糟糕的描述很少使人信服，这倒不仅仅是因为它们无法使人高兴。心理学和社会学的材料过于贫乏，以致无法做出所有社会和所有人们的状态都是如此悲观的结论，特别是这种论证要求对**国家之运作不做这样的**悲观假设。当然，人们知道一些关于现实国家如何运作的情况，而且他们对此也有不同的看法。如果国家和无政府之间的选择具有极大的重要性，那么人们也许应该谨小慎微，使用"最小—最大化"（minimax）标准，从而将注意力放在无国家状态的悲观估价上面：国家将同被最悲观描述的霍布斯的自然状态相比较。但是，要使用这种最小—最大化标准，这种霍布斯的自然状态就应该同有可能被最悲观描述的国家相比较，其中包括**未来的**国家。在这样的比较中，最坏的自然状态肯定比最坏的国家更好一些。那些将国家视为憎恨对象的人不会觉得最小—最大化标准有很强的说服力，特别是因为人们总是能够追溯出国家，如果国家显得是值得想望的话。另一方面，"最大—最大化"（maximax）标准将在关于事物如何发展的最乐观假定的基础上实行——葛德文（Godwin），如果你喜欢这样做的话。但是，轻率的乐观主义也无法使人信服。确实，这里为不确定条件下的选择所提出的任何决策标准都无法使人信服，在脆弱的概率基础上将预期功利加以最大化的方法也无法使人信服。

　　另外一种方法是将注意力放在这样一种无国家状态上面——特别是在人们决定应该达到什么目标的时候，而在这种状态中，人们一般能够达到道德约束的要求，也一般能够做他们应该做的事情。这样一种假定并非盲目乐观，它不是假设所有人都完全按照他们应该做的那样去做。然而，这种自然状态是人们有理由能够期望的最好的无政府状态。因此，在决定是应该要国家还是要无政府的时候，探讨它的性质和缺点就具有极大的重要性了。如果人们能够表明，国家甚至将会比这种最好的无政府状态更加优越，是在现实中能够期望的最好的东西，或者在其产生过程中没有涉及任何道德上不允许的步骤，或者如果它已经产生那也是一种改善，那么这就为国家的存在提供了一种理论基础，就为国家提供了正当的辩护。*

　　这种探讨将提出这样一个问题：人们为建立国家和管理国家而必须采取的所有行为本身在道德上是不是可允许的。一些无政府主义者不仅主张：如果没有国家我们会生活得更好，而且声称：任何国家都必然侵犯人们的道德权利，从而本质上都是不道德的。因此，尽管我们有意使我们的出发点是非政治

6

----

　　* 与其相反的一种理论展示出，国家产生于自然状态是一种自然的、不可避免的退化过程，恰如医学理论展示老年过程和死亡过程一样。这样一种理论并不能为国家提供正当的辩护，尽管它能够使我们不得不接受它的存在。

的，但绝不是非道德的。道德哲学为政治哲学设定了背景和边界。人们相互之间可以做和不可以做的事情为他们通过国家机构所能做的事情或为建立这样的机构所能做的事情设置了界限。可以强制实行的道德禁令是国家基本强制权力所拥有的全部合法性之根源。（基本强制权力是应用于个人但不依赖于个人同意的权力。）这为国家行为提供了基本的舞台，也许是唯一合法的舞台。另外，道德哲学在某种程度上是不明确的，容易引起人们在道德判断上的不一致，从而它也提出了一些问题，而这些问题人们也许会认为是在政治舞台上能够加以适当处理的。

解释性政治理论

探讨这种自然状态，除了对于政治哲学是重要的，还服务于解释的目的。理解政治领域的可能方法有如下三种：（1）按照非政治的领域对政治领域加以充分解释；（2）将政治领域视为从非政治领域中产生出来的，但不能还原为非政治的，即把政治领域视为一种由非政治因素构成的组织模式，而这种模式只有按照新政治原则才是可理解的；（3）将政治领域视为一种完全自足的领域。既然只有第一种方法有可能充分理解整个政治领域，[①] 那么它就是最值得想望的理论选择，并只有在确知其为不可能的情况下才能被放弃。让我们把对一个领域的这种最值得想望的、完全的解释称为该领域的**基本**解释。

按照非政治的东西对政治的东西加以基本解释，人们可以

---

① N. R. 汉森（Norwood Russell Hanson），《发现的模型》，纽约：剑桥大学出版社，1958 年，第 119—120 页，以及他对海森堡的引证。虽然一个对象的 X（颜色和温度等）能够按照某种 X 性质（某种排列的颜色和某些部分的平均温度等）之成分构成来加以解释，但是整个 X 领域则不能按照这种方式加以解释和理解。

从一种非政治状态出发，来表明政治状态如何和为什么后来从
它那里产生出来，或者也可以从一种以非政治方式加以描述的
政治状态出发，并从这种非政治的描述中推导出政治特征来。
后者的这种推导或者将政治特征与以非政治方式加以描述的那
些特征等同起来，或者应用科学规则将不同的特征联系起来。
也许除了最后一种模式，其他解释的力量是直接随着非政治出
发点（不管它是状态还是描述）的性质而变化的，也是随着
出发点与其政治结论之间的距离（真实的或表面的）而变化
的。出发点越基本（它选择的人类处境之基本的、重大的和
必不可少的特征越多），它距离或看起来距离其结论越远（它
看起来更少带有政治性质或更不像国家），这种出发点就越
好。从一种任意而且不重要的出发点开始，从离国家很近的出
发点开始，不会增加多少对国家的理解。而发现政治的特征和
关系可以还原为或等同于明显十分不同的非政治的特征和关
系，这将是一种激动人心的结果。如果这些特征是基本的，那
么政治领域就会是稳定的和有深厚基础的。迄今为止，我们离
这样重大的理论进步还很遥远，所以采取这样一种态度是明智
的：我们转而表明一种政治状态是如何从一种非政治状态中产
生出来，也就是说，我们从政治哲学内所熟知的自然状态理论
来开始进行一种**基本的**解释。

　　这样一种自然状态理论将服务于我们的解释目的，即它开
始于道德上可允许和不可允许行为的基本普遍描述，而且这些
描述也为任何社会的一些人为什么会违反道德约束提供了充分
的理由，进而描述一个国家如何从那种自然状态中产生出来，
即使任何现实国家都不是以那种方式产生出来的。亨普尔
（Carl. G. Hempel）曾讨论过潜在解释（potential explanation）
的观念，而从直观上（和大体上）讲，如果潜在解释所提到

的所有东西都是真的并都起作用，那么它就会是一种正确解释。② 可以这样说，一种有**规则缺陷**（law-defective）的潜在解释是一种带有虚假类规则陈述的潜在解释，一种有**事实缺陷**（fact-defective）的潜在解释是一种带有虚假前提条件的潜在解释。一种潜在解释将一种现象解释为过程 P 的结果，如果某一过程 Q 而非 P 产生出该现象，尽管 P 具有产生出它的能力，那么这种潜在解释就是有缺陷的（虽然它既不是规则缺陷，也不是事实缺陷）。如果这个过程 Q 没有产生它，那么过程 P 就会产生它。* 让我们把以这种方式实际上无法解释该现象的潜在解释称为有**过程缺陷**（process-defective）的潜在解释。

　　一种**基本的**潜在解释（如果它是一种实际的解释，那么这种解释将会解释所思考的整个领域）具有巨大的解释力量，即使它**不是**一种正确的解释。知道**整个领域**在原则上如何能够加以基本解释，这会大大增进我们对这个领域的理解。** 确实，不检验各种类型的具体情况，不检验各种特殊的例证，而

---

② C. G. 亨普尔（Carl G. Hempel），《科学解释》，纽约：自由出版社，1965 年，第 247—249、273—278、293—295、338 页。

* 或者，如果过程 Q 没有产生出该现象，那么也许过程 R 会产生它，如果 R 没有产生该现象，那么 P 则会产生它，或者……所以上面这个句子应该读为：如果任何一个成员（Q、R 等）都没有产生出该现象，那么 P 则会产生它。我们在这里将这种复杂情况忽略不计，即阻止 Q 产生该现象的东西也会阻止 P 产生它。

** 这种主张需要加以验证。有人告诉我们一种潜在解释，而我们知道它是虚假的，它不会增进我们对一个领域的理解，如这样的潜在解释：通过跳某种舞蹈，鬼魂、女巫和妖怪以那种方式造成了该领域。认为关于一个领域的解释必须展示产生该领域的基本机制，这是有道理的。（或者做一些其他能同样增加理解的事情。）但是，这样说并不意味着要精确陈述深层条件，而这些深层条件是一种基本机制为解释一个领域所必须满足的。关于这种主张的精确验证还需要在解释理论方面取得进步，其他一些困难也需要这样的进步，见乔翁·金（Jaegwon Kim），"因果关系、名称分类和事件概念"，载于《哲学杂志》第 70 卷，第 8 期（1973 年 4 月 26 日），第 217—236 页。

我们在这里无法做这些事情，那么进一步讨论这个问题是困难的。如果它们的虚假前提条件"能够是真的"，那么有事实缺陷的基本潜在解释就会具有巨大的解释力量，甚至极其虚假的前提条件也有解释力量，有时则会有很大的解释力量。有规则缺陷的基本潜在解释对一个领域的性质具有同正确解释几乎一样的解释力量，特别是如果这些"规则"一起形成了一种意义重大而统一的理论的话。有过程缺陷的基本潜在解释（它既不是有规则缺陷的也不是有事实缺陷的）非常适合于我们的解释方案和解释目的。对于非基本的解释，这些情况就不会同样适用了。

对政治领域的自然状态解释**是**关于该领域的基本潜在解释，即使它是不正确的，也拥有很大的解释能力和解释力量。通过了解国家如何能够产生出来，即使它不是以那种方式产生出来的，我们也能学到许多东西。如果它不是以那种方式产生出来的，我们也能通过以下途径学到许多东西，如弄清它为什么不是以那种方式产生出来的，或努力解释为什么与自然状态模式不同的较为特殊的真实世界是现在这副样子。

既然关于政治哲学和解释性政治理论的思考都汇聚于洛克的自然状态，那么我们也将从它开始。更准确地说，我们将从个人开始，而这些个人的处境与洛克的自然状态非常相似，以致可以对其许多重要差别忽略不计。只有当我们的概念与洛克的概念之间的某些歧异涉及**政治**哲学、涉及我们对国家的论证的时候，这些歧异才会被提到。关于道德背景的完全准确的陈述，其中包括道德理论及其基础的精确陈述，将需要一种完整的展示，而这是另一个时期的任务。（一种毕生的任务？）这个任务是如此重大，为完成这一任务所留下的缺口又是如此之大，以致认识到我们现在正遵循令人肃然起敬的洛克传统，也不过是一个小小的安慰，而洛克在其《政府论》下篇中为自然法的地位和基础所提供的解释，离一种令人满意的解释还很遥远。

第二章　自然状态

在洛克的自然状态中，个人处于"一种完善的自由状态，在自然法的界限内，按照他们认为合适的办法，决定他们的行动和处理他们的财产和人身，而无需得到任何人的许可和听命于任何人的意志"（第4节）。① 自然法的界限要求"任何人都不应该侵犯另一个人的生命、健康、自由和财产"（第6节）。某些人越过了这些界限，"侵犯了他人的权利……并造成相互伤害，"作为其回应，人们可以保卫自己和他人以反对这样的权利侵犯（第3章）。受害方及其代理者可以从侵害者那里获得"与他所遭受的伤害相称的赔偿"（第10节）；"每一个人都有权利惩罚违反自然法的人，这种惩罚以制止违反自然法为度"（第7节）；每一个人能够而且只能"根据冷静的理性和良心的指示，比照他所犯的罪行，对罪犯加以惩处，尽量起到补救和制止的作用"（第8节）。

洛克说，"自然状态有种种不便之处"，因此，"我愿意承认公民政府是一种合适的治疗方法"（第13节）。为了准确理解公民政府要治疗什么，我们必须做更多的工作，而不仅仅是重复开列洛克关于自然状态不便之处的清单。我们也必须考虑在自然状态内做出什么样的安排来处理这些不便之处，以便或

---

① 约翰·洛克，《政府论》上、下篇，彼特·拉斯莱特（Peter Lastett）编，纽约：剑桥大学出版社，1967年。除非具体标明，所有引证都来自下篇。

者避免它们出现，或者减少它们出现的可能，或者当它们确实出现的时候，也减少其严重的程度。只有在自然状态的所有资源都被充分发掘之后，即人们可能达成的所有自愿安排和协议都发挥其应有作用之后，并只有在这些后果都加以评估之后，我们就会处于这样一种位置，以弄清这些不便之处到底有多么严重以致仍需要由国家来加以治疗，并且评估这种治疗是否比疾病本身更加糟糕。*

在自然状态中，人们所理解的自然法并不能为每一个偶然事件提供适当的解决方法（见159节和160节，洛克在论及法律制度时谈到了这点，但与124节形成了对照），而且人们在审判自己的案件时总是假定自己是无辜的，并设想自己是正确的。他们将高估自己所受到伤害和损失的程度，而激情将促使他们企图过重地惩罚别人，并索取过多的赔偿（见13节、124节和125节）。这样，由私人和个人来强行自己的权利（其中包括当一个人被过重惩罚时所受到侵犯的权利）会导致世代

---

* 普鲁东（P. J. Proudhon）已经为我们描述过**国家**内部的种种不便之处。"**被政府统治**就是被观察、被审查、被监视、被引导、被制裁、被统计、被管理、被注册、被灌输、被劝诫、被控制、被制止、被评估、被估价、被检查、被命令，而做这些事情的人既没有权利、也没有智慧、更没有德性这样做。**被政府统治**就是在一切活动和事务中被注意、被登记、被计算、被征税、被标示、被估量、被统计、被估价、被许可、被授权、被告诫、被防范、被禁止、被改造、被纠正、被惩罚。它是以公共事业为借口并以普遍利益为名义，强行被捐献、被训练、被诈取、被剥削、被垄断、被掠夺、被压榨、被欺骗、被抢劫；然后，如有最轻微的反抗和抱怨，就会被镇压、被修理、被辱骂、被折磨、被追逐、被虐待、被棒揍、被缴械、被限制、被窒息、被监禁、被审判、被定罪、被枪杀、被驱逐、被牺牲、被出售、被背叛；并且更糟糕的是，还被嘲笑、被奚落、被愚弄、被凌辱、被羞辱。这就是政府，这就是它的正义，这就是它的道德。"普鲁东：《19世纪革命的普遍观念》，罗宾逊（John Beverly Robinson）译，伦敦：自由出版社，1923年，第293—294页。文中的一些改变引自图克（Benjamin Tucker）的译文，见《不是书本》，纽约，1893年，第26页。

争斗，导致无休止的报复行动和索要赔偿。没有可靠的办法来**解决**这样的争端、**结束这种**争端，并使双方知道争端已经结束了。即使一方**说**他将停止他的报复行动，另一方也只有在这种情况下才会放心地按兵不动，即他知道对方认为自己没有资格得到赔偿或进行报复，从而有利机会出现的时候也没有资格去争取。单个的人为试图单方面承诺永远停止争斗所使用的任何方法，都不会向对方提供充分的保证；心照不宣的停战协议也将是不稳定的。② 即使权利是清清楚楚的，而且对每个人的行为之事实的看法也是一致的，相互伤害的感觉还是时有发生。当事实和权利在某种程度上是不清楚的时候，这种报复性争斗的机会就更多了。另外，在自然状态中，一个人可能缺少力量来强行他的权利，他也可能没有能力向一个侵犯其权利的强大对手进行惩罚和索取赔偿（见 123 节和 126 节）。

保护性社团

一个人在自然状态中如何处理这些麻烦？让我们从上述最后一种麻烦开始。在自然状态中，一个人可以自己强行他的权利，保卫他自己，索取赔偿和进行惩罚（或者至少这样尽力而为）。其他人也可以应其请求加入到他的保卫行动中来。③ 他们可以同他一起击退攻击者，或者追逐侵略者，而他们这样做，或者是因为他们乐于助人，或者因为他们是他的朋友，或者因为他在过去帮助过他们，或者因为他们希望他在将来会帮助他们，或者是为了交换某种东西。由个人组成的群体可以形

---

② 关于自己坚持某种立场和遵守心照不宣协议的困难，见托马斯·谢林（Thomas Schelling）的《冲突的战略》，麻省剑桥：哈佛大学出版社，1960 年。

③ 其他人可以进行惩罚，而无须他的请求；见本书第 5 章关于这个问题的深入讨论。

成相互保护的社团：所有人都会响应任何一个成员为保护或强行他的权利所提出的请求。团结就是力量。这种简单的相互保护社团具有两种不便之处：(1) 每个人总是处于待命状态以便发挥保护作用（另外，如不需要所有成员来发挥保护作用，那么如何决定应该由谁来响应要求保护的请求）；(2) 任何一个成员都可以向他的同伙提出请求，说他的权利正在受到侵犯或者已经被侵犯。保护性社团不想听命于其惹是生非或患妄想狂的成员的随意召唤，更不用说一些成员以自卫作借口，试图利用社团来侵犯他人的权利。困难也会出现于这种场合，即同一社团的两个不同成员之间发生争端，每个人都请求他的伙伴成员来援助他。

一个相互保护的社团可以实行不干预政策来处理其成员的内部冲突。但是，这种政策会造成该社团内部不和，也可能导致形成一些小团体，而这些小团体相互争斗，就会引起社团的崩溃。这种政策也会鼓励潜在的侵害者加入尽可能多的相互保护社团，以避开报复行动和保卫行动，这样就给社团对成员的原始审查程序增加了很大的负担。因此，保护性社团（几乎所有能够生存下来、人们愿意加入的社团）将不会奉行不干预政策，而当某些成员声称其他成员侵犯了他们的权利的时候，它们将应用某种程序来决定采取什么行动。可以想象存在着许多任意的程序（例如，站在首先投诉的一方采取行动），但是大多数人将会希望加入这样的社团，即这些社团会按照某种程序来查明哪个投诉者是对的。当一个社团的成员同非成员发生冲突的时候，只要能够避免不断地、代价高昂地卷入每一个成员的争执，而不管是正义的还是不正义的，社团也希望以某种适当方式来决定谁是对的一方。虽然存在这些不便之处，即每一个人都处于回应请求的待命状态，而不管他们在那一刻做什么，也不管他们的性情爱好或比较优势，但这些不便之处可以通过平常的劳动分工和交换来加以解决。一些人将被雇用从事保护性工作，一些创业者将做起出售保护性服务的生意。各种不同类型的保护服务以不同的价格提供出来，以满足那些希望保护范围更广和保护更无微不至的人们的需要。④

除了将所有侦查、拘捕、罪行的司法判决、惩罚和索取赔偿的功能都移交给私人保护机构，个人可以做出一些更特殊的

---

④　我们将会在第18页（边码）看到，在自然状态中金钱如何能够存在，而无须建立交换媒介的明确协议。在个人主义——无政府主义的传统中，许多作家提出并且讨论了私人的保护机构问题。关于这方面的背景，见利森德·斯宾纳（Lysander Spooner）的《不是叛国：权威的构成》、《自然法》、《关于其虚伪的就职演说致格罗佛·克利夫兰的信》、《立法者和法官的篡夺和罪行，以及所导致的人民的贫困、无知和奴役》，所有这些著作都收在《利森德·斯宾纳选集》（六卷本）中，麻省维斯顿：M－S出版社，1971年。本杰明·图克（Benjamin R. Tucker）讨论了所有保护功能都由私人提供的社会体系运行问题，见《不是书本》，纽约：1893年，第14、25、32—33、36、43、104、326—329、340—341页，许多段落重印于他的《个人自由》，克莱伦斯·李·斯沃兹（Clarence Lee Swartz）编，纽约，1926年。斯宾纳和图克的作品和论证是这样生机勃勃、令人兴奋和趣味盎然，怎么估计都不会过分的，以致人们犹豫是否需要提到第二手资料。但是也可以看詹姆斯·马丁（James J. Martin）的《反对国家的人：美国个人主义的无政府主义的解说者，1827—1908》中关于斯宾纳、图克以及这一传统其他作家之生平和观点的介绍。关于私人保护模式更加深入的讨论，也见法兰西斯·坦迪（Francis Tandy），《自发的社会主义》，丹佛，1896年，第62—78页。约翰·霍斯佩尔斯（John Hospers）对这一模式提出了批评，见《极端自由主义》，洛杉矶：纳什公司，1971年，第11章。莫雷·罗斯巴德是这一模式的新近支持者，他简要地说明了这一模式可能如何运行并回答了对它的一些批评，见《权力与市场》，加利福尼亚州门洛帕克：人类研究所（公司），1970年，第1—7页，第120—123页。据我所知，最详细的讨论见莫里斯和琳达·塔奈希尔（Morris and Linda Tannehill）的《拥护自由的市场》，密歇根州朗辛：由私人出版，1970年，特别是第65—115页。自从我1972年写作本书以来，罗斯巴德发表了更加深入的观点，见《为了新的自由》，纽约：麦克米兰公司，1973年，第3章和第11章；戴维·弗里德曼（David Friedman）满怀热情地捍卫无政府主义的资本主义，见《自由的机制》，纽约：哈珀—劳公司，1973年，第三部分。所有这些作品都值得认真阅读，但是其中任何一部作品都不会使我修改我在这里所说的东西。

安排和委托。考虑到法官在审理自己的案子时所具有的危险，一个人可以将关于他是否受到了侵害以及被侵害到什么程度的判断，交给某位中立者或没有利害关系的人。为了达到不仅施行正义而且被看做是施行正义的社会效果，这样的人一般会得到尊重，而且也被认为是中立的和正直的。争执的双方都可能以这种方式来保护自己，以免出现偏袒一方的情况；双方也会同意由**同一**个人来做他们之间的法官，并同意执行他的决定。（或者，也许应该有一种专门的程序，从而对决定感到不满的一方能够向它求助。）但是，出于明显的理由，将会出现强有力的趋势，使上面提到的所有功能都集中于同一个代理者或机构。

　　现在人们有时确实把他们的争端交给国家法律体系之外的、由他们所选择的法官和法庭来处理，如宗教法庭。⑤ 如果争端各方发现国家或其法律体系的行为是如此令人厌恶，以致他们不想同它发生任何关系，他们可能同意求助国家机构之外的各种形式的仲裁和判决。人们常常忽略独立于国家而采取行动的可能性。（同样，甘愿受家长制方式管制的人也忽略来约定这些事情的可能性，如对他们自己的行为施加什么样的特殊限制，或者指派哪个监护机构来监护他们。相反，他们忍受了立法机关碰巧通过的那种方式的限制。一个人，一个为了自己的善而寻找一群聪明而又机敏的人们来管制自己的人，真的会选择构成国会两院成员的那群人?）与国家所提供的特定法律形式不同的各种法律裁决方式，肯定能够得到发展。发展和选择这些裁决方式需要费用，这不足以解释为何人们使用国家的

----

⑤　见辛格（I. B. Singer），《在我父亲的法庭上》，纽约：法拉、斯特劳斯和格罗斯公司，1966 年；关于近来"反文化"的例子，见《赢杂志》1971 年11 月 1 日，第 11—17 页。

法律形式，因为当事各方能够很容易地找到大量现成的其他形式。驱使人们利用国家司法体系的东西大概是最终强制力的问题。只有国家能够违背当事一方的意志来强制施行一个判决。因为国家不**允许**任何人强制施行另一个法律体系的判决。所以，在任何争端中，如果当事双方不能就解决问题的方法达成一致，或者一方不信任另一方会执行判决（如果对方以契约方式承诺赔偿一笔数额巨大的财产，如果他又不执行该决定，那么什么机构能强制履行**该**契约呢?），那么希望其要求能够生效的各方，除了诉诸国家的法律体系，没有任何其他能为国家法律体系所允许的机构可以求助。这将使与某一特定国家法律体系相当对立的人们面临特别困难的、痛苦的选择。（如果国家的法律体系强制执行某种裁决程序所做出的裁决，那么人们可以表示同意——假设他们会遵守这种同意，而无须被看做是国家官员或国家机构直接签订任何实际的契约。如果他们签署了一份只能由国家强制执行的契约，这点也成立。）

　　如果保护性机构的委托人被非委托人侵害了，那么这个机构会**要求**其委托人放弃行使他们的私人报复权利吗？这样的报复很可能招致另一个机构或个人的反报复，所以一个保护性机构不希望因保护它的委托人避免遭到反报复而**在随后的阶段**被拖入泥潭。保护性机构将会拒绝提供针对反报复的保护，除非它们最初就允许私人报复。（尽管它们不是因为提供这种更大保护范围的、更昂贵的保护政策而可以收取更多的费用吗?）保护性机构甚至不必要求一位委托人，作为他同该机构之间协议的一部分，以契约方式放弃他针对**其他委托人**的私人强行正义的权利。如果一个委托人 C 对其他委托人私自强行他的权利，当其他委托人对 C 实行反报复的时候，该机构只要拒绝为 C 提供保护就可以了。如果委托人 C 的行为所针对的是一个非委托人，事情也是一样。C 对该机构的一位委托人采取行动这个节外事实意味着，该机构也将对 C 采取行动，正如它会对任何非委托人采取行动一样，只要这个非委托人对它的任何委托人私自强行他的权利（见第 5 章）。这就使机构内部的私人强行权利减少到非常低的水平。

支配的保护性社团

最初，几个不同的保护性社团或公司将在同一地区提供它们的服务。当不同机构的委托人之间出现冲突的时候，将会发生什么情况？如果这些机构对案件的处理达成了一致的决定，事情就相对简单一些。（尽管每一个机构可能都想由自己实行处罚。）但是，如果它们对案件的是非曲直无法达成一致意见，一个机构试图保护它的委托人，而另一个机构则试图惩罚他或让他做出赔偿，那么会发生什么？只有三种可能性值得考虑：

16

1. 在这样的处境中，两个机构会进行实力的较量，其中一个机构将赢得这场较量。既然失败一方之委托人在与胜利一方之委托人的冲突中得不到更好的保护，他们就会离开他们的机构转而同胜利者做生意。⑥
2. 一个机构在某一地区内有其势力中心，另一个机构在另外的地区内拥有势力中心。每一个机构都能够在接近其势力中心的地方赢得战斗，而随着远离势力中心，其胜利的可能性递减。⑦ 同一个机构打交道但居住于另一个

---

⑥ 读者练习：描述这里和下面所讨论的思考如何导致一个地域内有一个机构或机构联盟处于支配地位，即使最初这个地域内存在许多机构。

⑦ 见肯尼斯·博尔丁（Kenneth R. Boulding）：《冲突和防御》，纽约：哈珀公司，1962 年，第 12 章。

机构的势力范围之下的人们，或者移居到离他们自己机构的大本营更近的地方，或者将他们的保护服务转移给其他的保护性机构。(两个地区之间的边境正像两个国家之间的边境一样是充满冲突的。)

在这两种场合，地域交叉在一起的情况很少发生。在一个既定的地区内，只有一个保护性机构发挥作用。

3. 两个机构势均力敌并且经常发生战斗。它们有输有赢，大体相当，而它们的成员是混居在一起的，相互之间时常打交道并发生争执。也许无须战斗，也许只是小规模战斗发生之后，这些机构认识到，在没有预防性措施的情况下，这样的战斗将会不断发生。无论如何，为了避免频繁的、代价高昂的、消耗性的战斗，两个机构(也许通过它们的行政长官)一致同意以和平方式来解决那些他们无法达成一致意见的案件。他们一致同意建立某种形式的第三方裁判者或者法庭，并遵守其判决，这样，当它们各自的裁决发生分歧的时候，它们可以求助它。(或者，它们也可以建立一些规则，以决定哪一个机构在什么情况下拥有司法权。)⑧ 这样就出现了一种上诉法庭的制度，并就关于司法权和法律冲突问题的规则达成了一致。虽然有不同的机构在运转，但是也有一个统一的、联盟式的司法体系，而所有机构都是其成员。

在这三种场合，一个地区之内几乎所有的人都处于某种共

---

⑧ 为了表明这组规则的复杂性，见美国法学院《法律的冲突；法律的再次重述》，官方提案，1967—1969 年。

同制度之下，由它来裁断他们之间冲突的要求，并**强行**他们的权利。由于自发群体、相互保护的社团、劳动分工、市场压力、规模经济和合理自利的压力，从无政府状态中，产生出某种非常类似于一个最低限度的国家（minimal state）或一群拥有明确地理界限的最低限度的国家的东西。为什么这个市场不同于所有其他的市场呢？为什么一种实际的垄断无需政府的干预就从这个市场中产生出来，而在其他的地方，是政府的干预产生并维持垄断？⑨ 人们所购买的保护自己防范他人之产品的价值是**相对的**：它依赖于别人有多强大。不像其他在相互比较中被估价的物品，拥有最大竞争力的保护服务之间是无法和平共处的；这种服务的本性不仅使不同的机构为招揽委托人而相互竞争，而且使它们之间陷入激烈冲突。另外，既然一种低于最有竞争力产品的产品价值之下降与购买最有竞争力产品的人数相比是不成比例的，所以委托人将不会满足于更少竞争力的产品，从而处于竞争中的公司便陷入急剧下滑的状态。这样就出现了我们已经开列的三种可能性。

我们上面的故事假设，所有机构都在洛克的自然法之界限内从事诚实的活动。⑩ 但是，一个"保护性社团"也许会侵害其他的个人。按照洛克的自然法，它就是一个非法机构。什么样的现实力量能够同它的力量抗衡？（什么样的现实力量能够同国家的力量抗衡？）其他的机构可能联合起来反对它。人们可能拒绝同非法机构的委托人打交道，抵制他们，以减少该机

　　⑨　见耶尔·布洛赞（Yale Brozen）"政府是垄断之源吗？"，载于《学院评论》第5卷，第2期（1968—1969），第67—78页；弗里茨·马什鲁普（Fritz Machlup），《垄断的政治经济学》，巴尔的摩：约翰·霍普金斯出版社，1952年。

　　⑩　洛克假设，生活在自然状态里的绝大多数人（虽然不是所有人）都会接受自然法。见理查德·阿什克罗夫特（Richard Ashcroft）的"洛克的自然状态"，载于《美国政治科学评论》1968年9月号，第898—915页，特别是第一部分。

构干预他们自己事务的可能性。这可能会使非法机构更难以得到委托人，但是只有基于非常乐观的假定这种抵制才会是一种有效的工具，即假定某些东西是无法保密的，以及假定一个人实行部分抵制所付的代价小于"非法"机构提供更大范围保护的利益。如果这个"非法"机构不过是一个**公开的**侵害者，不用打着正义的幌子来进行抢劫、掠夺和敲诈，那么与国家相比它的日子会更加难过。因为国家声称具有的合法性使其公民相信，他们有义务服从它的法令，交纳它的课税，以及为它而战斗，等等，从而有些人自愿与它合作。一个公开的侵犯性机构无法依靠这样的自愿合作，也不会得到这样的自愿合作，因为人们将会把自己看做它的受害者，而非它的公民。[11]

看不见的手的解释

如果一个支配的保护性社团与国家有不同的话，那么究竟 18
有什么不同？洛克设想，为了建立公民社会，必需订立一个契约。他是错误的吗？他是错误的，就像他认为（见第 46 节、第 47 节和第 50 节），为确立"货币的发明"，需要一种"协议"或者"相互同意"。在一个以货易货的体系里，为了寻找有你想要的东西的人和想要你有的东西的人，甚至在市场上，也是非常不方便的和代价高昂的，而我们应该注意到，一个市场无需经过每一个人都表示同意在那里进行交易而成为一个市场。人们为了某种东西而交换他们的物品，而他们知道，与他们拥有的东西相比，这种东西一般来说是更想要的。因为这将

---

[11] 见莫里斯和琳达·塔奈希尔的《拥护自由的市场》；关于自愿合作对于政府功能的重要性，可以参考亚当·罗伯特（Adam Roberts）编：《作为国防的公民抵抗》，巴尔的摩：企鹅丛书，1969 年，以及基恩·夏普（Gene Sharp）：《非暴力活动的政治学》，波士顿：波特·萨根特公司，1973 年。

使他们更有可能用这种东西去交换他们想要的其他东西。出于同样的理由，其他人也会更愿意在交换中得到这种更普遍需要的东西。这样，人们在交易中将会集中于某些更有市场的物品，愿意用自己的物品来交换它们；他们越是愿意这样做，他们就越是知道别人也愿意这样做，从而进入一种相互强化的过程。（这一过程将会得到中间人的强化和推动，而中间人试图在促进交易中获利。他们发现，在交易中提供更有市场的物品会获利更多。）出于明显的理由，通过其个人选择，他们所集中注意的物品会具有某些性质：原始的独立价值（否则它们也不会一开始就更有市场），结实耐用，不易腐烂，容易分割，便于携带，等等。为了确定一种交换媒介，明文协议和社会契约并不是必需的。⑫

这类解释有某种可取的性质。它们表明，某种总体的模式或计划，并非像人们认为的那样是通过个人或群体之实现它们的成功努力而产生出来的，相反，而是通过这样一个过程产生出来并得以维持的，即这个过程没有对这个总体模式或计划进行任何"构想"。效仿亚当·斯密（Adam Smith），我们将这种解释称为**看不见的手的解释**（invisible‑hand explanations）。（"每个人的意图仅在于促进他自己的利益，他在这样做的时候，正如许多其他人也在这样做的时候，由一只看不见的手引导而促进了一个目的，而这个目的并不是其意图的一部分。"）看不见的手的解释的这种特别令人满意的性质（我希望本书关于国家的说明也能具有这种性质）可以通过它与基本解释观念的联系而得到部分地解释，而基本解释观念是在第 1 章里

19

⑫ 见路德维希·冯·米塞斯（Ludwig Von Mises）：《货币和信用理论》，第 2 版，康州纽黑文：耶鲁大学出版社，1953 年，第 30—34 页，我的故事来自这一段。

提出来的。一个领域的基本解释是以别的术语来解释这个领域，它们不使用任何该领域的观念。只有通过这样的解释，我们才能够解释并从而理解关于这个领域的所有事情；我们的解释越少使用构成被解释之物的观念，我们理解得就越多（**在其他情况相等的条件下**）。现在让我们来考察一些复杂的模式，而人们认为，这些复杂模式只有通过理智的设计、只有通过实现这种模式的某些努力才能够产生出来。人们可能试图直接按照个人的欲望、需要和信仰来解释这样的模式，而个人的欲望、需要和信仰则取向于实现这种模式。但是这样，关于这种模式的描述作为欲望和信仰的对象就会出现在这样的解释中，**至少是在引号内出现**。这个解释本身会说，某些个人希望使某物带有（某些）模式特征，某些个人相信使这些模式特征得以实现的唯一（或最好或最……）办法是做……。看不见的手的解释把对构成该现象得以解释的观念的使用降到最低的程度；与直接解释相反，这种解释并不是通过把已经成形的模式观念当做人们欲望和信仰的对象，来解释这些复杂的模式。这样，不同于另外一种解释——把这些现象解释为人们有意识设计出来的结果，关于现象的看不见的手的解释会产生更深入的理解。所以，说它们更令人满意，这没有什么可惊讶的。

　　一种看不见的手的解释表明，那些看起来是人们有意设计的东西，并不是由任何人的意图所产生的。我们可以把与此相**反的解释称为"隐蔽的手的解释"**（hidden - hand explanation）。一种隐蔽的手的解释表明，那些看起来纯粹是一堆互不相关的事实而（肯定）不是有意设计之产物的东西，则是个人或群体有意设计的产物。有些人也觉得这种解释是令人满意的，阴谋理论的流行为此提供了证据。

　　有人可能觉得这两种解释都不错，看不见的手和隐蔽的手，所以他试图从事西西弗斯[*]式的解释工作，把任何一堆似乎非设计的、巧合在一起的孤立事实都解释为有意设计的产物，并且也将每一种似乎设计的产物都解释为一堆非设计的事实！不断进行这种重复工作也挺有意思的，即使不过是原地转圈而已。

20

既然我对看不见的手的解释无法提供一种明确的说明，[⑬]既然这个观念在本书以下部分发挥了重要作用，我就举一些例子向读者表明，当说到这种类型的解释的时候，我们究竟是什么意思。（用来说明这种解释类型的例子不必都是**正确的**解释。）

   1. 进化论中（通过随机突变、自然选择和遗传变异等）关于有机体和种群之特征的解释。（詹姆斯·克罗和莫图·金姆拉概括了一些数学公式，见《种群遗传学导论》，纽约：哈珀—劳出版公司，1970 年。）

   2. 生态学中关于动物种群控制的解释。（见劳伦斯·斯洛博金：《动物种群的增长和控制》，纽约：霍尔特、林耐哈特和温斯顿公司，1966 年，见其中有关的概括。）

   3. 托马斯·谢林的解释模型（《美国经济评论》，

---

[*] 古希腊的一个暴君，死后在地狱中被罚推石上山，但石在接近山顶时又滚下，于是重新再推，如此反复，循环不息。——译者注

[⑬] 关于看不见的手的解释所必须考虑的问题之起源，见哈耶克（F. A. Hayek）的论文"关于行为规则体系演化的注释"和"人类行为的结果而非人类的设计"，载于他的《哲学、政治学和经济学研究》，芝加哥：芝加哥大学出版社，1967 年，又见他的《自由宪章》第 2 章和第 4 章，芝加哥：芝加哥大学出版社，1960 年。也见本书第 10 章关于设计手段和过滤手段的讨论。为了明白我们离这个起源有多近，请注意这里所说的任何东西，对于为什么并非所有关于变量之间功能联系的科学解释（不诉诸意图的解释）都是看不见的手的解释，没有提供任何解释。

1969 年 5 月号，第 488—493 页）表明，极端的居住隔离模式是如何通过这样的个人而产生出来的，而这些个人并非有意隔离，但是他们希望（例如）所居住的地方有百分之五十五的人口属于自己的群体，并为此目的而移居。

4. 关于各种复杂行为模式的一些条件操作解释。

5. 理查德·赫恩斯坦关于一个社会的阶级分层模式中遗传学因素的讨论（《精英阶层中的智商》，大西洋月刊出版社，1973 年）。

6. 关于在市场中如何完成经济核算的讨论。（见路德维希·冯·米塞斯：《社会主义》第二部分《人的活动》第 4、7—9 章。）

7. 关于市场中外部干预的效果和关于新均衡理论的建立和性质的微观经济学讨论。

8. 简·亚柯比对什么东西使城市中的某些部分更为安全的解释，见《美国大城市的毁灭和生存》，纽约：兰顿书屋，1961 年。

9. 贸易周期的奥地利学派理论。

10. 卡尔·多伊奇和威廉·马多观察到，在一个从很少的选择中做出大量重要决定（这些决定后来能被评估为正确的）的机构里，如果大量的人有机会对应该如何做出决定发表意见，那么就会有一些人获得明智顾问的声誉，即使所有人都是随便地决定提出什么样的建议。（"大型官僚机构中关于智慧现象的笔记"，载《行为科学》1961 年 1 月号，第 72—78 页。） 21

11. 通过弗里德里克·弗雷对彼得原理的修改的再修改而产生的模式：当其不能胜任被觉察出来时，人们在其不能胜任的水平上连升了三级。

12. 罗伯塔·华尔斯特德的解释：与"阴谋"论者相反，它解释了在有证据表明日本人即将攻击珍珠港的情况下，为什么美国并没有采取行动。（《珍珠港：警告与决策》，斯坦福大学出版社，1962 年。）

13. 关于"犹太人智力超群"的解释，这种解释将注意力放在众多几个世纪以来都没有孩子的最聪明的天主教徒身上，而与此相反，犹太教的拉比则被鼓励去结婚和生育。

14. 关于为什么公共利益不是单由个人行为来提供的理论。

15. 阿门·阿尔基恩提出了一种与亚当·斯密不同的看不见的手（用我们后面使用的术语说，一种过滤器，见"不确定、进化和经济学理论"，载于《政治经济学杂志》，1950 年，第 211—221 页。）

16. 哈耶克的解释，即通过人们基于别人如何调整行为而同样调整自己的行为来影响其局部形势，通过向所展示的样板学习，社会合作如何利用了比任何个人所掌握的更多的知识，从而社会合作创造了新的制度形式和新的一般行为模式等等。（《自由宪章》，第 2 章。）

一种有价值的研究活动是对看不见的手的解释的不同模式（和结合）加以分门别类，具体地说明哪些类型的看不见的手的解释能够解释哪些类型的行为模式。我们在这里可以提到两种类型的看不见的手的过程，即过滤过程和平衡过程，而通过这些过程，一种行为模式 P 能够产生出来。在过滤过程中，只有适合 P 的东西才能够通过过滤过程，因为这种过程或结构过滤掉了所有非 P 的东西；而在平衡过程中，每一个组成部分都对"局部"条件产生反应和调整，每一次调整都改变了与其相邻的组成部分之局部环境，以致局部调整的波动总和构成了或实现了P。（某些这样波动的局部调整不会产生一种平衡的行为模式，甚至不会产生一种动态的行为模式。）一种平衡过程可以通过许多不同的方式来帮助维持一种行为模式，此外，也许存在一个过滤器用来清除这种行为模式中的异端成分，因为这些异端成分是如此之多以致不能为内部的平衡机制所容纳。也许这类解释的最精致形式是包含两个平衡过程，每一个过程面对小股异端成分时在内部维持其行为模式，而且每一个过程也都是一种过滤器，用来清除出现的大规模异端成分。

　　另外，我们还应该指出，过滤过程的观念能够使我们以一种方式认识到，在社会科学的哲学中，方法论的个人主义作为一种众所周知的立场可能是错误的。如果有一个过滤器过滤掉（破坏掉）所有非P的Q，那么关于为什么所有的Q都是P（适合行为模式P）的解释将参照这个过滤器。对于每一个特殊的Q，可能有一个特殊的解释来说明为什么它是P，它如何变成P，以及什么东西维持它作为P。但是，这种关于为什么所有的Q都是P的解释并不是这些单个解释的联合（即使它们包括了所有存在的Q），因为这些单个解释的联合也是应该加以解释的东西的一部分。这种解释应该参照这个过滤器。为了澄清这点，我们可以想象，对于为什么单个的Q是P，我们没有任何解释。某些Q是P，这仅仅是最终的统计学规律（至少就我们知道的而言）；我们甚至无法发现任何稳定的统计学规则。在这种场合，我们能够知道为什么所有的Q都是P（而且知道存在着Q，甚至也许还知道为什么存在着Q），而对任何一个Q都一无所知，对为什么它是P都一无所知！这种方法论的个人主义立场否认存在着任何基本的（未经还原的）

22

社会过滤过程。

支配的保护性社团是一个国家

我们已经提供了一种关于国家的看不见的手的解释吗？至少在两个方面，这种私人的保护性社团组织可能被认为不同于一个最低限度的国家，可能无法满足一种最低限度的国家观念：（1）它看来允许一些人强行他们自己的权利；以及（2）它看来并不保护在其领土范围内的所有个人。对于麦克斯·韦伯（Max Weber）传统的作家来说，⑭ 拥有一个地域内使用强力的垄断权是国家存在的关键特征，而这种垄断权与私人强行权利是不相容的。正如马沙尔·柯亨（Marshall Cohen）在一篇还未发表的文章中指出的那样，一个国家可以没有对强力使用的**实际**垄断而存在，而它也没有授权他人使用这种强力；在一个国家的边界内，可以存在着诸如黑手党、三 K 党、白人公民协会、罢工的工会分子以及"气象员"激进团体等这些也使用强力的群体。**要求**这样一种垄断权不是成为一个国家的充足条件（如果你要求它，那么你也不会因此而成为一个国家），成为它的唯一要求者也不是一个必要条件。并不需要每一个人都承认国家拥有这种垄断权的合法性，这或者是因为作为和平主义者他们认为任何人都没有权利使用强力，或者是因为作为革命者他们相信任何一个既定国家都没有这种权利，或者是因为他们相信，他们有权利进行和停止任何活动，而无论国家说什么。这样，表述国家存在的充分条件就变成了一件困

---

⑭ 见麦克斯·韦伯（Max Weber）：《社会和经济组织的理论》，纽约：自由出版社，1947 年，第 156 页；以及麦克斯·莱茵斯坦（Max Lheinstein）编：《麦克斯·韦伯论经济和社会中的法律》，麻省剑桥：哈佛大学出版社，1954 年，第 13 章。

难的和麻烦的任务。⑮

就我们在这里的目的而言，我们只需要关注一种必要条件，而这种必要条件显然是私人保护机构（或者它内部的任何组成部分）的制度所无法满足的。国家要求拥有一种垄断权，来决定谁在什么时候可以使用强力；国家声称，只有它才能够决定谁可以使用强力以及在什么条件下使用；国家为自己保留了在其边界内批准合法使用强力和允许使用强力的独有权利；另外，国家还声称拥有惩罚所有人的权利，只要这些人违反了它声称拥有的垄断权。这种垄断权可能以两种方式被违反：（1）一个人可能未经国家授权，便使用强力；或者（2）虽然一个群体或一个人自己没有使用强力，但是他们可能将自己树立为另外一个权威（甚至声称是唯一合法的权威），能决定什么时候和由谁来使用强力是合适的和合法的。一个国家是否必须拥有惩罚第二种违反者的权利，这是不清楚的；而任何国家是否能够实际上避免在自己边界内惩罚某个重要的群体，这也是值得怀疑的。至于这里谈论的究竟是哪种"可以"、"合法"和"允许"，我绕开了这些问题。道德上的允许不是一个做出决定的问题，而且国家没有必要如此自大，以致要求 24 拥有决定道德问题的唯一权利。至于说法律上的允许，为了避免循环论证，就需要在说明法律制度的时候不要使用国家的观念。

按照我们的目的，我们可以说，一个国家存在的必要条件是它（某个人或某个组织）宣布，它将尽其所能地（考虑这样做的代价、可行性以及它应该做的更重要的其他事情，等等）惩罚所发现的、未经其明确允许而使用了强力的任何人。

⑮　比较哈特（H. L. A. Hart）对类似的法律制度之存在问题的讨论，见《法律的概念》，牛津：克莱伦顿出版社，1961 年，第 113—120 页。

（这种允许可以是一种特殊的允许，也可以是通过一般规章或授权而得到承认的。）这种做法仍然不会完全管用：国家可以保留**事后**（ex post facto）赦免某些人的权利；而为了进行惩罚，可能不仅需要发现未经授权的使用强力，而且要通过某种具体的证明程序来证明它的确发生了，如此等等。但是这种做法能够使我们把论证继续下去。看起来，保护性机构并没有做出这样的宣布，无论是个人的宣布还是集体的宣布。**它看起来也不具有做出这种宣布的道德合法性**。所以，如果私人的保护性社团制度不做任何道德上不合法的事情，那么它们看起来就缺少垄断的因素，从而看起来也就无法构成一个国家或包含一个国家。为了检验垄断因素的问题，我们将不得不考虑某个群体的人们（或某个人）的处境，这些人生活在一种私人的保护性社团制度内，但是拒绝加入任何保护性社团；这些人坚持由自己来判断他们的权利是否受到了侵犯，并且（如果他们判断受到了侵犯）坚持由个人来强行他们的权利，即惩罚那些侵犯其权利的人或向他们索取赔偿。

认为这种私人的保护社团制度不能算作一个国家的第二个理由是，在这种制度下（除了连带作用以外），只有这些付钱购买保护的人们才得到了保护，而且，他们也可以购买不同等级的保护。现实经济问题又一次出现了，除了他们选择的人之外，任何人都不会付钱为别人购买保护服务；也不会要求任何人来为别人购买保护或者为别人购买保护而努力。保护和强行人们的权利被当做一种由市场提供的经济商品，就像其他诸如食品和衣物之类的重要商品一样。然而，在通常的国家观念中，生活在它地理边界内的每个人都得到了（或至少有资格得到）它的保护。除非某些私人团体捐助足够的资金以支付这种保护的费用（付钱给侦探和警察，以使他们将罪犯捉拿归案、交给法庭和投入监狱），或者除非国家建立某种公共事业以使它能够收费来支付这些费用，* 否则人们将会认为，提供如此广泛保护的国家一定是再分配的。它一定会是这样的国家，在这种国家中，某些人付更多的钱，以使其他人能够得到保护。确实，为主流政治理论家所严肃讨论的最低限度国家，古典自由主义理论的守夜人式国家，看起来就是以这种方式成为再分配的。然而，一个保护机构，一个商家，如何能够向某些人收费而向其他人提供它的保护呢？⑯（我们将这样一些事情忽略不计，如一些人为别人支付了部分费用，因为这个机构要是对顾客的种类进行细分以使其收费符合他们得到的服务，这会代价过高。）

这样看来，在一块领土之内，支配的保护性机构不仅缺少对强力使用的必要垄断，而且也不能为其领土内的所有人都提供保护，所以，这种支配的机构看起来还不能成为一个国家。但是，这种表面现象是骗人的。

---

* 我听过这种说法，国家可以通过发行彩票来满足自己的财政需要。但是，既然它没有权利禁止私人企业家做同样的事，那么为什么认为国家会比任何其他竞争的商家在吸引顾客购买彩票方面更为成功？

⑯　关于医生对此问题的看法，见鲁本·克塞尔（Reuben Kessell）的"医疗中的价格歧视"，载于《法律和经济学杂志》第1卷，第一期（1958年10月），第20—53页。

第三章 道德约束和国家

最低限度的国家和超低限度的国家

26　　古典自由主义理论中的守夜人式国家，其功能局限于保护它的所有公民免于暴力、盗窃、欺诈以及强制履行契约等等，这种国家看起来是再分配的。① 我们至少可以想象，一种社会安排介于私人的保护性社团制度和守夜人式国家之间。既然守夜人式国家通常被称为"最低限度的国家"（minimal state），那么我们将把这种社会安排称为**"超低限度的国家"**（ultra-minimal state）。除了必要的当即自卫以外，超低限度的国家保持着对所有强力使用的垄断权，从而排除了私人（或机构）对侵害进行报复和索取赔偿。但是，它只向那些购买了它的保护和强制保险的人提供保护和强制服务。没有向这个垄断机构付钱以得到保护契约的人们则得不到保护。最低限度的（守夜人式）国家相当于超低限度的国家，但是前者拥有一种（显然是再分配的）弗里德曼式（Friedmanesque）担保计划，

27　其资金来源于每年的税收。* 按照这个计划，所有人或某些人（例如那些需要者）能够得到以税收为基础的担保，而这种担

---

　　① 在本节和下一节中，我将叙述和丰富我在"关于兰德的论证"脚注 4 中对这些问题的讨论，见《人格主义者》1971 年春季号。

　　* 密尔顿·弗里德曼（Milton Friedman），《资本主义和自由》第 6 章，芝加哥：芝加哥大学出版社，1962 年。显然，弗里德曼学派的担保在由谁来提供产品的问题上允许进行选择，所以不同于这里所想象的保护担保。

保只能用来向超低限度的国家购买他们的保险。

　　既然就其迫使一些人出钱为另外一些人提供保护而言，守夜人式国家看来是再分配的，那么这种主张的支持者就必须解释，为什么国家的再分配功能只有这一种。如果为了保护所有人的某种再分配是合法的，那么为什么用于其他更有吸引力和更可欲的目标的再分配就不是合法的？什么理论能专门选择保护性服务作为唯一合法的再分配行为？一旦发现了这种理论，它也许表明，提供保护性服务**不**是再分配的。更准确地说，"再分配的"这个词适用于某种安排的**理由**类型，而不适用于某种安排本身。如果一种安排之主要的（唯一可能的）支持理由自身是再分配的，我们可以简略地把这种安排称为"再分配的"。（"家长制的"也是以类似的方式发挥功能。）找到令人信服的非再分配的理由能够使我们丢弃这个标签。一个机构从一些人那里收取金钱然后把它给予另外一些人，我们是否把它视为再分配的，依赖于我们如何看待它这样做的**理由**。归还偷窃的金钱或者对侵权做出赔偿，其理由**不**是再分配的。迄今为止，我只是说守夜人式国家**看来**是再分配的，这样就为其他可能留有了空间，即可能找到非再分配的理由来证明某些人为另外一些人提供保护性服务是正当的。（我将在第一部分的第 4 章和第 5 章探讨这样的理由。）

　　超低限度的国家的支持者看起来处于一种矛盾的立场，即使他避开了什么东西使保护成为唯一适合进行再分配的问题。出于对保护权利不受侵犯的巨大关切，他使这种保护成为国家的唯一合法功能；他坚持所有其他的功能都是不合法的，因为它们自身都牵涉到侵犯权利。既然他赋予保护和不侵犯权利以至高无上的地位，那么他如何能够支持这种看来使某些人的权利没有得到保护或疏于得到保护的超低限度的国家？他如何能够以不侵犯权利的**名义**来支持这种国家？

28

道德约束与道德目标

这个问题假设：道德关切只能作为一种道德**目标**而发挥功能，只能作为某些行为所要达到的结果的一种最终状态而发挥功能。"正当"、"应当"和"应该"等等应按照什么东西能够（或者预期能够）产生最大的善来加以解释，而所有的目标都被纳入这种善之中，这看起来确实是一种必然的真理。[2]这样，人们通常认为，功利主义（它就具有这种形态）的错误在它的善观念过于狭隘。据说，功利主义没有对权利及其不可侵犯性给予适当的重视；相反，它将它们置于次要的地位。许多针对功利主义的反例都属于这类论证，例如，惩罚一个无辜的人以使一位邻居免于疯狂报复。但是，一种理论可以将权利的不可侵犯置于优先的地位，然而却在错误的地方和以错误的方式来这样做。让我们假设，所要达到的最终状态是把侵犯权利的总量减少到最小程度，这样我们就有了某种类似于"权利功利主义"（utilitarianism of rights）的东西，而它与一般功利主义的唯一区别在于，对权利的侵犯（**应减少到最小程度**）代替了幸福总量作为相关的最终状态。（注意，我们并不主张把权利的不可侵犯当做我们唯一最大的善，或者将权利的不可侵犯按照词典式序列排在首位以排除用权利做交易。如果有一个值得想望的社会，即使我们的某些权利有时会受到侵犯，我们也会选择居住于其中，而不会移居到一个荒岛，在那里我们只能独自勉强度日。）这仍然会要求我们有时侵犯一些人的权利，只要这样做能够将社会上侵犯权利的总量减少到最小的程度。例如，侵犯某人的权利可能会阻止其他人预谋的更

---

② 关于这种观点是错误的一个清晰评论，见罗尔斯的《正义论》，麻省剑桥：哈佛大学出版社，1971年，第30、565—566页。

严重的侵犯权利行为，或者会消除**他们**这样做的动机，或者会
转移他们的注意力，等等。一群暴徒经过城镇时杀人放火，这 　29
将侵犯生活在那里的人们的权利。所以，有人可能试图证明他
惩罚另一个触怒暴徒的人是正当的，而**他**知道这个人对此是无
辜的，因为惩罚这个无辜的人有助于避免其他人更大程度地侵
犯权利，从而导致这个社会里的权利侵犯减少到最低值。

　　与把权利纳入所要达到的最终状态相反，人们可以把权利
当做对所要从事的行为的边界约束（side constraints）：不要违
犯约束 C。其他人的权利决定了对你的行为所施加的约束。
（一种附带有约束**目标导向的**观点是：在你可以采取的并不违
犯约束 C 的各种行为中，应该这样行动以使目标 G 达到最大
化。在这里，其他人的权利将会约束你的目标导向行为。我并
不是说，正确的道德观点应该包含有必须追求的指定目标，即
使这些目标处于约束之中。）这种观点与另外一种观点是不同
的，后者试图将边界约束 C **纳入**目标 G 之中。边界约束的观
点禁止你在追求其目标的过程中违反这些道德约束，而目的在
于使侵犯权利达到最小化的观点则允许你侵犯权利（违反约
束），以便减少社会上侵犯的总量。*

　　我们现在能够明白，主张超低限度的国家的支持者是矛盾 　30
的，意味着假定他是一位"权利的功利主义者"。例如，它假
定，他的目标是使社会的侵犯权利总量达到最小化，以及他应
该追求这个目标，即使所使用的手段本身会侵犯人们的权利。

---

* 不幸的是，迄今为止只有极少种类的道德观点的结构得到了细致探讨，尽
管肯定还有许多其他令人感兴趣的结构。边界约束的论证不是结论性的，因为它
在很大程度上依赖于反对最终状态最大化的结构的论证，而那些其他的结构则还
没有得到详尽的研究。（在第 46 页〔边码〕，我们描述了一种观点，它既不完全
符合边界约束的结构，也不完全符合最终状态的结构。）一系列结构应该得到细致
的阐述和研究，也许某种新结构将会是最合适的。

与此不同，他也可以把权利的不可侵犯当做对行为的一种约束，而不是将它纳入所要实现的最终状态（或者把将它纳入所要实现的最终状态当做一种补充）。这个超低限度的国家支持者所持的立场要想是一致的，那么他就要坚持这样的权利观念：你**被迫**为他人福利做出贡献是侵犯了你的权利，而别人没有为你提供你非常需要的东西，其中包括为保护你的权利所必需的东西，这种做法**本身**则没有侵犯你的权利，即使这种做法避开了这个问题，即应该使别人更难以侵犯你的权利。（这个观念将是一致的，只要它不把超低限度的国家的垄断看做是对权利的侵犯。）显然，它是一种一致的立场，但这并不表明它是一种可以接受的立场。

为什么是边界约束？

接受边界约束 C，而不是接受使违反 C 达到最小化的观点，这是不是**不合理的**？（后一观点把 C 当做一个条件而非一

（接上页）一种边界约束的观点是否能被纳入没有边界约束的目的论形式之中，这是一个麻烦的问题。例如，人们可能认为，一个人能够在其目标中区别开**他自己**的侵犯权利与别人的侵犯权利。如果前者在其目标中具有无限的（否定的）重要性，那么任何阻止别人侵犯权利的力量都无法压倒他自己对别人权利的侵犯。除了目标具有无限的重要性以外，还会出现指示性的表达，例如"**我所做的事情**"。一种界定"约束观点"的精确陈述将会排除这些骗人的把戏，即将边界约束变成某种形式的最终状态观点。将一种约束性的最小化问题变为一系列辅助功能的非约束性最小化的数学方法，是由安东尼·菲亚科（Anthony Fiacco）和加斯·麦克科米克（Garth McCormick）在《非线性程序：序列的非约束性最小化技术》（纽约：威利公司，1968 年）中提出来的。这本书令人感兴趣的东西有两个方面，一个是它的方法，一个是在我们所关注的领域方面存在的局限性。也请注意在这种方式中，刑罚功能包括约束以及刑罚功能重要性方面的变化，等等。

这些边界约束是不是绝对的，它们是否可以为了避免灾难性的道德恐慌而加以违反，如果是后者，那么将会导致什么样的结构，这些问题是我希望尽量避开的。

种约束。）如果 C 的不可违反是如此重要，那么这不应该是一个目标吗？对不违反 C 的关切如何能够导致拒绝违反 C，即使有时这种违反会防止更大规模的违反 C？什么理论能够使权利的不可侵犯成为对行为的一种边界约束，而非仅仅将其当做人的行为目标？

对行为的边界约束反映了康德主义的根本原则：个人是目的，而不仅仅是手段；没有他们的同意，他们不能被牺牲或被用来达到其他的目的。个人是神圣不可侵犯的。为了阐明这种关于目的和手段的说法，应该做更多的说明。让我们考虑一个关于手段、工具的例子。首先，对于我们如何使用一件工具，没有任何边界约束，除了对我们能够用它对别人做什么所施加的道德约束以外。有一些程序需要加以遵守以便于在将来使用它（"不要把它放在外面让雨淋"），而且也存在着一些使用它的或多或少有效率的方式。但是对于我们可以用它做什么以尽可能达到我们的目标，则没有任何限制。现在让我们设想，对某种工具的使用有一种压倒性的约束 C。例如，这种工具只能在这样的条件下借给你，即 C 不能被违反，除非得自违反的收益会超过某一确定的数额，或者除非这种违反对于达到某一确定的目标是必需的。在这里，这个物件不**完全**是你的工具，因为你不能完全按照你的愿望和想法来使用它。但是，无论如何它还是一个工具，即使考虑到这种约束是可违反的。如果我们对它的使用施加了不可违反的约束，那么这个物件**在这些使用方式中**就不是被当做一个工具。**就这些方面来说**，它根本就不是一个工具。人们能不能在**任何方面**都施加足够的约束以致一个物件完全不能被用作一个工具？

能不能对影响他人的行为施加约束，以至于除了他选择的目的之外他不能为了任何目的而被利用？如果它要求，我们对一个物品的每一次使用都要得到向我们提供这个物品的人的赞同，那么这是一个过于严格的条件。即使该要求仅仅是他不反对我们所计划的任何使用，这也会严重损害双方的交易，更不用说这些交易的连续进行了。对方只要坚持从交易中得到足够的东西，以致他愿意进行交换，这就足够了，即使对于你使用这个物品的一两种用法，他表示反对。在这样的条件下，就此而言，对方不是仅仅被用作一个手段。另一方如果知道你**打算**如何利用他的行为或他的物品，就不会愿意同你打交道，那么即使他能够（在无知中）愿意同你打交道而获得足够的好处，他也**是**在被用作一个手段。（选择同别人打交道的人有时会说"你一直在**利用**我"，因为他对另一个人的目标以及打算如何利用自己，他都一无所知。）如果一个人有充分的理由相信，假如对方知道他如何利用打交道就会拒绝同他打交道，那么透露他准备如何利用打交道是其义不容辞的责任吗？如果他不透露这点，那么他是在**利用**别人吗？在什么情况下，别人完全不愿意被利用？看见一个漂亮的人从旁边经过，从而感到快乐，这是把别人仅仅用作手段吗？③ 有人这样把别人用作性幻想的一个对象吗？这些以及与其相关的问题对道德哲学提出了非常有趣的论题，但我认为，它们不是政治哲学的问题。

政治哲学仅仅关心人们不可以利用他人的**某些**方式，主要是人身的侵害。对针对他人的行为的特定边界约束表达了这个事实，即不能以边界约束所排除的特定方式来利用他人。边界约束在其所规定的方式中，表达了他人的神圣不可侵犯性。下述命令表达了这种形式的不可侵犯性："不要以某些特定的方式利用人们。"另一方面，目的—状态观点（end – state view）

---

③　哪一个对哪一个？这通常是一种非常有用的提问方法，如：
"一个禅宗大师与一个分析哲学家之间的区别是什么？"
"一个人在说谜，另一个人在谜一样地说。"

将会以不同的命令来表达人是目的而不仅仅是手段的观点（如果它愿意表达这种观点的话）："使以某种特定方式把人用作手段的情况减少到最低的程度。"遵循这个戒律本身就会牵涉到以某种特定方式将他人用作手段。如果康德持有这种观点，那么他就会将第二个绝对命令改写为："这样行动，以使把人仅仅用作手段减少到最低的程度。"实际上他的第二个绝对命令是："以这样一种方式行动，你永远把人决不仅仅当作手段，而永远同时当作目的，无论是对你自己还是其他的人。"④

　　边界约束表达了他人的神圣不可侵犯性。但是，为什么一个人不可以为了更大的社会利益侵犯人们呢？就个人而言，我们每一个人有时愿意为了更大的利益或避免更大的伤害而经受某些痛苦或牺牲：我们去看牙医以避免以后遭更大的罪；我们为了其结果而做某种令人不快的工作；某些人节食以改善他们的健康或外貌；某些人储蓄金钱以供他们到老年时用。在这些场合，为了更大的整体利益，一些代价被承受了。那么为什么不能**同样**主张，为了社会的整体利益，一些人应承受一些代价以使其他人们获得更多的好处？但是，并不存在拥有利益的**社会实体**，这种社会实体能够为了自己的利益而承受某些牺牲。33 存在的只是个体的人，具有他们自己个别生命的不同的个体的人。为了其他人的利益而利用其中的一个人，就是利用他而使别人得到好处，仅此而已。所发生的事情是，对他做了某些事情，却是为了别人的缘故。谈论社会整体利益就把这个问题掩盖起来了。（故意的？）以这种方式利用一个人就是没有充分

_____

④　《道德形而上学基础》，H. J. 佩顿（H. J. Paton）译，伦敦：哈钦森出版公司，1956年，第96页。

地考虑和尊重这个事实，即他是一个各别的人，⑤ 他的生命是他拥有的唯一生命。他并没有从他的牺牲中得到某种超值利益，而且任何人都没有权利将这种牺牲强加在他身上——其中最没有权利这样做的就是国家或政府，而国家或政府则（当其他人并非如此时）要求他保持效忠，因此，国家或政府必须在其公民之间是严格**中立**的。

极端自由主义的约束

我认为，对我们能够做什么的道德边界约束反映了我们各别存在的事实。这些约束反映了这个事实，即在我们之间不能进行道德上的平衡。我们之中任何一个人的生命之道德分量都不能为了获得更大的整体**社会**利益而被别人所压倒。为了其他人而牺牲我们之中一些人，这种做法的正当性是无法得到证明的。存在着不同的个人，他们拥有各别的生命，所以任何人都不可以为了他人而被牺牲，这是一个根本的理念。这个根本理念是道德边界约束之存在的基础，但我相信，它也导向一种禁止侵害别人的极端自由主义的（libertarian）边界约束。

目的—状态最大化的观点的力量越强，能够抵御它的根本理念就必须越有力，而这个根本理念构成了道德边界约束之存在的基础。因此，不同个人的存在必须得到更认真的对待，他们不是其他人可以利用的资源。如果一种基本观念非常有力，能够支持道德边界约束来对抗最终状态最大化观点的强有力的直觉力量，那么它就足以导出对侵害他人的极端自由主义约束。任何拒绝**这种特殊**边界约束的人有三种选择：（1）他必须拒绝**所有**的边界约束；（2）关于为什么要有边界约束而不仅仅是目标导向的最大化结构，他必须给出一种不同的解释，

---

⑤   见罗尔斯《正义论》，第5、6、30节。

而这种解释本身与极端自由主义的边界约束没有丝毫关系；或 34
者（3）他必须接受关于个人之个别存在的这个强势提出的根
本理念，同时又要坚持首先侵害他人与这个根本理念是相容
的。这样，我们就有了一个很好的从道德形式到道德内容的论
证纲要：道德形式包含 F（道德的边界约束）；关于道德包含
F 的最好解释⑥是 P（关于个人之区别的有力陈述）；以及从 P
推论出一种特殊的道德内容，即极端自由主义的约束。这个论
证所得出的特殊道德内容，其焦点在于这个事实，即存在着不
同的个人，每个人都拥有他**自己**要过的生活，而这种特殊的道
德内容还不是**完全的**极端自由主义约束。它只是禁止牺牲一个
人以使别人获得好处。还需要前进一步，达到禁止家长制的侵
犯：以对该人有好处的理由而对这个人使用武力或威胁使用武
力。对此，人们必须强调这个事实，即存在着不同的个人，每
个人都拥有他自己**要过的**生活。

　　互不侵犯原则一般被认为是处理国家之间关系的适当原
则。独立自主的个人与独立自主的国家之间存在什么区别，而
这种区别使侵犯在个人中间成为可允许的？为什么个人通过政
府联合起来就能对人做任何国家对另一个国家都不能做的事情
呢？如果个人与国家之间确有区别，那么也是为个人之间的互
不侵犯提供了更强的理由；与国家不同，个人并不包含作为部
分的个人，以至他人可以合法地介入其中以进行保护或防御。

　　我不打算在这里详细讨论禁止人身侵犯的原则，而只想指
出，它不禁止使用武力以抵御成为一种威胁的对方，即使他是
无辜的并且不应受到报复。一个**无辜的威胁者**是这样的人，他

---

　　⑥　见吉尔伯特·哈曼"关于最好解释的推理"，《哲学评论》1965 年，第
88—95 页；以及《思想》，新泽西州普林斯顿：普林斯顿大学出版社，1973 年，
第 8、10 章。

在这样的过程中无辜地成为一个原因主体（causal agent），即如果他愿意成为这样的一个主体，那么他就会是一个侵犯者。如果一个人抓起一个第三者向你掷来，使你落入深井，那么这个第三者既是无辜的，也是一个威胁；如果他愿意沿着那个轨迹向你射来，那么他就是一个侵犯者。假如这个下落的人在砸到你身上以后还能活下来，那么你是否可以在他砸到你并葬送你之前用你的射线枪将这个下落的身体击碎？极端自由主义的禁令通常禁止使用暴力伤害无辜的人。但是我想，无辜的威胁是另一码事，它要应用不同的原则。⑦　这样，这个领域的完备理论还必须阐明对无辜威胁的反应的**不同**约束。更复杂的情况是**具有威胁的无辜盾牌**（innocent shields），这些无辜的人自己不是威胁，但是他们所处的局势使他们将被阻止威胁的唯一手段所伤害。被绑在侵犯者的坦克前面的无辜者就是具有威胁的无辜盾牌，因为不击中他们，就不能击中坦克。（对某人使用武力以影响侵犯者，其行为对象并不属于威胁的无辜盾牌；例如，拷打侵犯者的孩子以便阻止侵犯者，但这个孩子并不是其父母的**盾牌**。）一个人是否可以故意伤害无辜的盾牌？如果一个人攻击侵犯者并伤害了无辜的盾牌，那么这个无辜的盾牌是否可以奋起自卫（假设他无法对侵犯者做动作或者反击侵犯者）？我们是在使自卫中的两个人相互开战吗？同样，如果你对一个影响到你的无辜威胁者使用武力，那么你是否也变成了一个针对他的无辜威胁者，以致他可以正当地对你也使用武力（假如他可以这么做，那么还是无法防止他成为最初的威

---

⑦　见汤姆森（Judith Jarvis Thomson）："为堕胎辩护"，《哲学与公共事务》，1971 年，秋季号，第 52—53 页。自从我的讨论被写成文章以后，约翰·霍斯佩尔斯（John Hospers）在一篇分两次发表的文章中讨论了同样的问题，"关于惩罚和报复性使用武力的几个问题"，《理性》1972 年 11 月号和 1973 年 1 月号。

胁)？我在这里反复推敲这些不可思议的难题，仅仅是想指出，一种声称以互不侵犯为中心的观点必须在某种意义上明确地解决这些难题。

约束与动物

我们可以通过思考某些生物来说明道德边界约束的地位和含义，而对于这些生物，即非人类的动物，这些严格的边界约束通常并不被认为是适当的（或不完全是适当的）。关于我们可以对动物做什么，有任何限制吗？动物是不是只有纯粹**客体**的道德地位？某些意图并不能够使我们有资格将巨大代价强加给动物吗？什么东西能够使我们完全有资格利用动物？

动物具有某种价值。当人们认真思考去做什么的时候，起码某些高级动物应该给予考虑。要**证明**这点是困难的。（要证明人具有某种价值，也是困难的！）我们首先举一些特殊的例子，然后来进行论证。如果你喜欢咬自己的手指，咬时也许会伴随着某种音乐的节拍，而且假如你知道，出于某种奇怪的因果关系，你咬自己的手指会引起一万头悠闲的、无主的牛在经历巨大的痛苦和折磨后死去，甚或毫无痛苦地瞬间死去，那么你咬自己的手指是完全合适的吗？但有什么理由能够说这样做在道德上是错误的？

有人说，人们不应该这样做，因为这样的行为会使他们变得残酷无情，会使他们更有可能拿人的生命来取乐。他们认为，这些行为本身在道德上是无可非议的，但是它们有一种不可取的道德副作用（moral spillover）。（如果这样的副作用根本不可能产生，例如，如果一个人知道自己是地球上的最后一个人，事情就会变得不同。）但是，为什么**应该**有这样一种副作用？如果无论出于什么理由对动物做任何事情本身都是完全合适的，那么为什么只要一个人认识到动物与人之间存在着明

确的界限，并在行动时将其牢记在心，这种杀死动物的倾向就
会使他变得残酷无情，就会使他更有可能伤害人或杀人呢？屠
夫们更容易犯谋杀罪吗？（比其他手边有刀的人更有可能吗？）
如果我喜欢用一个棒球棒准确地击打棒球，那么这会大量增加
我击打别人脑袋的危险吗？如果是我没有能力理解人不同于棒
球，那么凭这种理解就能消除这种副作用吗？为什么在动物的
场合事情就变得不一样了？确实，副作用是否发生，这是一个
经验问题；但是对于它为什么会发生，则**存在**着一种困惑，至
少对于本书的读者，对于能够做出人与动物的区分并依据它们
采取不同行为的明智者，这种困惑是存在的。

　　如果一些动物具有某种价值，那么哪些动物具有，它们具
有多大的价值，而这些事情如何能够加以确定？让我们假设
（我相信证据能够支持这种假设），**食用**动物不是为**健康**所必
需的，而且与美国人的其他同等健康饮食习惯相比，也不是更
省钱，那么从食用动物所得到的东西就是口唇的快感、口腹之
乐和口味的花样了。我并非主张，它们不是真正的快感、快乐
和趣味。问题在于：它们，或者食肉比完全食素所得到的额外
快乐，能够**压倒**关于动物生命和痛苦的道德考虑吗？如果动物
确实具有**某种价值**，那么由食肉而非食素所得到的**额外**收获是
否比道德代价更大？这些问题如何解决呢？

37　　我们也许可以尝试考察一下具有可比性的案例，并将我们
关于这些案例所做的判断推广到我们面前的例子。例如，我们
可以考察一下打猎的案例，我在此假定，仅仅为了取乐而猎杀
动物是不合适的。由于打猎的**目的**和提供乐趣的东西就是追
逐、打伤和杀死动物，所以打猎是不是一个特例？让我们假
设，我喜欢抢棒球棒，并从中得到乐趣，碰巧在抢它的地方站
着一头牛，所以抢这根棒子就会不幸地打碎这头牛的脑袋。但
是我不会从打碎脑袋中得到乐趣，快乐来自于锻炼我的肌肉，

来自于我抢的很好，等等。作为我做这件事的一个附带后果（不是一个手段），这个动物的颅骨被击碎了，这是不幸的。确实，我可以不抢这根大棒，代之以弯腰触摸我的脚尖或做其他的锻炼。但是这样得到的乐趣与抢棒子是无法相比的，我不会从中得到那么多的乐趣、快感和快乐。所以问题在于：与最可采用的不会伤害动物的其他行为相比，为了得到抢棒的额外快乐而抢这根棒子，对我来说是合适的吗？假设这不仅仅是放弃今天抢棒快乐的问题；假设每一天都会出现同样的状况，只不过面对不同的动物。是否存在着某种原则，而这种原则能够允许为了所带来的**额外**快乐杀死并食用动物，但是却不允许为了所带来的额外快乐抢这根棒子？这种原则能够是什么样的？（这比食肉要更好一些吗？如果杀死动物以取出骨头，用这个骨头可以做出可用的最好棒子，而其他材料做成的棒子不会带来同样的快乐，那么杀死动物以获得额外的快乐，这种**额外**快乐是使用其骨头做成的棒子带来的，这是合适的吗？如果你能够雇用某人替你杀死动物，这在道德上会是更能被允许的吗？）

　　这样的例子和问题可以帮助人澄清他希望画出什么样的界限，以及他希望采取哪种立场。但是，人们仍然会面对论证应该前后一致的问题。一旦发生冲突，他们无法说明，哪一种观点应该改变。当没有办法发明一个原则以将抢棒子与杀死并食用动物区分开的时候，你可能会认为，抢棒子是完全合适的。而且，对于赋予不同的动物以不同的道德重要性，诉诸同样的事例没有多大的帮助。（我们将在第9章深入讨论通过诉诸例子来得出道德结论所具有的困难。）

　　我在这里举出这些例子的目的是探讨道德的边界约束观念，而不是食用动物的问题。但是，我应该说，按照我的观点，美国人在今天从食用动物中得到的额外好处并**不证明**这样做是正当的。所以，我们不应该食用动物。一个普遍存在而且与边界约束并非无关的论证值得注意：因为人们食用动物，所以他们饲养了更多的动物，而如果他们不吃肉，那么这些动物就不会存在。生存过一段时间总比根本就没有生存过要好。所以（这种论证得出结论），由于我们有食肉的习惯，动物变得更好了。虽然这不是我们的目的，但结果却很幸运，我们确实一直使动物受益！（如果人们的口味变了，食用动物不再是一种享受，那些关心动物利益的人们是否还会继续食用动物并把这当做对自己意志的磨炼？）如果我指出，关于人的同样论证看起来并不具有很大的说服力，那么我相信我不应该被误解为，似乎我在主张动物应被给予同人一样的道德重要性。我们可以想象，人口问题使每一对夫妻或每一个群体把他们的孩子限制在某个预先确定的数目。一对已经达到该数目的夫妻，打算还要一个额外的孩子，并在他三岁（或二十三岁）的时候，用他来献祭，或者把他用于烹调。在对此提供的辩护中，他们提出，如果这是不允许的，那么这个孩子根本就不会存在；而且，他存在了一些年，这肯定对他更好。然而，一个人一旦存在，即使他的整体存在是一种净剩余，也不是每一件与其相应的事情都能够对他做，即使是创造了他的人也不能做。一个存在的人拥有自己的权利要求，以抵御这些人，而这些人创造他的目的就是要违反这些权利要求。从事对这样一种制度的道德反驳是有价值的，这种制度允许父母做任何事情，而他们只有得到了这种允许，才会愿意要孩子，因为与他没有出生相比，39 这个孩子的处境更好。⑧（某些人可能会认为，唯一的反对意

---

⑧　回想一下意第绪语的玩笑：

"生命是如此可怕，还是不投胎更好。"

"是啊，谁会如此幸运？比千里挑一还少。"

见产生于这种情况，即在准确地控制这种允许方面存在困难。）动物一旦存在，它们也可以对自己的待遇拥有某些权利要求。这些权利要求也许不如人的权利要求有分量。某些动物得以存在只是因为某些人想做一些会违反这些权利要求的事情，这是一个事实，但这一事实并不表明，这种权利要求根本就不存在。

让我们考虑关于对待动物的下述（最低限度的）立场。为了使我们的讨论更容易，让我们给这种立场贴上"对动物的功利主义和对人的康德主义"的标签。这种立场主张：（1）使所有生物的总体幸福达到最大化；（2）关于一个人能够对人类做什么，施加严格的边界约束。人类不可以为了他人的利益而被利用或被牺牲；动物则可以为了其他人或其他动物的利益而被利用或被牺牲，**只要**这些利益比所遭受的损失更大。（对于我们的目的而言，这种关于功利主义立场的不确切陈述已经足够了，它能够使我们的讨论更加方便。）只要功利主义的总体收益比动物所遭受的功利主义的损失更大，事情就可以做。这种功利主义观点对待动物，犹如正规的功利主义对待人。借用奥威尔（G. Orwell）的说法，我们可以把这种观点概括为：**所有动物都是平等的，除了有一些比另外一些更平等**。（任何东西都不可以被牺牲，除非为了更大的总体利益；但是人根本就不可以被牺牲，或者仅仅是在非常严格的条件下才能被牺牲，并且绝不能为了非人类动物的利益而被牺牲。我的意思是说，上述（1）的目的在于排除没有满足功利主义标准的牺牲，而非指定一种功利主义的目标。我把这种立场称为否定的功利主义。）

现在我们可以把关于动物具有某种价值的论证转向不同观点的持有者。对于康德主义的道德哲学家，这些哲学家在关于能对人做什么的事情上施加了严格的限制，我们可以说：

你认为功利主义是不正确的，因为它允许一个人可以为了另外一个人而被牺牲，以及诸如此类的观点，从而忽视了对一个人可以合法地对人们做什么的严格限制。但是，是否**能够**存在这样一种东西，它介于人与石头之间，在对待它的问题上没有这样严格的限制，然而又不能仅仅当做一个客体来对待？人们会期望，通过减去或减少人的某些特征，我们能够得到这种中间的存在物。（或者也许可以通过减去我们的某些特性和增加一些我们没有的特性，来得到这种具有中间道德地位的存在物。）

非常有可能，动物是这种中间的存在物，而功利主义是这种中间的立场。我们可以从稍微不同角度来看这个问题。功利主义有两个假定：幸福关涉到道德的全部，以及所有存在物都是可互换的。这两者的结合并不适用于人。但是对于这种结合所适用的任何存在物，（否定的）功利主义不是真的吗？它不适用于动物吗？

对于功利主义者，我们可以说：

如果只有快乐、痛苦和幸福的体验（以及这些体验的能力）在道德上是相关的，那么动物在道德计算中就必须被加以考虑，因为它们**确实**拥有这些能力和体验。让我们列一个矩阵，在矩阵中，行代表可选择的政策或行为，列代表不同的单个有机体，而每一项目代表带给有机体的功利（净快乐、幸福）。功利主义理论按照行的项目总额来评估每一个政策，并按照最大的总额来指导我们的行为或者接受某一政策。每一列都被平等地衡量并被计算一次，无论它是一个人还是一个非人的动物。虽然这种观点的结构平等地对待它们，但在做决定时动物由于自身的原因而可能具有较少的重要性。如果动物与人相比在快乐、痛苦和幸福方面具有较少的能力，那么在矩阵中动物之列的项目与人之列的项目相比一般来说就会更低。在这种场合，对于所要做出的最终决定来说，它们是重要性较低的因素。

功利主义者会发现，拒绝给予动物以这种平等的考虑是困难的。在什么基础上，他能够前后一致地将人的幸福与动物的幸福区别开，而只考虑前者？即使体验只有达到某种阈限之上才能被列入这个功利矩阵，但**某些**动物的体验肯定比人的体验更为强烈，而功利主义者希望考虑的则只是人的体验。（请将一个动物在没有麻醉的状态下活活被烧伤与一个人的轻度烦恼加以比较。）我们能注意到，边沁（J. Bentham）**确实是**以我们刚才解释的方式来平等地计算动物的幸福的。⑨

按照"对动物的功利主义和对人的康德主义"，动物可以为了其他动物和人的利益而被利用，但是人却绝不可以违背其意愿为了动物的利益而被利用（被伤害、被牺牲）。不可以为了动物的缘故而让人承受任何东西。（如果有人违犯了关于禁

41

---

⑨　"有任何理由允许我们去折磨它们？我看不出有什么理由。有任何理由不允许我们去折磨它们？有许多理由。……一天人们会认识到，腿的数量、皮毛状况和骶骨结构不足以使一种有感觉的存在物拥有相同的命运。还有什么东西构成了那不可跨越的界限？它是理性的能力？或许是交谈的能力？但是，一个成年的马或狗，与一天、一周甚或一个月大的婴儿相比，在理性和交谈方面都强得多。但假如不是这种情况，那又有什么用？问题不在于，它们能不能推理？也不在于它们能不能交谈？而在于它们能不能遭受痛苦？"边沁（Jeremy Bentham）：《道德与立法原理导论》，第 17 章，第 4 节，注释 1。在上述引证的前面，边沁也讨论了食用动物的问题，他主张这是可允许的，因为动物虽然知道它们马上就要死去，但是对于未来的惨状没有延伸的预知，也因为人们致它们于死亡，与它们在自然过程中所遭受的相比，痛苦要更少一些。

止虐待动物的法律，可以对其进行惩罚吗?）这是一个可接受的结果吗？如果通过使一个人遭受轻微的不适就能让一万个动物摆脱巨大痛苦的折磨，但这个人不是引起动物受苦的人，那么可以这样做吗？人们能够感觉到，当可以从巨大痛苦的折磨中摆脱出来的是人的时候，边界约束就不是绝对的。因此，当受苦的是动物的时候，或许边界约束也应该松动，虽然松动得不会像人受苦时那么多。彻底的功利主义者（对动物**和**对人，两者合为一体）走的更远，主张**假如其他情况相同**，为了避免一个动物遭受（稍微）更大的痛苦，我们可以使一个人遭受某种痛苦。在我看来，这种许可原则有些过强，即使其目的是使**一个**人避免更大的痛苦，也是不可接受的。

功利主义理论被这样一种可能的功利怪物纠缠着，而这种功利怪物能够从他人的牺牲中获得比这些人所遭受的损失大得多的功利。这种理论看来要求我们所有人都牺牲在这个怪物的胃里，以便增加总的功利，而这是不可接受的。同样，如果人们在对待动物方面是功利的饕餮者，总是从每个动物的牺牲中获得更大的相应功利，那么我们可以感觉到，"对动物的功利主义和对人的康德主义"几乎总是要求（或允许）动物做出牺牲，这样就使动物处于一种对人过于从属的地位了。

既然它仅仅计算动物的幸福和痛苦，那么这种功利主义观点是否认为无痛苦地杀害动物是适当的？按照这种功利主义观点，在夜间，只要一个人不事先声张，无痛苦地杀人是适当的吗？在依据人**数**来做出决定的问题上，功利主义的不管用是众所周知的。(必须承认，在这个领域，管用的理论是很难得到的。) 如果加以最大化的是总体幸福，那么就要求不断地增添人口，只要他们的净功利是正数的，并足以抵消他们在世界上的存在给他人造成的功利损失。如果加以最大化的是平均功利，那么就会允许一个人杀死所有其他的人，假如这样做能使他欣喜若狂，并从而使他比平均数更幸福的话。（不能说，他不应该这样做，因为在他死后，与假如他没有杀死所有其他人相比，这个平均数会跌落得更低。）只要你能找到一个替代者（通过生一个孩子，或者以科幻小说中的方式创造一个成人），而这个人将会同被害者的余生一样幸福，杀死一个人就是适当的吗？毕竟，这对于总体功利不会有任何净减少，甚至也不会改变功利分布的状态。我们禁止谋杀难道仅仅是为了预防潜在牺牲者的**焦虑**感？（功利主义者能否解释所焦虑的东西是什么，以及他真的要把策略建立在他必须视为是非理性恐惧的东西之上？）很清楚，功利主义者需要补充他的观点以能够处理这些问题；也许他会发现，这种补充性的理论变成了主要理论，而把功利主义的考虑发落到边远之地了。

但是，至少对动物而言，功利主义不是正确的吗？我认为它不是正确的。如果动物的感官体验不是唯一相关的，那么其他还有什么东西是相关的？在这里，一堆问题缠结在一起了。一个动物一旦获得生存，其生命应该在多大程度上得到尊重？我们如何决定这个问题？人们是否必须也引入某种非低等存在物的观念？利用基因工程技术来培育天生的奴隶，而这种奴隶则会安分守己，这是适当的吗？天生的动物奴隶吗？这是驯养动物吗？即使对动物，功利主义也不能解释所有的问题，而正是这些问题的丛林使我们面露怯色。

体验机

当我们问，除了**人们**的体验如何"从内部"来感觉的问题之外，还有什么其他事情对我们来说关系重大，这时，一些实质性的困惑就出现了。假设有一种体验机，它能给你任何你想要的体验。卓越的神经心理学家可以刺激你的大脑，以至于你会认为并感觉到你正在写一部伟大的小说，或者在交一个朋友，或者在读一本有趣的书。其实这时你正漂浮在一个罐子里，你的脑袋插有各种电极。你应该钻进这个机器中生活，并预先编制好你生活体验的程序吗？如果你担心漏掉一些所希望的体验，那么我们可以假定，经营该业务的公司对许多人的生活已经进行了彻底的研究。你可以从这些公司巨大的体验图书馆或菜单中进行挑选，比方说，选择未来两年你的生活体验。两年过去以后，你可以从罐子里出来 10 分钟或 10 个小时，以选择**接下来**两年你的体验。显然，在罐子里的时候，你不知道你是在那里；你会认为一切都是实际发生的。其他人也可以钻进去以获得他们想要的体验，所以无需留人在外面为他们服务。（如果所有人都钻进去了，谁来照管机器？对于这样的问题，可以忽略不计。）你会钻进去吗？**除了我们的生命如何从内部来感觉的问题之外，还有什么其他事情对我们来说关系重大？**在你做出决定的时刻和你钻进去的时刻之间会有片刻的烦恼，但你不应该为此而止步不前。与一生的极乐（如果那是你的选择）相比，片刻的烦恼又算得了什么呢？如果你的选择是最好的选择，那么为什么还会有任何烦恼呢？

除了我们的体验之外，还有什么事情对我们关系重大？第一，我们想**做**一些事情，而不仅仅是想拥有做事情的体验。在某些体验的场合，首先是因为我们想要去做事，然后我们才想要做事的体验或觉得我们已经做了这些事情的体验。（但是，我们**为什么**想要去做事而非仅仅想体验它们？）第二，我们所以不钻进去，原因在于我们希望以某种方式**存在**，希望成为某种类型的人。漂浮在罐子里的人不过是一团黑乎乎的东西而已。长期处于罐子里的人是什么样的，对于这个问题，不会有任何答案。他是勇敢的、和善的、理智的、聪明的、亲爱的？不仅仅是这些问题难以回答，而且还在于他根本就没有办法成为什么。钻进这个机器就是一种自杀。在某些为幻象所迷惑的

43

人看来，关于我们是什么的问题，除非它反映在我们的体验之中，否则就与我们没有什么关系。**我们是**什么的问题对于我们来说是重要的，这会使人吃惊吗？为什么我们应该只关心如何打发我们的时间，而不关心我们是什么？

第三，钻进体验机，就是把我们限制在一个人造的现实里，限制在这样一个世界中，即不存在任何比人造事物更深刻或更重要的东西。⑩ 同更深的实在没有任何实际的接触，尽管关于这种接触的体验能够加以模仿。许多人希望使自己对这样的接触保持开放，对探究更深刻意义的行为保持开放。* 这有助于说明在关于对神经有刺激作用的毒品问题上的争论为何如此强烈，一些人把它仅仅看做是微型的体验机，另外一些人则把它视为达到更深刻实在的通衢。一些人把它看做是向体验机的投降，另外一些人则把它视为**不**投降的一个理由！

通过设想一个体验机并认识到我们不应该使用它，我们了解到，除了体验之外还有一些东西对我们关系重大。我们可以继续设想一系列的机器，每一架机器都被设计好以弥补先前机器所具有的缺陷。例如，既然体验机无法满足我们想以某种方式**存在**的愿望，那么就可以设想一个转换机，它能把我们转换成我们愿意成为的任何人（与一直作为我们自己的我们是相容的）。人们肯定不会使用这种转换机来变成所希望成为的

---

⑩　这点受到了汤姆·克里斯托菲亚克（Thom Krystofiak）先生的启发。

*　在同超越实在相接触的问题上，传统的宗教观点是有分歧的。一些人认为，这种接触产生出了永恒的极乐或涅槃，但是他们无法把它与体验机的纯粹长期运转明确区别开来。另外一些人认为，同创造了我们所有人的更高存在的意志相接触，这具有内在的价值，但是，如果我们发现，我们是作为消遣的对象而被来自另一个星系或另一类空间的超级儿童所创造出来的，那么大概就没有人这样认为了。还有一些人设想与更高存在的融合，但问题在于，它的可欲性还不清楚，以及这种融合会把我们置于何处也是不清楚的。

人，正如不会钻进体验机！* 所以，除了人的体验**以及**人是什么之外，还有一些东西关系重大。理由不仅仅在于，一个人的体验与他是什么没有多少关联。因为体验机可能局限于只提供某种类型的钻入者能够具有的体验。这是因为我们想在世界上造成一些差别吗？那就考虑结果机吧，这种机器能在世界上产生你想要的任何结果，并将你的行为矢量注入到任何共同行动之中。我们不在这里讨论这类机器或其他机器的迷人细节。它们的令人不安之处在于：它们在为我们而过着我们的生活。超出机器为我们做事的能力而追求额外的**特殊**功能，这不是误入歧途吗？也许我们想望的东西是在与实在的接触中过（一个主动的动词）我们自己的生活。（而这件事，机器无法**为我们**做。）不用详细阐述这件事的含义，而我相信它同自由意志和知识的因果解释问题有着令人惊奇的关联，我们只需要指出这一问题的错综复杂，即除他们的体验之外**对人们**来说什么东西关系重大。在人们发现一种满意的答案之前，在确定这个答案并非**也**适用于动物之前，人们不能合乎道理地主张，只有动物的感觉体验能限制我们可以对它们做什么。

道德理论的不确定性

什么东西把人与动物区别开来，以致严格的约束只适用于

---

* 一些人根本就不会使用这种转换机，它看起来就像是在骗人。如果这种转换机的使用是一次性的，那么它不会满足所有的要求，还会存在一些新的障碍需要我们来克服，还有新的高原需要我们来攀登。与由遗传天赋和早期童年环境所提供的高原相比，这种高原是不是更不值得攀登或更不应该攀登？而如果这种转换机可以无限地经常使用，以致我们可以通过按一个按钮轻易地把我们自己转换成任何一个人，从而能够完成任何任务，那么就没有任何事情需要我们去克服，去超越了。还会留下什么事情去做？某些神学理论将上帝置于时间之外，是不是因为全知全能的上帝无法打发他的时光？

人能被如何对待，而不适用于动物能被如何对待？⑪ 来自另一个星系的存在物能够像我们通常对待动物那样来对待**我们**吗？如果他们能够这样做，以功利主义的方式把我们当做手段，这种做法能得到辩护吗？生物是不是按照某种上升的等级序列安排的，以致为使那些在等级序列上并非处于更低地位的生物获得更大的总体利益，任何一种生物都可以被牺牲或遭受痛苦？* 这样一种精英主义的等级制观点会区分出三种道德地位（形成了等级序列的区隔）：

> **地位1**：该存在不可以为了任何其他生物而被牺牲和被伤害等等。

> **地位2**：该存在只可以为了处于更高等级序列的存在，而不可以为了同一等级的存在，而被牺牲和被伤害等等。

> **地位3**：该存在可以为了等级序列中同一等级或者更 46

---

⑪ 至少哲学家已经提出了这样的问题：我们是否有充分的理由将动物的利益看得比我们自己的利益更轻，并在关于对待它们的事情上所施加的限制不如对待人那样严格。见尼尔森（Leonard Nelson）《伦理学体系》，康州纽黑文：耶鲁大学出版社，1956年，第66、67节。在我关于动物的讨论写成文章之后，这个问题在彼得·辛格（Peter Singer）的一篇有趣的文章中被提出来了，见"动物解放"，《纽约书评》1973年4月5日，第17—21页。非常不幸，关于是否应该杀死老鼠以避免它咬伤儿童，辛格把它当做一个难题。在这里，运用对待无辜威胁者的原则是有用的（见边码第35页）。

* 我们略过一些困难，如怎样决定把一种生物放在等级序列的什么**地方**，以及如何进行特殊的生物种系之间的比较。如何决定一个生物种系处于等级序列的何处？一种生物如果有缺陷，是否还被置于它所属种系的级别？不允许同样地对待两个现在相同的生物（它们甚至在未来和过去也有相同的能力），因为一个是等级序列中某一种系的正规成员，另外一个是一个更高种系的亚正规成员，这是一种反常吗？与种系之间的比较相比，种系内部个体之间的比较问题就相形见绌了。

高等级的其他存在而被牺牲和被伤害等等。

如果动物占有地位3，我们占有地位1，那么什么东西占有地位2？也许占有地位2的是**我们**！在道德上，是禁止把人用作其他生物谋取利益的手段，还是仅仅禁止为了**其他人**即同一等级的存在而利用他们？* 通常的观点包含了比一种重要的道德分界（如人与动物之间的分界）更多的可能性，从而**提出了人类的另外一面的问题吗**？某些神学观点主张，上帝可以为了他自己的目的而牺牲人。我们也可以设想人们碰到了来自另一个星球的存在物，这些存在物在童年时期就跨越了我们的发展心理学家能够辨认的道德发展"阶段"。这些存在物声称，他们在十四岁以后还会继续经历一系列的发展阶段，其中每一个阶段对于进入后一阶段都是必需的。然而，他们却无法向我们（由于我们处于原始的阶段）说明这些后来阶段推理的内容和方式。这些存在物声称，我们可以为了他们的幸福或至少为了保持他们更高级的能力而被牺牲。他们说，他们明白这个真理，是因为他们现在正处于他们的道德成熟时期，而不是像儿童那样，而他们的儿童阶段则是我们道德发展的最高水

---

* 一些人会认为，我们在这里持有一种目的论的观点，这种观点给予人以相对于其他人的绝对价值。但是，一种将总体价值加以最大化的目的论理论并不禁止为了他人而牺牲某些人。为他人而牺牲某些人，这并不产生一种净收益，但是也不会造成一种净损失。既然目的论给予每一个人的生命以平等的分量，只是不接受总体价值的降低（要求每一个行为都对总体价值有所**增加**，这将排除中性的行为），那么它**会允许**为了另外一个人而牺牲一个人。没有与先前提到的相类似的那些花招，例如，对无限重要的目标使用指示性的表达方式，或者赋予某些目标（代表边界约束）而非其他目标以一种**更高秩序**的绝对重要性（甚至这还没有做，细节问题就已经非常麻烦了），体现了地位2的观点看来就不是在代表着目的论。这证明了我们较早时的评论，"目的论"和"边界约束"并没有将道德观点的可能结构都包揽无余。

平才能达到的。(诸如这样的故事或许会提醒我们，如果有一系列的发展阶段，其中每一个阶段都是后一阶段的前提条件，那么在到达某一点之后，就会出现退化，而非进步。为了达到某一阶段，必须首先经历其他的阶段，指出这点并非鼓励迈入老年。) 我们的道德观点允许我们为了这些存在物的更高级能 47 力、其中包括他们的道德能力而牺牲自己吗？这种决定与这样一种思考的认识论结果是无法轻易分开的，即这种道德权威的存在与我们非常不同，尽管我们承认，作为一种常犯错误的存在，我们的认识可能是错误的。(即使我们恰好不知道这些另类存在物对该问题实际上持哪一种观点，也会得出同样的结果。)

占有中间地位 2 的存在物是可以牺牲的，但**不是为了**同一等级或更低等级的存在物。如果他们从未碰到、知道或感受到等级序列中更高级的存在物，那么在他们实际遇到或思考的每一个场合，**他们**就将占有最高的等级地位。这样，似乎有一种**绝对的**边界约束禁止为了任何目的而牺牲他们。两种非常不同的道德理论，即将人置于地位 2 的精英主义的等级制理论和绝对的边界约束理论，对人们实际面对的处境给出了完全相同的道德判断，并对我们所做的（几乎）所有道德判断给予了同样好的解释。(说"几乎所有"，是因为我们做的是关于假设处境的判断，这些处境包括涉及某些来自其他星球的"超级存在物"。) 认为这两种不同的理论能够同样好地解释全部**可能有的**资料，这不是哲学家的看法。问题不仅在于通过各种花招，一种边界约束的观点就能被纳入某种形式的最大化观点，而且还在于，这两种不同的理论解释了全部的实际资料，即我们迄今为止所经历过的情况的资料，但是，一旦涉及某些其他假设的情况，它们就会分道扬镳。

如果我们发现难以决定应该相信哪一种理论，这毫不奇怪。我们并非一定要思考这些情况，因为塑造我们观点的不是这些情况。然而，这个问题不仅涉及超级存在物是否会为了他们自己而牺牲我们，而且还涉及**我们**应该做什么。因为，如果真的有这种超级存在物，精英主义的等级制观点并**不**会因我们牵涉于其中就分崩离析转而变为"康德主义的"边界约束观点。一个人不可以为了他自己的利益或其另一同伴的利益而牺牲他的一个同伴，然而他可以为了更高级存在物的利益而牺牲他的一个同伴吗？（对于这种更高级存在物是否可以为了他们自己的利益而牺牲我们的问题，我们也会感兴趣。）

约束的根据是什么？

48　　这样的问题（虽然）不像实践难题那样咄咄逼人，但是它们迫使我们思考我们道德观点之基础的重大问题：首先，我们的道德观点到底是一种边界约束观点，还是一种更为复杂的等级制结构观点；其次，恰好基于人的什么特性，在关于他们应该如何相互对待或被对待的问题上才存在着道德约束？我们也希望了解，**为什么**这些特性与这些约束相关联。（而且，或许我们希望这些特性不为动物所具有，或者不在很高的程度上为动物所具有。）看起来，正是这些特性使其他人在如何对待他的问题上受到了约束，所以一个人的特性本身必须就是有价值的特性。另外，我们应该如何理解这些具有如此价值的东西为什么会从他们那里产生出来？（这种自然的假定值得深入探讨。）

对于同道德约束相关的重要个人特性是什么，传统的建议是这样的：感觉和自我意识；理性（能够使用抽象概念，而不限于对直接刺激做出反应）；拥有自由意志；是一个道德主体，能够以道德原则来指导其行为，能够对行为进行相互的限制；有一个灵魂。这些观念应该如何加以准确地理解，这些特性是否为人所拥有以及是否唯独为人所拥有，我们略过这些问题不管，而只探讨它们同对他人的道德约束的关联。抛开这份清单中的最后一项，这些特性中的每一种看起来都不足以建立起这种必然的关联。为什么这一事实，即一种存在物是聪明的或有远见的或其智商超过某一阈限之上，就会成为一种理由而对我们如何对待他构成了专门的限制？比我们更有理智的存在物是否有权利在对待我们的问题上不受任何限制？或者，所说的任何一种关键性阈限的意义是什么？如果一种存在物能够自主地进行各种选择，那么凭什么理由**让它**这样做？自主的选择在本性上就是好的？如果一个存在物只能做出一次自主的选择，比如说在一个偶然的场合对冰淇淋的不同口味进行选择，并随后马上就忘记了，那么有任何强有力的理由让它去选择吗？一种存在物能够同意与其他存在物一起按照规则对行为进行限制，这表明它**能够**遵守限制。但是这并没有表明它在对待该存在物的问题上应该遵守哪些限制（"不要杀害它"？），或者为什么应该遵守任何限制。

　　需要有一种中介变量 M，只有这样，清单所开列的特征单个来说是必要的，合在一起**也许**就是充分的（起码我们能够明白，为了获得 M 还需要增加什么），而且有了 M，这些特征与对人的行为的道德约束之间也有一种清晰的和令人信服的关联。同样，根据 M，我们将会处在这样一种位置，而从这个位置就能了解为什么其他人把注意力集中在理性、自由意志和道德主体这些特征上面。如果这些特征对于 M 不仅是必要条件，而且也是 M 的重要组成部分或达到 M 的重要手段，那么事情就会更容易了。

　　我们个别地、孤立地对待理性、自由意志和道德主体是不是不合适的？即使这些特征合在一起，也不意味着某种意义明确的东西：一种存在物能够为其生活提出长期计划，能够基于

49

抽象的原则或它自己形成的思考来考虑问题和做出决定，从而不仅仅是对直接的刺激做出反应；一种存在物能按照某种原则或它拥有的对自己和别人都适合的某种生活图景来限制自己的行为；如此等等。无论如何，这已经超出了所列出的三种特征。我们在理论上能够区分开这两者，一方面是指导我们做出特殊决定的长期计划和整体生活观念，另一方面是作为它们基础的三种特征。因为一个存在物能够拥有这三种特征，然而它自身又包含某种特殊的障碍，而这些障碍使其不能按照其整体生活观念和它所意味的东西来发挥作用。所以，让我们增添一种额外的特征，即按照它所选择接受的某种整体观念来调节和指导其生活的能力。这样一种整体观念，连同知道我们会按照它来行事，对于我们为自己提出某种目标和成为某种存在，是非常重要的。让我们想一想，如果我们都是健忘症患者，每天晚上睡觉的时候都会把前一天所发生的事情忘掉，我们将会与现在多么不同（关于对待我们的合法方式，也会非常不同）。即使一个人在前一天记忆停止的地方第二天又偶然地接续上50 了，能够按照某种连贯的观念来生活，而这种连贯的观念是有意识的个人才能选择的，但是他仍然无法过有意识者的那种生活。他的生活会与有意识者的生活大体上相似，但是它无法按照相同的方式加以整合。

　　形成一个人的全部生活图景（或者至少是其意义重大的部分）以及按照一个人希望过的某种整体生活观念来行事，这种额外能力的道德意义是什么？为什么不要干涉别人塑造他自己的生活？（如何对待那些不主动塑造自己的生活而因外部力量随波逐流的人？）人们可以注意到，任何人都可能提出某种你会愿意接受的生活方式。既然一个人无法事先预知别人会不会接受其生活方式，所以允许别人追求他自己所选择的生活观念也是符合你的自我利益（self - interest）的。你可以把他当做榜样来学习（来仿效、避免或修正）。这种谨慎的论证看来还是不充分的。

我猜测，答案同一种捉摸不定的、非常难以把握的观念有关：生活的意义。一个人按照某种整体计划塑造其生活，就是以一种方式来赋予他的生活以意义；一个人只有拥有如此塑造其生活的能力，才能够拥有富有意义的生活或者为富有意义的生活而努力奋斗。但是，即使假设我们能够令人满意地阐明和澄清这个观念，我们也会面临许多困难的问题。如此塑造生活的能力本身就是拥有富有意义的生活（或者为富有意义的生活而努力奋斗）的能力吗？或者，还需要某种别的东西？（对于伦理学，拥有灵魂属性的意旨不过是意味着这个存在物努力或能够努力赋予其生活以意义吗？）关于我们可以怎样对待能塑造其生活的存在物，为什么会有约束呢？某些对待的方式与他们拥有富有意义的生活是不相容的吗？即使如此，为什么不是放弃富有意义的生活？或者，为什么在功利主义理论中不用"富有意义"来代替"幸福"，并使世界上人们的"富有意义"总量达到最大化？或者，让生活之富有意义的观念以一种不同的方式进入伦理学？我们能够注意到，这个观念有理由"被视为"某种有助于跨越"是与应当"（is－ought）之鸿沟的东西；它看起来正好能跨立两边。比如我们假设，人们可以提出这样的教诲，如果一个人以某种方式行事，那么他的生活将会是无意义的。这是一个假言命令还是一个绝对命令？一个人是否需要回答更进一步的问题："但为什么我的生活不应该是无意义的？"或者，让我们假设，以某种方式对待他人，这本身就是以一种方式承认，这个人自己的生活（以及这些行为）就是无意义的。与实用主义的矛盾相类似，在涉及所有其他人类的行为方面，这是否至少会导致对地位2的边界约束之结论？我希望在另外一个地方来探讨这些问题以及与其相关

51

的问题。

个人主义的无政府主义者

对于道德的边界约束限制了人们可以如何相互行事的观点，我们已经考察了支持这种观点的重要问题，现在我们可以回到私人的保护制度问题。一种私人的保护制度，甚至当一个私人的保护机构在一个地域内处于支配地位的时候，看起来还仍然不是一个国家。它看起来并不像一个国家那样为其领土内的每一个人都提供保护，而且它看起来并不拥有或声称拥有对使用强力的垄断权，而这种垄断权对于一个国家则是必需的。用我们较早时使用的术语说，它看起来并不构成一个最低限度的国家，甚至它看起来并不构成一个超低限度的国家。

在一个地域内支配性的保护机构或社团还不是一个国家，正是这种情况为个人主义的无政府主义者控诉国家提供了靶子。因为他坚持认为，当国家在其领土内垄断了强力的使用权并且惩罚违反了其垄断权的那些人的时候，当国家通过强迫一些人为另外一些人购买保护服务从而为每一个人都提供保护的时候，它违反了关于个人应该如何被对待的道德边界约束。从而他得出结论，国家本身内在地就是不道德的。国家承认，在某些情形下，惩罚侵犯了其他人的权利的人是合法的，因为它自己就是这样做的。既然这样，那么它如何能够僭称自己有权利禁止私人的强行正义，而这些私人的强行正义者作为不可侵犯的个人其权利已经遭到了侵犯？这些私人的强行正义者侵犯了**什么**权利，而这种权利为什么国家在惩罚的时候就没有侵犯呢？当一群人把自己构造成为一个国家，并开始进行惩罚**和禁止其他人做类似事情**的时候，这些其他人侵犯的而他们自己却没有侵犯的权利是一些什么权利？又是依据什么权利，国家和它的官员声称拥有垄断强力和使用强力的唯一权利（一种特权)？如果私人的强行正义者没有侵犯任何人的权利，那么因其行为（国家官员也履行的行为）而惩罚他就侵犯了他的权利，从而违反了道德的边界约束。这样，按照这种观点，垄断强力的使用本身就是不道德的，犹如通过国家的强制性税收机构所进行的再分配一样。和平的个人一心照顾自己的事业，这并不侵犯别人的权利。不为某个人购买某种东西（你没有特别的义务去购买），这并不构成对他的权利的侵犯。所以这个论证继续进行，当国家因某个人不为保护他人捐助金钱而用惩罚来威胁他的时候，它就侵犯了（而且它的官员也侵犯了）他的权利。在用某种事情来威胁他的时候，而这种事情如果是私人公民做的就侵犯了他的权利，他们违反了道德约束。

　　为使某种机构被公认为是一个国家，我们必须表明：（1）一个超低限度的国家如何从私人的保护性社团制度中产生出来；以及（2）这种超低限度的国家如何转变为最低限度的国家，以及为普遍提供保护服务所需的"再分配"是如何产生出来的，而正是这种普遍提供保护才使它成为最低限度的国家。为了表明最低限度的国家在道德上是合法的，为了表明它本身不是不道德的，我们还必须表明，在（1）和（2）的转变中，**每一次**转变在道德上都是合法的。在本书第一部分的其余各章，我们将表明每一次转变如何发生，并在道德上都是可允许的。首先，我们将论证，第一个转变，从私人的保护机构制度到一种超低限度的国家，将通过一种看不见的手的过程以道德上可允许的方式发生，而没有侵犯任何人的权利。其次，我们将论证，从道德上讲，从一种超低限度的国家到一种最低限度的国家的转变一定会发生。在超低限度的国家中，人们维持这种垄断权而又不为所有的人都提供保护服务，这在道德上是不允许的，即使这要求某种特别的"再分配"。超低限度的国家的运营者在道德上有义务制造出最低限度的国家。这样，

53   第一部分的余下各章将试图为这种最低限度的国家提供证明。在第二部分，我们将论证，比最低限度的国家具有**更多**权力或功能的任何国家都不是合法的或能够得到证明的，从而第一部分为所有能够加以证明的东西都提供了证明。在第三部分，我们将论证，第二部分的结论不是一种不幸的结论，最低限度的国家除了是唯一正当的国家之外，也并非不能鼓舞人心。

第四章　禁止、赔偿和风险

独立者和支配性的保护机构

让我们假设，在一大群人同一个保护机构打交道的地方，也有⁵⁴
很少的不同这个保护机构打交道的人散居于各处。这些为数不多的
独立者（甚至也许只有一个人）联合地或独自地强行他们自己针对
全体人们的权利，其中包括这个保护机构的委托人。如果土著美洲
人没有被迫离开他们的家园，并且一些人拒绝加入周围殖民者的社
会，那么这种情况可能就会发生。洛克坚持认为，任何人都不可以
被迫进入文明社会；即使大部分人选择进入文明社会，一些人仍然
可以选择不进入，而留在自然状态的自由之中（第95节）。①

这个保护性社团及其成员会如何处理这种事情？他们会试
图把自己与居住于他们中间的独立者隔离开来，而不允许任何
拒不同意放弃报复和惩罚之权利的人进入他们的领地。这样，
这个保护性社团所覆盖的地域会类似于一片瑞士奶酪，既有内⁵⁵
部边界也有外部边界。* 但是这会遗留下与独立者之关系的严

---

①　请把这种观点与康德的观点相对比，即"每一个人都可以使用暴力手段强迫他
人进入社会的法律状态。"《正义的形而上学原理》，约翰·拉德（John Ladd）译，印第
纳波利斯：波伯斯－麦里尔公司，1965 年，第 44 节，见我们在第 6 章的进一步讨论。

*　将一个人包围起来的可能性展示了极端自由主义的一个难题，即考虑将全部大
路和街道都实行私人所有制，而不留任何公共通道。一个人可能通过购买围绕另一个
人的土地，不留任何可供其自由出入的通道，而使他陷入困境。这并非意味着，没有
从邻近土地所有者那里获得进出的权利，他就不应该去一个地方或在一个地方停留。

重问题，这些独立者有办法能使自己越界进行报复，或者拥有直升机直趋做坏事的人，而不会非法侵入任何他人的土地，[*]如此等等。

　　与其（或除了）试图在地域上隔离独立者，保护性社团可能会因其错误地行使报复、惩罚和索取赔偿的权利而惩罚他们。一个独立者可以被允许按照他对权利的理解以及对自己实际处境的理解来强制行使他的权利；随后保护性社团的成员可以查看他的行为是否失当或过分。当且仅当他的行为是失当的或过分的，他们才可以惩罚他或向他索取赔偿。[②]

（接上页）即使我们抛开这种制度的可欲性问题，这种制度允许某个人因其疏忽没有购买通行的权利包而被一个恶毒、富有的敌人（也许这个人是一个公司的总裁，而这个公司拥有全部本地正规道路的所有权）陷入困境，尽管他没有做任何应该惩罚的错事，那么仍然存在着"出口通向哪里"的问题。无论他做了多少防备，任何人都有可能被敌人包围，只要把网撒得足够大。不能以可利用的技术手段来证明极端自由主义的恰当性，诸如使用直升机飞越私人领空来运送他出入，从而没有非法侵入的问题。我们将在第 7 章关于转让和交换的限制性条款中讨论这个问题。

　　[*]　如果没有任何补救的办法，那么一个人可以侵入另外一个人的土地，以得到从他那里应该得到的东西或给他以他应得的东西，如果他拒绝进行赔付或者拒绝让自己更容易地接受惩罚的话。B 触摸 A 的钱包或打开钱包的封口，这并没有侵犯 A 的财产权，如果 A 欠了他的钱并在追讨过程中拒绝支付或拒绝转移支付的话。一个人必须赔付他所欠的东西。如果 A 拒绝归还属于 B 的东西，那么作为维护其权利的手段，B 可以做他没有权利去做的事情。这样，波西娅坚持夏洛克必须从安东尼奥的身上割下不多不少正好一磅肉而又不得流一滴血，其推理是牵强的，正如她和别人一起要求夏洛克必须皈依基督教并以本人厌恶的方式处理掉其财产才能得到拯救，其仁慈也是牵强的。

　　[②]　罗斯巴德看起来赞成这种选择。"假设史密斯确信琼斯有罪，他可以自己执法而非通过法院程序吗？那么会发生什么？就此事而言，这是合法的，不能当做犯罪加以惩罚，因为在一个自由社会里，任何法院或机构都没有权利超出个人的同一权利来使用防卫力量。然而，史密斯将不得不面对这一可能的后果，即琼斯进行反诉和审判；如果琼斯被发现是无辜的，那么他自己将不得不作为罪犯而面对惩罚。"《权利与市场》，加利福尼亚州门洛帕克：人类研究所，1970 年，第 197 页，注释 3。

但是，独立者之错误的和不公平的报复的受害者不仅会受到损害，而且还会受到严重的伤害，甚至会被杀害。一个人必须等到这一切都发生以后才可以采取行动吗？确实，独立者在强行他的权利时有某种犯错误的概率，而这种概率很高（虽然比不犯错误的概率要低），足以证明保护性社团在确定他的权利是否确实被它的委托人侵犯了之前，确有理由阻止他的行动。这难道不是保护其委托人的一种合法方式吗？③ 人们是不是会选择只同这样的机构打交道，即这种机构为其委托人提供保护，宣布他们将惩罚任何人，只要这些人没有首先使用某种特定程序来确认他有权利这样做便惩罚了其委托人，而不管他最终是否**能够**确认这种权利？一个人声明，如果没有首先**确认**他对别人做了错事，那么他不会允许自己被别人惩罚，这不也是一个人的权利吗？他不是可以委托一个保护性社团作为他的代理来发表这种声明和贯彻这种声明，并监督任何用来确认其罪过的过程吗？（如果已经知道一个人缺乏伤害别人的能力，那么其他人能把他从这种声明的范围里排除出去吗？）但假设一个人，在强行进行惩罚的过程中，告诉保护机构不要挡道，其基于的理由是：这个机构的委托人应受惩罚；他（独立者）有权利惩罚他；他没有侵犯任何人的权利；如果保护机构不**了解**这点，这不是他的错。那么这个保护机构就必须不得干预吗？基于同样的理由，这个独立者可以要求这个人在遭到惩罚时不得保护自己吗？如果这个保护机构试图惩罚一个惩罚了其委托人的独立者，而不管他们的委托人是否**确实**侵犯了独立者的权利，那么这个独立者是否有权利保护自己免于这个机构的惩罚？要回答这些问题，从而确定一个支配性的保护机构可以怎样

③ 也见专题讨论"政府是必要的吗？"，《人格主义者》1971 年春季号。

对待独立者，我们必须研究程序权利和禁止风险行为在自然状态中的道德地位，以及关于强行权利之原则所需要的知识，其中特别包括强行其他权利的权利。我们现在转向这些问题，这些对自然权利传统来说特别困难的问题。

禁止与赔偿

一条线（或一个台阶）划定了围绕个人的道德空间之范围。洛克认为，这条线是由个人的自然权利决定的，自然权利限制了他人的行为。与洛克观点不同的人则认为其他一些考虑决定着这条线的位置和轮廓。④ 无论是哪一种情况，都会产生下面的问题：**他人被禁止去做越界或侵犯所划定范围的事吗？或者，他们只要对被越界的人做出了赔偿，他们就被允许做这样的事？** 这一章的大部分篇幅将用来澄清这个问题。让我们说，如果一种制度除了为行为的受害者索取赔偿之外，还要因做了这件事对他给予（准备给予）处罚，那么这个制度就是不允许对人做这样的事。* 当且仅当赔偿使一个人比他若没有受到损害不是变得更糟，这种对他的损失的赔偿就是充分的。如果一个人 Y 对另一个人 X 做了一件事 A，与若 Y 没有做 A 则 X 没有得到赔偿的状况相比，X 得到了赔偿而没有变得更糟，那么就是为 Y 的行为对 X 进行了赔偿。（用经济学家的术语说，与若 Y 没有做 A 则 X 没有得到赔偿的状况相比，如果赔偿使 X 至少处于同样高的无差别曲

---

④ 厄文·戈夫曼（Erving Goffman）探讨了自然权利理论必须涉及的一些有趣问题，《公共关系》，纽约：基本图书公司，1971 年，第 2、4 章。

* 这是禁止或不允许一个行为的充分条件，而不是一个必要条件。没有提供对受害者的充分赔偿或根本就没有任何赔偿，一个行为仍然能够被禁止。对于我们在这里的目的而言，并不需要一种关于不允许或禁止的一般性解释。

线上，那么就是为 Y 的行为对 X 进行了赔偿。)* 不好意思，我略去了关于反事实的一般性问题："如果 Y 的行为没有发生，与若发生 X 将会具有的情况相比，X 会同样好（处于同样高的无差别曲线上）。"我也略去一些特殊的困难，例如，假如 X 的状况在这时正在恶化（或者正在改善），那么赔偿的基准线是画在他正在走向的位置，还是他原来所处的位置？如果 X 的状况无论如何在第二天都要变得更坏，那么事情会有不同吗？但是，有一个问题必须加以讨论。为 Y 的行为对 X 的赔偿是否考虑了这样一个问题，即 X 是否对这些行为做出了最好的反应？如果 X 的反应是重新安排他的行为和资产，以减少他的损失（或者他为减少损失做了预先的准备），那么这会减轻 Y 必须付出的赔偿从而有利于 Y 吗？相反，如果 X 不做任何努力来重新安排他的行为以应付 Y 所做的事情，那么 Y 必须对 X 所遭受的全部损失都给予赔偿吗？对 X 来说，这样的行为也许看来是不合理的。但是，如果 Y 被要求对 X 在这种场合所遭受的全部实际损失都给予赔偿，那么 X 的状况将不会由于没有采取适当的应付行为而变得更坏。即使这样要求，Y 也有可能会减低他必须付出的赔偿总额，而按照 X 采取适当行为从而减少了损失的情况来赔偿他。我们将尝试接受另一种赔偿观，这种赔偿观假设 X 采取了理性的预防和调整行为。这些行为会使 X（Y 的行为是已定的）处于某种无差别曲线 I 上，而 Y 被要求通过一定数额的赔偿把 X 提高到他的实际位置之上，这个数额等于他在 I 的位置与他原初的位置之间的差额。如果 X 采取了理性的、

58

---

　　* 一个人在下述两种处境中的什么时候是无差别的：是在赔偿已经得到的时候（既然时间能够医治创伤，这将鼓励越界），还是在原初没有被伤害的时候？

审慎的行为，那么 Y 的行为使 X 变得有多糟，Y 就必须对 X 赔偿多少（这种赔偿结构使用了功利的衡量标准）。

为什么要禁止？

我假设，一个人可以自愿对自己做某些事情，而这些事情若不经他的同意被另外一个人做了，就会侵犯他的边界。（对他来说，在这些事情中，有一些可能是无法对自己做的。）他也可以允许另外一个人对他做这些事情（包括他无法对自己做的事情）。自愿的同意为越界打开了大门。显然，洛克会认为，有一些事情，即使得到了你的允许，别人也是不可以对你做的。也就是说，你没有权利对自己做这些事情。⑤ 洛克会认为，你允许另一个人杀死你，并不能使这件事在道德上就成为可允许的，因为你没有权利自杀。我则持一种非家长制的立场，认为某个人可以自愿（或者允许别人）对自己做**任何事情**，除非他对第三方负有不做或不允许做的义务。这应该不会对本章的其余部分带来任何困难。请持有与我们不同立场的人设想，我们的讨论可以仅限于（他们承认的）那种立场所确实认可的那些行为，这样我们就能把讨论一起进行下去，而抛开那些造成分歧的问题以及与直接目标无关的问题。

这两个形成对照的问题界定了我们现在所关心的东西：

1. 假如一种行为的受害者得到了赔偿，为什么这种

---

⑤ 如果洛克容许特定的家长制限制，那么也许一个人可以给予另外一个人以做某种事情的许可或权利，而这种事情是他不可以对自己做的：例如，一个人可以允许医生按照该医生的最好判断来对待自己，尽管他自己缺少这种对待自己的权利。

行为还是被禁止而非被允许？

　　2. 为什么不禁止所有没有事先得到受害方同意的跨越道德边界的行为？为什么会允许一个人未经事先同意就跨越另一个人的边界？⑥

　　我们的第一个问题过于宽泛。因为一种制度虽然只要做出赔偿就会允许行为 A，但是它至少必须禁止做了 A 而又拒不做出赔偿的行为。为了缩小问题的范围，让我们假设，有便利的手段来收取已经得到评估的赔偿。⑦ 一旦知道应由谁来支付赔偿，赔偿是容易收取的。但是，也有人越过别人受保护的边界时会逃脱，而没有暴露他们的身份。这样，仅仅要求（基于侦查、逮捕和定罪）赔偿受害者还不足以阻止人们越界。他为什么不会继续试图逃脱，继续无需支付赔偿而获益呢？确实，如果他被逮捕和定罪了，那么他会被要求支付侦查、逮捕和审问他的费用；也许这些可能花费的额外费用很大，足以制止他。但是，它们也可能不足以制止他。因此，一个机构可去禁止人们做某些不支付赔偿的事情，以及

------

⑥　这些问题以及随后的讨论重复了（在风格上有所改变）1972 年 2 月的草稿，这份草稿以本书第一部分的标题而传阅。卡拉布雷西和米拉米德（Guido Calabresi and A. Douglas Melamed）也独立地讨论了一些同样的问题和论题，"财产规则、责任规则和不可剥夺性"，《哈佛法律评论》1972 年 4 月号，第1089—1128 页。

　　⑦　例如，我们可以假设，每个人的净资产都在中央计算机里记录在案，并且每个人都拥有现金余额来支付对他提出的要求。（当我们放宽后一假定的时候，我们在后面会看到将产生多么有趣的问题。）购买行为意味着从购买者的余额中减去一笔金额然后把它加在出售者的余额上。如果一个判决要求一个人从他的账户上转移支付一笔金额给他的受害者，那么不存在任何拒绝支付的可能性。我们提到这点是为了使我们的观点更加鲜明，而不是推荐使用这种计算机化的系统。

去惩罚那些拒不支付赔偿的人或者在越界方面没有验明身份的人。

报复性的和威慑性的惩罚理论

一个人的越界选择是由从行为中获得收益 G 的机会 (1－P) 决定的，在这里，P 是他被逮捕的概率，同概率 P 连在一起的是该行为所支付的各种代价。这些代价首先是对受害者的赔偿，这种赔偿除了归还可以移交的东西之外，还包括不当得利中的剩余部分，我们把这种赔偿称为 C。此外，既然从实施该行为中获得的任何无法拿走的利益（例如从美妙回忆中获得的愉快）都可以被如数抵消，不会留下任何净剩余，所以我们在下面的讨论中将把它忽略不计。其他的代价是在被逮捕和审讯中所付出的心理的、社会的和情感的代价（称它们为 D）；以及逮捕和审讯过程中的资金费用（称它们为 E），而这些费用是他必须支付的，因为它们是由他试图逃避支付赔偿所产生出来的。如果越界的预期代价比其预期收益更少，也就是说，如果 P×（C＋D＋E）小于 (1－P)×G，那么威慑的前景看起来就很黯淡。（然而，一个人也可能不去越界，因为他有更好的事情去做，他有其他的选择来获取更高的、可预期的功利。）如果逮捕难以实施，即使费用不高，那么也可能需要另一种处罚来制止犯罪。（这样，试图逃避支付赔偿就会成为被禁止的行为。）

这样一些考虑给报复理论造成了困难，而这种理论在报复的基础上对可以施加于人的处罚设定了**上限**。让我们（在这种理论的基础上）假设，应得的报复 R 等于 r×H；在这里，H 是行为所造成的伤害的严重程度，r（在 0 与 1 的范围之间变动）表示此人对 H 所负的责任程度。（我们略去了这样的棘手问题，H 是代表打算造成的伤害，还是实际造成的伤害，或者这两者的某种函数；以及它是否随案子的不同类型而变化。）* 当其他人知道 r = 1 的时候，他们就会相信 R = H。这样，一个人在决定是否实行某种伤害行为的时候，就面临着一种收益 G 的概率（1 − P），和一种赔付（C + D + E + R）的概率 P。通常（虽然并非总是）从越界得到的收益接近于它给另一方造成的损失或伤害，R 会位于 G 附近的某个地方。但是，当 P 是很小的时候，或者 R 是很小的时候，P × (C + D + E + R) 会小于 (1 − P) × G，这样就常常无法起到威慑的作用。**

报复理论看来允许威慑的失败。而威慑理论家（虽然他们不是有意如此）将会处于这样一种位置，即幸灾乐祸地看着报复主义者的失败，如果他们自己持有另一种理论的话。但是，除非我们被告知有**多少犯罪**被吓阻，否则"对犯罪的处罚应该是为威慑犯罪所必需的最轻处罚"这种论点就**没有什么**指导意义。如果所有的犯罪都被吓阻了，以致犯罪被消除了，那么处罚就会被设置得过重，从而令人难以接受。如果只能威慑一例犯罪，以致仅比根本没有任何处罚时的犯罪稍微少一点，那么处罚就会过轻，也是不可接受的，并几乎导致**零**威慑。目标和处罚应该被设置在两者之间的什么地方？功利主义类型的威慑理论家会建议（某种与此类似的东

61

---

*　我们也略去报复是否包括这样一种成分的问题，而这种成分代表它所对应的行为的错误程度。主张惩罚应该以某种方式与罪行相称的报复理论面临着一种两难困境：或者惩罚没有与罪行的严重程度相称，从而没有给予充分的报复；或者惩罚与罪行的严重程度是相称的，从而无法被证明是正当的。

**　让我们回忆，C + D + E + R 衡量了当事人的损失，这种损失是相对于他的原初位置而言的，而非从伤害他的对方那里获得赔偿后的位置而言的。在这里，我们略去这个问题，即所征收的赔付是否不应该是 C + D + 2E + R，第二个 E 等于侦查和逮捕机构在毫无结果的调查中所花费的费用，或者更正确地说，C + D + E + R 中的 R 是否不应该把第二个 E 当做其组成部分。

西）把对一种犯罪的处罚 P 起码设置在这一点上，即任何对该犯罪比 P 更重的处罚都会导致更多额外的不幸，而这种在惩罚中产生的不幸大于在额外增加惩罚所吓阻的犯罪之（潜在）受害者那里所避免的不幸。

这种功利主义的建议把惩罚带给罪犯的不幸等同于犯罪带给受害者的不幸。在计算社会最佳条件时，它赋予这两种不幸以相同的重要性。因此，功利主义者拒绝提高对犯罪的处罚，即使更重的处罚（仍处于任何报复的上限以下）会吓阻更多的犯罪，只要它给被处罚者增加的不幸稍微大于它从所避免的犯罪受害者和被制止者那里减少的不幸。（在使幸福总量达到同等最大化的两种处罚数量之间，功利主义者起码会总是选择使受害者的不幸达到最小化的处罚吗?）给这个古怪观点构思一个反例是留给读者的一个练习。看起来，只有赋予被惩罚一方的不幸以更少的重要性，功利主义的威慑"理论"才能够避免这种后果。人们会假设，关于应得（desert）的考虑将在这里扮演一种角色，而威慑理论家则认为，即使这一问题是相关的，也可以避而不谈；如果人们在给予不同的人的幸福（不幸）以"适当"分量时，对如何使用这种应得的考虑不存在困难，那么他们就会做出这种假设。另一方面，报复主义理论家则**不必**说，一个重罪犯的幸福比其受害者的幸福具有更少的重要性，因为报复主义者根本就不把决定适当的惩罚视为一种权衡幸福和分配幸福的工作。*

我们可以把报复理论与某些自卫问题联系起来。根据报复

---

* 我们应该注意到这种有趣的可能性，当代政府可能采用金钱上的处罚（除了赔偿以外），并利用它们来资助各种政府活动。也许某些资源会剩余下来，这些剩余的资源来自于扣除赔偿的报复性处罚，来自于为减少逮捕和吓阻犯罪所必需的额外处罚。既然被逮捕所犯罪行的受害人得到了充分的赔偿，那么这些剩余的资金（特别是应用报复性理论所产生出来的资金）是否必须用来赔偿其罪犯已经逃之夭夭的受害者，这是不清楚的。大概，一个保护性社团会用这样的资金来降低它的服务价格。

理论，应得的惩罚是 r×H，在这里，H 是伤害（实际的或企图的）的数额，r 是这个人对造成 H 的责任程度。我们假定，降临到受害者身上的伤害的预计价值等于 H（只有当这个人的意图与其客观处境不相符合的时候，这一假定才不成立）。这样，一种均衡规则就为防卫性伤害设定了上限，而这种防卫性伤害在自卫中可以施加于 H 的制造者。它使可允许的防卫性伤害的最高数值成为 H 的某种函数 f，这个函数直接随 H 变化而变化（H 越大，f（H）也就越大），从而 f（H）＞H。（或至少，从任何观点看，f（H）≥H。）请注意，这个均衡规则并没有提到责任程度 r。无论 H 的制造者对他引起的伤害是否具有责任，这个规则都适用。就此而言，它不同于另一种均衡规则，该规则使自卫的上限成为 r×H 的函数。后一个规则使我们断定，在所有其他情况相等的情况下，对于 r 比零大的人，一个人可以在自卫中使用**更多**的强力。我们在这里展示的结构能够产生如下结果。一个人在保护自己的时候可以向攻击者施以应得的惩罚（即 r×H）。所以，一个人在自卫时可以对伤害 H 的制造者使用的上限是 f（H）＋r×H。当在自卫中除了 f（H）以外还要花费一个数额 A 的时候，后来所施加的惩罚中就应该减去这个数额，变成 r×H－A。当 r＝0 的时候，f（H）＋r×H 减为 f（H）。最后，还要有某种必要性规则，这种必要性规则规定，一个人在自卫中所使用的力量应该正好是击退攻击所必需的力量，而不得过大。如果所必需的力量大于 f（H）＞r×H，那么就有义务退却。*

63

---

* 关于这些问题的一个有趣讨论，见弗莱彻（George P. Fletcher）"均衡性与患有精神病的侵害者"，《以色列法律评论》1973 年 7 月号，第 367—390 页。尽管弗莱彻认为，没有办法既主张一个人在自卫时可以对患有精神病的侵害者（他的 r＝0）使用致命的力量，同时又主张我们应该服从某种均衡规则，但是我相信，我们在本书中展示的结构能够产生这两种结果，能够满足人们希望施加的各种条件。

交换利益的划分

让我们转向两个问题中的第一个：假如给予了充分的赔偿，那么为什么还是不允许越界？充分的赔偿使受害者处于同样高的无差别曲线上，同对方没有越界时他所处的位置一样。因此，一种只要给予充分赔偿就允许所有越界行为的制度等同于另一种制度，而这种制度要求，关于越界权利的所有事先协议都应该在契约曲线上最有利于权利**购买者**的点上达成。⑧ 如果你愿意为可以对我做某种事情的权利而付 n 个美元，而 m 个美元则是我能够接受的最低额（接受少于 m 个美元将使我处于更低的无差别曲线上），那么如果 n 大于或等于 m，就存在着我们做成这笔互利交易的可能性。价格应该被定在 n 个美元与 m 个美元范围之间的什么地方？缺少任何可接受的、公正的或公平的价格理论（各种试图建立两人之间的非零和博弈的**仲裁**模式便是一个明证），人们无法回答这个问题。可以肯定的是，没有理由认为，所有交易都会在契约曲线的这个点上发生，即这个点对当事一方最有利，使交易增进的利益由这一方独占。只要给予充分赔偿就允许越界，这以一种不公平的和武断的方式"解决了"如何分配自愿交换之利益的问题。*

让我们进一步考虑这样一种制度如何分配物品。任何一个人都可以抓住一件物品，从而"拥有"它，只要他对它的所

---

⑧ 见彼得·纽曼（Peter Newman）《交换理论》，新泽西州英格伍德·克里夫斯：普伦提斯－霍尔公司，1965 年，第 3 章。

* 人们可能尝试通过区分在生产过程中使用某种东西作为资源与在一种过程中损害某种东西作为副作用，来部分地划定充分赔偿被允许的范围。因为划分经济交换之利益的问题，只有在后者的情况下，给予充分的赔偿才被看做可允许的，而在前者的情况下，市场价格则被视为更可欲的。这种尝试不会起作用，因为倾销发挥作用的基础也是有价值和有市场的资源。

有者给予赔偿。如果几个人想要一件物品，那么抓住它的第一
个人得到了它，直到另外一个人把它拿走，并支付充分的赔
偿。(为什么**这类**中间人应有所得呢?)⑨　如果几个人想要一件
特殊的物品，那么应该给予最初的所有者多少赔偿? 一个了解
这种需要的所有者可以按照市场价格来给他的物品定价，这
样，如果他得到的比市场价值少，那么就是被置于更低的无差
别曲线上。(市场存在于什么地方? 市场价格是不是一个出售
者能够接受的最低价格? 市场存在于这里吗?) 假设的条件和
假设的事实的复杂结合也许可以成功地分清什么是所有者的偏
爱，什么是他对别人欲望的了解以及他们愿意付出的价格。但
是迄今为止，实际上还没有任何人能够提供这种必要的结
合。*　如果一种制度使越界所支付的赔偿等于若是允许越界而

---

⑨　关于中间人更为通常的作用，见阿尔基恩和阿伦（Armen Alchian and W.
R. Allen）《大学经济学》第 2 版，加利福尼亚州贝尔蒙德：瓦兹沃斯公司，1967
年，第 29—37、40 页。

*　一个同样的问题产生于经济学家对交换的通常解释。早期的观点主张，在
人们愿意相互交换的物品中间，一定在某个方面是相等的。否则有一方就会被认
为是吃亏者。对此，经济学家指出，互利的交换只需要相反的偏爱。如果一个人
与拥有自己的物品相比更偏爱拥有另一个人的物品，同样另一个人与拥有自己的
物品相比更偏爱拥有第一个人的物品，那么交换可以对两个人都有利。两个人都
不吃亏，即使在他们的物品中没有什么东西**相等**。人们可能反驳说，相反的偏爱
并不是必需的。(即使抛开这样的问题，如交换在其商品没有差别的双方之间不会
发生，或者当两个人具有相同的偏爱并且最初同样混合持有两种物品时，其中一
个人与混合持有相比**更**偏爱一种不混合持有，而另一个人则在两种不混合持有之
间采取无所谓的态度，互利的交换不会发生。) 例如，在棒球的三方交易中，一
个队可以用一球员来交换另一个球员 (而在两者中他们更偏爱第一个球员)，
以便用后者向另外的球队来换第三个球员 (而在这两者中他们更偏爱第三个球
员)。对此可能有这样的回答，既然第一个队知道可以用第二个球员来交换第三
个，那么与拥有第一个相比，他们**确实**偏爱拥有第二个 (通过交换，第二个可以
轻易地变为第三个)。这样，该球队的第一个交换不是为了得到一个更不偏爱的对
象，这个交换也没有把该球队降到更低的无差别曲线。一般原则是，知道 (通过

65　进行事先谈判就会达到的价格，那么它就无法避免不公平的指
　　控。（让我们把这种赔偿称为"市场赔偿"，它通常会比单纯
　　的充分赔偿更多一些。）显然，发现这种价格的最好方法是让
　　谈判实际进行，看它们能达到什么结果。任何其他的程序都将
　　是高度的不准确和难以置信的麻烦。

恐惧与禁止

　　除了这些关于交易价格的公平性问题之外，关于反对只要
给予赔偿就允许所有任意行为的更深入考虑在许多方面都是非
常有趣的。**如果**某些伤害是无法赔偿的，它们就不能实行只要
66　给予赔偿就被允许的政策。（不如说，只要给予赔偿，它们**就**
是被允许的，但既然任何人都无法给予赔偿，那么实际上它们
就是不允许的。）让我们把这些困难问题放在一边，而来考
虑，即使某些**能**加以赔偿的行为也是被禁止的。在那些能够加
以赔偿的行为中，有一些会产生出恐惧。我们恐惧那些将发生
在我们身上的行为，即使我们知道，我们将会因为它们而得到
充分的赔偿。Y 溜到某人的房前，被折断了胳膊，然后索取了
2000 美元作为伤害的赔偿，X 听说了此事后也许会认为："发
生在 Y 身上的事情多么幸运，为了得到 2000 美元折断一个人

（接上页）交换）一件物品可以变为另一件物品的任何人都在偏爱上把第一件物
品排列得同第二件一样高。（忽略交易**成本**不影响问题的实质。）虽然这个原则对
于解释简单的三方交换是必要的，但是与关于交换的早期解释相冲突，而早期是
按照相反的偏爱来解释交换的。因为这个原则有一个后果，即一个人与拥有自己
的物品相比并不偏爱拥有另一个人的物品，因为他自己的物品（通过交换）能够
变成另一件物品，从而他在偏爱上至少把它排列得同另一件一样高。

　　从这个困难中产生出各种路线，这些路线经历了粗略的检验（记住两个不同
的当事人都能向某个人提供用来交换的商品），而所有这些路线看起来都包含一大
堆复杂的、交缠在一起的假设条件和假设事实。

胳膊,这是值得的,这完全弥补了所受到的伤害。"但是如果有人来到 X 的前面,对他说:"我可能在下个月折断你的胳膊,如果我这样做了,我将给你 2000 美元作为赔偿;尽管如果我决定不折断它了,我将不会给你任何东西。" X 会琢磨出这是他的好运吗?相反,他是不是会忧心忡忡地四处走动,身后一有动静就会吓一跳,神经兮兮地预期,什么时候痛苦将会突然地降临到他的身上?一种制度如果只要事后受害者得到了赔偿就允许袭击发生,那么它就会使人忧心忡忡,害怕袭击、突然攻击和伤害。这为禁止袭击提供了一个理由吗?为什么袭击者不可以在付给受害者的赔偿中不仅包括袭击及其所产生的后果,而且也包括受害者在等待这种或那种袭击时所感到的所有恐惧?但是,生活在只要给予赔偿就允许袭击的普遍制度中,一个受害者的恐惧不是由这个袭击他的具体的人引起的。这样,为什么这个袭击者应该对他的恐惧给予赔偿?**谁来赔偿其他所有忧心忡忡的人所感到的恐惧,而这些人只是碰巧没有遭受到袭击?**

某些事情使我们感到恐惧,即使我们知道,如果这些事情发生了或对我们做了,我们将会得到充分的赔偿。为了避免这样的普遍忧虑和恐惧,这些行为被禁止,被加以惩罚。(显然,禁止一种行为并不能保证它不会发生,所以也不能保证人们将会感到安全。虽然袭击被禁止,但在袭击频繁地、无法预料地发生的地方,人们仍然会感到害怕。)并非每一种越界都会产生这样的恐惧。如果我被告知,我的汽车下个月将被偷走,而且之后我会因被偷和没有汽车给我造成的任何不便而得到充分的赔偿,那么我并不会神经兮兮、忧心忡忡、充满恐惧地度过这个月。

这提供了一个尺度,用以区分私人性的权利侵犯与具有公共成分的权利侵犯。私人性的权利侵犯是这样的,即只有受到伤害的一方需要加以赔偿，而知道他们将会得到充分赔偿的这些人也不会对它们感到恐惧。公共的权利侵犯则是这样的，即人们对它们充满了恐惧，即使他们知道，如果权利侵犯发生了，他们将得到充分的赔偿。即使在对受害者的恐惧给予赔偿的最高赔偿方案中，某些人（非受害者）仍不会因**他们的**恐惧而得到赔偿。这样，特别是因为这些越界行为引起每一个人都担心它会发生在自己身上，所以对于消灭这些越界行为，存在着一种合法的公共利益。

这种后果能够避开吗？例如，如果受害者立即得到了赔偿并被收买以保持沉默，那么这种恐惧就不会得到蔓延。其他人并不知道这种行为已经发生了，所以它不会促使人们认为这种事情发生在他们身上的概率也很高，从而使他们更加忧心忡忡。困难在于，人们知道自己生活在允许这种行为的制度中，而这种知识本身就产生忧心忡忡。当所有相关报道都被压制的时候，一个人如何能够估计某种事情发生在他身上的统计学几率？这样，即使在这种高度人为的情形中，在大家都知道允许它发生的制度里，受到其发生所伤害的也不仅仅是受害者。广泛传播的恐惧使这些行为的实际发生和事后安定不仅仅是一种伤害者和受害者之间的私人事务。（然而，既然这些事后已经得到赔偿和被收买的受害者不会抱怨，那么强加在其受害者并不抱怨的这些犯罪上的禁止就将表明这样一个问题，即对所谓没有受害者的犯罪的强行禁止。）*

---

* 请注意，并非每一个对别人产生更低功利的行为都应该得到普遍的禁止；只有跨越了别人权利的边界，它的禁止问题才能提出来。也请注意，任何关于恐惧的这些考虑都不适用于这样一种制度，即如果征得其边界被越过者的事先同意，任何行为都是可允许的。在这样的制度中，任何担心自己会愚蠢地同意某种事情的人能够保证，首先，通过自愿的手段（契约等），他不会这样做；其次，没有理由要求其他人来阻止一个人恐惧**他自己**。

　　我们已经说过，一种只要其受害者得到赔偿就允许制造恐惧行为的制度自身有一个代价，即未被赔偿者所付出的代价，而这些人是潜在的受害者而非实际的受害者，但他们的恐惧没有得到赔偿。如果某个人宣布，他将随意地做任何事情，并且他不仅对所有受害者给予赔偿，而且他也对因其宣布而感到恐惧的所有人都给予赔偿，即使他没有对他们做这些事情，那么该制度的这种缺点能够由此而得以避免吗？这样做的代价十分高昂，以致超过了几乎所有人的能力。但是，它会不会由此摆脱我们关于禁止越界行为的论证，而这种论证表明，（以赔偿）允许这些越界行为将会在那些得不到赔偿的平民百姓中产生普遍的恐惧？要摆脱我们的论证不是很容易的，因为还有两个理由。首先，人们对攻击有一种普遍的焦虑，不是因为他们听到了某种特别的宣布，而是因为他们知道这种制度允许宣布之后的攻击，并因此担心还有某些东西他们没有听到。他们不能因其没有听到什么东西而得到赔偿，并且他们也不会为由此引起的恐惧而请求赔偿。然而，他们却可能是某个人的受害者，尽管他们没有听到这个人的宣布。任何一个特殊的宣布都没有造成这种恐惧，而这种恐惧也没有一个具体的宣布作为其对象，所以，谁应该为它做出赔偿呢？这样，我们的论证在更高的层面上被重复了，但必须承认，在这个层面上，恐惧**可能**是如此微弱和细小，以致不足以证明禁止**这样的**宣布是正当的。其次，按照先前我们关于公平交换价格的讨论，人们可能要求做出这样宣布的人不仅给予充分赔偿，而且给予市场赔偿。充分赔偿是这样的数额，即它是足够的，但却不能使得到赔偿的人在事后说他很高兴，对所发生的事情不感到遗憾；市场赔偿则是这样的数额，即在征得他的同意的事先谈判中所确定的数额。既然事后认识到的恐惧与它发生时所经历的恐惧或事先预料的恐惧看起来是非常不同的，所以在这些场合中要准确地确定市场赔偿的数额是多少，这几乎是不可能的，除非是通过实际的谈判。

69　　　我们关于禁止某些行为（诸如袭击）的论证假定，仅仅要求攻击者对攻击的后果（而非对任何事前的恐惧）给予受害者以赔偿，还不足以吓阻攻击，不足以使人们不再感到恐惧。如果这个假定是错误的，那么这种由恐惧引出的论证就会失败。（关于交换利益之划分的论证则仍然有效。）我们想知道，（根据报复理论）对于违反关于某些行为的禁令，与其相应的惩罚是否同样无法提供足够的吓阻，以消除恐惧和担忧。如果被惩罚的概率很高，并且惩罚本身也成为一种**恐惧的**对象，而对所恐惧的越界行为的惩罚不是不合法的，那么这种情况就不大可能发生。甚至对于那些从行为中比其受害者获利大得多的人（从而施加在他们身上的惩罚也重得多），这也不会引起什么困难。让我们回忆一下，报复主义理论主张，除了惩罚过程以外，一个人的不当得利也应该被剥夺或加以抵偿，如果他在赔偿了他的受害者以后还剩下什么东西的话。

　　人们对某些行为感到恐惧，即使他们知道：如果这些行为在他们身上发生了，他们将得到充分的赔偿。这种恐惧的实际现象说明为什么我们要禁止它们。我们的论证是不是过于功利主义了？如果恐惧不是由一个特殊的人产生出来的，那么如何证明：即使他支付赔偿也要禁止他做某件事是正当的？我们的论证反对这样一种自然假定，即决定一个行为是否应该被禁止，只有该行为的影响和后果是相关的。我们的论证也关注它不被禁止的影响和后果。一旦表明这种观点，显然这种论证就要进行下去。但是，这种观点与自然假定的分歧到底意义何在，意义有多大，这也是值得去研究的。

　　恐惧**为什么**随着某些行为而产生，这仍然存在着困惑。毕竟，如果你知道你将为一个行为的实际后果而得到充分的赔偿，因此这件事情的发生（在你看来）不会使你的处境变得更糟，**那么你害怕的是什么呢？**你并不害怕下降到一种更不利的位置或者更低的无差别曲线，因为（根据假设）你知道这种情况不会发生。甚至当总的预期交易是有利的时候，如某个人被告知，他的胳膊可能被折断，然后他会得到 500 美元，而这个数额要比充分的赔偿更多，恐惧还是会发生。问题不在于对恐惧给予多少赔偿，而在于**到底**为什么存在着恐惧，如果总的预期交易被看做是有利的话。人们也许推测，恐惧之所以存在，是因为此人不能肯定是不是只折断他一只胳膊，他不知道这些限制会不会被遵守。但是，如果保证此人会因所发生的一切事情而得到赔偿，或者使用机器来做折断胳膊的这件工作，以消除越过限制的疑虑，那么同样的问题还是会产生。如果得到这样的保证，一个人还恐惧什么呢？首先，我们希望知道，人们实际上害怕的是哪一类的伤害，即使当伤害作为总体交易的一部分在权衡中被看做是有利的时候。恐惧不是一种总体性的情感，它只关注交易的某些部分，而不关心关于整体的"权衡"判断。我们现在对禁止可赔偿的越界行为所做的论证，依赖于恐惧、焦虑和担忧等情感的这种非总体性特征。⑩对伤害的分类可以按照日常观念来进行，诸如"肉体痛苦"，也可以按照某些心理学理论的观念来进行，诸如"无条件反感刺激"。（但是，人们不应该一下子跳到这一结论，即当知道可以得到赔偿的时候，所恐惧和担忧的只有肉体上的伤害或痛苦。尽管知道他们会因所发生的事情而得到赔偿，人们还是

70

---

⑩ 为事件的不确定发生所强化吗？见马丁·塞利格曼（Martin Seligman）"不可预料和不可控制的反感事件"，载于罗伯特·布鲁斯（Robert Brush）编：《反感的条件作用与学习》，学术出版社，1971 年，第 347—400 页，特别是第 4 节。

可能因丢脸、耻辱、失宠和窘迫等而感到恐惧。）其次，我们希望知道，这样的恐惧是否可以归因于社会环境的某些可变特征。如果人们是在这样的环境中长大的，在那里数目众多的行为是以随机的和不可预料的方式发生的，那么他们是会表现出对这些行为之危险的担忧和恐惧，还是会表现出他们能够容忍这些危险，把它们看做正常环境的一部分？（如果他们的担忧是以普遍高度紧张的方式表达出来的，那么要想辨别和测量它们就十分困难。人们普遍地都神经过敏，那么如何进行测量？）如果在这样严酷环境中长大的人们能够显现出对某些行为的宽容，几乎没有表现出什么恐惧和紧张的征兆，那么我们对于为什么某些行为被禁止（而不是只要给予赔偿就允许）

71 就没有一种**深刻的**解释。因为对这些行为的恐惧本身就不是一种深刻的现象，而我们的解释所依赖的正是这些恐惧。⑪

为什么不一律禁止？

出自普遍恐惧的论证证明了禁止这些越界行为的正当性，因为即使知道他们将因此而得到赔偿，这些越界行为还是会产生恐惧。其他一些考虑也汇聚于这一证明：一种制度只要给予赔偿就允许越界，表明它把人用作手段；知道他们被如此利用，知道他们的计划和期望容易遭到武断的阻挠，这是要人们付出的代价；某些伤害可能是无法赔偿的；对于那些可赔偿的伤害，一个行为主体如何能够知道这种实际的赔偿数额不会超出他的能力。（一个人能有把握对付这种意外情况吗？）这些

---

⑪   一种中等深度的原理能够由这样一种中等程度的可能性来提供，即任何恐惧在这种或那种社会环境中都是可以消除的，尽管不是所有的恐惧都一起消除。我们应该注意到，某个人承认某些特定恐惧不是通过改变社会环境就可以消除的，但他仍然希望知道，这些恐惧是不是过于非理性了，以致无法适应社会政策，尽管在类似于恐惧身体伤害的场合，这一点难以坚持。

考虑，连同那些不应不公平地分配自愿交换之利益的考虑，是
否足以证明禁止所有其他越界行为是正当的，其中包括那些不
会产生恐惧的行为？我们对在本章开始时提出的第一个问
题——"为什么不是只要给予赔偿就允许所有的越界行
为？"——的讨论把我们引导到在那里提出的第二个问题——
"为什么不禁止受害者没有事先同意过的所有越界行为？"

　　如果对没有征得同意的所有侵犯权利行为都进行处罚，其
中包括意外的和非故意的侵犯，就会给人们的生活带来大量的
风险和不安全因素。人们无法确定，即使有最良好的意图，他
们能否为意外事故而最终免于惩罚。[12] 对于许多人，这似乎不
大公平。让我们把这些有趣的问题放在一边，而关注这样的行
为，即行为主体**知道**他们将会或可能会侵犯某个人的边界。这
些没有事先征得受害者同意（一般是通过购买）的人不应该
加以惩罚吗？问题的复杂性在于，某些因素可能阻碍获得这种
事先的同意，或者使获得事先同意成为不可能的。（除受害者
拒绝同意之外的某些因素。）有可能知道这个受害者是谁，也
确切地知道什么事情将会对他发生，但是也许会暂时无法通知
他。或者有可能知道这个人或那个人将是一个行为的受害者，
但要想找出究竟是哪个人，也许是办不到的。在这些场合中的
每一个，都没有进行事先的协商，以达成得到受害者允许该
行为的协议。在某些其他的场合，要进行协商以达成协议，
也许其代价太高，尽管不是不可能的。已知的受害者**能够**被
通知到，但首先必须对他进行大脑手术，或者在非洲丛林中

---

　　[12] 见哈特（H. L. A. Hart）的论文，"法律责任和免除"，载于《惩罚与责
任》，纽约：牛津大学出版社，1968 年，第 2 章。该论证不能由惩罚扩展到赔偿，
因为这些费用必须落实在某处。关于这样的问题，见沃尔特·布鲁姆和小哈里·
卡尔文（Walter Blum and Harry Kalven, Jr.）的讨论，《关于私法问题的公法观点：
自动赔偿计划》，波士顿：小布朗公司，1965 年。

找到他，或者打断他在修道院为期六个月的静修，而他曾经发誓在此期间保持沉默并杜绝一切商业事务，所有这些情况都代价高昂。或者，只有通过对可能成为受害者的整个人群做代价高昂的调查，未知的受害者才有可能被事先识别出来。

任何只要事后给予赔偿就可以允许的越界行为是这样的行为，或者事先的同意是做不到的，或者为此进行协商的代价过于高昂（略去某些复杂情况后，这些行为包括意外行为、非故意行为和过失行为等等）。但不是反之亦然。没有受害者的事先同意但只要事后给予赔偿，哪些行为是可以允许的？**不是先前我们描述过的那些会产生恐惧的行为。**＊ 我们能进一步把它的范围缩小吗？只要给予赔偿，哪些不引起恐惧的越界行为是可以允许的？关于识别出受害者或通知到受害者的问题上，在做不到的事情与其代价过于高昂之间做出严格的区分，这有些武断。（这不仅仅是因为，要想知道我们处于两种情况中的哪一种，这是困难的。如果完成该任务要用掉美国的国民生产总值，那么它是"做不到的"，还是代价过于高昂？）根据什么原则在那个特殊的地方画出一条线，这是不清楚的。人们有时候希望允许事后赔偿的越界行为（当事先识别受害者或通知受害者是**做不到的**时候），其理由大概是可以从该行为中获得巨大的利益，它是值得的，是应该做的，是能支付得起的。但是当事先识别和通知（虽然是可以做到的）的代价甚至大于从该行为所获得的巨大利益的时候，这样的理由有时也同样成立。禁止这些没有得到同意的行为意味着放弃这些利益，正如处于无法进行协商的场合一样。最有效率的策略是放弃那些

＊ 即使假如知道某些行为会具有某种后果就会产生恐惧，一种带有某种可能后果之风险的行为也许不会产生恐惧，如果其降低的概率能消除这种恐惧的话。

净利最少的行为；这种策略允许任何一个人无需事先协议而从事不引起恐惧的行为，只要达成一个事先协议的交易费用比事后赔偿过程的费用更大，即使是大一点点。（受害一方不仅因该行为而获得赔偿，而且也因其被牵涉到赔偿过程之中而获得赔偿。）但是，效率考虑不足以证明为了边际利益进行越界而不受处罚是正当的，即使为此做出的赔偿要比充分赔偿更多，以致交易之利益不是全部都归属于越界者。让我们回忆一下前面提到的反对以赔偿交换越界的其他考虑（边码第 71 页）。说当且仅当其利益"足够大"这样的行为就应该被允许，在缺少某些社会机制来确定这一点的时候，是没有多大帮助的。恐惧、交换利益之划分和交易费用，这三种考虑界定了我们的范围，但是，由于我们迄今为止还没有发现一种合适原则能够包含最后一种考虑和前面（边码第 71页）提到的其他考虑，所以它们三者还不能共同形成一种包括所有细节的解决方案。

风险

我们前面曾指出，一个风险行为所表明的伤害概率可能对于任何既定个人都太低，以致不能引起他担心或恐惧。但是，他也许对大量这样的行为而感到恐惧。单个行为引起的伤害概率都处于产生担忧所必需的阈限以下，但是行为合在一起的总体可能构成一种很高的伤害概率。如果不同的人在总体中从事不同的行为，那么任何一个人对作为结果的恐惧都没有责任。任何一个人都不会轻易地被认为与恐惧的一个可辨别部分有直接关联。增加一个行为不会导致达到恐惧的阈限，减少一个行为也不大可能消除恐惧。我们先前关于恐惧的考虑为禁止这种行为**总体**提供了一个案例。既然行为总体之各个部分的发生不会带来不良的结果，那么就没有必要严格禁止作为组成部分的每一个行为。⑬

那么如何来决定行为总体阈限以下的哪一个分支应该被允许？对每一个行为都征税，要求有一个中央的或统一的税收和决策机构。由社会来决定哪些行为是有价值的，应该允许，哪些是应该被禁止的，以使行为总体缩减到恐惧阈限以下，也需要同样的机构。例如，人们可能会决定，开采矿山或开火车具有足够的价值以致可以被允许，即使这两种行为的每一种带给过路人的危险并不比被迫的俄罗斯轮盘赌少，而俄罗斯轮盘赌有一颗子弹和 n 个弹仓（从而带有 n 分之一的风险），并因其没有足够的价值而被禁止。在自然状态中就存在着这样的问题，即没有一个中央或统一的机构能够来做出决定，或者有资格来做出决定。（我们将在第 5 章讨论赫伯特·哈特所谓的"公平原则"对此是否能够有所助益。）如果能够通过某种看不见的手的机制运作而达到正规的国家（恐惧阈限以下的总体等等），那么问题就会减少。但是，完成这一任务的恰当机制还没有得到描述，而且，也应该表明这样一种机制如何能够在自然状态中产生出来。（同其他地方一样，我们在这里也需要一种理论来阐明，什么样的宏观国家通过什么类型的看不见的手的机制而必定产生出来。）

具有跨越他人边界之风险的行为对自然权利的立场提出了严重的挑战。（各种不同的境况使这个问题更加复杂化了：能够知道的是哪个人将会遭遇风险，还是仅仅知道风险将会在某些人身上发生；能够知道的是确切的伤害概率，还是在某种范围内的伤害概率；等等。）从事一种行为，无论这种行为侵犯

---

⑬　要禁止任何有可能产生恐惧后果的风险行为，而这种行为可能是产生恐惧的类似行为总体的一部分，但这个总体是否产生恐惧则依赖于它所包含的类似行为有多少，这就需要撒一张非常大的网。

到某个人的权利的伤害概率多么低，也是侵犯了他的权利吗？
或者，对所有各种伤害都采用一刀切的概率，那么也许一刀切
的概率越低，伤害就越严重。在这里，人们可能有一种特定价
值的图表，这个特定价值的图表对所有人都是同样的，它标出
了权利侵犯的边界；如果一个行为对某个人的预期伤害（即
他的伤害程度乘以他的伤害概率）大于或者等于特定价值，
那么这个行为就侵犯了他的权利。但是，这一特定价值的量有
多大呢？它是侵犯一个人的自然权利的最轻微行为（该行为
肯定是只产生这种伤害）所造成的伤害吗？不能利用这样一
种传统来解释这个问题，而这种传统主张偷了一个人的一分
钱、一根针或任何其他类似的东西就是侵犯了他的权利。在伤
害肯定会发生的场合，这种传统并**没有**选择一种伤害的阈限标
准作为一种最低限制。设想自然权利传统能够以原则性的方式
来画出一条界线，以确定哪种概率会给他人增加不可接受的风
险，这是非常困难的。这意味着，要弄清自然权利传统在这些
场合如何画出它关注的边界，这是非常困难的。*

75

---

*　人们可以合理地论证，从连续变化的概率开始并追问界线画在什么地方，这
是误解了问题，并且会使这条线无论处于（除 0 或 1 以外的）什么位置看起来都是
武断的。另外一种程序将从这样一些考虑开始，这些考虑"垂直于"关于概率的考
虑，它们在理论上展开就会形成一种对风险行为问题的回答。这两种类型的理论都
可以被发展出来。一种理论可以确定这条线应该被画在什么地方，而其位置看起来
不是武断的，因为，虽然这条线所在的地方不是按照概率尺度确定的，但是按照这
个理论所考虑的其他尺度则是可以识别出来的。另一种理论则能够为确定风险行为
提供标准，而**无须**按照概率（或者预期的价值或类似的东西）尺度来画出一条线，
从而所有位于这条线一边的行为都按照一种方式加以对待，所有位于另一边的行为
都按照另一种方式来加以对待。这种理论并不按照概率影响的尺度把行为置于同样
的秩序之中，这种理论也不用某种单元线的间隔把行为分成相等的种类。这种理论
所提出的考虑仅仅是以不同的方式对待这个问题，所以具有这种结果，即某些行为
被禁止，而另外一些具有**更高**预期价值的伤害则被允许。非常不幸，两者之中任何
一种令人满意的、具体的理论目前为止都还没有产生出来。

如果还没有任何自然法理论能画出一条精确的界线以界定人们在风险处境中的自然权利，那么在自然状态中会发生什么事情？对于给他人带来越界风险的任何特殊行为，我们认为存在着下述三种可能性：

1. 即使对任何越界行为都给予赔偿，或者即使它最终并没有跨过任何边界，这种行为也是被禁止和被惩罚的。

2. 只要对那些边界被实际越过的人们给予赔偿，这种行为就是允许的。

3. 只要对所有那些经历越界风险的人们都给予赔偿，而无论最终他们的边界是否被实际越过，这种行为就是允许的。

处在第三种可能情况下，人们也可以选择第二种，他们可以为所承担风险的赔付建立一笔公共基金，以便对那些其边界被实际越过的人们给予充分赔偿。如果加在他人身上的风险本身就有理由被看做是越界行为，而且或许因其被别人感知到并引起恐惧而应该得到赔偿，那么第三种可能的选择似乎就是合理的。* （人们在市场上自愿地冒这样的风险，通过做有风险的工作获得更高的工资而得到"赔偿"，无论该风险是否实际发生。）

查理斯·弗雷德（Charles Fried）近来提出，与禁止所有

＊ 作为给予他们赔偿的替代，行为主体是否可以为所有承担风险的人提供镇静剂，以使他们不会感到非常害怕？他们是否应该自己给自己服用镇静剂，以致如果他们忘记了服用而感到恐惧，那么这也与行为主体毫无关系？关于这些原本就缠在一起的问题的阐述，见罗纳尔多·科斯（Ronald Coase）："社会代价问题"，《法学和经济学杂志》，1960 年，第 1—44 页。

施加风险行为的制度相比，人们会更愿意赞成这样一种制度，这种制度允许人们相互施加"正常的"死亡风险。[14] 任何一个人都没有处于特别不利的地位；每个人在追求自己目的的活动中都有权利从事对别人有风险的行为，作为交换，他也承认别人有权利对他做同样的事情。别人施加在他身上的这些风险，是他在追求自己目的的活动中所愿意承担的风险；对于他施加在别人身上的风险，同样的说法也是成立的。无论如何，世界就是这样被构造出来的，人们在追求自己的目的时通常一定会给别人带来风险，而这些风险是他们无法直接施加在自己身上的。一种交易自然而然地发生了。以交易的语言来表述弗雷德的论证就会指向另外一种选择：即对施加在别人身上的每一种越界风险都给予明确的赔偿（上面所列的第三种可能性）。就更大范围的公平而言，这样一种制度不同于弗雷德的风险基金。然而，实际进行赔付以及确定加在别人身上的确切风险和适当赔偿之过程看起来会包含巨大的交易费用。某些提高效率的方法能容易地加以设想（例如，保留对所有人的集中记录，以及他们每隔几个月的净支付），但是在缺少某种像样的制度机构时，仍然存在着巨大的麻烦。因为巨大的交易费用能够使最公平的选择成为不可行的，所以人们可能寻找其他的选择，诸如弗雷德的风险基金。这些选择会包含经常的较小不公平和各种较大不公平。例如，儿童死于别人施加给他们的死亡风险，但是他们得不到任何可与风险施加者所得到的相比的实际利益。这种情况并不能由这样的事实而得到多少缓和：每一位成人像儿童一样面对着这些风险，以及儿童长大成人后也能够把这些风险施加在其他儿童身上。

——————————

[14] 查理斯·弗雷德（Charles Fried）：《价值的解析》，麻省剑桥：哈佛大学出版社，1970年，第9章。

与对所有承担风险的人都给予赔偿的制度（上面第三种可能性）相比，只对风险实际发生在他们身上的人给予赔偿的制度（上面所列的第二种可能性）是更容易管理的，所牵涉到的运行和交易费用也少得多。死亡风险提出了最大的难题。这种伤害的量如何能加以评估？如果死亡的伤害实际上是无法赔偿的，抛开关于恐惧的问题，那么次优的选择就是对所有承担其风险的人都给予赔偿。虽然死后的赔偿可以支付给亲属或者用于慈善事业和精心维护公墓等安排，而就其关切的应该是死者而言，所有这些安排都有明显的缺陷，但是一个人自己却能够从一种根据受害者的状况给予死后赔付的制度中受益。如果死后必须做出赔付，那么在活着的时候，他可以把这种赔付的权利卖给一个公司，而这个公司则购买了许多这样的权利。价格不会比该权利的预期货币价值（赔付额乘以这种赔付的概率）更高；至于这个价格将会低多少，则取决于该行业的竞争程度以及利率等等。这样一种制度将不会对所测定的伤害给任何实际受害者以充分的赔偿，其他没有实际受到伤害的人也能够从出售他们的集体赔付权利中获益，但是每个人都可以**根据预计的情况**把它视为一种令人满意的理性安排。（先前我们描述了一种建立公共赔付基金的方法，并把第三种可能变为第二种可能；在这里，我们有一种方法把第二种可能变为第三种可能。）这种制度也会给个人以金钱上的刺激，以增加按照赔偿标准所衡量的"生命的货币价值"，并提高他出售赔偿权利的价格。⑮

78

---

⑮　关于为人身伤亡的赔偿数额确定标准，经济学上最精细的讨论见米山（E. J. Mishan）"对生命和肢体的估价：一种理论方法"，《政治经济学杂志》，1971 年，第687—705 页。不幸的是，米山的程序包含了重复的计算，因为一个人死亡的"间接风险或衍生风险"（第699—705 页），其中包括其他人的金钱损失和精神损失，已经通过他对他们的关切包含在非自愿的直接风险之中，正如米山

赔偿的原则

对于一种带有风险的行为，即使是只要给予赔偿就允许它（上面第二种或第三种可能性）比禁止它（上面第一种可能性）表面上看来更合适的时候，对于某些人来说是禁止还是允许的问题仍然没有完全解决。因为当需要进行赔付的时候，某些人可能缺少足够的资金来支付所需的赔偿；或者当事情发生的时候，他们没有购买保险来抵付他们的责任。这些人会被禁止从事该行为吗？禁止那些没有赔偿能力的人从事一种行为，与除非对那些实际受到伤害的人给予赔偿否则就禁止它（上面第二种可能性），是非常不同的，在前者的场合（而非后者的场合），某些没有赔付能力的人可能因其行为而受到惩罚，尽管它实际上并没有伤害任何人，或者没有越过任何界线。

某个人从事一种行为而没有足够的措施或没有购买责任保险来抵消其风险，他侵犯了别人的权利吗？他能被禁止做这件事或因其做了而受到惩罚吗？虽然大量的行为确实给别人增加了不少风险，但是一个社会如禁止那些没有赔付保障的行为，就不符合一个自由社会的形象，而在一个支持自由的社会中，人们可以做任何事情，只要他们不以某种特定方式伤害到

（接上页）对此的解释那样。对于非自愿的直接风险，所支付的赔偿数额应该足以使该人愿意承担死亡的风险。基于人们有自杀、放弃工作以及其他类似的权利之假定，如果受害者自己不关心这些间接的或衍生的风险，那么它们看起来就不是可以正当地强加给另一个人的代价，而这个人则冒着伤害生命甚至导致死亡的风险。如果这个人自杀了或者放弃了他的工作，这些代价可以强加给他本人或他的财产吗？另一方面，如果他确实关心这些间接的或衍生的风险，那么它们就应该根据他对它们的关心而被包括在直接风险的赔偿之中。然而，对此必须补充另外一种复杂情况，一个受害者可能出于社会压力或法律压力而对其他人赋有义务，而除了他在活着的时候要履行其义务以外，他对这些人并不在乎。从理论上确定合适的赔偿应该包括这些人所承担的间接风险，而受害者对这些人既赋有义务又不太在乎。

别人。但是，人们如何能够被允许把风险施加在别人身上，而当需要进行赔付的时候，他们没有赔付的能力？为什么一些人不得不承担别人之自由的代价？然而，禁止带有风险的行为（或是因为它们在金钱上没有抵付能力或是因为它们的风险过大）就限制了个人的行动自由，即使这些行为实际上可能根本不会给任何人带来任何损失。例如，某个癫痫病患者，也许一生驾驶汽车都没有因此伤害到任何人。禁止**他**开车实际上不会减少对别人的伤害，而且所有人都知道，这不会减少伤害。（如果我们真的无法预先辨认出这个人是不是最终不会带来伤害，那么为什么应该由他来承担我们这种无能为力的全部负担？）在我们这个依赖于汽车的社会里，为了减少带给别人的风险而禁止某个人开车，会使这个人遭受很大的损失。要花钱来补偿这些损失——雇一个司机或租用出租车。

让我们考虑这样一种主张，对出于这些理由被禁止从事某种行为从而遭受损失的人，必须给予赔偿。那些从减少他们自己所承担的风险中获益的人应该对那些受到限制的人给予补偿。如果这样的话，那么这个网撒得太大了。当在自卫时我阻止某个人**对我**玩俄罗斯轮盘赌，我必须真的给他赔偿吗？如果一个人希望使用一种非常危险但却有效的（如果事情进行得好就会是**无害的**）工艺来制造一种产品，那么这个工厂附近的居民因不允许他使用这种可能危险的工艺而对他遭受的经济损失必须给予赔偿吗？当然不。

也许应该对污染说点什么——倾倒垃圾对他人财产所产生的负面影响，诸如他们的房子、衣物和肺叶，或者对人们从中受益的无主物所产生的负面影响，诸如清洁而美丽的天空。我将只讨论对财产的影响。如果某个人把他的污染排放到高空，虽没有影响到任何人的财产但却将天空弄得烟雾弥漫，这也是不可取的，因而并未排除于我下面所说的任何东西之外。试图通过某种说法把第二种情况变成第一种情况，例如某个人把天空弄得烟雾弥漫也对人的眼睛产生副作用，将会一无所获。我的如下评论是不完全的，因为它没有处理第二种情况。

既然若是禁止所有污染行为就会排除太多的东西，那么一个社会（无论是社会主义的还是资本主义的）如何决定哪些污染行为应该禁止以及哪些可以允许？我们假设，它应该允许那些其利益比代价大的污染行为，在代价中包括其污染的影响。对这种净利益之最可行的理论检验是，这种行为是否能负担得起所需的费用，以及从该行为中受益的人是否愿意支付足够的金钱来抵消用来赔偿受其负面影响的人所花的费用。（一些人要是支持某种有价值但又没有通过该检验的行为，则可以对它给予捐助。）例如，某种类型的航空服务会对机场附近的住房产生噪音污染。通过这种或那种方式（通过更低的二手房价和更低的公寓租金等等），这些住房的经济价值减少了。只要航空旅客所获得的利益大于机场附近居民所付出的代价，这种产生噪音的运输服务就会进行下去。首先，一个社会必须有某种办法来确定其利益是否超过了其代价。其次，它必须决定其代价应该如何加以分配。它可以让代价落在它们恰好落在的地方：在我们的例子里，就是落在本地房主身上。它也可以努力让整个社会都分摊其代价。它还可以把代价放到从该行为中获益的那些人身上：在我们的例子里，就是机场、航空公司以及最终是航空旅客。如果最后一种是可行的，那么看起来它是最公平的。如果在其利益大于其代价（包括其污染代价）的基础上，一种产生污染的行为应该被允许进行，那么那些实际获利的人应该对最

80

初承受污染代价的人给予赔偿。赔偿应该包括支付减少原始污染影响所需的设备费用。在我们的例子里，航空公司或机场应该支付房屋的隔音设备所需的费用，并对房屋经济价值的减少数额给予赔偿，而这种减少的数额是比照相邻地区没有额外噪音时最初未安装隔音设备的房屋价值计算的。

当每一位污染的受害者都遭受很大损失的时候，通常的民事侵权责任制度（加以少许改动）足以产生这种结果。在这些场合，坚持其他人的财产权利将足以使污染保持在其适当的范围内。但是如果单个的污染者十分分散，而且每种污染只产生很小的影响，那么情况就会变化。如果某个人给美国的每一个人都造成了相当于 20 美分的损失，那么它不足以使任何一个人来起诉他，尽管所造成的损失总额非常大。如果许多人同样给每个人造成很小的损失，那么损失总额对一个人来说就可能是巨大的。但是既然任何单一污染源都不会对单个个人有很大影响，所以它也就不会使任何一个人去起诉任何一个污染者。这具有讽刺的意味：人们通常认为，污染表明了私有财产制度之私有性质的弊病，然而污染的问题却在于：高额的权利行使代价使坚持污染受害者的私有财产权利一事变得非常困难。一种解决方式也许是对污染者进行集体诉讼。任何律师或律师事务所都可以代表一般公众进行起诉，并应邀对所征收的赔偿总额按比例分配给这个公众群体内提出要求的每一个成员。（既然相同的污染行为会给不同的人造成不同的影响，所以律师可能被要求把不同的赔付额分配给分成不同群体的人们。）律师的收入来自于那些没有以书面形式提出应得要求的人，以及那些没有及时提出要求的人的金钱所产生的利润。看到某些人以这种方式获得很多收入，其他人也作为"公众代理者"加入进这个行业，并收取年费为其委托人来收取和转交他们应得的污染赔付。既然这样一种方案给那些行动迅速的律师带来很大的好处，所以它可以确保许多人对保护被污染者的利益非常敏感。也许可以设计出另外一种方案，它允许几个律师代表公众中的不同人群同时起诉。这些方案确实会使法院系统承担很大的负担，但是它们会像任何政府机构在确定和分配费用时一样顺利运行。*

为了获得可接受的赔偿原则，我们必须界定权利要求所覆盖的行为种类。某些类型的行为是非常普遍的，在人们的生活中扮演了重要的角色，禁止一个人从事这样的行为就会使他遭受很大的损失。一种原则可以是这样的：或者因其**可能**给别人带来伤害，或者因他做时具有很大的危险，当对某些人禁止这

---

* 我认为，我在这里提出的观点可以用来反驳弗兰克·米歇尔曼（Frank Michelman）在一篇相反观点的精致文章中提出的考虑，见"作为一种民事侵权行为的污染"，它是对奎多·卡拉布雷希（Guido Calabresi）的《意外事故的代价》一书的评论，载于《耶鲁法律评论》1917 年第 5 期，第 666—683 页。

我提出上述方案，不是把它当做一种解决办法来控制污染问题。倒不如说，我仅仅希望提出这样一种观点并使其看起来有些道理，即某些制度性安排可以被设计出来以使这个问题得到一劳永逸的解决，并把这个任务交给那些更擅长这些事务的人。（J. H. 达勒斯在《污染、财产和价格》中提出按照规定的额度来出售可转让的污染权利。这个极好的提议中不幸地涉及由中央决定那些可允许的污染总额等事情。）

通常，关于污染问题的讨论与保护自然资源问题是连在一起的。不当行为之最鲜明的例证又一次发生在没有清晰的私人财产权利的地方：由木材公司在公共土地上进行的乱砍滥伐，以及被分割成一条一块的油田。如果达到这种程度，即未来的人们（或我们以后）将会愿意为满足他们的欲望支付费用，其中包括穿过未遭破坏的森林和野地的旅行，那么某些人就会为了经济利益来保护必要的资源。见罗斯巴德《权力与市场》，加利福尼亚州门洛帕克：人类研究所，1970 年，第 47—52 页，以及他的引证。

82 种类型的行为的时候，那么这些实行禁止以增加自己安全的人
必须为他们给被禁止的人所造成的损失而对他进行赔偿。这种
原则意味着要对禁止癫痫病患者开车给予赔偿，而把非自愿的
俄罗斯轮盘赌和特殊制造工艺等情况排除在外。这一理念关注
几乎所有人都从事的重要行为，虽然某些人做它们比另外一些
人更为危险。几乎每一个人都开车，而玩俄罗斯轮盘赌或使用
一种特别危险的制造工艺不是绝大多数人正常生活的组成部分。

很不幸，这种原则态度把很大的负担加在了区分行为类型
的方案上。描述一个人的行为不同于其他人的行为，这并不意
味着这个人的行为就是异乎寻常的，从而处于这个原则的适用
范围之外。另一方面，说某一行为因几乎所有人都做过它一、
二次就被看做是普遍发生的并属于这个原则的适用范围，那么
这种说法也过于勉强。因为很少发生的行为也能够被归为**某些**
种类，而这些种类则可以涵盖人们通常所从事的行为。玩俄罗
斯轮盘赌是一种更危险的"找乐"方式，而其他的"找乐"
是被允许的；使用特殊的制造工艺是一种更危险的"赚钱"
方式。几乎任何两个行为都可以被看做相同的或者不同的，这
取决于它们在行为分类的背景中是被归为相同的分支还是不同
的分支。这种行为之不同分类的可能性使所述原则的应用不是
很容易。

如果这些问题能够得到满意地澄清，我们可能希望扩展这
个原则以涵盖某些很少发生的行为。如果使用危险的工艺是**这**
个人能够赚钱的唯一方式（以及如果用一把带有 10 万个弹仓
的枪对别人玩俄罗斯轮盘赌是**这**个人能够找到的唯一娱乐方
式——我承认这两者都是极端的假设），那么也许这个人应该
为其被禁止而得到赔偿。禁止一个人从事唯一能够赚钱的活
动，他与正常的处境相比就会遭受损失，而禁止一个人从事最
能获利的活动，这个人与正常的处境相比则不会遭受多少损

失。一种是与正常处境相比的损失，另外一种与发生最好情况时相比的更糟，这两者是不同的。如果某个人有一种损失理论，那么他也许会用它来形成一种"赔偿原则"：这些因被禁止从事某些行为而**遭受损失**的人必须因其确保别人安全而被强加的这些损失得到赔偿，而被禁止的行为仅仅是**可能会**伤害到别人。如果人们从深思熟虑的禁止中所得到的安全少于被禁止者所遭受的损失，那么潜在的禁止者就不能或不愿做出充分的巨大赔付；所以禁止也不会被强加，恰如这里所说的情况一样。

83

这种赔偿原则涵盖了我们先前所陈述过的情况，这些情况涉及给行为分类的麻烦问题。它无法避免完全相同的问题，即某些人在这种状况中遭受了特别的损失。但是当它们出现在这里的时候，这些问题则更容易处理了。例如，如果其他所有人都可以追求他们最好的选择，而这些最好的选择又碰巧不是危险的，那么这个被禁止追求其最好选择的制造者（尽管也有其他的盈利选择）遭受了特别的损失吗？显然不是。

这种赔偿原则要求，人们应该为其被禁止的某些风险行为而得到赔偿。它可能遭到这样的反驳：或者你有权利去禁止这些人的风险行为，或者你没有权利去禁止。如果你有权利，那么你无需为你有权利对这些人做的事情而赔偿他们；如果你没有权利，那么与其为你无权去做的禁止行为制定一种赔偿政策，你应该干脆就停止这样做。在这两种场合，合适的进程都不应该是禁止并然后赔偿。但是，"或者你有权利去禁止它，所以你无需赔偿；或者你没有权利去禁止它，所以你应该停止，"这种两难推理过于简单了。它也可能是这种情况，即你有权利去禁止一个行为，但仅当你对被禁止去做的那些人给予了赔偿。

怎么会是这样呢？这种情况是不是以前曾讨论过的一种情

况，而在这种情况中，只要给予赔偿，越界行为就是被允许的？如果是这样的，那么就应该存在某种边界线，它对禁止人们从事哪些风险行为进行了界定，即如果被侵害一方得到了赔偿，越界就是可允许的。即使这样，既然在所讨论的情况中我们能够事先识别出被禁止的是哪些人，那么为什么我们不去同他们协商订立一份契约，从而使他们同意不从事所说的风险行为？为什么我们不去为他们提供某种刺激，或者雇用他们，或者收买他们以放弃从事该行为？在我们先前关于越界的讨论中，我们曾指出目前还没有一种使人信服的公正价格理论或使人信服的理由，来解释为什么自愿交换的全部利益都应归于双方中的一方。我们说过，在契约曲线的那些可接受的点上选择哪一个点，这个问题应该交给相关各方去解决。这种考虑支持事先的协商，而非事后的充分赔偿。然而，在现在这种情况类别中，始终选择契约曲线的一端看起来**确实**是合适的。与对双方都有利的交换不同，而且也不清楚这些利益应如何加以分配，在关于禁止一方从事也许会伤害另外一方的协商中，前者需要得到的全部东西就是充分的赔偿。（假如他也有可能被允许从事该行为，那么在协商中被禁止者为其被禁止所要求的赔付就**不会**仅仅是由禁止所造成的损失部分，而他应得到赔偿的正是这一部分。）

生产性交换

如果我从你那里购买一种物品或服务，那么我就会从你的行为中获益；我由于你的行为变得更好了，比如你没有做这件事情或者你根本就不存在要更好。（我略去了这种复杂情况：某个人可能真诚地卖一件东西给另一个人，而后者是他经常损害的。）然而，如果我为你不伤害我而付钱给你，我却没有从你那里得到任何东西，也就是说，假如你根本就不存在或者存在但没有同我打任何交道，我也不会因此而缺少什么。（如果**我应该得到你的伤害**，则另当别论。）大致说来，**生产性的行为**是这样的：与卖者**根本**就不同他们打交道相比，它们使购买者变得更好。更准确地说，这为非生产性的行为提供了必要条件，而非充分条件。如果你的隔壁邻居打算在他的土地上建造一个古怪的建筑物，而他有权利这样做，那么假如他根本就不存在，你则会变得更好。（没有其他人愿意建造那个怪物。）花钱使他放弃他的打算，这仍然是一种生产性的交换。⑯ 然而我们假设，这个邻居其实不想在其土地上建造那个怪物；他制定其计划并唯独把它告诉你，是为了向你出售他的放弃。这样一种交换则不会是生产性的，它仅仅使你从某种可能来临的威胁中解脱出来，而如果不是存在着对解脱进行交换的可能性，则根本就不会有什么威胁。要害在于把这种情况加以普遍化，即这个邻居的打算不仅仅针对你自己。他可以制定出这个计划，并向周围邻居四处兜售他的放弃。无论谁购买了它，所得到的"服务"都是非生产性的。这样一种交换不是生产性的，而且也不是对双方都有利，这可以由这一事实而得到说明，即如果它们是不可能的或被强行禁止的，以致每个人都知道它们是不可以做的，这种可能交换中的一方将不会变得更糟。它将是一种奇怪的生产性交换，其禁止不会使一方变得更糟！（对于并没有因停建而放弃任何东西的一方，或者因为他没有其他的动机来从事该行为而无需放弃任何东西的一方，则变得更好了。）尽管人们为使敲诈者保持沉默而开价，并付钱给他，但是他保持沉默并不是一种生产性行为。如果敲诈者根本就不存

85

---

⑯　反对把这种条件看做是充分条件，我把这种观点归功于罗纳尔德·哈默威（Ronald Hamowy）。

在，从而也不能来威胁他们，其受害者们还是处于同样的境况。* 如果知道这种交易是绝对不可能的，那么他们也不会变得更糟。根据我们在这里所持的观点，这种沉默的出售者只能对他由沉默所放弃的东西合法地进行要价。而他所放弃的东西并不包括他从放弃披露其信息中所能得到的赔付，虽然它确实包括其他人要他披露其信息所给他的报酬。因此，某个人在写一本书时，其研究偶然发现了关于另外一个人的信息，如果把这条信息纳入书中会增加它的销量，这个人就可以向希望不要披露该信息的其他人（包括成为该信息主题的人）对放弃把其信息纳入该书而进行要价。他的要价额可以相当于他对该书包含这条信息与不包含这条信息之间所预计的版税差额；他也许不会向其沉默的购买者索要他能够得到的最高价格。** 保护性服务是生产性的，并使其接受者获益，而"保护性勒索"则不是生产性的。与假如他们根本就与你不发生任何关系相比，勒索者向你出售他放弃对你的伤害，这不会使你的处境变得更好。

---

* 然而，如果他不存在，而另一个人碰巧知道了这条独特的信息，这个人会不会为保持沉默要求更高的价码？假设这件事情将会发生，那么这个受害者是否因为其实际敲诈者的存在而更好一些？把这点讲清楚以排除这些复杂情况，这不是必要的。

** 一个作家或其他人，如果喜欢披露秘密，则可能有不同的要价。这种考虑并不会对下面所讨论的勒索者有什么帮助，即使他是一个虐待狂，并从他的书中得到快乐。他威胁要做的这种行为被道德约束排除了，也被禁止了，无论它（或放弃它）是否被用来进行要价。作家的例子来自于我的文章"压制"的注脚 34，载于《哲学、科学和方法：纪念恩斯特·内格尔文集》，S. 摩根贝塞、P. 苏佩斯和 M. 怀特编，纽约：圣马丁出版社，1969 年，第 440—472 页。我们关于敲诈的观点与下述观点形成对照，而这种观点把敲诈等同于经济交易："在自由的社会里，敲诈不是不合法的。因为敲诈是以得到金钱来交换不公布关于某人的某种信息的服务，而不涉及任何对人或对财产的暴力或威胁使用暴力。" M. N. 罗斯巴德：《人、经济和国家》第 1 卷，第 443 页，注释 49。

我们应该使先前关于划分自愿交换的利益的讨论范围缩窄，以仅仅适用于这样的交换，即这些交换使双方作为生产性行为的接受者都能够获益。当一方不能如此获益并且得到的是非生产性"服务"的时候，他纯粹是在向对方做出赔偿，但这是公平的，**如果**这种赔偿是对方完全应该得到的话。在这些场合，只有非生产性行为的第一个条件得到了满足，而非第二个：与 Y 根本就不存在相比，作为交换的一种结果，X 并没有变得更好，但是除了出售放弃行为以外，Y 确实拥有某种别的动机。如果 X 从 Y 的放弃行为中得到的仅仅是降低自己边界被越过的概率（故意的越界是被禁止的），那么 Y 仅仅需要为禁止这些行为而给他造成的损失加以赔偿，而这些行为的风险应该是很高的，足以证明这种方式的禁止是正当的。

我们已经拒绝了这种观点，即禁止风险行为是不合法的，人们必须通过事先的协议和公开的协商以达成自愿的一致来戒除这些行为。但是，我们不应该把我们所讨论的情况仅仅看做是对越界的赔偿，这种赔偿体现了对另一个人的风险行为的保护，而关于事先协商的要求则被这种情况的特殊性质排除了（它并不包含任何生产性的交换）。因为这不能解释：为什么所有人都没有回到当没有禁止时他们所占据的无差别曲线；只有受到禁止**损害**的那些人应该得到赔偿，而他们得到赔偿则**又**只是因为他们所受到的损害。如果禁止风险行为对某个人有两种不同的影响，第一种使他变得更糟了但与别人相比并没有遭受损失，第二种则使他遭受了损失，那么赔偿原则要求只是在第二种情况下才给予赔偿。与普通的越界行为不同，在这些场合，赔偿无需把这个人提高到他受影响以前所处的位置。按照这种赔偿原则，为了把这种赔偿看做是对普通越界行为的赔偿，人们可能需要重新定义和重新划定边界，以致只有当某个人受到损失的时候，才可以被视为越界。但这一点现在是更清

87

楚了，即不要把我们关于这种赔偿处境的看法混同于其他的赔偿处境。

显然，不把它混同于越界的赔偿处境，这并不排斥从更深层的原则中推演出赔偿原则。就我们在本书中的目的而言，我们无需做这种工作，也不需要丝毫不差地把这种原则陈述出来。我们只需要坚持某些原则的正确性，诸如赔偿原则，要求那些对风险行为强加禁止的人们对因其风险行为被禁止而**遭受损失**的人给予赔偿。提出和应用一种其细节还没有充分展开的原则，对我来说这并不是一件让人感到十分惬意的事情，尽管这种原则的未展开方面与我用该原则来处理的问题两者之间看起来是不相关的。我认为，我可以基于正当的理由主张，作为一种开始，使一种原则处于有些模糊的状态是可以的，而主要的问题在于类似的原则是否能发挥作用。然而，如果下一章得到详细考察的另一种原则的众多支持者要是知道，遵循他们的原则而非遵循我自己的原则对我来说是难以做到的，那么我的这种主张就会得到他们的冷眼对待。幸运的是，他们目前还不知道这点。

第五章　国家

禁止私人的强行正义

一个独立者可能被禁止从事于私人的强行正义，这或者是因为大家知道他的程序具有高度风险和危险——也就是说他的程序（与其他程序相比）包含了惩罚无辜者或过重惩罚有罪者的更高风险，或者是因为大家不知道他的程序是不是具有风险。（如果他的程序更有可能的是没有对有罪者给予惩罚，那么它就呈现出另外一种不可靠的模式，但这不会成为禁止他私人强行正义的理由。）

让我们依次考虑这些问题。如果独立者的程序是非常不可靠的并给其他人带来了高度风险（也许他是通过问卜来决定事情的），如果他经常这样做，那么他可能使所有人都感到恐惧，其中包括那些并非他的受害者的人。基于自卫，任何人都可以阻止他从事这种具有高度风险的行为。即使这个独立者并非总是一个威胁者，但肯定他不会被允许使用一种非常不可靠的程序。如果大家知道这个独立者每十年只有一次使用其非常不可靠的程序来强行自己的权利，那么这**不**会在社会上产生普遍的恐惧和担忧。因此，禁止他相隔很久才用一次的程序之理由就不是为了避免什么广泛传播的、得不到赔偿的担忧和恐惧，而若是另外一种情况，就会存在这些担忧和恐惧。

如果存在着许多容易做出错误惩罚的独立者，那么其概率累加起来就**会**产生一种涉及所有人的危险处境。这样，其他人就有权利形成一个群体，来禁止**所有**这样的行为。但是这种禁止如何进行？他们要禁止**每一个**单独进行并不会引起恐惧的行为吗？在自然状态中，他们能够基于什么程序从全体行为中挑选出一些来加以禁止，以及什么东西赋予他们以这样做的权利？任何保护性社团都没有这种权利，无论它处于什么样的统治地位。因为保护性社团的合法权利仅仅是个人权利的**总和**，而这些个人权利是其成员或委托人转让给该社团的。没有任何新的权利和权力产生出来；社团的每一种权利都可以毫无剩余地分解为这些个人权利，而这些个人权利是自然状态中单独行动的不同个人所拥有的。如果行为 C 等于 D 加 E，而且单个有权利做 D 的人和单个有权利做 E 的人联合起来，那么一种由个人组成的联合可能有权利从事某种行为 C，而行为 C 则是任何单独的个人都没有权利做的。如果某些个人权利具有这种形式，即"只要百分之五十一或八十五的其他人同意你可以做 A，你就有权利去做 A"，那么一种由个人组成的联合就有权利去做 A，尽管任何单独的个人都没有这种权利。但是，任何个人权利都不具有这种形式。任何一个人或任何一个群体都没有资格被挑出来准许强行正义，而他们作为整体却可以。**所有**独立者可以聚集在一起来决定这件事。例如，他们可能使用某种随机的程序来分派一些（可出售的?）私人继续强行正义的权利，以便把总的危险减少到阈限点以下。困难在于：如果大多数独立者都这样做，那么某个不参与这种安排的独立者就会从中渔利。他将继续如其所愿地从事他的风险行为，这符合他的利益，而其他人则相互限制他们的行为，以使包括他自己在内的行为总体降到危险水平以下。因为其他人有可能限制自己以与危险边界保持一段距离，这样就给了他以可趁之机。即使其他人位于危险线的边缘，以致他的行为将使行为总体越过这条危险线，那么基于什么理由可以把**他的**行为挑出来加以禁止？同样，在自然状态中，任何个人都可能出于自身利益的考虑而拒绝参加有可能达成全体一致的契约：例如，建立国家的协议。一个人能够从这样的一致协议中得到的任何东西，他都能够从分别的双边协议中得到。任何真正需要近于一致的契约，任何本质上共同达成的契约，无论某个特定个人是否参与其中，都会达到它的目的；所以，一个人尽力使自己不参与其中，这是符合他的利益的。

"公平原则"

赫伯特·哈特（Herbert Hart）所提出的一个原则，我们（效仿罗尔斯）将把它称为**公平原则**（principle of fairness），在这里将会非常有用，如果它是适当的话。这个原则主张，当一群人遵守一定规则并以此对自己的自由做出必要限制的方式来从事于一项公正的、互利的合作事业从而使所有人受益时，他们就有权利要求那些从他们的克制中受益的人也默认相同的规则。[1] 按照这个原则，受益（即使当这种利益并非是对合作的一种公开宣布或心照不宣的回报的时候）便足以产生约束一个人的义务。如果人们给这个原则附加这样一种要求，即制造出义务的这些人或他们的代理者可以**要求强制履行**从这个原则中产生出来的义务（包括限制人们的行为的义务），那么在自然状态中，由赞成以一种程序挑选这些人来从事某种行为的人所构成的群体，就拥有合法权利来禁止"逃票者"（free riders）。对于这样的协议之存在，这样一种权利是关键的。我

---

① 赫伯特·哈特："有自然权利吗？"，《哲学评论》，1955 年；约翰·罗尔斯：《正义论》，麻省剑桥：哈佛大学出版社，1971 年，第 18 节。我对这一原则的陈述接近于罗尔斯。罗尔斯对这个原则提供的论证仅仅构成了对更狭义的忠诚原则（真诚的诺言应该得到遵守）的论证。虽然与求助于公平原则相比，忠诚原则（第 349 页）无法避免"如何开始"的困难，但它将会是一种对公平原则的论证。

们应该非常仔细地考察这种强有力的权利，特别是因为它看来使对自然状态中强制性政体的**一致**同意成为**不必要的**。然而，考察它的更重要理由在于，它正好是我的主张的一个反论，而我主张，在群体层面上不会"冒出"任何新的权利，联合起来的个人也不会创造出任何并非已有权利总和的新权利。要求他人以特定方式限制自身行为并强制其履行这一义务的权利可能源于这些义务的特定性质，或者，被认为产生于某种普遍的原则，而这种原则要求所有对他人之义务都要被强制履行。对于被认为从公平原则中产生出来的义务之独特的强制正当性，在缺少相关论证的情况下，我将首先考察所有义务之可强制性的原则，然后再转向公平原则本身的适当性。如果这两种原则都被否决了，那么在这种处境中强行要求别人合作的权利就岌岌可危了。我将证明，这**两种**原则都必须加以否决。

　　赫伯特·哈特关于自然权利之存在的论证②依赖于所有义务之强制性的原则的特殊化：某些人对你负有一种做 A 的特定义务（比如，这种义务产生于他们对你承诺他们将做 A），这不仅给予你要求他们做 A 的权利，而且也给予你强迫他们做 A 的权利。哈特说，只有在这样的背景中，即人们不可以强迫你做你所承诺去做的 A 或者其他事情，我们才能理解特定义务的**意义**和目的。哈特继续推论，既然特定义务确有意义和目的，所以除非附加某些特定的条件，否则就存在着一种不被强迫去做某些事情的自然权利。这种自然权利构成了背景，而特定的义务则存在这种背景之中。

　　哈特的这个著名论证是令人迷惑的。我可以免除某个人不得强迫我做 A 的义务。（"我现在免除你不得强迫我做 A 的义务。你现在可以随便强迫我去做 A。"）然而，这种免除并不

---

　　② 赫伯特·哈特："有自然权利吗？"。

能在我身上创造出对他们负有一种做 A 的义务。既然哈特假设，我对某人负有做 A 的义务给予他（意味着他拥有）强迫我去做 A 的权利，既然我们已经明白相反的观点不能成立，所以我们可以认为，对某人负有做某事的义务中的某种成分优先于和优越于他所拥有的强迫你去做它的权利。（我们是否能够假设存在着这种可区分出的成分，而不面临"逻辑原子主义"的指控？）另外一种观点反对哈特把强迫的权利纳入负有义务的观点之中；而这种观点可能会认为，这种额外成分正是对某人负有做某事之义务的**全部**内容。如果我不做这件事，那么（在所有事情相等的情况下）我就是在错误地行事；处境的控制权掌握在他的手里；他有免除我的义务的权力，除非他已经向别人许诺过他不会这样做，等等。没有强制性权利的额外存在，也许这一切都是**昙花一现**。然而，强制性权利自身也不过是**权利**，即做某事的许可和别人不得干预的义务。确实，人们拥有要求强制履行这些更多义务的权利，但是，如果人们一开始就认为整个体系是不结实的，那么把强制性**权利**纳入其中能否真正支撑起整个体系，这是不清楚的。也许人们只需认真对待道德领域，认为一种成分即使与强制无关也具有重要的意义。（显然，这不是说，这种成分与强制**毫无**关系！）基于这种观点，我们能够解释义务的意义，而无需引入强制性的权利，从而也无需假设不得强迫之义务的普通背景。（显然，尽管哈特的论证没有证明这样一种不得强迫之义务的存在，然而它还是有可能存在的。）

　　关于反对所有特定义务之强制性的原则，除了这些一般考虑以外，还有一些令人困惑的实例。例如，如果我向你许诺我不会谋杀某人，那么这并不**给予**你强迫我不要这样做的权利，因为你已经拥有这种权利，尽管它确实产生一种对你的特殊义务。再如，如果我谨慎地坚持要求，在我向你做出我做 A 的许诺之前，你首先向我许诺你不会强迫我做 A，而且我要首先确实收到这个许诺，这样，说在许诺中我给了你强迫我做 A 的权利，这是没有道理的。（然而要考虑这种情况所导致的结果，即如果我非常愚蠢，就会单方面免除你对我所做的许诺。）

如果哈特的这种主张是令人信服的，即只有在所需的非强迫背景下我们才能理解特殊权利的意义，那么这种主张看起来是同样令人信服的，即只有在**被允许**的强迫背景下我们才能理解**一般**权利的意义。因为按照哈特的观点，一个人拥有一种做 A 的一般权利，当且仅当对于所有的人 P 和 Q，Q 不得干涉 P 做 A 或者强迫他不去做 A，除非 P 已经给予 Q 一种这样做的特定权利。但是，并非每一个行为都能代替 "A"，人们拥有只从事某种特殊类型行为的一般权利。所以，人们可能论证说，如果拥有一般权利、拥有从事某种特殊类型行为 A 的权利以及其他人负有不得强迫你不做 A 的义务，都是有意义的，那么它必须是参照某种背景而言的，而在这种背景中，人们**没有**不得强迫你做或不做什么的义务，也就是说在这种背景中，对于一般行为来说，人们并**不拥有**做它们的一般权利。如果哈特能够从特殊权利是有意义的推论出不得强迫的假定，那么看起来他也能够同样从一般权利是有意义的推论出根本不存在不得强迫的假定。③

关于强制性义务的论证分为两个阶段：第一，推出义务的存在；第二，推出它的强制性。因为已经讨论了第二个阶段（起码就它一般被认为是从第一阶段推论出来的而言），让我们转向所假设的合作义务，而这种义务是在其他人共同决定限

---

③ 关于某些权利具有 "意义" 这个公认的模糊观念，我已经提出了我的评论。我认为，我的评论对哈特的论证给予了最合乎道理的解释。

制他们自己的行为时产生出来的。公平原则，要是正如我们根据哈特和罗尔斯所陈述的那样，就是可反驳的和不可接受的。假设你的邻居中（除你以外有364位成年人）的一些人已经建立了一种公共广播系统，并决定创立一种公共娱乐制度。他们列了一份名单，每天一位，你的名字也在其中。在指派给他的那一天（人们可以很容易地调换日期），一个人要照管这种公共广播系统，要放录音，报告新闻，讲他听过的可笑故事，如此等等。在过去的138天中，每个人都尽职尽责，然后你的一天来到了。你有义务去值班吗？你已经从这种制度中获益，偶尔你会打开窗户听一听，享受某些音乐，或者听到某个人讲的有趣故事而发笑。其他人已经做出了他们自己的努力。当轮到你做出努力的时候，你必须回应其召唤吗？照这种情况来看，肯定不必。尽管你从这种安排中获益，但是你一直觉得，由其他人提供的364天娱乐加在一起也不值得你放弃自己的一天。对你来说，与其拥有所有这一切并放弃你自己的一天，不如不拥有任何东西而且也不放弃一天。如果这就是你的想法，那么当你的预定安排时间来临的时候，你如何能被要求去参与其中呢？你在任何时候打开收音机听朗读哲学作品，也许是在夜深人静而你略感疲惫的时候，这将是美好的。但是，要你放弃一整天来做这个节目的朗读者，这可能就不是美好的了。无论你想要的是什么，其他人通过自己率先做这个节目就能够使你负有这样做的义务吗？在这个场合，你可以通过不打开收音机而选择放弃这种利益；而在其他的场合，利益可能就是不容易放弃的。如果每天你所在的街道上都有一个不同的人打扫整条街道，当你的时间来到时，你必须也这样做吗？即使你对街道的清洁并不怎么在乎，你也必须这样做吗？当你穿越这条街道时必须把它想象成肮脏的，以致你不会作为一个逃票者而受益？你必须放弃打开收音机听朗读哲学作品吗？你必须像你的邻居修剪他们的草坪一样经常修剪你门前的草坪吗？

最起码，人们想把这样一种条件纳入公平原则，即一个人从别人行为中获得的利益大于他履行他的职责时所付出的代价。我们应该如何设想这个条件？如果你确实享受你邻居的公共广播系统的每天广播，只是有一天更偏爱远足，而非一年 365 天都收听这种广播，那么这个条件被满足了吗？对于你有义务放弃你的一天以便从事广播，这是不是意味着你有一天（这一天是通过增加其他日子所做的事情而腾出来的）不能做任何事情，而与整年收听广播相比，你更偏爱这一天？如果得以收听广播的唯一途径是花一天的时间来参与这种活动，以便满足利益超过代价这个条件，那么你就必须花一天在广播上面，而不能得到**任何**其他的东西。

如果对公平原则加以修改以使其包含这个非常强的条件，那么它仍然是可反驳的。你所得到的利益可能刚好等于你尽自己职责时所付出的代价，然而其他人则可能比你从**这种**制度中获得多得多的利益，因为他们都非常珍重听这种公共广播。作为在这一活动中获益最少的人，你有义务为它做同等份额的工作吗？或许你更希望，所有人都在**另外一种**活动中合作，并限制自己的行为和为它做出牺牲。**假如**他们并没有按照你的计划行事（从而限制了你能够获得的其他选择），对你来说，由他们这种活动所得到的利益确实也就**相当于**你合作的代价。无论如何，你并不希望进行合作，因为你的计划是要使他们把注意力放在你的提议上，而他们对此没有给予理睬，或者至少在你看来没有给予应有的注意。（例如，你希望他们在广播上读犹太教法典《塔木德》，而非他们正在读的哲学作品。）你参与这种制度（他们的制度）的合作，就是给予它以支持，这样

95

你就更难以使它发生变化或改变它了。④

即使在表面上，强制实行公平原则也是可反驳的。你不可以这样做：决定给我某种东西，比如说一本书，然后抢走我的钱来付书款，即使我没有什么更好的东西要购买。如果你给我书的行为也使你受益，那么你就更没有什么理由来要我付款。比如你的最好锻炼方式是把书扔进人们的房子，或者把书丢进人们的房子是你的某些其他行为的一种不可避免的副作用。如果你没有能力筹集金钱为不可避免地丢进别人房子里的书来付款，以致你进行带有这种副作用的行为是不可取的或者过于昂贵的，那么事情也不会有任何改变。无论出于什么目的，一个人不能这样做：先给人们利益，然后要求（或夺取）支付。任何由人们组成的群体也不能这样做。如果你不可以为你没有事先协议而馈赠的利益来征收和筹集金钱，那么你肯定不可以为没有花费你一分钱而馈赠的利益来这样做，最肯定的是，人们无需为不费一文的利益而付给你报酬，而这些利益是**其他人**提供的。因此，虽然这是事实，即我们在某种意义上是"社会的产物"，我们获益于通行的方式和形式，这些形式包括制度、做事情的方式和语言（语言的社会性质可能涉及我们通常的使用，而使用依赖于与他人语言的维特根斯坦式协调），而这些形式则是由一长串长期被遗忘的人们的各种各样的活动创造出来的，但这个事实并不能在我们身上产生一种四处漂浮的普遍债务，以供现行社会随意征集和提取。

也许可以对公平原则进行修改，以使它避免这些困难以及

---

④　我回避了这个问题，即一种制度在创立或决定其性质时你没有得到公平的发言权，因为在这里，罗尔斯会提出反驳说，它没有满足他的两个正义原则。虽然罗尔斯并没有要求每一种微观制度都应该满足他的两个正义原则，而仅仅要求社会的基本机构，但是他看起来持有这种主张，一种微观制度必须满足这两个正义原则，如果它在公平原则下会产生出义务的话。

类似的困难。看起来可以确定的是，如果这是可能的，任何这样的原则也会是如此错综复杂，以致人们无法把它同一种特定原则结合起来，而这种特定原则能够赋予在自然状态中所产生的义务之**强制性**以合法性。这样，即使这种原则能被阐发出来，以致它不再遭到反对，它也避免不了这种需要，即需要其他人**同意**进行合作，**同意**限制他们自己的行为。

程序性权利

让我们回到我们的独立者。抛开其他非独立者的恐惧这一点（也许他们不会如此担心），一个人在面对惩罚时不可以保卫自己吗？他是不是一定要先接受惩罚，然后，如果事后他能证明这种惩罚不是正义的，再来索取赔偿？但是向谁来证明？如果他知道他是无辜的，他可以立即要求赔偿并强行**他的**索取赔偿的权利吗？以及其他诸如此类的问题。程序性权利、罪行的公共证明以及其他类似的观念在自然状态理论中的地位是非常不清楚的。

可以这样说，每一个人都有权利要求按照一种已知危险最小的确认犯罪程序来确定他是否有罪，也就是说，按照无辜者被判有罪的最低概率的程序来确定他是否有罪。存在着下述形式的一些著名格言：与其惩罚 n 个无辜者，不如放走 m 个罪犯。对于每一个 n，每一格言都赞成对比率 m/n 提出一种上限。它会说：更好是 m，而非 m + 1。（一种制度可以对不同的罪行选择不同的上限。）基于非常可疑的假定，即我们知道每一程序系统确定无辜者有罪⑤和有罪者无罪的精确概率，我们

---

⑤　对于我们来说，我们的程序的可接受性可能依赖于我们不知道这种信息。见劳伦斯·特里博（Lawrence Tribe）"用数学审判"，《哈佛法律评论》，1971 年。

会选择这样的程序：其发生这两类错误的长期比率最接近于我们可以接受的最高比率，即处在最高比率的下面。把这个比率设为多少，这还远不明确。如果说，与其惩罚一个无辜者，不如放走无论多少罪犯，这就会导致根本**不**再需要任何惩罚制度。因为我们能够发明的任何制度，当它确实惩罚某些人的时候，都会包含某种程度的惩罚无辜者的风险，而当它的应用对象人数众多时，它几乎肯定会发生这样的风险。而且，任何制度 S 都可以变为一种具有惩罚无辜者的更低概率的制度，例如，把它同一种轮盘赌的程序结合在一起使用，从而，对于制度 S 所发现有罪的任何人，其实际得到惩罚的概率仅为其若干分之一。(这种程序可以反复使用。)

　　假如一个人反驳说，独立者的程序导致无辜者被惩罚的概率过高，那么如何能够决定，什么样的概率属于过高？我们可以设想，每个人都进行如下推理：程序的安全保护程度越高，　　97
我得到不公正定罪的几率就越低，一个罪犯逍遥法外的几率也就越高；从而，这种制度吓阻犯罪的效率越低，我成为犯罪受害者的几率就越高。这种制度是最有效率的，即它使我受到不当伤害的预计值达到最小化，而这种不当伤害或者是指我受到了不公正的惩罚，或者是指我成为犯罪的一个受害者。如果我们为了使事情得到**极大**简化而假定，处罚的代价和受害的代价可以相互抵消，那么人们想要的最高安全保护是这种程度的，即它们的任何降低将会导致，(通过增加吓阻) 人们受到不公正惩罚的概率之提高大于人们遭受犯罪伤害的概率之降低；而且这种安全保护的任何增加将会导致，(通过减少吓阻) 人们遭受犯罪伤害的概率之增加大于人们受到不公正惩罚的概率之降低。既然人们之间在利益上存在差异，所以没有理由期望对自身利益斤斤计较的个人会趋向于选择同一套程序。而且，有些人可能会认为，有罪的人受到惩罚，这件事本身就非常重要，所以为了达到这点，而愿意增加自己受到惩罚的风险。这些人会认为，越向后退缩，一种程序让罪犯逍遥法外的概率也就越大，所以，除了它的吓阻的效果之外，他们也会把这一点纳入他们的计算之中。认为自然法的条款将（或将被认为）解决这些考虑应被赋予多大分量的问题，或者将调和人们对此事的不同估价，即受到不公正惩罚与遭受犯罪伤害两者之间哪一个更严重（即使两者都涉及发生在他们身上的相同物理事件），至少可以说这是值得怀疑的。即使怀有世界上最良好的意愿，不同的个人也会赞成不同的程序，而这些不同的程序则会导致无辜者被惩罚的不同概率。

看来，不能因为与你认为最理想的程序相比，一种程序会产生惩罚无辜者的更高边际概率，人们就禁止某个人使用这种程序。毕竟，你赞成的程序与别人的程序会遇到同样的问题。其他许多人使用你的程序，这一事实并不会改变任何东西。看起来，自然状态中的人们必须容忍（即不禁止）他们自己"邻里"间使用的程序，然而，他们可以禁止使用风险程度非常高的程序。如果两群人中每一群人都相信他们自己的程序是可靠的，而对方群体的程序是非常危险的，那么尖锐的问题就出现了。看来没有任何**程序**能够解决他们的分歧，而且，提出非程序性的原则，即正确的群体应该获胜（另一群体应该服从它），看来也不会带来和平，因为每一个群体都坚信自己是正确的，并按照这个原则行事。

当真诚而善良的人们之间产生分歧的时候，我们一般认为，他们一定会接受某种程序，某种他们双方一致认为是可靠的或公平的程序，来解决他们的分歧。而在这里，我们则看到了这样的可能性，即分歧可能沿着程序的阶梯向上扩展。当这样一种程序会导致不利的决定的时候，特别是当这种有害的决定甚至比分裂和拒绝接受的代价（包括发生战斗）更糟的时候，当这种有害的决定要比同对方发生冲突更糟的时候，人们也会拒绝让问题通过这种程序来解决。一想到在这种处境中，对立双方感到冲突要比任何程序的不利决定都更好一些，这令人沮丧。每一方都认为自己处于这样的处境之中：他是正确的，所以他必须行动，而对方应该服从。假如一个中立者对双方说，"看，你们双方都**认为**自己是正确的，如果你们基于这一原则进行下去，你们就会发生战斗。所以，你们必须同意用某种程序来解决问题，"这不会有多少帮助。对于他们双方，每一方都相信，冲突**要比**失败更好。* 就此而言，两者之中，有一个可能是正确的。因此，他**不应该**参与这种冲突吗？参与 99

---

* 关于哪一个更好的问题，他们的计算包括他们成功的几率吗？存在着某些诱惑把这种冲突领域界定为这样的：发生错误的几率与被确定为是错误，这两者被看做是一样坏的。一种关于概率与错误之道德意义相互作用的理论是极其需要的。

在把该问题当做这样一种问题加以对待的时候，即冲突的收益是否超过它的代价，本书把这个问题大大简单化了。与简单的代价—收益原则不同，正确的原则要求一个行为应该在道德上是可允许的，不仅它的道德收益超过了它的道德代价，而且也不存在任何其他道德代价更少的行为选择，以致为这种选择苦苦思考所花费的额外道德代价超过了它的额外道德收益。(对这些问题更加详细的讨论，见我的"道德复杂性与道德结构"，《自然法论坛》，1968 年，第 1—50 页，特别是关于第 7 个原则的讨论。) 如果人们把这样一种原则同带有某种特定概率的关于伤害或错误之道德意义理论结合起来，以得到这种原则的精确概率化版本，那么人们就会推进关于这些问题的讨论。我在这里仅仅提一下关于这个原则的一种应用。人们通常假定，只有和平主义的立场是一种道德立场，而和平主义立场绝对禁止暴力行为。任何和平主义的立场，只要考虑和平主义方式的有效性问题，就都被贴上了策略的而非道德的标签。但是，如果一个和平主义者主张，因为某些十分有效的方式（公民反抗、非暴力抵抗和非暴力运动等）是能够得到的，所以发动战争或准备发动战争在**道德上**是错误的，那么他就是在提出一种综合性的立场，而这种立场既是**道德的**，同时又需要求助这样的事实，即和平主义方式的有效性。假如关于各种行为（战争，和平主义的方式）的效果缺乏确定性，那么关于非和平主义的行为在道德上是不是可允许的，指导这个问题的道德讨论的原则就是该原则（第 7 个原则）的一种概率化版本，而该原则在上面曾简略地描述过。

冲突的不应该是他吗？（确实，他们双方都认为这个人就是自己。）人们也许会尝试遵循某些程序来避免这些痛苦的问题，而不管发生什么。（应用这些程序的一种可能结果也许是这些程序本身被拒绝？）有些人把国家看做是这样一种转移道德决定之终极负担的装置，以使个人之间不再发生这类冲突。但是，哪些个人会这样放弃自己的权利呢？谁能把**每一个**决定交给一种外部程序，而接受由此产生的无论什么结果呢？这种冲突的可能性是人类处境的一个组成部分。虽然这个问题在自然状态中是不可避免的，但如果具有适当的制度性安排，它在自然状态中不会比在国家中更为紧迫，而国家也存在着同样的问题。⑥

　　哪些决定可以交给有约束力的外部程序来处理的问题，与一个无辜的受罚者负有何种道德义务的有趣问题，两者是联系在一起的。司法系统（让我们假定，这个司法系统没有程序不公正的问题）已经判决他无期徒刑或者死刑，那么他可以逃跑吗？为了逃跑他可以伤害别人吗？这些问题不同于另外一个问题，即一个错误地攻击了他人（或者参与了攻击）的人是否可以用自卫来为他杀害他人的行为辩护，说他之所以杀人是因为后者的自卫行为也同样地危及自己的生命。对于这种辩

---

　　⑥　这是洛克观点的一个推论，而洛克认为，每一位公民在面对国家的最高上诉程序时都是处于自然状态之中，因为再没有更高的上诉了。这样，他在面对作为一个整体的国家时，就是处于自然状态之中。公民也有"上诉到上天的自由，在他们认定这个案件非常重要的任何时候。因此，虽然人民不能成为裁判者，以致根据这个社会的宪法可以拥有较高的权力对这个案件做出决定和给予有效的判决，但是，在人间不再存在任何上诉的时候，根据先于和凌驾于所有人类成文法之上的法律，他们为自己保留了属于全人类的最终决定权，即判断他们是否有正当的理由去上诉到上天。而且，这种判断权是他们不能放弃的……"见《政府论》下篇，彼得·拉斯莱特编，纽约：剑桥大学出版社，1967年，第168节；也见第20、21、90—93、176、207、241、242节。

护，回答是"不"。攻击者首先不应该攻击，而另一个人也不应该以死来威胁他，除非他的攻击使他可以这样做。他的任务是摆脱这种处境，如果他没有这样做，那么他就**处于**道德上不利的地位。如果士兵们知道他们的国家正在发动一场侵略战争，而他们正在军事掩体里操纵着高射炮，那么他们在自卫中就**不**可以向处于自卫中的被攻击国家的飞机开火，尽管这些飞机正飞临他们头顶并准备轰炸**他们**。确定自己这一方所从事的事业是不是正义的，这是一个士兵的责任；如果他发现这个问题很困难、不清楚或混乱的，那么他也不可以把这种责任转移给他的上司，而上司则会肯定地告诉他，他们的事业是正义的。选择性的拒服兵役者的这种主张可能是正确的：他有不参加战斗的道德义务。如果他是正确的，那么另外一个默认这场战争的士兵是否因其做了他的道德义务不允许做的事情而应该受到惩罚？这样我们就回到了某些下级军人和我们所有人都逗留过的地方，而且我们拒绝了这种道德精英主义的观点，即某些士兵不能被期望进行独立思考。（在战争法中，实际上免除了他们对行为的全部责任，这显然不是鼓励他们从事独立思考。）我们确实看不出政治领域为什么有任何特别之处。更准确地说，当一个人同其他人一起出于某种政治动机而在政治领袖的指示或命令下从事这些行为的时候，为什么这个人对这些行为的责任被特别免除了？⑦

我们一直假设，你知道与你的程序不同的另一个人的正义程序更差。现在让我们假设，关于另一个人的正义程序，你并

---

⑦ 虽然我觉得这一段的思考是有力的，但是它没有完全消除我对于本书所持立场的不安。反对本书观点的读者希望有适用于国家的专门道德原则，他们可能会发现这个问题值得深入研究。即使我在这里确有错误，它也是同责任有关，而不是同国家有关。

没有什么可靠的知识。仅仅因为你或你的保护机构不知道他的程序是否可靠，你就可以阻止他进行自卫，以及你的保护机构就可以帮助你阻止他进行自卫吗？你是否有权利要求由一种制度来决定你是有罪、还是无罪或者对你进行惩罚，而这种制度已知是可靠的和公平的？已知是谁的已知？这些正在使用它的人可能知道它是可靠的和公平的。你是否有权利要求由一种制度来决定你是有罪、还是无罪或者对你进行惩罚，而**你**知道这种制度是可靠的和公平的？如果一个人认为只有问卜的方式才是可靠的，或者如果他没有能力理解别人使用的制度以致他不知道它是否可靠，那么他的权利被侵犯了吗？有人可能认为，国家的权威能够解决对于可靠性和公平性的怀疑。但显然，没有任何东西能保证国家**会**解决这些问题（耶鲁大学的校长就认为黑豹党不会得到公平的审判），而且也没有理由推测国家在处理这些问题方面比别的体制更有效。在自然状态中人有什么样的程序性权利，以及规定人们应怎样行动的原则如何把知识变为它们的具体条款，在这些问题上面，自然权利传统提供不了多少指导。然而，信仰这种传统的人们并不认为**没有**这样的程序性权利，也就是说，并不认为人们不可以保护自己，以抵御由不可靠的或不公平的程序来对待自己。

支配性的机构可以如何行动？

这样，一个支配性的保护机构可以禁止其他个人的哪些行为呢？支配性的保护机构可以为自己保留这种权利，即裁定哪一种正义程序可以用于它的委托人。它可以声明，它将惩罚任何人，只要这个人对它的委托人使用了一种它认为是不可靠或不公平的程序，并且按照这种声明采取行动。任何人只要对它的委托人使用了它已经知道是不可靠或不公平的程序，它都将对其进行惩罚，它要保护它的委托人免于这种程序。它是否可以这样声明，它将惩罚任何人，只要他对它的委托人使用了它在惩罚时还没有认定是可靠或公平的程序？它是否可以确认自己有权事先对任何用于其委托人的程序都进行审查，以致任何人只要对它的委托人使用了没有被这个保护性社团所批准的程序，都将被惩罚？显然，个人自己并没有这种权利。说某个人可以惩罚任何人，只要后者对他使用了一种还没有获得他同意的正义程序，这等于说，一个拒绝所有正义程序的罪犯可以合法地惩罚任何试图惩罚他的人。人们也许这样想，一个保护性社团可以这样做，因为它在这样做的时候不会偏向他的委托人。但是对于这种公正无私（impartiality），没有任何保证。我们无论如何都看不出，这样一种新的权利如何能够从已有的个人权利的联合中产生出来。我们只能得出这样的结论：保护性社团没有这种权利，其中包括唯一支配的保护性社团。

　　每一个个人都确实拥有要求获得公共的信息或他可以得到的信息的权利。这些信息足以表明将用于他的正义程序是可靠的和公平的（或者其可靠性和公平性不亚于所使用的其他程序）。他有权利要求证明，正在他身上使用的制度是可靠的和公平的。在缺少这样一种证明的时候，他可以保护自己，反对把这种比较陌生的制度强加在自己身上。当信息是可以公开得到的或者是他可以得到的时候，他就处于一种能够知道该程序是否具有可靠性和公平性的位置。[8] 他要检验这种信息，如果他发现这种制度处于可靠和公平的范围内，那么他就必须服从它；如果发现它是不可靠的和不公平的，那么他就可以抵制它。他的服从意味着，他不会惩罚使用这个制度的其他人，尽

---

　　[8] 正在了解信息的人是否可以说，他还没有仔细检查这个信息，所以他会反对任何人现在对他使用这种程序？如果这种程序是众所周知的而不是近来才出现的，大概不可以。但是，即使是这种情况，这个人也许会得到一些额外的时间。

管基于他是无辜的，他可以抵制它把任何特殊的决定强加给自己。如果他选择不服从，那么他就无需参加这个制度确定他是有罪还是无罪的审查过程。既然目前为止还没有确定他有罪，所以他还是不可侵犯的，还不可以强迫他参加审查过程。然而他也会出于审慎而这样考虑，即如果他对作为被告采取合作的态度，那么他被证明无罪的几率就会增加。

　　这种原则就是：如果别人试图把一种不可靠的或不公平的正义程序用于一个人，他可以在自卫中进行抵制。在应用这个原则的时候，一个人将抵制这样的制度，即经过认真的思考后他觉得这些制度是不公平的或者不可靠的。一个人可以授权他的保护性机构为他强行权利，抵制把任何没有表明其可靠性和公平性的程序强加给他，抵制任何不公平的或不可靠的程序。在第 2 章中，我们曾简要地描述了一个保护性社团在一个特定地区之内获得支配地位的过程，或者各个保护性社团形成支配联盟的过程，而这个保护性社团的联盟使用规则来和平地裁决他们之间的争议。这种支配性的保护社团将禁止任何人对它的成员使用任何程序，只要这种程序在可靠性和公平性方面可以得到的信息是不充分的。它也禁止任何人对它的成员使用不可靠或不公平的程序，而这意味着，因为**保护性社团**正在应用这个原则而且也有力量这样做，所以其他人被禁止对保护性社团的成员使用任何该保护性社团认为是不公平或不可靠的程序。抛开逃避这个制度处罚的几率问题，任何违反这种禁止的人都将被惩罚。保护性社团会公布一个它认为是公平的和可靠的程序名单（或许也会公布一个它认为是不公平的和不可靠的程序名单）。而要使用一种还没有被批准列入名单的程序，这确实需要非凡的胆量。既然一个社团的委托人期望它会尽其所能地阻止使用不可靠的程序，所以这个保护性社团将会不断更新它的名单，将所有公众熟知的程序都包括在内。

有人可能提出，我们关于程序性权利存在的假定使我们的论证过于容易了。一个**确实**侵犯了别人权利的人是否自己也有权利要求由一种公平的和可靠的程序来确定这一事实？的确，一种不可靠的程序经常把无罪的人定为有罪。但是，把这样一种不可靠的程序应用于一个**有罪**的人，这侵犯了他的什么权利？作为自卫，他可以抵制把这样一种程序强加在自己身上吗？但是，他的自卫所针对的是什么？他应受惩罚的概率是否过高？对于我们的论证来说，这些问题都是非常重要的。如果一个有罪的人在面对这种不可靠的程序时不可以自卫，也不可以惩罚使用这些程序对付他的人，那么他的保护机构是不是可以保护他免于这些程序，或者事后对使用这些程序对付他的人加以惩罚，而无论他是否（以及即使）最终有罪？人们可能已经想到了，这个机构的唯一行动权利是它的委托人转让给它的权利。但是，如果一个有罪的委托人没有这样的权利，那么他就不能把它转让给这个机构。

　　显然，这个机构并不**知道**它的委托人是不是有罪，而这个委托人自己确实知道（让我们假设）他自己有罪。但是，这种知识方面的差别会造成意义重大的差别吗？这个不知情的机构是应该调查它的委托人是否有罪的问题，还是在无罪推定的基础上行事？机构与委托人之间在认识处境方面的差别**能够**造成以下差别。在某些条件下，这个机构可以保护它的委托人不受处罚，同时立即对他是否有罪的问题进行调查。如果这个机构知道惩罚者使用了一种可靠的程序，那么它就得接受其有罪裁决，而且它不能基于这种假定进行干预，即它的委托人是无罪的，或者很可能是无罪的。如果这个机构认为该程序是不可靠的，或者不知道它是不是可靠的，那么它无需假定它的委托人有罪，而且它可以自己来调查这件事情。如果调查以后它确定它的委托人有罪，那么它就应允许他受到惩罚。对其委托人进行保护以使他不受实际的处罚，这是相对比较简单的，但这个问题除外，即在这个保护机构确认它的委托人是否有罪直到自己满意的时候，这个机构是否必须为推迟惩罚所造成的损失对预期的惩罚者给予赔偿。看起来，这个保护机构确实必须为强行推迟惩罚所造成的损失对相对不可靠程序的使用者给予赔偿。而对于其可靠性尚不明朗的程序的使用者，如果这种程序是可靠的，那么它必须给予充分赔偿；如果这种程序是不可靠的，那么它必须对所造成的损失给予赔偿。（谁负有责任来证明程序的可靠性问题？）由于这个机构可以从其宣称自己无罪的委托人那里来（强行地）征收这笔费用，所以这也可以在某种程度上吓阻虚假的无罪辩护。*

这个机构进行暂时保护并使其避免受到处罚，这是相对比较简单的。当处罚实行以后，这个保护机构要采取何种适当的行动，这就不那么简单了。如果惩罚者的程序是可靠的，那么这个机构不会对惩罚者采取什么行动。但是，如果一个人基于一种不可靠的程序惩罚了它的委托人，这个机构可以惩罚这个人吗？它是否可以惩罚这个人，而不管它的委托人**是不是**有罪？还是它必须使用自己的可靠程序来进行调查，来确定他是有罪还是无罪，**只有**它确定它的委托人无罪，它才可以惩罚他的惩罚者？（或者如果它没有发现他有罪，那么怎么办？）这个保护机构基于什么权利可以声明，它将惩罚任何使用不可靠

105

---

* 毫无疑问，委托人可以授权他们的机构按照本书描述的方式行事，如果该委托人自己不能说他是有罪还是无罪的话（也许因为他处于无意识状态），并同意偿还任何赔偿费用，而这笔赔偿费用是这个机构必须支付给预期的惩罚者的。

对虚假无罪辩护的吓阻也有可能吓阻一些无罪的人，而这些人有压倒性的证据来申明自己无罪。尽管这样的例子会很少，但也可以这样来避免这种不希望出现的吓阻，即对于已经做了无罪辩护以后被证明确实有罪的人，对其伪证罪不再加以处罚。

程序来惩罚其委托人的人，而不管这个委托人是有罪还是无罪？

　　一个人使用不可靠的程序，不管他的程序在特殊的场合是不是管用，并按照这种程序所产生的结果采取行动，这样就把风险强加在别人的身上了。某个人对另外一个人玩俄罗斯轮盘赌，也是在做同样的事情，即使他在扣动扳机的时候枪并没有开火。保护机构可以像对待风险行动的行为者那样来对待不可靠的正义强行者。在第4章，我们区分了对风险行为的各种可能反应，而这些不同的反应适合于不同的环境：禁止；对其边界被越过的人们给予赔偿；对经历越界风险的所有人都给予赔偿。不可靠的正义强行者可能采取别人感到恐惧的行动，也可能不采取行动；采取这些行动可能是为了因某些先前的伤害而得到赔偿，也可能是为了进行报复。⑨ 一个人使用不可靠的程序来强行正义，并采取某些**不会引起恐惧**的行动，他不会因此而受到惩罚。如果最终结果是他对之采取行动的那个人有罪，而且他索取的赔偿是适当的，那么情况就不会有任何变化。如果他对之采取行动的那个人最终是无辜的，那么这个不可靠的正义强行者就必须为这种行动而给他以充分的赔偿。

　　另一方面，如果不可靠的正义强行者的行为预计会产生令人恐惧的后果，那么他们就应该受到禁止。为什么？如果这样的行为经常发生，以致引起普遍的恐惧，那么为了避免普遍的、无赔偿的恐惧，这种不可靠的强行正义就应该加以禁止。即使这样的行为偶尔发生，不可靠的强行者也应该因把这种恐

---

　　⑨　使人恐惧的索取赔偿，这种情况会很少，但不会没有。索取赔偿可能涉及使人们感到恐惧的行为，因为它涉及强迫他们去从事被迫的赔偿性劳动。仅仅因为它能够使受害者升至原先的无差别曲线，就可以直接强加这种使人恐惧的后果吗？

惧后果强加给无辜的人而受到惩罚。但是，如果不可靠的强行者只是偶尔采取行动，而且也不会产生普遍的恐惧，那么为什么他应该因把这种恐惧后果强加给**一个有罪的人**而受到惩罚？一种制度因他们惩罚了有罪的人而惩罚不可靠的惩罚者，会有助于吓阻他们对任何人使用他们不可靠的程序，并从而吓阻他们对无辜的人们使用它。但是，并非有助于这种吓阻的所有事情都是可以做的。问题在于，在这种场合中，当不可靠的惩罚者所惩罚的人最终被认定是有罪的之后，再惩罚这个不可靠的惩罚者，这是不是合法的。

任何人都没有权利使用一种相对不可靠的程序来决定是否要惩罚另一个人。使用这样一种程序，他就无法知道另一个人是不是应受惩罚，从而他也就没有权利去惩罚他。但是，我们怎么能这样说呢？如果另一个人已经犯了罪，自然状态中的**每一个人**不是都有权利去惩罚他吗？从而，某个人即使不知道另一个人已经犯了罪，这个人不是也有权利去惩罚他吗？在我看来，我们在这里面临着一种如何把认识论的考虑同权利结合起来的术语问题。我们是说，某个人没有权利做某些事情，除非他知道某些事实？我们还是说，他确实有权利做，但他做错了，除非他知道某些事实？采取第一种方式，事情会更干脆一些，但是我们仍然要说，我们都希望采取第二种方式。在这两种话语方式之间存在着简单的翻译。⑩ 我们将选择第二种言语方式，即使这会**削弱**我们论证的说服力。如果我们假定任何一个人都有权利拿走小偷所偷走的东西，那么按照第二种言语方

---

⑩　吉尔伯特·哈曼（Gilbert Harman）提出简单的可互译性作为纯粹词语差别的一个标准，见"奎因论意义和存在"，《形而上学评论》1967年9月号。如果我们希望说，讲不同语言然而拥有相同信念的两个人只是在词语上不同，那么哈曼的标准将包括"简单的"翻译，也包括像两种语言之间那样复杂的翻译。无论对这些情况做出什么样的决定，这个标准适用于目前这个例子。

式，一个从小偷那里拿走被偷物品而不知道它是被偷走的人，有权利拿走这个物品；但是既然他不知道他有这种权利，所以**他**拿走这个物品就是错误的和不允许的。即使第一个小偷的任何权利都没有受到侵犯，但由于第二个小偷并不知道这点，所以其行为是错误的和不允许的。

按照这种术语上的区分，我们可以提出一种关于越界的认识论原则：如果从事行为 A 会侵犯 Q 的权利，除非条件 C 得到满足，那么某个人若不知道 C 是否得到满足则不可以做 A。既然我们假定，所有人都知道，除非一个人犯了罪，否则对他进行惩罚就侵犯了他的权利，所以我们可以提出一个更弱的原则：如果某个人**知道**从事行为 A 会侵犯 Q 的权利，除非条件 C 得到满足，那么他若不知道 C 是否得到了满足则不可以做 A。更弱一些但足以满足我们需要的原则是：如果某个人知道从事行为 A 会侵犯 Q 的权利，除非条件 C 得到满足，那么他若处于最佳的查明位置但仍没有查明 C 是否得到了满足则不可以做 A。（结论的这种弱化也避免了同认识论的怀疑主义相关联的各种问题。）任何人都可以惩罚这种禁止的违反者。更确切地说，任何人都有这种权利去惩罚一个违犯者；只要他们自己同这种禁止不发生冲突，也就是说，只要处在最佳查明位置的他们已经查明另一个人违反了这种禁止，人们就可以这样做。

按照这种观点，一个人可以做什么，就**不仅仅**只受到别人权利的限制。一个不可靠的惩罚者并没有侵犯有罪者的任何权利，但他仍然不可以惩罚他。这个额外的空间是由认识论的考虑所创造出来的。（如果人们不想陷入关于"主观的应当"和"客观的应当"之思想泥沼的话，它将是一块供研究的沃土。）请注意，基于这种解读，一个人并没有权利要求他只能通过使用一种相对可靠的程序而被惩罚。（虽然他可以允许另一个人对他使用一种可靠性更差的程序，如果他愿意的话。）基于这种观点，许多程序性的权利就不是源自受动者（person acted upon）的权利，而是来自关于行动者的道德思考，而行动者是从事这种行为的人。

这是不是问题的焦点，我对此并不清楚。也许受动者确实拥有这样的程序性权利，以抵制不可靠程序的使用者。（但是，一个**有罪**的人对一种不可靠的程序所控告的东西是什么？是他非常有可能被错误地惩罚？我们会要求不可靠程序的使用者因侵犯了其权利而对他所惩罚的罪犯给予赔偿吗？）我们已经看到，如果确有程序性的权利，那么我们关于一个保护机构因不可靠程序的使用者对其委托人进行处罚而惩罚他的论证，就会更加顺畅。委托人只要授权给他的代理机构就可以了，而这个机构会为他强行他的程序权利。对于我们在这里的论证目的而言，我们已经表明，即使没有程序性权利的方便假设，我们的结论也是站得住脚的。（我们的意思不是说，没有这样的权利。）在这两种情况中，一个保护机构都可以惩罚一种不可靠或不公平程序的使用者，这个使用者则（在违反委托人意愿的情况下）惩罚了它的一个委托人，而无论它的这个委托人实际上是否有罪，即使它的委托人有罪也是如此。

事实上的垄断权

我们在第 2 章曾简要讨论的关于国家的传统理论，要求一个国家应该拥有一种强力使用的垄断权。在我们对支配性保护机构的解释中，是不是已经包含了垄断性的因素？**每一个人**都可以保卫自己免于陌生的或不可靠的程序，都可以惩罚使用或试图使用这样的程序来对付他的人。作为其委托人的代理者，保护性社团有权利为它的委托人做这件事。它承认，每一个人都拥有这种权利，其中包括**没有**加入该社团的那些人。到目前为止，任何垄断权的要求还没有被提出来。确实，在垄断权的含意中有一种普遍的因素：审查**任何人**的程序的权利。但是，它并不要求是这种权利的唯一所有者；每一个人都拥有它。既然任何这样的要求都没有被提出来，即存在着某种它拥有并且只有它拥有的权利，所以任何垄断权的要求也就没有被提出来。对于它自己的委托人，它可以使用和强行使用这些权利，而这些权利是它承认所有人都拥有的。它认为自己的程序是可靠的和公平的。它有一种非常强的倾向，认为**所有**其他的程序，甚或其他人使用的"同样"程序，都或者是不可靠的，或者是不公平的。但是我们无需假设它排除了所有其他的程序。每一个人都有权利保卫自己免于这样的程序，而这些程序或者事实上是不可靠和不公平的，或者被认为是不可靠的和不公平的。既然支配的保护性社团断定它自己的程序是既可靠又公平的，而且确信人们也是普遍这样认为的，所以它不会允许任何人抵制它们，也就是说，它将惩罚任何抵制它们的人。支配的保护性社团将按照它自己对处境的理解而自由行动，然而其他任何一个人都不能这样做而不受惩罚。虽然任何垄断权的要求都没有被提出来，支配的保护性社团却凭借它的权力确实占有一种独特的地位。当它认为合适的时候，它并且只有它，可以对其他人的正义程序进行强行禁止。它并不要求拥有禁止别人的专断权利，它只要求拥有禁止任何人对其委托人使用实际上有缺陷的程序的权利。但是，当它认为自己是在反对实际上有缺陷的程序的时候，其他人则可能认为，它反对的不过是它自认为是有缺陷的程序。只有它可以自由反对任何它认为是有缺陷的程序，而无论其他人怎样认为。它承认每一个人都有权利**正确地**应用原则，但作为这些原则的最有权力的应用者，它强行自己的意志，而它真心认为这种意志**是**正确的。由于自己的力量，它对自己的委托人处于一种作为终极强行者和终极

109

审判者的实际地位。它只要求正确行动的普遍权利，而它的正确行动则是按照它自己的标准来衡量的。只有它处于这样一种地位，即只按照它自己的标准来行动。

这种独特的地位是否构成了一种垄断权？支配的保护性社团没有要求任何一种只有它才拥有的权利。但是，它的力量使它成为唯一能够采取越界行为来强行某种特殊权利的主体。它成为它承认所有人都拥有的权利的唯一实行者，这不仅仅是一种巧合；权利的本性就是这样，即一旦一种支配性的权力出现了，它实际上就会单独实行这种权利。因为这种权利包括阻止他人错误地实行权利的权利，而且只有支配性的权力具有能力来实行这种针对所有他人的权利。如果有的地方可以使用某种**事实上的**（de facto）垄断权观念，正是在这里：这种垄断权不是**法权上的**（de jure），因为它并非产生于某种排他性权利的唯一转让，而其他人则被排除于实行相似的特权。其他的保护机构肯定也能够进入这个市场，并且试图从支配的保护机构那里挖走顾客。它们也可以试图取代它成为支配的保护机构。但是，已经成为一个支配的保护机构，这一事实在争夺顾客的竞争中使一个机构具有巨大的市场优势。支配的机构能够为它的顾客提供一种任何其他机构都无法相比的保证："只有这些**我们**认为是合适的程序才能用于我们的顾客。"

支配性保护机构的领地并**没有**扩展到**非委托人之间**的争执。如果一个独立者对另外一个独立者使用他自己的正义程序，那么这个保护性社团大概没有权利加以干预。它所具有的干预权利就是我们所有人都有的干预权利，即援助一个其权利受到威胁的非自愿的受害者。但是，既然它不可以在家长制的基础上进行干预，所以，如果独立者双方对**他们的**正义程序感到满意，那么这个保护性社团不会有什么合适的干预事务可做。这并不表明，这种支配的保护性社团不是一个国家。当争议各方都愿意摆脱国家机构来解决问题的时候，国家也可以不插手他们之间的争端。(尽管人们以一种有限的方式来摆脱国家，选择某种其他程序来解决他们的某种特殊争执，这会更困难一些。因为这种程序的解决方式以及对它的反应可能涉及这样一个问题，即并非所有当事人都愿意舍弃国家的关照。)而且，每一个国家不是都应该（和必须）允许它的公民这样选择吗？

保护他人

如果保护机构认为，当被用于它的委托人的时候，独立者强行自己权利的程序还不是十分可靠的和公平的，那么它就会禁止独立者进行这样自助的强行。这种禁止的根据是，这种自助的强行会给它的委托人带来危险。既然这种禁止使独立者不可能有效地以惩罚来威胁侵犯了他们权利的委托人，所以它使独立者在他们的日常行动和生活中无法保护自己免于伤害和严重损失。然而，独立者从事包括自助的强行在内的各种活动而没有侵犯任何人的权利，这是完全有可能的（抛开程序性权利的问题）。根据我们在第4章提出的赔偿原则，在这种情况下，那些宣布这种禁止并且从这种禁止中获益的人们必须对禁止所造成的损失给予赔偿。这样，保护机构的委托人必须因禁止所造成的损失对独立者给予赔偿，因为独立者被禁止自助强行他们自己的权利，而这些权利是该机构委托人不得侵犯的。毫无疑问，赔偿独立者费用最低的办法是为他们**提供**保护服务，以应付他们与这个保护机构的付费顾客发生冲突的情况。与其让他们在面对权利被侵犯时毫无保护（因为他们不得惩罚任何这样做的委托人），然后再试图对他们因权利被侵犯（以及处于一种被暴露的毫无保护的境况）所造成的损失给予事后的赔偿，这样做的费用更少。如果它的费用**不**是更少，那么人们就不会购买保护服务，而是把钱存起来，以用于弥补他们的损失，也许以共同基金的方式把他们的钱用于某种保险制度。

保护机构的成员必须为独立者的（针对其委托人的）保护服务**付钱**吗？他们能不能坚持要求独立者自己购买这种保护服务？毕竟，使用自助的程序对于独立者也不会没有任何费用。赔偿原则并不要求，禁止癫痫病患者开车的人们为他支付用于出租车和雇用司机的全部费用。如果这个癫痫病患者被允许自己开车，这也会有很多费用：买车费、保险费、汽油费、修车费以及发生更糟情况的费用等。在对所造成的损失给予赔偿时，禁止者需要支付的赔偿数额仅仅为，禁止所造成的损失额**减去**被禁止者在不被禁止的状况下也要负担的费用。禁止者无需支付出租车的全部费用，他们仅需支付这样一笔金额，即这笔金额同被禁止者驾驶自己私人汽车时所花的钱合在一起足以支付出租车。他们可能会发现，与提供金钱赔偿相比，以实物方式来赔偿他们所造成的损失，其费用更低；他们可以做某些事情，以消除或减少这种损失，而仅以金钱方式来赔偿剩余的净损失。

如果禁止者付给被禁止者的金钱赔偿，等于抵消损失的数额**减去**行为被允许时所花费的费用，那么这笔钱有可能并不足以使被禁止者能够补偿所受到的损失。如果他在从事被禁止的行为时所花费的是金钱，那么他可以把赔偿金和这笔未花的钱合在一起来购买等价的服务。但是，如果他直接花费的不是金钱，而是精力和时间等，如独立者进行自助的强行权利的情况一样，那么这种金钱上的差额支付本身不能使被禁止者通过购买被禁止行为的等价物来补偿所受到的损失。如果独立者有其他的资金来源，他能使用这些资金而不会使自己遭受损失，那么这种差额支付足以使被禁止者不遭受损失。但是，如果独立者没有这样的其他资金来源，那么一个保护机构支付给他的金额就**不应该少于**它的保额最低的保险费用，否则就会或者使他在面对其委托人的伤害时毫无抵抗，或者使他不得不到现金市场去工作，以挣来用于全部保险费用的资金。对于这个资金上窘迫的被禁止的个人，保护机构必须补偿这种差额，即他未被禁止的行为之**金钱**费用与购买用来抵消或弥补所受损失所必需的费用之间的差额。禁止者必须以金钱方式或实物方式对所造成的损失给予足够的补偿。对于通过为自己购买保护服务而没有受到损失的人，则不需要提供任何赔偿。对于那些非常缺少财力的人，对他们来说未被禁止的行为没有多少金钱费用，保护机构就必须提供他们可以没有损失地节省下来的财力与保护费用之间的差额。对于那些其未被禁止的行为具有一些金钱费用的人，禁止者则必须提供一笔为补偿损失所必需的额外金钱（高于他们可以没有损失地节省下来的数额）。如果禁止者以实物方式进行赔偿，那么他们可以为此向资金窘迫的被禁止者**开价**，其上限是他的未被禁止的行为之金钱费用，只要这笔金额不高于该实物的价格。⑪ 作为唯一有效的供应者，支配的保护机构必须在赔偿中提供它自己的收费与这个被禁止者自助的强行之金钱费用之间的差额。它差不多总是可以在购买保险的部分支付费用中收回这笔钱。它在这样做的时候无需说，这些交易和禁止仅仅适用于那些使用不可靠的或不公平的强行程序的人。

　　这样，支配的保护机构必须为独立者——即它禁止对其委托人进行自助式强行的每一个人，而禁止的理由是，他们的强行程序是不可靠的或不公平的——提供针对其委托人的保护服

---

　　⑪　对于那些若不被禁止而从事的行为所付出的其他代价，如时间和精力等，禁止者是否可以向被禁止者开价？

务；它可能不得不向某些人提供这样的服务，其收费少于这些服务的价格。显然，这些人可以选择拒绝支付这笔收费，而这样做也就得不到这些赔偿性的服务了。如果支配的保护机构以这种方式为独立者提供保护服务，那么这会不会导致人们离开这个机构以便无需付费就得到它的服务？不会在很大的范围内发生这样的情况，因为只对这些人进行赔偿，即他们要是自己购买保护就会处于不利地位，并且仅以这样的金额进行赔偿，这笔金额相当于实际的保险费，即自助保护之金钱费用总额加上这个人可以轻松支付的金额。而且，这个机构是通过赔偿来保护这些独立者的，而它仅仅对这种情况给予赔偿，即独立者被禁止对它自己的付费委托人实行自助的强行。逃票者越多，成为一个始终处于该机构保护下的委托人就越可取。这一因素连同其他因素一起有助于减少逃票者的数量，并促使大多数人都加入该机构。

国家

在第 3 章，我们把我们的任务设定为，表明支配的保护性社团在一个地域内满足了成为国家的两个关键的必要条件：它对该地域内的强力使用拥有必需的垄断权，以及它保护该地域内所有人的权利，即使这种普遍的保护只能以一种"再分配的"方式来提供。国家的这两个非常关键的方面构成了个人主义的无政府主义者把国家谴责为不道德的主题。我们也把我们的任务设定为，表明这些垄断和再分配因素本身在道德上是合法的，表明从自然状态到超低限度的国家（垄断因素）的过渡在道德上是合法的而且没有侵犯任何人的权利，以及从超低限度的国家到最低限度国家（"再分配"因素）的过渡在道德上也是合法的而且也没有侵犯任何人的权利。

在一个地域内处于支配地位的保护机构确实满足了成为国

家的这两个关键的必要条件。它是禁止他人使用不可靠的强行程序（它认为应这样称呼它们）的唯一普遍有效的强行者，并且它审查这些程序。此外，这个机构保护其地域内的那些非委托人，因为它禁止他们在同它的委托人打交道时对其委托人使用自助的强行程序，即使这种保护的资金必须（以明显再分配的方式）由它的委托人来提供。这样做是赔偿原则的道德要求，而赔偿原则要求，那些从事自我保护以便增加自身安全的人，对于那些他们禁止其从事风险行为而这些风险行为最终实际上可能是无害的人，⑫应该对因禁止给他们造成的损失给予赔偿。

在第3章的开始，我们曾提出，由其他人为一些人提供保护服务，这是不是"再分配的"，取决于这样做的理由。我们现在知道，这样的提供不必是再分配的，因为它可以不用再分配的理由加以辩护，也就是说，它可以用赔偿原则所提供的理由加以辩护。（请回忆，"再分配"是适用于实践和制度的理由，并且仅仅是在省略和派生的意义上适用于制度本身。）为了使这点更加鲜明，我们可以设想，保护机构提供两种类型的保险服务：一种是保护委托人免于具有风险的私人强行正义，另一种则不提供这种服务而仅仅保护他们免于偷窃和人身攻击，等等（只要这些事情不发生在私人强行正义的过程中）。既然只有对于购买了第一种保险的人，其他人被禁止私人的强行正义，所以也只有他们被要求因给被禁止者造成的损失对被禁止私人强行的人给予赔偿。第二种保险的持有者则不需要为其他人的保护支付费用，因为没有任何东西需要他们对其他人给予赔偿。因为希望得到保护以免于私人的强行正义的理由是非常使人信服的，所以几乎所有购买保护的人都购买这种类型

---

⑫ 这里正如本书所有其他地方一样，"伤害"仅指越界行为。

的保险，而不在乎它的额外收费，从而也都涉入为独立者提供保护的事情之中。

我们已经完成了我们的解释任务，即解释一个国家如何从自然状态中产生出来，而在此过程中任何人的权利都没有受到侵犯。个人主义的无政府主义者对最低限度国家的道德指控被克服了。这种垄断权的强加不是不正义的；这种**事实上的垄断权**是从一种看不见的手的过程中并**以道德上允许的方式**产生出来的，而任何人的权利都没有受到侵犯，也没有对任何一种别人所不拥有的特定权利提出要求。而且，要求这种**事实上垄断权**的委托人为那些被禁止对他们进行自助强行的人支付保护费用，这并不是不道德的，从道德上讲，这是第 4 章勾画的赔偿原则所要求的。

在第 4 章中，我们详细讨论了这种可能性：如果人们缺少财力为某些行为的可能有害后果对别人给予赔偿，或者如果他们没有购买责任保险以抵消这些后果，那么就禁止他们从事这些行为。如果这样的禁止是合法的，根据赔偿原则，被禁止的人应该为所遭受的损失而得到赔偿，而且他们可以用这笔赔偿金来购买这种责任保险！只有那些被这种禁止所损害的人才应该得到赔偿，即这些缺少别的能被挪用（而没有损失）于购买责任保险的财力的人。当这些人们把他们的赔偿金用于购买责任保险的时候，我们就有了某种相当于提供公共特定责任保险的东西。它只提供给不能负担得起它的那些人，而且只包括那些属于赔偿原则范围内的风险行为——那些只要没有投保责任险（或只要对损失给予赔偿）其禁止就是合法的行为，那些其禁止会给人们带来严重损害的行为。提供这样的保险几乎可以肯定是为禁止所造成的损失对人们给予赔偿的费用最少的方式，而这些人们只是显示出对其他人具有正常的危险。既然他们会得到保险以防止对他人产生某些风险，他们的这些行为

115

也就不会被禁止。这样我们就会看到，如果禁止那些没有责任保险的人从事某种行为是合法的，而且如果也这样做了，那么国家的另外一面——**明显**的再分配方面——就会借助坚定的极端自由主义道德原则而显现出来了！（惊叹号表示**我的**惊讶。）

　　在一个特定区域内，这种支配的保护机构是否构成了那个区域的**国家**？在第2章，我们已经看到，强力使用的垄断权观念是多么难以精确表述，要使它在明显的反例面前仍然能够站得住是多么困难。正如通常所解释的那样，这个观念无法有把握地用来回答我们的问题。我们应该接受在某种文本中得到精确文字表达的定义，只要这个定义被发明出来是为了适用于像我们一样复杂的情况，并且经历了这些复杂情况的检验。任何偶然和随意的分类方法都不能以有益的方式来回答我们的问题。

　　请思考一位人类学家的如下松散描述：

　　　　所有物质力量都集中于中央权威的手里是国家的基本功能，也是它的决定性特征。为了澄清这点，请考虑在国家的统治形式下什么事情是不可以做的：在由国家统治的社会中，除了得到国家的允许，任何人都不得杀害其他人，伤害他的身体，侵害他的财产，损害他的名誉。国家的官员有权力决定生死，进行体罚，罚没财产，以及影响社会成员的地位和名誉。

　　　　这并不是说，在没有国家的社会里，人们可以杀人而不受惩罚。但是在这样的社会里（诸如在布须曼、爱斯基摩以及澳洲中部的部落里），保护家庭不受侵害的中央权威是不存在的、弱小的或偶尔起作用的。在美国西部平原的克罗人和其他印第安人中，只有当形势需要的时候，这种中央权威才会发挥作用。在没有国家的社会里，家庭

116

和个人得到保护的方式是不明确的，如整个群体参与对做坏事者的压制，以及暂时地或偶然地使用武力，而时过境迁之后，这种武力就不再需要了（从而也就不再使用了）。对于社会认为是坏事或者罪行的东西，国家则拥有镇压的手段：警察，法院，监狱，以及在这种行为范围内明确地和专门地发挥功能的各种制度。而且，在这种社会的参照框架内，这些制度是稳定的和常设性的。

当国家在古代俄罗斯形成的时候，统治的君主宣称自己有权力征收罚金、使用肉刑和死刑，但绝不允许任何其他人这样做。通过拒绝让任何人或团体分享他的权力，他又一次表明了国家权力的垄断性质。如果一个臣民没有得到君主的明确允许而伤害了另一个臣民，那么这就是一件坏事，并且做坏事者应该受到惩罚。而且，君主的权力只能以明确的方式授权给别人。这个受到如此庇护的臣民阶层显然是被认真确定的，决不是他的领土内的所有人都能得到如此庇护。

117   任何人或群体都不能替代国家；国家的行为只能被直接履行，或者得到明确的授权。国家在授权中把它的权力转让给了国家的代理者（机关）。按照社会的规则，警察、法官、狱警直接从中央权威获得他们的强制性权力，税收员、军队和边境警卫队也是如此。国家的权威功能取决于这些强力机构作为它的代理者的命令。[13]

这位作者并不主张他列出的所有特征都是国家的必要特征，在某种特征上的分歧也并不表明一个地域的支配性保护机

---

[13]   劳伦斯·克拉德（Lawrence Krader）：《国家的形成》，新泽西州英格伍德·克利夫斯：普林提斯 – 霍尔公司，1968 年，第21—22 页。

构不是一个国家。很清楚，这种支配性机构几乎拥有所列出的全部特征；它的常设行政机构及其全职专业人员使它——在国家方面——与人类学家所说的无国家社会有很大的不同。根据众多与所引证的相类似的作品，人们应把它称为国家。

得出这样的结论是合乎道理的：一个地域内的支配性保护性社团就是它的国家，只要这个地域的幅员和人口都具有一定的规模。我们并不认为，处于无政府状态下的一个人在其四分之一英亩的地产上保有强力使用的垄断权，这就是它的国家；在一个其方圆有一个街区大小的岛屿上住有三个居民，这也不是一个国家。试图规定一个国家存在所必需的人口和地域规模的大小，这是没有用处的，也无助于达到我们的目的。我们也说到这种情况，一个地域内几乎所有人都是这种支配性机构的委托人，而独立者在与这个机构及其委托人的冲突中处于一种从属的实力地位。（我们已经论证过会发生这种情况。）委托人必须占多大的百分比，独立者的实力地位到底从属到什么程度，这些都是十分令人感兴趣的问题，但是关于这些问题，我没有什么特别使人感兴趣的东西要说。

成为一个国家的一个额外必要条件是从韦伯的思想传统中推论出来的，而我们在第 2 章曾讨论过这种传统：即它声称是暴力的唯一授权者。支配的保护性社团并没有提出这样的要求。我们已经描述过这种支配的保护性社团的地位，已经看到它如何接近于人类学家的观念，因此，我们是不是应该削弱韦伯的必要条件，以使它包含一种**事实上的**垄断权，这种垄断权在关于暴力之可允许性的问题上是唯一有效的裁判者，有权利（可以肯定，这是一种所有人都拥有的权利）裁决这些事务并采取正确的行动？在这种情况下，这样做的理由是强有力的，也是完全应该的和适当的。从而我们得出结论：这种在一个地域内像所描述的那样处于支配地位的保护性社团**就是**一个国

118

家。然而，为了提醒读者注意我们对韦伯思想传统的轻微削弱，我们有时也把这种支配性保护机构称为"一种类似国家的实体"，而不是简单地称为"一个国家"。

对国家的看不见的手的解释

关于国家在自然状态中的产生，我们是否已经提供了一种看不见的手的解释（见第 2 章）？我们是否对国家已经给予了一种看不见的手的解释？国家所拥有的**权利**是每一个人在自然状态中就已经拥有的权利。既然这些权利已经完全包含在已得到解释的各个部分之中，所以它们**没有**得到一种看不见的手的解释。关于国家如何能够获得唯独属于它的权利，我们也没有提供一种看不见的手的解释。这是幸运的，因为既然国家没有自己特殊的权利，所以也就没有什么这类东西需要解释。

我们已经解释了，在任何人都没有故意这样做的情况下，在洛克式的自然状态中人们自利的、合理的行为如何导致一个单一的保护机构在某些地域内处于支配地位；每一地域或者拥有一个支配的机构，或者拥有一种许多机构之间的联盟，以致实质上形成了一个机构。另外，我们已经解释了，在无需声称拥有任何独特权利的情况下，一个在某个地域里处于支配地位的保护机构如何占有一种独特的地位。虽然每一个人都有权利以正确方式禁止他人侵犯权利（其中包括除非证明该罚否则不受惩罚的权利），但是只有这个支配的保护性社团能够不受制裁地以自己认为正确的方式行事。它的权力使它成为正确性的裁断者，它决定什么事情被看做是违反了正确性，以便实行惩罚。我们的解释既不假定也不主张，强权（might）产生出权利。但是强权确实产生出强行的禁止，即使任何人都不认为强权有**特别的**资格在世界上来实现它们自己关于禁止应被正确实行的观点。

我们对这种**事实上的**垄断权的解释是一种看不见的手的解释。如果国家是这样一种机构：（1）有权利去强行权利，禁止危险的私人强行正义，审查这样的私人程序等等，以及（2）在一个地域内，有效地成为（1）所述权利的**唯一行使者**，那么通过对（2）而非（1）提供一种看不见的手的解释，我们就以看不见的手的方式部分地解释了国家的存在。更准确地说，我们就以看不见的手的方式部分地解释了超低限度的国家的存在。什么是关于一个最低限度国家如何产生的解释？这种带有垄断因素的支配的保护性社团在道德上被要求因其所造成的损失对被禁止的那些人给予赔偿，因为它禁止他们从事针对其委托人的自助行动。然而，它实际上可能无法提供这种赔偿。那些控制一个超低限度的国家的人在道德上被要求把它变成一个最低限度的国家，但是他们也许不愿意这样做。我们曾经假定，一般来说，人们会做在道德上要求他们去做的事情。解释一个国家如何能够从自然状态中产生出来而没有侵犯任何人的权利，这反驳了无政府主义者的基本指控。但是，如果关于一个国家如何会从自然状态中产生出来的解释也能说明为什么一个超低限度的国家会变为一个最低限度国家之道德理由以外的理由，如果它能在人们希望做他们应该做的事情以外说明提供赔偿的刺激或其原因，那么人们就会对这种解释感到更加相信了。我们应该注意到，即使没有发现任何非道德的刺激或原因足以使一个超低限度的国家变成一个最低限度国家，并且这种解释仍然严重依赖人们的道德动机，这也并不说明人们的目的就是建立一个国家。相反，人们认为自己是在因某些特殊的禁止对某些特殊的他人提供赔偿，而这些禁止是他们强加给那些人的。所以，这种解释仍然是一种看不见的手的解释。

第六章 关于国家之论证的
进一步思考

关于一个最低限度的国家如何从自然状态中合法地产生出来，我们的论证现在已经完成了。此外，我们还应该考虑关于这一论证的各种反对意见，并把它同其他一些问题联系起来，对这一论证作进一步的评论。只希望跟随我们论证主线的读者可以直接跳到下一章。

停止这个过程？

我们已经证明，针对不可靠或不公平的强行程序所带来的危险，合法自卫的权利使每个人有权来审查别人对他强行他们的权利；而且他可以授权给他的保护机构为他实行这种权利。当我们把这种论证与我们对**事实上的垄断权之产生**的解释结合起来的时候，它的"证明"不是已经非常充分了吗？**事实上的垄断权**的存在（在平等权利的情况下）造成了一种力量的不平衡。这为某些人增加了安全而同时又给其他人带来了危险。它为那些支配机构的委托人增加了安全，没有这个机构的允许，他们不受别人的惩罚；而同时它又给其他人带来了危险，使他们在面对支配机构的委托人或这个机构本身所造成的侵害时无法保护自己。合法自卫的权利是否允许双方中的一方禁止对方以便减少自己的危险？在自卫行动中，这个支配的保护机构和它的委托人可以禁止其他人同某个竞争性的保护机构合作吗？因为一个竞争性的机构也许会在力量上超过这个支配的机构，从而给它的委托人带来危险，并使他们的位置更不安全。这样一种禁止大概也会应用于这个支配机构的委托人，限制他们**随意**更换保护机构。即使任何一个竞争者都没有可能对这个支配机构的力量形成威胁，然而还是存在着这样的可能性，即所有单个来说都很弱的机构联合起来对付这个支配机构，从而或者对它构成了重大的威胁，或者甚至变得比它更为强大。为了消除所有其他机构联合起来比自己更强大的这种可能性，这个支配的机构是否可以禁止其他机构所获得的力量超过某种数额？为了维持力量的不平衡，这个支配的机构是否可以合法地禁止其他机构获得力量？类似的问题在另一个方面也产生出来：如果自然状态中的个人预见到，其他人联合成一个保护机构或社团的时候，这会减少他的安全并给他带来危险，那么他是不是可以禁止别人进行这种联合呢？他是不是可以禁止别人协助建立一种**事实上的**国家呢？①

　　这种自卫的权利允许一个机构审查其他人的自我强行的机制，它是否也允许每一个人禁止每一个其他的人联合成一个保护性社团？如果这种权利是**如此**强大和广泛，那么正是这种为建立国家提供合法道德通道的权利，通过给予其他人禁止使用

---

　　①　洛克认为，人们可以组成一种公民社会或保护性社团，以便"获得更大的保障来防止这种社团以外任何人的侵犯。无论人数多少都可以这样做，因为它没有损害其余的人的自由，他们仍然保有自然状态中的自由。"《政府论》下篇，彼得·拉斯莱特编，纽约：剑桥大学出版社，1967年，第95节。（本章以下所有引证除非注明均出于下篇。）虽然减少他们所拥有的权利并不损害他们的自由，但是它确实损害他们的安全，因为他们不能更有效地保卫自己的权利，所以他们更有可能受到损害。在其他一些地方，洛克认识到了这一点，在讨论专断行为时谈到了它，尽管它也适用于按照固定的和公开的规则而行动的人："一个人置身于能指挥10万人的官员的专断权力之下，与他置身于10万个单个人的专断权力之下相比，他的处境更为糟糕"（第137节）。

这个通道的权利而削弱了国家。

模型 1 描述了任何两个人在自然状态中彼此之间所占据的处境。

模型 1

第一个人 I	第二个人 II			
	A′ 加入一个保护性社团并允许 I 加入任何保护性社团	B′ 加入一个保护性社团但试图禁止 I 加入另一个保护性社团	C′ 不加入一个保护性社团但允许 I 加入一个保护性社团	D′ 不加入一个保护性社团并试图禁止 I 加入一个保护性社团
A 加入一个保护性社团并允许 II 加入任何保护性社团	联邦体系的权力平衡，或者（a）I 的保护性社团是支配的，或者（b）II 的保护性社团是支配的	在一个区域内一个社团居支配地位，它更可能是 II 的社团，虽然它也可能是 I 的社团	I 的社团居支配地位。II 在强行权利方面处于更低的地位	I 的社团居支配地位。II 在强行权利方面处于更低的地位
B 加入一个保护性社团但试图禁止 II 加入另一个保护性社团	在一个区域内一个社团居支配地位，它更可能是 I 的社团，虽然它也可能是 II 的社团	联邦体系的权力平衡，或者（a）I 的保护性社团是支配的，或者（b）II 的保护性社团是支配的	I 的社团居支配地位。II 在强行权利方面处于更低的地位	I 的社团居支配地位。II 在强行权利方面处于更低的地位

续表

	第二个人 II			
	A′ 加入一个保护性社团并允许 I 加入任何保护性社团	B′ 加入一个保护性社团但试图禁止 I 加入另一个保护性社团	C′ 不加入一个保护性社团但允许 I 加入一个保护性社团	D′ 不加入一个保护性社团并试图禁止 I 加入一个保护性社团
第一个人 I				
C 不加入一个保护性社团但允许 II 加入一个保护性社团	II 的社团居支配地位。I 在强行权利方面处于更低的地位	II 的社团居支配地位。I 在强行权利方面处于更低的地位	两个人都不加入保护性社团。I 和 II 处于纯粹洛克式的无组织的自然状态	两个人都不加入保护性社团。I 和 II 处于纯粹洛克式的无组织的自然状态
D 不加入一个保护性社团并试图禁止 II 加入一个保护性社团	II 的社团居支配地位。I 在强行权利方面处于更低的地位	II 的社团居支配地位。I 在强行权利方面处于更低的地位	两个人都不加入保护性社团。I 和 II 处于纯粹洛克式的无组织的自然状态	两个人都不加入保护性社团。I 和 II 处于纯粹洛克式的无组织的自然状态

　　如果我们假定，成为一个支配的强有力保护机构的委托人比不是其委托人要更好，以及，成为这个支配机构的委托人而对手若不是其委托人要更好，那么模型 1 展示了模型 2 所具有的结构（不必过于认真对待数字之间的差距）。[123]

模型 2

第一个人 I	第二个人 II			
	A′	B′	C′	D′
A	5, 5	4, 6	10, 0	10, 0
B	6, 4	5, 5	10, 0	10, 0

第一个人 I	第二个人 II			
	A′	B′	C′	D′
C	0, 10	0, 10	x, x	x, x
D	0, 10	0, 10	x, x	x, x

　　如果他们在做这些事情的时候不遵守任何道德约束，那么第一个人 I 将做 B，而且第二个人 II 将做 B′。其论证如下：B（B′）比 A（A′）要更有优势一点，所以第一个人 I 不会做 A，而且第二个人 II 也不会做 A′。* C 和 D（C′和 D′）是重叠在一起的，所以我们只需要对待其中一种就可以了：我们只对待 C（C′），也不会失去普遍性。剩下的问题是，一个人是选择去做 B 行为，还是去做 C 行为。（我们只需要考虑缩短了的模型 3，它把 D（D′）叠入 C（C′），并略去了 A 和 A′，因为如果另一方做 A 行为，双方都不会有损失。）只要 x < 10，正如它显然是这种情况一样（对某个人而言，与其处于无组织的自然状态之中，不如处于支配的保护性社团之中但不加入），那么 B 比 C 就拥有很大优势，而且 B′也比 C′拥有很大优势。所以，在缺少道德约束的情况下，两个理性的个人会做 B 和 B′。如果 x < 10，那么这通过一种优势论证就足以产生出（B 和 B′）。② 如果 x > 5

---

　　* 用决策论者的术语说，如果一个行为与另一个行为相比，相对于世界的任何一种状态它比另一个都不是更糟，**并且**相对于世界的某些状态它比另一个会更好，那么这个行为比另一个有一点优势；如果相对于世界的所有状态它比另一个都更好，那么这个行为比另一个就有很大优势。

　　② 关于优势原则对于某些困难情境的适用性的讨论，见我的论文"新式排球难题与两个选择原则"，载于《纪念 C. G. 亨普尔文集》，N. 莱舍等编，荷兰：莱德尔，1969 年，第 114—146 页；也见马丁·加德纳（Martin Gardner）的"数学游戏"栏目，载于《科学美国人》1973 年 7 月号，第 104—109 页；以及我应邀参与的数学游戏栏目，《科学美国人》1974 年 3 月号，第 102—108 页。

(比方说是7)，我们就有了一种"囚徒两难推理"的处境，在这种处境中，个人来说合理的行为合在一起就不行了，因为它会导致结果（5，5），而与其相比，每个人都更愿意得到另一个能够得到的结果（7，7）。③ 有人认为，政府的正当功能就是禁止人们在囚徒两难推理的处境中追求优势行为。无论它如何可能，如果某个人在自然状态处境中赋予自己以这种所设想的国家功能（并且试图禁止对方做 A 或 B），那么**他**针对对方的行为就**不**是行为 C，因为他正在禁止对方从事其优势行为，即禁止他们加入保护性社团。那么作为一个自我任命的国家代理者，这个人会从事行为 D 吗？他也许会试图这样做。但是，对他个人来说，这样做并不理想，此外，试图阻止别人联合起来组成保护性社团，他也不大可能成功，因为他不大可能比他们更有力量。为了拥有真正成功的机会，他必须联合他人一起行动（做 A 或 B），从而他无法成功地迫使任何人（包括他自己）放弃他们的优势行为 A 或 B。

模型 3

第一个人 I	第二个人 II	
	B′	C′
B	5, 5	10, 0
C	0, 10	x, x

　　除了囚徒两难推理通常具有的使人感兴趣之处以外，这种 $x > 5$ 的处境还有一种理论上的令人感兴趣之处。因为在这种处境中，无政府的自然状态对双方来说是所有对称状态中最好的，如果背离了这种双方最好的解决方案，它就会只对一个人

---

　　③　关于"囚徒两难推理"，见卢斯和莱法（R. D. Luce and H. Raiffa）：《游戏和决策》，纽约：威利公司，1957 年，第94—102 页。

有利。然而，任何试图（有成功希望的）强行这种双方最好解决方案的行为**本身**就构成了对它的背离（引起对方背离自卫）。如果 x＞5，那么国家作为为摆脱囚徒两难推理而被一些人提出的"解决方案"，反倒成了它的不幸结果！

　　如果每一个人的行为都是合理的，并且不受道德约束所限制，那么将会出现（B 和 B′）。如果加上道德约束，那么事情会有什么不同？人们可能认为，道德考虑要求允许别人去做你所做的任何事情；因为处境是对称的，所以必须找出某种对称的解决方案。对此有可能做出这样一种令人生疑的回答：由于（B，B′）是对称的，所以一个从事 B 类行为的人承认对方也会做同样的事情。但是，承认对方会做同样的事情，与**允许**对方做同样的事情，不是一回事。一个从事 B 类行为的人正在企图强加一种（B，C′）解决方案。他有什么道德权利来**强加**这种非对称的解决方案，来**强迫**别人采取与自己不同的行为？但是，在接受这种强有力的相反回答作为结论之前，我们应该追问，是否每个人都面对着或认为自己面对着一种对称的处境？与知道对方相比，每个人关于自己都知道得更多一些；如果觉得自己处于优势的权力地位，与确定对方的同样意图相比，每个人都更加确信自己拥有不侵犯对方的意图。（按照阿克顿的观点，我们可能怀疑我们每一个人是否能够确信，甚或有理由相信。）假如在知道自己的意图与知道对方的意图之间存在着这种不对称性，④ 那么对每个人来说追求 B 类行为不是有道理的吗？或者，既然从个人来说它是合理的，所以这种不对称性是不是有助于反驳基于对称性的论证，而不管这种论证是支持（A，A′）的解决方案还是反对（B，B′）的解决方

---

④ 相关的问题见托马斯·谢林的论文"突然袭击的相互恐惧"，载于《冲突的战略》，麻省剑桥：哈佛大学出版社，1960 年，第 9 章。

案？显然，事情变得非常混乱了。

与把注意力放在总体处境上面相比，追问 B 类行为中的某种特别东西是否把它们当做道德上不允许的而将其排除了，这会更有希望。某种道德禁令会把 B 排除出去吗？如果是这样的话，那么我们必须将 B 行为与那些基于它们具有风险而被禁止的行为区别开来，而后者我们已经证明是合法的。禁止别人加入另一个保护机构或者强力阻止另一个机构获得比你自己的机构或你自己更多的权力，与一个机构除非他人使用可靠的程序否则就禁止他们惩罚它的委托人（而且惩罚那些不服从这一禁令的人，即使最终证明是其委托人伤害了对方从而是有罪的），这两者有什么区别？我们来首先考虑这些通常被认为**是**有区别的情况。

先发制人的攻击

按照通常的理论，在某些情况下，一个国家 X 可以对另一个国家 Y 发动一种先发制人的攻击或预防性的战争，例如，如果 Y 准备对 X 发动一种突然袭击，或者 Y 已经宣布，当它达到某种战备水平的时候就会这样做，而估计它很快就会达到。然而，这样一种理论则是不可接受的：一个国家 X 可以对另一个国家 Y 发动一场战争，因为 Y 正在变得日益强大，而且，当它变得更强大的时候，它也可能攻击 X。自卫可以合理地解释第一种情况，但不可以解释第二种。为什么？

人们可能认为，差别仅仅在于概率的大小。当一个国家准备发动攻击的时候，或者宣布，一旦达到某种战备水平它就发动攻击，它进行攻击的概率是非常高的。然而，一个正在变强的国家当它获得更大力量时就会进行攻击，这种概率就不是那么高。但是，两种情况之间的区别并不依赖于这种概率的考虑。因为无论 Y 在未来 10 年对 X（处于第二种情况下）发动

攻击的概率有多么低（0.5，0.2，0.05）——据中立国的
"专家"估计，我们都可以设想，Y 现在准备动用一种刚从其
科学实验室发明出来的超级装置，如果具有**那种**概率，这种超
级装置将征服 X，如果低于那种概率，则不会采取行动。（也
许这个概率是这种装置发挥作用的概率，也许这种装置本身就
是概率的。）我们也可以假设，这种装置在一周内安装以供使
用；Y 已经下了保证使用它，时间表已经被执行，倒计时已经
开始。处于自卫中的 X 现在可以发动攻击，也可以发出最后
通牒，如果两天之内不拆除这个装置，那么它就将发动攻击。
（虽然时间表没有这样宣称，但假如这种装置第二天或者立即
就要使用，那么怎么办？）假如 Y 正在转动轮盘赌的轮盘，而
把战争损害强加给 X 的概率仅为 0.025，那么 X 就可以采取自
卫行为。但是，在第二种情况下，即使概率是相同的，X 则不
可以对 Y 的武装行为采取行动。所以，问题不仅仅是概率有
多高。如果不是概率的大小问题，那么第一种情况与第二种情
况之间的区别又在哪里呢？

　　区别依赖于伤害（如果它发生了）与 Y 所做的事情有多
大的关系。对于某些以不同概率产生各种不同结果的行为来
说，为了产生某种结果，主体（在该行为发生以后）不需要
再做任何事情，而这个结果一旦产生，就是他做的、造成的或
者引起发生的。（在某些场合，**其他人**的进一步行动可能是需
要的，例如，士兵按照指挥者的命令来行动。）如果这样的行
为产生出足够高的危险的"越界"概率，那么另一方就可以
禁止它。另一方面，某些过程有可能会导致某种结果，但需要
参与其过程的人们做出更进一步的决定。在诸如我们正在考虑
的场合，过程可能会使人们处于一种做某种事情的更好位置，
从而促使他们更有可能去做它。这些过程涉及这些人所做出的
下一步重大决定，而越界行为依赖于（这些过程更有可能做

出的）**这些**决定。禁止前者的行为是允许的，在这里人们无需再做任何事情，但禁止后者的过程则是不允许的。* 为什么？

也许这种原则大体上是这样的：如果一个行为是非伤害性的，而且没有下一步实施侵害的重大决定（也就是说，如果它不是侵害性的，如果这个主体坚定不移地反对做出下一步的侵害决定），那么它就不是侵害性的，从而不能被禁止。只有当它是下一步侵害行为所计划的序幕的时候，它才能被禁止。所以，这个原则会保护这样的行为，即它们本身是非伤害性的，而仅仅是有助于其他的侵害，例如，公布银行报警系统的方案。如果能够确认其他人不会决定进行侵害，那么这种行为就可以被容忍。在这些行为中，禁止之最明确无误的候选者是这样的，即人们认为这些行为的目的就是帮助侵害。（即使在这里，人们不是也总可以设想一个带着合法但奇怪理由的行为古怪者？）对于其意图明显就是帮助其他人进行侵害的行为是否应被禁止的问题，我们可以避开不谈。我们在这里所关心的行为基于完全合法的和值得尊重的理由（如自卫）都可以去做，而且，只有这个主体本人做出了实施侵害的下一步决定，这些行为才会产生侵害。

一种严格的原则会坚持，人们只可以禁止为产生侵害所必需的最后侵害决定。（或者，在一系列的选择中为某种选择所必需的最后行为，所必需的任何一种行为。）然而更严格的一种原则坚持，人们只可以禁止越过最后的清晰点，而在这个点

128

---

* 前一类行为包括使过程持续下去，而其可能发生的伤害则不依赖新的重大决定，虽然它可能需要重新确认过去的决定。在这些场合，禁止（事后惩罚）与事先预防之间的区别是变动不居的。关于在过程开始之后但在危险被认识到之前所采取的行动，这种行动是在惩罚违犯了危险过程之禁令的人，还是在预防发生这种危险，有时候这是不清楚的。

上，为侵害所必需的最后侵害决定能够被撤销。下面这个原则赋予禁止以更大的自由度（从而它是关于禁止的更弱原则）：**只能禁止侵害决定以及基于它们的行为（或者无需下一步侵害决定的危险行为）。人们不可以禁止这样的行为，即它们不是基于侵害性的决定，而仅仅基于它们有助于主体或使主体更有可能后来做出侵害决定并按照这些侵害决定做出侵害行为**。既然这种最弱的原则也会把这种禁止**排除**出去，即禁止其他人加强他们的保护机构或者联合在一起形成另一个保护机构，所以我们在这里无需决定哪一种原则是最合适的。（显然，两个更强的原则也会排除这样的禁止。）

　　人们可能提出反驳说，这里所勾画的原则不应被用来主张：在 B 群体加强其保护机构的过程中，A 群体的强力干预是不允许的。因为这个过程是非常特别的：如果 B 在这个过程中成功了，那么 A 将处于一种更弱的地位，这样，当最终 A 有权利对侵害加以强行禁止的时候，它不是没有能力这样做，就是更难以这样做。如何能够要求 A 群体在它知道侵害将会发生的早期阶段不得进行禁止，而后来它就无法有效地反对他们了？但是，如果 B 的过程的早期阶段不包含实施任何未来的侵害，如果 B 的行为有其正当的（非侵犯性的）理由，那么持有这种主张就不是不合理的，即在其早期阶段和本身（假设某种连续性）非伤害性的阶段，其他人不得干预，即使这种不干预后来会使他们处于一种更弱的地位。⑤

129

　　我们已经发现了一种看来具有重大理论意义的区别，这种

---

⑤　既然国家领导者之上再没有领导了，所以如果出现下述情况并不令人吃惊，即一个国家 A 禁止另外一个国家 B 武装自己，并且将 B 并入 A。A 声称，这为 B 国的公民提供了保护，从而构成了 A 国赔偿义务的承认和实现，而赔偿是因为这种禁止使他们遭受了损失。A 声称其行为是可允许的。至于国家为什么不能以这种借口来掩盖这样的侵略，这是留给读者的练习。

区别能够区分开，一个保护机构禁止其他人使用不可靠的或不公平的程序对其委托人强行正义，与其他的禁止——诸如禁止其他人形成另一个保护机构，而人们可能会认为，如果第一种禁止是可允许的，那么这些其他的禁止也是可允许的。对于我们在本书中的目的而言，我们没有必要提供一种支撑这种区别并解释其意义的理论，虽然研究这些问题会有助于迅速导向基本问题。对我们先前所设想的指控给予反驳就足够了，这种指控是：我们的论证失败了，因为它"证明"的东西过多，在这种论证中，它不仅为一个支配的保护性社团之可允许的产生提供了理论说明，而且为这个社团强迫人们不得加入其他社团或者为某些人强迫其他人不得加入任何社团提供了理论说明。我们的论证没有为后一类行为提供任何理论说明，也不能被用来为它们辩护。

　　我们已经提出了一种原则，这种原则把对本身非侵害性行为的禁止排除了，因为这些行为仅仅有助于实施其他侵害或者使其他侵害更有可能，而这些侵害是否发生取决于该主体目前还没有做出的其他侵害决定。（故意使这种陈述有些模糊，以使其可以包括更强的原则，也可以包括更弱的原则。）这种原则并**不**主张：对于企图使其他人去进行侵害一事，任何人都无需为此承担责任或接受惩罚。因为这种企图要想成功，必然需要**其他人**做出进行侵害的决定。因为这种原则关注的东西是，这种侵害的一击是否已经完成了以及是否出自**这个人**之手。至于其他人的决定是否并在什么程度上能够消除他对其最初企图之结果的责任，这是**另外**一个问题。后续责任的主要候选者是这些使其他人去从事伤害的企图，而这些企图成功地（不是偶然地，而是故意的）使他们做出侵害决定并进行侵害行为。（在这种场合，最初行为本身不是就具有侵害性从而**不**为这个原则的禁令所保护吗?）

与此相反的观点则主张：其他人的下一步决定消除了某个人的责任，而这个人按照自己的企图成功地使他们以某种方式去行动；虽然他劝说他们、让他们确信或者煽动他们去进行侵害，但他们仍然可以选择不去做。下面这种模式可能会支持这种观点。这种模式主张，对于每一个行为，存在着一个固定数额的责任，而这种责任可以通过对这种行为给予什么样的惩罚来加以衡量。对于被别人劝说去做某一事情的某个人，他可能为其行为受到充分的惩罚，他也可能受到这样的惩罚，而这种惩罚同某个完全是自己决定去做某一事情的人所受到的惩罚是一样的。既然对该行为的所有惩罚都使用完了，所以它也就是该行为的所有责任；对于那个行为，没有任何惩罚或责任剩余下来，可以放到别人身上。所以这种论证得出结论：一个人劝说另一个人决定去做某一事情，他不能因此就被认为对另一个人的行为后果负有责任，也不能因此而受到惩罚。但是，这种关于行为责任之固定数额的模式是错误的。如果两个人合谋杀害或袭击一个第三者，那么每一位袭击者或谋杀者都可以被充分地惩罚。每个人都会受到与一个人单独作案时一样的惩罚，比如说若干年的徒刑，而无需是每个人各分一半。责任不是一个水桶，当某些水被淘出去的时候，剩下来的就少了；惩罚或责任没有一个固定的数额，以致一个人用完了，另一个人就没有可用的了。既然这种责任如何起作用的模式或图景是错误的，所以这种观点的一个主要支柱就被拆除了，而这种观点认为，任何人都不可以为劝说另一个责任人去做某一事情而受到惩罚。⑥

---

⑥　这并不是说，宪法对言论自由的限制应该更严一些。既然责任能够通过其他人的选择而继续存在，所以大学也许应该对其教师施加更严格的限制，因为在与自己大学的学生的交往中，这些教师占有一种荣耀的和特权的特别地位（他

这种过程中的行为

我们已经论证过，即使有人预见到一个保护性社团将变成支配的，他也不可以禁止其他人加入。但是，虽然任何人都不可以被禁止加入，但是每一个人不是可以自己**选择**不加入，以避免这个过程结束时出现国家吗？所有无政府主义者不是能够认识到，个人购买保护的努力会通过一种看不见的手的过程会导致国家，而且，他们有历史证据和理论根据感到担心，国家是一个弗兰肯斯坦怪兽（Frankenstein monster），*它将胡作非为，而不会局限于其最低功能，因此他们不是可以谨慎地选择不走那条路线吗？⑦如果把这些告诉无政府主义者，那么关于国家如何产生的看不见的手的解释会不会成为一种自己失效的预言？

大家齐心协力一起阻止国家的形成，这是很困难的，因为每个人都认识到，加入保护性社团符合他自己的个人利益（若别人也加入，就更是如此），而对于国家是否产生，他加

131

（接上页）们依然占有这种地位吗？）。（当支持一个机构在这个领域采取比宪法保护更加严格的标准的时候，也可以认为，教师的职责要求他们更加特别认真地对待思想和言论。）因此，某种类似于下面**更严格**原则的东西是可以得到辩护的：如果有某些行为，一个大学因其从事这些行为对学生进行惩罚或训诫是合法的，一个大学因其从事这些行为对教师进行惩罚或训诫是合法的，而且如果一个教师试图并故意使其大学的学生从事这些行为，并且（像他计划的那样）成功了，那么这个大学为此对这名教师进行训诫或惩罚就是合法的。我在这里略去了一些问题：如果这名教师尝试了，但没有起什么作用，或者没有什么过失，那么如何处理是合适的。我也略去了这样的麻烦问题：这个原则涵括哪些说服方式，例如，包括教室外面校园里的言论，但不包括为本地报纸所写的专栏文章。

　　*　弗兰肯斯坦是英国作家 M. W. 雪莉 1918 年所著小说中的主角，他是一个生物学研究者，他创造出一个怪物，而自己则被这个怪物所毁灭。——译者注

　　⑦　这些问题我得益于杰罗尔德·卡茨（Jerrold Katz）。

人或不加入不会有什么影响。（前面模型中的 B 类行为具有优
势。）然而，必须承认，带有特殊动机的其他个人将不会像我
们所描述的那样行动：例如，其宗教禁止购买保护服务或禁止
同别人一起加入保护机构的人，拒绝同别人合作或雇用别人的
厌世者，或者拒绝支持或参与任何使用武力（即使是为了他
们的自卫）的机构的个人和平主义者。我们必须限制我们的
这种主张，即国家一定会产生于自然状态，所以要把这些特殊
心理排除出去，因为这些特殊心理会阻碍我们所描述的看不见
的手的过程之运行。对于每一种特殊心理，我们可以在这种主
张中插入一个条款来排除它。这样就成为：在一个地域内居住
着理性的个人，他们也愿意使用武力来自卫，愿意同别人合作
和雇用别人……

在第五章的结尾处，我们论证过，一块带有一个支配性保
护机构的地域包含有一个国家。说在这样一块地域内存在一个
国家或公民社会，洛克会同意吗？如果洛克同意，那么他会说
它是由社会契约创造出来的吗？同一个保护机构的委托人就彼
此之间的关系而言，他们是存在于公民社会的国家之中；委托
人与独立者彼此之间所拥有的权利与自然状态中的任何两个人
所拥有的权利是完全一样的，从而就彼此之间的关系而言，他
们是处于自然状态之中（《政府论》下篇，第 87 节）。但是，
独立者屈服于支配性保护机构的更大权力并且**不能作为自然法**
的实施者对其委托人采取行动（尽管有权利），这个事实是否
意味着他们就其与委托人的关系而言不是处于洛克式的自然状
态之中？人们是否应该说，他们处于**法律上的**自然状态而非**事
实上的**自然状态？洛克在这种情况下是否会使用某种政治社会
或公民社会的观念，即在一个地区可能存在着一个公民社会，
即使这个地区中并非**所有**两个人就彼此之间的关系而言都处于
公民社会的关系之中？人们也希望这种观念具有政治意义。如

果在一个地区的众多个人中只有两个人就彼此之间的关系而言处于公民社会的关系之中，那么对于主张在这个地区存在着公民社会，这是不够的。⑧

我们已经描述过一种过程，在这种过程中，一个地区内的个人分别同各种提供保护服务的商业机构签约个人保护服务，所有这些保护机构都消失了而只有一个脱颖而出，或者所有机构组成了一个**暂时的联盟**，等等。这种过程在什么程度上符合洛克的这种设想：个人"同意和别人一起加入和组成一个共同体"，一致同意"组成一个共同体或政府"（第95节），签订契约以组成一个共和国（第99节）？这个过程与一致同意共同创建一个政府或国家毫无相似之处。当他们从其本地保护机构那里购买保护服务的时候，任何一个人的心里都没有如此宏伟的抱负。但是，也许这种共同的一致同意不是洛克式契约所必需的，因为这种共同的一致同意意味着，每一个人在心里都知道别人也会同意，而且每一个人的意图都是把它实现出来。⑨ 我自己是看不出对"契约"观念的这种扩展有什么意

⑧　"但是，因为任何政治社会如没有权力保护财产，从而惩罚这个社会所有人的侵犯行为，其自身就无法存在，也不能生存下去；唯一存在的政治社会就是，在这个社会中，**每一位**成员都放弃了他用以裁判和惩罚违反自然法的自然权力，把所有允许他求助这个社会所制定的法律来保护自己的事务都交给社会处理"（第87节）。洛克所说的意思是独立者在这一区域的存在阻碍了政治社会的形成，还是独立者不属于存在于这一区域的政治社会的成员？（也请参照第89节，那里也没有解决这个问题。）洛克认为："虽然有些人把君主专制政体认作这个世界上唯一的政府形式，但它与公民社会是无法调和的，从而它完全不可能是公民政府的一种形式，"并且继续说，"在任何时候，如果人们没有这样的权威可以求助以解决他们之间的争执，那么这些人就仍然处于自然状态之中；因此，每一个专制君主就其与所统治下的人们的关系而言，也是处于自然状态之中"（第90节）。

⑨　《政府论》下篇的第74—76、105—106、112节可能倾向于使人们认为，尽管注意到洛克在这些节中所说的是"同意"而非"契约"，但我们的处境确实包含一种契约。而其他各节，这本书的论证主线，则倾向于使人们持有相反的观

义：事务的样式或状态本来是产生于分别行动的个人之毫无关
联的自发行为，却被看做是产生于一种**社会契约**，即使任何一
个人在心里都没有这种样式，也不是为了达到这种样式而行
动。或者，如果这个观念被如此扩展了，那么这也应该讲清
楚，以便其他人不会对它的意义产生误解。它应该讲清楚，这
种观念是这样的，以致下面所有事情都产生于一种社会契约：
由谁同谁结婚或谁与谁同居所构成的整个事务状态；在某个城
市的某个夜晚谁在哪个电影院坐在哪里的分布情况；在某一天
一个国家高速公路上的特殊交通状况；在某一天某一个百货商
店的顾客分布以及他们购买商品的状况；等等。我决不会认为
这种广义的契约观念没有任何意义；从符合这种广义观念
（而不符合狭义观念）的过程中所产生的国家确实具有非常重
大的意义！

　　不应把我们在这里所展示的观点同别的观点相混淆。就其
看不见的手的结构方面而言，它不同于社会契约的观点。它不
同于"**事实上的强权使国家成为（合法的）正当的**"观点，
因为它主张：强行的权利和审查这种强行的权利是独立存在
的，并为所有人拥有，而不是为某个人或某个群体所拥有，而
且，这种唯一有效的强行和审查权力之积聚过程可以没有侵犯
任何人的权利；国家可以产生于一种过程，而在这种过程中，
任何人的权利都没有受到侵犯。我们是应该说，通过所描述的
这种过程从自然状态中产生出来的国家已经取代了因此不再存
在的自然状态，还是应该说，这个国家存在于自然状态之内从

（接上页）点，并倾向于使洛克的解释者做这样的解释。在思考洛克关于金钱问
题的论述的时候（第36、37、47、48、50、184节），人们可能不大会注意这样的
语句，如"金钱的发明"，"赞成小块黄色金属……应该具有价值"，"相互同意"
和"幻想的价值"等等，而重视"默默达成的协议"，从而试图使洛克的描述符
合我们在第2章所讲述的故事。

而与自然状态是相容的？毫无疑问，第一种说法更符合洛克的传统。但是，由于国家是以一种渐进的和难以令人察觉的方式从洛克的自然状态中产生出来的，其间没有任何重大的或根本的中断，所以人们可能会**愿意**选择第二种说法，而不顾洛克的怀疑："除非有人说自然状态和公民社会是同一个事物，然而至今我还没有发现任何一位无政府的坚定庇护者做出这样的断言"（第 94 节）。

合法性

人们也许可以正当地主张，即使强行权利的权利以及只要赔偿就允许禁止危险的私人强行正义的权利，对于那些被禁止的人而言是成立的，然而任何规范观念都不能被纳入对国家的解释之中。然而，既然这并不授予国家或它的任何代理者以所有个人都没有的任何权利，所以解释中包含规范观念也就没有什么问题。它并没有给予国家任何**特殊的**权利，它也肯定没有这样的意思，即国家的所有法令大体上都是正确的。它也不意味着，如果人们作为国家的代理者侵犯了别人的权利，他们拥有任何特殊的豁免权。公众可以为他们的代理者提供责任保险，或者保证为他们的责任支付费用。但是与其他人相比，这并不能**减轻**他们所负的责任。而且，保护机构的责任将不会是有限的，任何其他团体（corporations）的责任也将不会是有限的。这些自愿同某个团体打交道的人（顾客、债权人和劳动者等）将按照契约的要求去做，而契约明确地限定了这个团体的责任，如果这是该团体所选择的做生意的方式的话。一个团体对那些非自愿卷入其事务中的人的责任则是没有限制的，它大概会愿意用保险来为这种责任支付费用。

我们所描述的这种国家是否拥有合法性，它是在进行合法统治吗？支配的保护机构拥有**事实上的**权力；它在获得这种权力和达到其支配地位的过程中没有侵犯任何人的权利；它像人们所期待的那样来使用它的权力。这些事实是否意味着它是这种权力的合法使用者？当"合法性"用于政治理论的时候，这些合法地使用权力的人有资格使用它，有**特别的资格使用它**。* 这个支配的保护机构是否拥有特别的资格？一个支配的保护机构与另一个较小的机构，或者一个支配的机构与一个没有加入任何机构的个人，在其强行其他权利的权利之性质方面是同样的。这样，他们怎么可能拥有不同的资格？

请思考这个问题，这个支配的保护机构是否有资格成为一个支配的保护机构。一个你在某一傍晚选择去就餐的餐馆是否有资格得到你的光顾？在某种情况下，人们可能会说，他们应该得到你的光顾，或者值得得到你的光顾；他们提供美好的食物，价格较低，环境优美，营业时间长，工作努力；但是，他们仍然没有资格得到你的光顾。[⑩] 如果你选择去其他地方就餐，你并没有因此损害他们的任何资格。通过去那里就餐，你确实授权他们提供服务，并开出账单。他们没有资格**成为**唯一向你提供服务的餐馆，但是他们有资格向你提供服务。同样，我们必须把一个机构有资格成为某种权力的唯一使用者与它有

---

* 试图按照其国民的态度和信念来解释政府的合法性观念，有时会遇到困难，如当它要解释国民的态度和信念的确切内容的时候，它很难避免重复引入合法性观念；尽管使这种循环论证比单纯重复具有更多一些内容不是太困难：一个合法政府是它的大部分国民认为它是在进行合法统治的政府。

⑩ 芬伯格（Joel Feinberg）在其论文中讨论了"资格"与"应得"之间的区别，见"正义与个人应得"，该文重印于他的《做事与应得》，新泽西州普林斯顿：普林斯顿大学出版社，1970 年，第 55—87 页。如果合法性与应得和能力相关，而非与（它所没有的）资格相关，那么支配的保护机构就可以通过它有能力处于支配的市场地位而拥有合法性。

资格使用这种权力区分开来。⑪ 因此，这个支配机构的唯一资格就是它有资格使用这种权力吗？我们可以通过另外一条路线来探讨资格问题，而这条路线进一步说明了人在自然状态中的处境。

一个保护机构可能反对、也可能支持某一个特定的人。如果它对他强行某个人的权利，惩罚他，向他索取赔偿，等等，这是它反对他。如果它保护他，为侵犯他的权利而惩罚别人，迫使别人给予他赔偿，等等，这是它支持他。自然状态的理论家主张，有一些权利属于侵害行为的受害者，**只有**得到他的授权，其他人才可以行使；也存在另外一些权利，无论受害者是否授权给他们，其他人都可以行使。索取赔偿的权利属于第一类，进行惩罚的权利属于第二类。如果受害者自愿不要赔偿，那么其他任何人都不能为他索取赔偿，或者以他的名义为他们自己索取赔偿。但是，如果受害者确实希望得到赔偿，那么为什么只有那些得到他授权的人才能为他索取赔偿呢？显然，如果一些不同的人都向罪犯索取充分的赔偿，这样对待他就不是正义的。那么，如何决定由哪一个人来采取行动？可以采取行动的人就是第一个采取行动为受害者索取足够赔偿的人？如果允许很多人争相成为第一个成功索取赔偿的人，那么就会把精明的侵害者和受害者都拖入既耗费时间又耗费精力的听证过程

───────────────

⑪　下面的陈述 1 表示 a 有资格使用这种权力，而 a 也有资格成为使用这种权力的人，如陈述 2 或陈述 3 所表示的。

1. a 是这样一个人 x，x 使用权力 P 而且 x 有资格使用权力 P，以及 P 是所存在的（几乎）全部权力。

2. a **有资格是**这样一个人 x，x 使用权力 P 而且 x 有资格使用权力 P，以及 P 是所存在的（几乎）全部权力。

3. a **有资格是**这样一个人 x，x 使用权力 P 而且 x 有资格使用权力 P，以及 x **有资格使** P 是所存在的（几乎）全部权力。

之中，而实际上最终只有一个人来索取赔偿。也有另外一种可能，第一个采取行动试图索取赔偿的人拥有优先权，而其他的人则不可以参与这个过程。但是，这容易使侵害者本人与第一个人形成一种合谋来启动赔偿程序（这种程序将是长期的、复杂的和也许没有结果的），以便阻止其他人向他索取赔偿。

　　在理论上，可以使用一种任意的规则选择任何一个人来索取（或者授权另外一个人来索取）赔偿——例如，"赔偿的索取者将是在这个地域中以字母顺序排列的所有人的名单中紧跟受害者后面的这个人。"（这是否会诱使人们伤害以字母顺序直接排列在他们前面的人？）由受害者来选择赔偿的索取者，这起码能够保证他对这种过程的结果感到满意，并且不会企图得到进一步的赔偿。受害者不会相信他选择了一种其本性对他就是不公平的程序，或者如果他最终相信了这一点，那么应该受到责备的是他自己。受害者进入这种过程并承诺接受过程的结果，这对侵害者是有利的，否则受害者就会启动第二个过程，以得到其余一些他相信他应该得到的东西。只有最初的过程是受害者承诺接受的和所信任的，比如他相信不是侵害者的同谋做出了最初的裁决，受害者才可以被期望同意接受限制，不使侵害者处于一种双重危险的境地。但是，假如**这个过程的**结果是不公正的，被惩罚的这个人可以自行其是，那么使他处于双重危险的境地又有什么错？而且，即使第一个过程已经得到了他本人的授权，受害者为什么不能把侵害者置于双重危险的境地？这个受害者难道不可以说，他已经授权一个代理人去索取他的公正赔偿，但由于这个人没有圆满完成这个任务，所以他本人有权利授权给另外一个人去行动？如果他派去的第一个人没有找到侵害者，那么他不可以派第二个？如果第一个人找到了侵害者，但被他收买了，那么受害者不可以派第二个？

如果他的第一个代理人没有很好完成它的任务，为什么他不可以派第二个？确实，如果他派的第二个代理人索取的东西超过了第一个代理人试图索取的，那么他将冒这种危险，即其他人会认为他的额外索取是不公正的，并因此反对他。但是，除了慎重之外，还有什么理由要他不这样做？人们通常认为，在民法体系中，有理由反对把人置于双重危险的境地。既然法律只采纳一种判决，所以允许检察官一直不断地起诉直到判其有罪，这是不公平的。这不适用于自然状态，在自然状态中，当受害者的代理人或代理机构做出一种判决的时候，事情并没有得到完全的解决，而且也不是对所有人都有约束力。在民法体系中，给予检查官许多机会以得到最终的有约束力的判决，这是不公平的，因为如果他有一次足够幸运就能使一个人被定罪，而被定罪的这个人则没有什么地方可以求助。然而，在自然状态中，一个人认为对自己的判决是不公正的，他则有地方可以求助。[12] 但是，即使不能保证一个受害者会把其代理人的决定视为可接受的，那么它也是比某个陌生第三者的决定更有可能视为可接受的；所以，他对赔偿索取者的选择是朝向结束此事迈出了一步。（他的对手也能够同意接受这种结果。）对于受害者处于索取赔偿行为的中心，还有另外一个理由，即受害者是应该得到赔偿的人，这不仅意味着他得到了这笔钱，而

137

---

[12] 罗斯巴德设想，在一个自由的社会里，"任何两级法院的判决都被认为是有约束力的，也就是说，都具有这样的意义，即法院可以对被判有罪的人采取行动"。《权力与市场》，加利福尼亚州门洛帕克：人类研究所，1970 年，第 5 页。谁会认为它是有约束力的？被判有罪的人在道德上是否有义务服从它？（即使他知道这种判决是不公正的，或者它依据的事实有误？）为什么事先并没有接受这种两级法院制度的人要受它的约束？罗斯巴德所说的是否意味着，没有得到两个独立法院（第二个是上诉法院）的同意，他认为任何机构都不得采取行动？为什么人们认为这一事实能够告诉我们，人们做什么在道德上是可以允许的，或者谁是解决争执的权威？

且还意味着别人对**他**负有义务把钱给他。（这不同于：如果我对你许诺把钱给予另外一个人，那么我对你负有义务把钱给他。）当这个人负有这种强制性义务的时候，受害者看起来是决定强制应如何进行的适当人选。

所有人的惩罚权利

自然状态理论把索取赔偿看做是某种只能适合于受害者或他授权的代理人来做的事情，与其相较，它通常把惩罚看做任何一个人都可以履行的一种职能。洛克承认，这"在某些人看起来是一种非常奇怪的理论"（第 9 节）。对此他辩护说，如果自然状态中的任何一个人都没有权力执行惩罚，那么自然法就一点用处都没有了，而且，既然在自然状态中所有人都拥有同等的权利，如果任何一个人都可以执行惩罚，那么每个人也都拥有这种权利（第 7 节）。他又说，一个罪犯对全人类都是危险的，所以每个人都可以惩罚他（第 8 节），因此，对于是否能够为一个国家惩罚在其境内犯罪的外国人找到其他的理由，他表示怀疑。普遍的惩罚权利是这么违反直觉吗？如果某种重大侵害发生在另一个国家，而这个国家拒绝对它进行惩罚（也许这个政府与侵害者串通一气，也许政府本身就是侵害者），那么你是否有权利去进行惩罚，因他的行为去伤害他？而且，人们可能从另外一种道德思考中推论出惩罚权利：保护的权利和这样一种观点的结合，即侵害者的道德边界已经改变了。人们可能持有一种关于道德禁令的契约式观点，并主张，那些侵犯了别人边界的人失去了自己某些边界得到尊重的权利。按照这种观点，人们对别人做某些事情在道德上是不被禁止的，只要后者违反了某些道德禁令（而且也没有因此受到惩罚）。某些侵害行为赋予他人以越过某些边界的**自由**（不得越界的义务已不存在），而某些报复理论包含其更详细的内容。[13] 如果我们给予惩罚一种更强的解释，即把惩罚解释为其他人不得插手而只由自己来实行的一种权利，而不是解释为其他人也都可以拥有的这样去做的一种自由，那么谈论惩罚权利可能看起来是令人奇怪的。关于权利的更强解释不是必需的；如果我们增添上罪犯负有不得抵抗对他进行惩罚的义务，那么这种惩罚的自由便足以满足洛克所需要的大部分东西，也许是全部东西。对于存在着普遍的惩罚权利这种观点，我们可以在这些理由之外再增加一种考虑以使其看起来更有道理：与赔偿不同，惩罚不应该属于受害者（尽管他可能是最想实行惩罚的人），而且惩罚不是某种他对其拥有特别权威的事情。

一种开放的惩罚制度将如何运作？我们先前在设想开放的索取赔偿时所遇到的所有困难，也都适用于开放的惩罚制度。此外还有其他一些困难。它是第一个行动者拥有优先惩罚权的制度吗？虐待狂们会不会争相成为第一个获得痛殴机会的人？如果是这样的，就会使确保惩罚者不超过应得惩罚的界限变得更加困难，而且这也是不可取的，尽管它提供了欢乐的、不可相让的行动机会。在一种开放的惩罚制度里，每一个人是不是都处在一种有权决定是否给予宽恕的位置？其他人是否应被允许通过进行附加惩罚但总额并不超过其应得数额来否决这种宽恕决定？侵犯者是否可以拥有一个对他从轻发落的同谋？是否存在这样的可能性，受害者觉得正义已经得到伸张了？如此等等。

如果一种把惩罚随便交给任何人去实行的制度是有缺陷的，那么如何决定在所有愿意并渴望实行惩罚的人之中由谁来

---

[13] 这种契约论的观点应该得到更细致的阐述，以便防止不公正地裁决一个受贿的法官有罪。

进行惩罚？人们可能认为，像以前一样，它应该是受害者或他授权的代理人。然而，虽然受害者占有不幸的、特殊的受害地位并且为此应该得到赔偿，但是他不应该得到惩罚。（那个应得惩罚的人"应该得到"它。）侵犯者不是对这个受害者负有被惩罚的义务，他不是"对这个受害者而言"而应该受到惩罚。因此，为什么这个受害者拥有一种惩罚的特别权利或者拥有成为惩罚者的特别权利？如果他没有一种惩罚的特别权利，那么他对于**取消**惩罚或给予宽恕是否拥有一种特别的选择权？人们是否可以违背被侵犯者的意愿来惩罚侵犯者，而被侵犯者在道德上反对其惩罚方式？如果一位甘地主义者受到了攻击，其他人可以用在道德上他所拒绝的手段来保护他吗？如果这样的犯罪继续肆虐而不受惩罚，那么其他人就会受到严重影响，他们会感到恐惧，更没有安全感。受害者是受这种罪行影响最大的人，这一事实会在惩罚侵犯者的问题上赋予他一种特殊的地位吗？（其他人是受这种犯罪的影响，还是受它继续肆虐而不受惩罚的影响？）如果受害者被杀死了，这种特殊地位会转移给他的关系最近的亲属吗？如果一个凶手杀死了两个受害者，是不是每一个近亲都有权利来处死他，都来竞争成为第一个采取行动的人？这样的话，也许既不是任何人都可以实行惩罚，也不是只有受害者才有权实行惩罚，而是所有相关的人（每一个人）共同实行惩罚或共同授权给某个人实行惩罚。但是，这在自然状态内会需要有某种制度性机构或者某种决定模式。而且，如果我们把这一点规定为每个人在关于惩罚的最终决定中都拥有一种发言权，那么这就成为人们在自然状态中所拥有的唯一一种这样的权利，它合在一起就成为一种人们所共同而非个别拥有的权利（一种决定惩罚的权利）。要理解在自然状态中惩罚权利如何运作，看起来没有什么捷径。然而，在关于谁可以索取赔偿和谁可以实行惩罚的讨论中，呈现出另一条道路通向支配的保护性社团的资格问题。

　　在索取赔偿的过程中，这个支配的保护性社团得到了许多人的授权作为他们的代理者为他们索取赔偿。它有资格为他们索取赔偿，而一个较小的机构有资格为较少的人索取赔偿，一个人有资格只为他自己索取赔偿。在这种拥有大量个别资格的意义上，尽管这种资格别人也都拥有，支配的保护机构拥有一种更大的资格。假如关于惩罚权利在自然状态中如何实行是不清楚的，那么就应该再说几句。如果这种说法**在这种意义上**是合乎道理的，即所有声称拥有惩罚权利的人必须一起行动，那么这种支配的机构就会被视为拥有最大资格来实行惩罚，因为几乎所有的人都授权给它以他们的名义采取行动。在实行惩罚时，它取代那些人数更少的机构采取惩罚行动，并拥有惩罚的优先权。任何个人私自实行惩罚都会排斥所有其他人实行惩罚的资格和行动；而当这个支配的保护机构作为他们的代理者采取行动的时候，非常多的人们则会感到他们的资格正在得到实行。这解释了人们的这种想法：支配的保护机构或国家拥有某种特别的合法性。拥有更大的行动资格，就是更有资格采取行动。但是，成为这种支配的机构，这不是资格问题，任何其他机构也都不拥有这种资格。

　　我们应该指出，把某种东西视为实行强制性权力的合法场所，还有另外一个可能的根源。在某种程度上说，个人把选择保护机构看做一种协作游戏，而对于协作游戏，大家迅速集中于一个保护机构是有利的，尽管它是哪一个无关宏旨。人们可能认为，碰巧确定的这个机构就是他们现在为了得到保护去寻找的适当机构。让我们想一想邻里间的青少年聚会场所。这个地方在哪里，这无关宏旨，只要每一个人都知道这个地方是大家集合的场所，只要大家都去某个地方聚会。这个地方变成了大家聚会时"所去的地方"。如果你去其他的地方找大家，你

140

很可能不会成功；而且，其他人期待你去那里集中并从中受益，同样，你也期待他们在那里集合并从中受益。成为一个聚会场所，这不是资格问题。如果它是一个商店，那么这个商店的老板并没有资格使他的商店成为大家聚会的场所。不是每个人都必须在那里聚会。它不过是聚会的地方而已。同样，人们可以设想某个保护机构变成了一个被保护的机构。人们试图协调他们的行为以便集中于一个保护机构，而这个保护机构将把所有人都接纳为它的委托人，在这种意义上，这个过程在某种程度上不完全是一种看不见的手的过程。而且，还会有一些中间的情况，即某些人把选择保护机构看做一种协作游戏，而另外一些人则对此不以为意，只对本地机构发出的信号做出反应。[14]

只有当一个机构实际上行使禁止的权利的时候，即禁止他人为强行正义使用其不可靠的程序，这才使它成为**事实上的国家**。我们对这种禁止所做的理论说明，依赖于人们在知识信息方面的无知、不确定和缺乏。在某些情况下，人们不知道某个人是否从事了某种行为，而且确认此事的程序在可靠性和公平性方面也差别很大。我们可以追问，在一个拥有完美真实知识和信息的世界里，任何人是否能够合法地声称拥有禁止另一个人惩罚一个有罪者的权利（而不同时声称是这种权利的唯一

---

⑭　见大卫·刘易斯（David Lewis）《习惯》，麻省剑桥：哈佛大学出版社，1969 年，该书对谢林的协作游戏观念提供了一种哲学解释，特别值得注意的是第 3 章刘易斯对社会契约的讨论。与米塞斯在第 2 章对交换媒介的解释相比，我们对国家的解释包含了更少的人际间的有意协作行为。

我们在这里无法探讨的、有趣的重要问题是，在什么程度上以及在什么条件下，赋予保护机构以特别合法性的委托人，对于该机构侵犯他人权利，应该承担什么责任，哪些东西是他们不能"授权"给它做的，以及为了避免承担这种责任他们必须做什么。见雨果·贝多（Hugo Bedau）"非暴力抵抗与非正义的个人责任"，《一元论者》1970 年 10 月号，第 517—535 页。

拥有者）。即使能够对此达成真正的一致，但对于某种行为应该得到什么样的惩罚，对于哪些行为应该得到惩罚，还是存在着分歧。我在本书中一直（尽可能）没有对这样一种假定提出疑问或者给予关注，而这个假定是大部分乌托邦和无政府主义在其理论形成过程中所共有的，即假定存在着一套原则，这些原则足够明确，以致能为所有拥有善良意志的人们所接受，这些原则足够精确，以致能在特殊情境中给予毫不含糊的指导，这些原则足够清晰，以致所有人都能够认识到它的指令，这些原则足够全面，以致能解决现实生活中产生的所有问题。虽然对国家的论证依赖于否认这些假定，但它留下了这种希望，即人文学科（以及道德哲学）的继续进步可能产生出这样的意见一致，而且也可能因此削弱对国家的理论说明。我们不仅离所有拥有善良意志的人们将一致赞成极端自由主义的原则这一天还十分遥远，况且这些原则既没有被完全阐述出来，也没有哪一套原则现在能获得所有极端自由主义者的一致赞成。例如，让我们考虑一下严厉的版权是否合法的问题。某些极端自由主义者认为它是不合法的，但主张，如果作者和出版者在卖书的时候将一个非经授权不得印制的条款加入其合同中，并对任何违反合同的盗印者进行起诉，那么它想要的结果也可以达到。但是，他们显然忘记了，某些人有时候会把书丢失，而另外一些人会得到它们。其他的极端自由主义者则持有不同的意见。① 关于专利权也是一样。如果在一般理论方面观点如此接近的人们对如此基本的问题都可能持有不同的意见，那么两个极端自由主义的保护机构就可能为此开战了。一个机

---

① 第一种观点见罗斯巴德《人、经济和国家》第 2 卷，洛杉矶：纳什公司，1971 年，第 654 页；第二种观点可以参见兰德（Ayn Rand）"专利与版权"，载于《资本主义：陌生的理想》，纽约：新美国丛书，1966 年，第 125—129 页。

构可能试图强行禁止一个人印制某一本书（因为这侵犯了作者的财产权），或者禁止一个人复制某种发明，因这个人并没有独立地发明它，同时另外一个机构则把这种禁止视为侵犯个人权利而加以反对。热心的有政府主义者论证说，在什么事情应该得到强制实行方面的分歧为国家机构提供了（除缺乏真实知识外）另外一个理由，正如有时候在需要改变所强制的内容方面所产生的分歧一样。那些希望和平更甚于强行他们的权利观的人们将联合在一起组成**一个**国家。但显然，如果人们**确实**真诚地希望和平，他们各自的保护机构也就不会开战。

预防性限制

最后，让我们看看"预防性拘留"或"预防性限制"与赔偿原则（第 4 章）如何相关联的问题，以及与第 5 章我们关于超低限度的国家需要提供更广范围的保护如何相关联的问题，即使有些人并不为此付费。这个观念应该加以扩展，以便把所有为了减少**他们**侵犯别人权利的风险而对个人施加的限制都包括在内。让我们把这种扩展了的观念称为"预防性限制"（preventive restraint），其中包括要求某些个人一周一次向官员报告（就像它们处于假释期间一样），禁止某些个人在某个时间待在某些场所，以及枪支管制法，等等（但是不包括禁止公布银行警报系统方案的法律）。预防性拘留包括监禁某个人，但不是因为他已经犯下什么罪行，而是因为预计到他犯罪的概率比正常情况高得多。（他先前的犯罪可以成为这些资料的一部分，而这种预计则是根据这些资料做出的。）

如果这些预防性限制不是正义的，这也不是因为他们在事前就禁止这些行为，而这些行为虽然危险但最终可能是无害的。因为**包括禁止私人强行正义在内**的强制性法律制度本身就基于这种预防性的考虑。① 人们不能认为，这些支撑着**所有**禁止自行正义的法律制度之存在的考虑，与一种正义的法律制度之存在是不相容的；如果人们希望保有一种正义的法律制度，在任何情况下，他们都不能这样认为。私人正义的禁止支撑着每一个国家的法律制度，但我们能因为预防性限制不像禁止私人正义那样理由充分就谴责它为不正义吗？我不知道是否**能够**基于正义把预防性限制与其他有助于减少危险的类似禁止区别开来，而这些禁止对于法律制度来说是非常重要的。也许本章先前关于原则的讨论会对我们有一些帮助，这些原则把这样两种行为或过程区别开来，一种是该行为不再需要做出下一步的侵害决定，另一种是只有这个人后来做出了进行侵害的决定，侵害行为才会发生。只有在这样的情况下，即某些人被看做不再能做出下一步的决定，从而仅仅被看做一个已经开始运作的自行运转的机制，而这个过程将会（或可能）产生某些侵害行为（或者到这种程度，以致他们被看做**不能**决定取消侵害行为?），那么预防性限制看起来就可能是合法的。只要损失得到了赔偿（见下面），预防性限制就会得到一些相同考虑的允许，而这些相同的考虑支撑着法律制度的存在。（虽然其他一些考虑可能把它排除出去。）但是，如果这个人有可能会犯的罪行（它使人感到恐惧）确实取决于侵害决定，而目前他还没有做出这种侵害决定，那么先前的原则将会裁定，预防性拘留或预防性限制是不合法的和不被允许的。*

143

---

① 然而，当我们对支撑着这种制度的理论说明进行分析的时候，阿兰·德舒维茨提醒我们说，对于禁止私人的强行正义，也有可能提出一些非预防性的理由。如果这样的理由能够经得起检验，那么提出这种较强的主张就是不正确的，即所有禁止私人强行正义的法律制度都以某些预防性考虑的合法性为前提条件。

* 如果限制者做出了充分的赔偿，至少使被限制者回到了他应该占据的同样高的无差别曲线，而不是仅仅对所遭受的损失给予了赔偿，那么这一点还会成立吗？

即使预防性限制无法基于正义同支撑着法律制度的类似禁止区别开来，而且如果发生危险的风险很大，需要通过可允许的禁止进行干预，那么这些为了使自己变得更加安全的禁止者仍然必须为其禁止所造成的损失对被禁止者（他们也可能实际上不会伤害任何人）**给予赔偿**。这是第 4 章的赔偿原则所要求的，也是按照这个原则做的。如果禁止以及相应的赔偿要求都很轻微，这些赔偿可以很容易地提供（而且，即使在它们构不成**损害**的时候，或许也应该提供赔偿）。而另外一些禁止措施，其中包括对某些人进行宵禁和对他们的行为给予特别限制，将要求实质性的赔偿。对于作为预防性限制被监禁起来的人，要公众对他造成的损失提供赔偿，这几乎是不可能的。也许只有为那些预计具有高度危险的人单独建立一个令人愉快的地方——这里虽有围栏和守卫，但拥有度假旅馆和各种娱乐设施等——这样才能满足对所造成的损失给予赔偿的要求。（根据我们先前的讨论，向这些人收取费用是允许的，只要不高于他们在外面世界中正常的房租和餐饮费用。如果一个人不能继续挣相当于他在外面的收入，那么这就不是可允许的，因为这笔费用会耗尽他的资金来源。）这样一个拘留中心将会是一个吸引人的居住地；当很多人都想被送进其中生活的时候，人们就可以得出结论，它过于奢侈了，超出了对某个人被禁止在外面世界同别人一起生活所受到的损失而给予的赔偿。* 我不打算在这里讨论这种体制的细节、理论上的困难（例如，

---

* 既然只有损失才需要加以赔偿，所以也许比人们愿意去的地方稍差一些就足够了。然而，由于在社会生活中像拘留这样的变化太强烈了，要估计损失的程度是非常困难的。如果与别人相比，遭受损失意味着受到伤害，那么在某些行为方面，像拘留这样严厉的限制需要对损失给予**充分的**赔偿。也许只有当一个地方足以诱惑某些人的时候，人们才会认为它为所遭受的损失对所有在那里的人们都给予了赔偿。

同样是隔离于外面的世界，一些人会比另外一些人遭受更大的损失）以及可能有的道德反驳（例如，当一个人被送到一个地方同那些危险人物在一起，他的权利是不是被侵犯了？所增加的奢侈享受能够赔偿所增加的危险吗?)，因为我提到度假式拘留中心不是为了提倡它们，而是为了说明诸如此类的一些事情，而这些事情是预防性限制的支持者必须考虑的、愿意支持的并**愿为它们支付费用**。在可以合法地对某些人进行预防性限制的场合（**如果有这种场合的话**），对于限制给他们造成的损失，公众必须对被预防性地限制的人给予赔偿，这一事实大体上可以看做是对公众实施这样限制的一种严格控制。对于任何没有包含做出这样适当赔偿之条款的预防性限制体制，我们可以立即给予谴责。这一点同前面段落我们得出的结论合在一起，为合法的预防性限制所留有的余地就所剩无几了（如果还有余地的话）。

对这种预防性限制观点之反对意见的简要讨论，能够使我们完成先前在其他语境中我们所进行的思考。首先，我们可能想知道，某些人预防性地限制其他人是不是可允许的，假如他们为所遭受的损失对这些其他人给予赔偿的话。作为预防性限制制度的替代，这些希望对其他人进行预防性限制的人为什么不雇用（付钱给）后者去承受这种限制呢？既然这种交换只满足了"非生产性"交换的第一个必要条件（见第 4 章），既然一方（与另外一方根本就不同他进行交换相比，这种交换的结果没有使他变得更好）所得到的只是一种降低的风险概率，而如果任其按意愿行事就会有发生被禁止的越界行为的风险，所以我们先前关于由市场来决定交换利益的划分之论证在这里并不适用。相反，我们在这里拥有一个以赔偿换禁止的候选者；更强硬一点说（根据我们在第 4 章的讨论），一个只对禁止所造成的损失给予赔偿的候选者。其次，在许多预防性限制的场合，"产品"（即**他的被限制**）只能由这一方来提供。如果第一个人的价格过高的话，那么也不存在，也不可能存在，其他的人，其他的竞争者，向你出售那种"产品"。为什么在**这些非生产性交换的场合**（至少根据第一个必要条件），垄断性价格应被看做是分配利益的适当模式，这点令人难以明白。但是，如果预防性限制之计划的目标是使给他人带来危险的总概率降到某种阈限以下，而不是限制每一个危险的人——这种人对总的危险的贡献比正常数额大得多，那么这一点也同样能够达到，而无须对他们全体都进行限制。如果雇用足够多的人，那么这就会导致由其他人所引起的总的危险降到这种阈限以下。在这样的情况下，预防性限制的候选者将有理由在价格方面相互竞争，因为他们将会占有一种更弱的市场竞争地位。

　　即使限制者无须同他们所限制的那些人达成自愿的双边协议，但为什么不要求他们至少不要把他们所限制的那些人移至更低的无差别曲线？为什么仅仅要求只对所造成的**损失**做出赔偿？人们可能把对损失的赔偿看做一种所达成的折中方案，因为人们在这样两种有吸引力但又不相容的立场之间无从抉择：（1）没有赔偿，因为危险的人可以被限制，所以有权利限制他们；（2）充分赔偿，因为这种人可能在不受限制的情况下生活而实际上没有伤害任何人，所以没有权利限制他们。但是，对损失给予赔偿的禁止不是一种"折中"，不是在两种具有同样吸引力的立场之间的妥协，而这两种立场中只有一个是正确的，但我们不知道它是哪一个。在我看来，正确的立场应符合这两种对立的重要考虑的（道德的）矢量之合，而每一种考虑都必须加以认真对待。*

---

　　* 如果公众太贫穷以致没有能力对这些人给予赔偿，而这些人如不受限制将是非常危险的，那么会发生什么？一个仅能维持生存的农业共同体是否能够预防

这样就结束了本章的思考，而我们在本章中不仅考虑了关于导向最低限度国家之论证的反对意见，而且还考虑了我们如何能够使这种论证中展开的原则用于其他的问题。由于已经从无政府达到了最低限制的国家，所以我们下一步的主要任务就是证明，我们不应该再继续前进。

（接上页）性地限制任何人？是的，他们可以，但需要限制者为赔偿做出了足够的努力，以致使他们自己降低了的地位（因他们放弃了一些利益并把它们放入共同赔偿基金而降低的）和被限制者的地位（得到了赔偿）是同等的。被限制者仍然遭受了一些损失，但不比其他人更多。如果这些限制者自己没有移向一种受损的地位就**不能**对被限制者的损失给予赔偿，那么这个社会在预防性限制方面就是**贫困的**；而他们自己没有移向一种受损的地位，是因为**有人**已经移向它了。贫困的社会必须对损失给予赔偿，直到那些被限制的人的地位与那些不被限制的人的地位是同等的。"同等的"概念在这里可以有许多解释：在绝对地位方面遭受平等的损失（这种解释看起来是非常不合理的，因为事实上某些不受限制的人可能开始就处于更高的地位）；以同等程度降低；比照某种底线以相同的百分比降低。要想弄清这些复杂的问题，需要更加深入地研究它们，而对于我们在本书中的核心关注而言，这些问题是不重要的。阿兰·德舒维茨（Alan Dershowitz）告诉我，在他即将出版的关于法律方面预防性考虑的著作的第二卷中，所做的分析与我们在这几页中所做的讨论是对应的，所以我们建议读者可以到那里寻找关于这些问题的深入思考。

第二部分

超越最低限度的国家？

第七章　分配正义

最低限度的国家是能够得到证明的最多功能的国家。任何更多功能的国家都会侵犯人们的权利。然而，还是有许多人提出各种理由用以证明一种更多功能的国家。在本书的范围内，对所有已经提出的理由进行检验，这是不可能的。所以，我将关注那些一般被认为最有分量和最有影响的理由，看看为什么它们是无法成立的。在本章我们将考虑这种主张，即一种更多功能的国家得到了证明，因为它是为达到分配正义所必需的（或者是最好的工具）；在下一章，我们将处理其他的各种不同主张。

"分配正义"（distributive justice）这个词不是一个中性的词。听到"分配"这个词，大部分人想到的是，某种事物或机制使用某种原则或标准来分发一些东西。一旦进入这种分配份额的过程，某些错误可能就溜进来了。**再**分配是否应该发生，我们是否应该把已经做过的事情拙劣地再做一次，至少，这是一个可以争论的问题。然而，我们不是处于孩子的位置：某个人要分发给我们每人一份馅饼，他现在正在对胡乱切割的馅饼做最后的调整和矫正。没有任何**集中的**分配，任何人或任何群体都没有资格控制所有的资源，都没有资格共同决定如何把它们施舍出去。每个人所得到的东西，是他从别人那里得到的，而别人给他这个东西，或者是用来交换某种东西，或者是一种赠送。在一个自由的社会里，各种不同的人控制着不同的资源，新的财产来自于人们的自愿交换和自愿行为。就像人们在选择同谁结婚时社会里没有对配偶的分配一样，也不存在一种待分配的份额，或者对份额的分配。总体结果是众多个人决定的产物，而所涉及的不同个人则有资格做出自己的决定。确实，"分配"这个词的某些用法并不意味着一种预先分配按照某种标准（例如，"概率分配"）被判定为是正当的，所以，尽管本章的标题是"分配正义"，最好还是用一个中性的术语来代替它。我们将使用人们的持有（holdings），而一种持有的正义原则描述了正义关于持有所告诉（所要求）我们的东西。我将首先阐述关于持有正义我认为是正确观点的东西，然后再讨论不同的观点。①

第一节

资格理论

持有正义的主题由三个主要论题组成。第一个论题是**持有的原初获取**，对无主物的占有。它包含这样一些问题：无主物如何变成有主的，什么样的过程使无主物变成有主的，在这种过程中什么东西能被持有，通过一种特殊的过程能被持有的范围是什么，如此等等。我们把关于这个论题的复杂真理称为获取的正义原则（principle of justice in acquisition），对此我们不在这里详细阐述。第二个论题是从一个人到另一个人的**持有的转让**。通过什么过程一个人可以将其持有转让给另一个人？一个人可以怎样从持有它的另一个人那里获取一个持有物？属于

---

① 已经看过本章第二节讨论罗尔斯的理论的读者可能错误地认为，本章第一节每一个反对其他正义理论的评论或论证都是批评罗尔斯的，或者是对罗尔斯实行先发制人的批评。不是这样的。也有其他一些理论值得批评。

这个论题的一般问题有自愿交换，赠送和（与其相反的）欺诈，以及在既定社会里已经积淀而成的一些具体常规活动。我们将把关于这个主题（以及具体常规活动中特定位置的持有者）的复杂真理称为转让的正义原则（principle of justice in transfer）。（而且我们设想，它也包括一个人可以如何放弃他的持有物、使其进入无主状态的原则。）

151

如果世界整体说来是正义的，那么下面的归纳定义将完全涵括持有正义的主题。

1. 一个人依据获取的正义原则获取了一个持有物，这个人对这个持有物是有资格的。

2. 一个人依据转让的正义原则从另外一个有资格拥有该持有物的人那里获取了一个持有物，这个人对这个持有物是有资格的。

3. 除非通过 1 和 2 的（重复）应用，否则任何人对一个持有物都是没有资格的。

分配正义的完整原则简单说就是，如果每一个人对该分配中所拥有的持有都是有资格的，那么一种分配就是正义的。

如果一种分配通过合法手段产生于另一种正义的分配，那么它就是正义的。从一种分配变为另外一种分配的合法手段是由转让的正义原则规定的，而合法的第一次"变为"则是由获取的正义原则规定的。* 通过正义的步骤从正义的状态中产生的任何东西自身都是正义的，因为由转让的正义原则所规定

---

* 获取的正义原则也可以用于从一种分配变为另一种分配的过程。你可能现在发现了一个无主物，并占有了它。为了简化，当我谈到由转让引起的转换时，获取也应被理解为包括在内。

的转换手段保持了正义。正如正确的推理规则保持了真理，从
而通过这些规则的重复使用从唯一真的前提中推论出的任何结
论自身都是真的，同样，由转让的正义原则所规定的从一种状
态到另一种状态的转换手段保持了正义，从而依据这种原则经
重复转换而从一种正义状态中实际产生的任何状态自身都是正
义的。保持正义的转换与保持真理的转换之间的这种平行有时
是成立的，有时是不成立的。一种结论可能通过保持真理的手
段从前提中推论出来，这确实足以表明它的真理性。一种状态
可能通过保持正义的手段从一种正义的状态中产生出来，这并
不足以表明它的正义性。被偷者有**可能**把该物作为礼物赠送给
小偷，这一事实并没有使这个小偷有资格拥有他的非法所得。
持有的正义是历史的，它依赖于实际上所发生的事情。我们将
在后面回到这个问题上来。

　　并非所有实际状态都是依据持有正义的两个原则而产生出
来的：获取的正义原则和转让的正义原则。有些人偷别人的东
西，欺骗他们，奴役他们，抢夺他们的产品，不让他们过他们
愿意过的生活，或以武力阻止他们在交易中进行竞争。在从一
种状态变为另一种状态中，这些转变方式中的任何一种都是不
允许的。另外，有些人获得持有物的方式也不为获取的正义原
则所准许。过去的不正义（先前对头两个持有正义原则的违
反）的存在提出了持有正义的第三个主要论题：持有的不正
义之矫正。如果过去的不正义以各种方式形成了今天的持有，
其中有一些是可以识别出来的，另一些则是无法识别出来的，
那么现在（如果要做的话）应该做些什么来矫正这种不正义？
对于这些假如没有遭受不正义其处境就不会如此糟糕的人，或
者对于这些假如立即得到了赔偿其处境就不会如此糟糕的人，
这些不正义的履行者对他们负有什么义务？如果受益者和受害
者在不正义的行为中都不是直接的当事人，比如说，而是他们

的后裔，那么事情会有什么变化？对于其持有本身就基于一种没有得到矫正的不正义的人，可以对他们施以不正义吗？要向后追溯多远才能够还历史的不正义以清白？为了矫正对他们所做的不正义，其中包括人们通过其政府所造成的众多不正义，不正义的受害者做什么事情是可允许的？我不知道如何彻底地或在理论上明智地对待这些问题。[②] 非常理想化地说，我们设想，这种理论探讨将会产生一种矫正原则。这种原则利用了关于先前状态和所造成的不正义（它们是由头两个正义原则和不得干预之权利所界定的）的历史信息，以及关于从这些不正义所产生的、一直延续到现在的实际事件过程的信息，并产生出关于社会持有的一种描述（或各种描述）。如果这种不正义并没有发生，那么这种矫正原则大概将会利用它对会发生什么事情之假设信息的最佳估计（或者利用对可能发生什么事情的概率分布的预期值）。如果对持有的实际描述最终并不是根据该原则而得出的一种描述，那么由该原则而得出的这种描述就必须得到实现。[*]

153

　持有正义理论的一般纲领是：如果一个人根据获取和转让的正义原则或者根据不正义的矫正原则（由头两个原则所规定的）对其持有是有资格的，那么他的持有就是正义的；如果每一个人的持有都是正义的，那么持有的总体（分配）就

---

②　见鲍里斯·毕特克（Boris Bittker）的有益著作，《黑人赔偿案件》，纽约：兰顿书屋，1973 年。

*　如果关于头两个正义原则之违反的矫正原则产生了不止一个关于持有的描述，那么对于这些描述中的哪一个应该得到实现，必须做出选择。也许我所反对的关于分配正义和平等的这类思考在这种次要选择中发挥了合法的作用。同样，在决定一种法规应该包含哪些任意的特征时，这样的思考也有用武之地，而这些任意的特征是不可避免的，因为其他的考虑并没有画出一条精确的线，然而又必须画出一条线。

是正义的。要把这种一般纲领变成一种详细的理论，我们需要阐明持有正义之所有三个原则的细节：持有的获取原则，持有的转让原则，以及对违反头两个原则的矫正原则。我不想在这里完成这个任务。（下面将讨论洛克的获取正义原则。）

历史原则与目的—结果原则

资格理论的一般纲领表明了其他分配正义观念的性质和缺点。分配正义的资格理论是**历史的**，一种分配是否是正义的，依赖于它是如何发生的。相反，正义的**即时原则**（current time – slice principles）主张，分配正义是由东西如何分配（谁拥有什么东西）决定的，而其对此的判断则是由某种（或某些）正义分配的**结构**原则做出的。一个功利主义者判断任何两种分配，是看哪一种分配具有更大的功利总额，如果两者的总额旗鼓相当，则应用某种固定的平等标准去选择更平等的分配，这样，这个功利主义者所持有的就是一种即时的正义原则。一个人以固定的程序来权衡平等和幸福总额，持有的也是这种原则。按照即时原则，在判断分配正义的时候，需要关注的全部东西就是谁最终得到了什么；在比较任何两种分配的时候，人们只需要关注显示该分配的模型（matrix）。这种正义原则不再需要馈入任何其他信息。这样的正义原则所导致的结果就是，任何两种结构上相同的分配是同等正义的。（如果两种分配展示出相同的外形，那么它们就是结构上相同的，但也许占有某种特殊位置的人是不同的。我拥有 10 份和你拥有 5 份，与我拥有 5 份和你拥有 10 份，这两种分配在结构上是相同的。）福利经济学就是一种即时正义原则的理论。这种经济学的主题被看做是对模型进行操作，而模型仅仅表达了分配的当前信息。这一点和其他一些常规条件（如在纵坐标的列项下，分配的选项是不变的）一起决定了福利经济学是一种即时理论，并带有即时理论的所有不当之处。

　　大多数人并不认为即时原则能够说明关于分配份额的所有事情。他们认为，在评估一种分配状况的正义时，不仅需要考虑它体现为什么样的分配，而且需要考虑这种分配是如何发生的。如果某个人因杀人或战争罪被监禁在狱中，我们不会说，为了评估社会的分配正义，我们只需要看在当时这个人拥有什么，那个人拥有什么，其他人拥有什么……我们认为，也需要问某个人是否做过某些事情，以致他被惩罚是**应得的**，他得到一个较低的份额也是应得的。大多数人在对待惩罚和处罚时会认为需要更多的信息。现在让我们也考虑一些好的事情。一种传统的社会主义观点是：工人有资格拥有他们劳动的产品和所有成果，这是他们挣来的；如果一种分配没有给予工人以他们有资格拥有的东西，那么它就是不正义的。这样的资格依据于某些过去的历史。任何持有这种观点的社会主义者听到这样的情况都会感到不舒服：实际的分配 A 恰好与他所希望的分配 D 在结构上是一样的，从而 A 并不比 D 更不正义；其差别仅仅在于，"寄生的"资本所有者在 A 情况下得到了工人在 D 情况下有资格得到的东西，而工人在 A 情况下得到了资本所有者在 D 情况下有资格得到的东西，也就是说，得到的东西非常少。在我看来，这名社会主义者正确地掌握了挣得、生产、资格、应得等观念，并拒绝了即时原则，而即时原则只看持有现状的结构。（持有的现状从何而来？持有是如何产生出来的和如何成为现在样子的，这些事情竟然对谁拥有什么的问题没有任何影响，这是不是不合理的？）他的错误在于他的这种观点，即不同的资格产生于生产过程的不同类型。

　　只以即时原则来说明我们所讨论的这种立场显得有些过于狭隘。如果结构性的原则在具有即时外形的时间顺序中发挥作用，比如说现在给某个人更多的东西以平衡他先前得到的更少，事情也不会有任何改变。一个功利主义者、一个平等主义者或者这两者在时间过程中的任何一种混合都会继承其没有长远眼光的同志的困难。**有些**其他人认为在评估分配时十分重要的信息只有在不可复原的、过去的模型中才能有所反映，他对这一事实却无动于衷。所以，我们将把这样的非历史的分配正义原则，其中包括即时原则，称为**目的—结果原则**（end-result principle）或者**最终—状态原则**（end-state principle）。

与正义的目的—结果原则相反，正义的**历史原则**主张，过去的状况和人们的行为能够产生对事物的不同资格或不同应得。由一种分配变为另外一种具有相同结构的分配，这也可能造成不正义，因为第二种分配尽管外形相同，但可能侵犯人们的资格或应得。它可能不符合实际的历史。

模式化

我们已经简要描述的持有正义的资格原则是历史的正义原则。为了更好地理解它们的确切特性，我们将把它们与历史原则的其他分支区别开来。例如，让我们考虑按照道德功绩（moral merit）进行分配的原则。这种原则要求，总分配份额直接随着道德功绩而变化，如果一个人的道德功绩没有另一个人大，他就不应该持有一个更大的份额。（如果道德功绩不仅能够按照大小排列，而且能够按照差距或比率尺度加以衡量，那么就能够形成更强的原则。）再比如，让我们考虑这种原则，用"对社会有用"来代替前面原则中的"道德功绩"。或者取代"按道德功绩分配"和"按对社会有用分配"，我们可以考虑"按道德功绩、对社会有用和需要的权重总合分配"，而这三种不同维度的权重是同等的。如果一种分配原则规定分配随着某种自然维度、自然维度的权重总合或自然维度的词典式序列而变化，那么让我们把这种分配原则称为**模式化的**

（patterned）。现在我们说，如果一种分配按照某种模式化的原则进行，那么这种分配就是模式化的。（我谈到了自然的维度，并承认没有普遍的标准来衡量它们，因为对于任何一种持有状态来说，某些人造的维度也能够随着这种持有状态的分布变化而被设计出来。）按道德功绩分配的原则是一种模式化的历史原则，它规定了一种模式化的分配。"按智商进行分配"也是一种模式化的原则，它关注的信息并不包含在分配模型之中。然而，它不是历史的，它不关注任何过去的行为，而正是过去的行为产生了评价分配的不同资格。它仅仅要求分配模型的纵坐标应该列入智商的分数。无论如何，一个社会的分配可能是由这样简单的模式化分配所组成的，但其自身则不是简单模式化的。不同的社会领域可以实行不同的模式，或者某种模式的联合可以实行于社会的不同部分。一种分配以这种方式由一些为数不多的模式化分配组成，我们也把它称为"模式化的"。而且，我们扩展了"模式"一词的用法，以使其包括由最终—状态原则之结合所提出的整体设计。

几乎所有被提出来的分配正义原则都是模式化的：按照一个人的道德功绩、需要、边际产品、努力程度或者前面各项的权重总合对每个人进行分配。我们已经简要描述的资格原则却**不是模式化的。*** 没有任何一种自然维度、一些自然维度的权

157

---

* 人们可能尝试通过编造一种义务性的"转让原则"，把一种模式化的分配正义观念塞进资格观念的框架，而这种义务性的"转让原则"将导致这种模式。例如这种原则：如果一个人拥有的东西超过了平均收入，那么这个人必须把其所有超过平均收入的东西都转让给低于平均收入的人，以使他们达到（但不要超过）平均收入。或许我们可以以"转让原则"提出一种标准，以排除这样的义务性转让，或者我们也可以说，任何转让原则，自由社会中的任何转让原则，都不是这个样子的。前者大概更好一些，尽管后者也是真的。

此外，人们也可能试图通过使用模型列项来使资格观念成为一种模式的例证，而这些模型列项表达了一个人由某种重要功能所衡量的相对资格强度。但是，即

重总合或联合能够产生出按照资格原则所得出的分配。一些人收到了他们的边际产品，一些人在赌博时赢了，一些人得到了其配偶收入的一部分，一些人收到了基金会的赠送，一些人收到了贷款的利息，一些人收到了崇拜者的礼物，一些人收到了投资的回报，一些人从他们拥有的东西中挣了很多，一些人找到了一些东西，等等，在这个时候，所产生的持有状态并不是模式化的。各种各样的模式运行于持有状态之中，持有的变化在很大程度上将由各种模式变项来加以解释。如果大多数人大多数时候只有在同别人交换某种东西时才愿意把自己的一些资格转让给别人，那么人们持有的状况取决于他们拥有哪些别人想要的东西。更多的细节应由边际生产力理论来提供。但是，赠送给亲戚的礼物，慈善性的捐助，赠给孩子的遗产，以及其他诸如此类的东西，最好首先不要以这种方式加以理解。抛开各种各样的模式，让我们暂时假设，由资格原则之运作所实际导致的分配对于任何一种模式都是随机性的。虽然所导致的持有状态是非模式化的，但是它不是不可理解的，因为它可以被看做产生于一些为数不多的原则之运作。这些原则规定了最初的分配应该如何产生（持有的获取原则），以及分配应该如何转移给别人（持有的转让原则）。根据这种过程，所产生的持有状态就是可理解的，尽管从这种过程中所产生的持有状态是非模式化的。

　　哈耶克（F. A. Hayek）的著作很少关注人们通常关注的问题，即什么是模式化分配正义所要求的。哈耶克论证说，我们不可能精确地知道每一个人的情况，以便按照他的道德功绩分配给他（如果我们确实拥有这种知识，那么正义会要求我们这样做吗？）。他继续论证说：“我们反对把一种仔细选择的

（接上页）使自然维度的限制没有排除这种功能，所导致的结果也不能使我们的资格体系变成某种**特殊**之物。

分配模式强加给社会的所有企图，不管它是平等的还是不平等的。"③ 然而，哈耶克却得出这样的结论，在一个自由社会，存在着按价值而非道德功绩的分配，也就是说，按照一个人的行为以及为别人提供的服务之公认价值（perceived value）来进行分配。尽管哈耶克拒绝模式化的分配正义观念，但他自己却提出了一种他认为可以得到辩护的模式：按照带给别人的公认利益（perceived benefits）进行分配。这样就为抱怨一个自由社会并没有很好实现这种模式留下了空间。更精确地陈述自由资本主义社会的这种模式，我们得到了"按照一个人给别人带来多大利益来进行分配，而别人拥有使这些令他们受益的人受益的资源"。这种制度看起来是任意的，除非或者对某种可接受的最初持有状态做出规定，或者主张随着时间的推移，这种制度的运行将销蚀掉最初持有状态的所有重要后果。作为后者的一个例证，如果差不多任何人都会从亨利·福特（Henry Ford）那里购买一辆轿车，而谁有钱（并购买车）被假设为是一件任意的事情，那么这个假设并不会使亨利·福特的收入受到怀疑。无论是什么情况，**他**所持有的收入都不是任意的。在一个自由的资本主义社会里，按照给别人带来多大利益进行分配**是**一种主要的模式，正如哈耶克所正确指出的那样，但是，它仅仅是一种模式，既不构成资格体系的整个模式（因为还有遗产、任意赠送、慈善捐助等），也不构成人们应该要求一个社会加以满足的标准。人们会长期容忍一种制度产生出他们相信是非模式化的分配吗？④ 毫无疑问，人们不会长

---

③　F. A. 哈耶克，《自由宪章》，芝加哥：芝加哥大学出版社，1960 年，第 87 页。

④　这个问题并不意味着他们会容忍任何一种模式化的分配。在讨论哈耶克的观点时，欧文·克里斯托尔（Irving Kristol）近来提出，人们不会长期容忍一种按照价值而非功绩的模式进行分配的制度。见其"当美德失去其所有可爱之处的时候——对资本主义和自由社会的一些反思"，载于《公共利益》1970 年秋季号，第 3—15 页。克

期容忍一种他们相信是**不正义的**分配。人们希望，他们的社会是正义的并且看起来也是正义的。但是，正义的外观一定存在于作为结果的模式之中而非作为原因的原则之中吗？我们现在还没有到做出这种结论的时候：在一个体现持有正义之资格观念的社会里，其居民觉得这种观念是不可接受的。然而必须承认，假如人们对把自己的持有转让给别人所提供的理由总是非理性的和任意的，那么我们就会感觉到这种不安。（假设人们总是使用一种随机的装置来决定他们转让什么持有，转让给谁。）如果资格体系之正义下的大多数转让都有其发生的理由，那么我们在坚持这种资格体系时就会感到更欣慰一些。这并不必然意味着，所有人对于他们所收到的持有都是应得的。它只不过意味着：某个人把一个持有物转让给这个人而非那个人，这是有意图的或有目的的；我们通常能够明白，转让者想到了他正在得到什么，他想到了他正在提供服务的原因，他想到了他正试图达到的目标，等等。既然在一个资本主义社会里，人们通常是按照他们认为这些人会使自己受益多少而把其持有转让给别人的，所以这种由个人交易和转让构成的整体结构在很大程度上就是有理由的和可理解的。*（给爱人的礼物，给孩

（接上页）里斯托尔按照哈耶克的一些观点，把功绩体系等同于正义体系。由于可以举出一些例子来支持这种按照给别人带来多大利益来进行分配的外在标准，所以我们需要一种更弱的（从而更合理的）假设。

　　*　由于巨大的经济刺激使别人花大量时间和精力来算计如何通过提供我们愿意购买的东西来为我们服务，确实使我们受益很多。想知道资本主义是否应该为此而受到批评，即它极力奖赏和鼓励的不是像梭罗（Thoreau）那样隐居的个人，而是忙于为别人提供服务并争取他们成为自己顾客的人们，这样说不纯粹是散布谬论。然而，为了捍卫资本主义，人们无需认为商人是最优秀的人。（我也不意味着在这里加入对商人的普遍诋毁。）认为最优秀者应该获得最多的这些人可以尝试说服他们的同伴按照**这个**原则转让资源。

子的遗产，给穷人的捐助，这些都是该整体结构中非任意的组成部分。）在强调按照给别人带来多大利益进行分配是主要的模式时，哈耶克也表明了许多转让的意义所在，从而表明了这架资格转让的机器不是在无目标地空转。当这种资格体系是由这些个人交易的个人目标所构成的时候，它就是可辩护的。不需要任何核心目标，也不需要任何分配模式。

认为分配正义理论的任务就是在"按照每个人的＿＿＿给予每个人"中填空，自然就会事先准备好去寻求一种模式，并且以不同的方式来对待"按照每个人的＿＿＿得自每个人"，这样就把生产和分配当做两个分离并且独立的问题。根据资格理论，它们**不**是两个分离的问题。无论谁做了某种东西，或者是购买来的，或者是为这种过程中所使用的资源同别人签订了契约而得来的（转让他的一些持有以换取这些合作要件），他对它都是有资格的。根本**不**是这种情况：某种东西已经生产出来了，剩下的问题就是看谁将得到它。东西进入世界的时候已经是属于人们的，他们对这些东西拥有资格。从持有正义之历史的资格观念的观点看，这些重新开始完成"按照他的＿＿＿给予每个人"填空的人，对待物品就好像它们是凭空而来、无中生有的一样。一种完整的正义理论有可能会涵括这种有限情况，也有可能通常的分配正义观念就是这种用法。⑤

通常形式的格言是如此根深蒂固，以致我们也许应该提出资格观念与其竞争。抛开获取和矫正不谈，我们可以说：

从每个愿意给出者那里得来，按照每个人的所做给

---

⑤　从这种有限情况到我们自己的情况的各种不同处境迫使我们对资格做出更清晰的理论说明，并且让我们思考，资格的考虑是否以词典式序列优先于通常分配正义理论的考虑，以致最弱的资格也超过了通常分配正义理论的考虑。

予，即按照他为自己做了什么（也许伴有别人的契约式合作）和别人愿意为他做什么，以及愿意在其先前已经得到（按照这个格言）并且还没有消费掉或转让掉的东西中给他什么。

聪明的读者应该注意到，这种说法作为口号有其缺点。这样，作为一种极其扼要的简化（而且不是作为一种具有任何独立意义的格言），我们就有了：

从愿给者得来，按被选者给去。

自由如何打乱模式

那些持有不同分配正义观念的人能够如何反驳持有正义的资格观念，这是不清楚的。我们假设，一种由非资格观念所赞成的分配已得到了实行。我们还假设，它就是你赞成的一种分配，并且我们把这种分配称为 D1。在这种分配中，也许每个人都拥有平等的份额，也许份额随着某种你珍视的维度而变化。现在我们假设，威尔特·张伯伦（Wilt Chamberlain）是篮球队所极其需要的，具有巨大的票房价值。（也假设契约有效期为一年，球员都是自由人。）他同一个球队签下了如下合同：在每一个主场，每一张售出的门票价格中有 25 美分归他。（我们略去了他是否会"糊弄"老板们的问题，让他们照顾好自己吧。）这个赛季开始了，人们兴高采烈地去观看他的球队比赛。在他们买票的时候，每次都把门票价格中的 25 美分单独丢进一个专门的盒子，而盒子上写有张伯伦的名字。他们看他打球感到非常兴奋，对他们来说，门票价格是物有所值。我们假设，在一个赛季，有 100 万人观看了他的主场比赛，威尔特·张伯伦挣了 25 万美元，这个数额要比平均收入大很多，甚至比任何一个球员的收入也大很多。他有资格得到这笔收入吗？这种新的分配 D2 是不正义的吗？如果是不正义的，为什么？至于每一个人是否有资格控制他在 D1 中所持有的资金，这**不存在任何问题**，因为它是这种（你赞成的）分配，而我们（出于论证的目的）也假定它是可以接受的。这些人中的每一位都**愿意**在他们的钱中拿出 25 美分给张伯伦。他们可以把这笔钱花在电影院或糖果店，也可以用来买几份《反调》或《每月评论》杂志。但是他们至少有 100 万人都把它给了威尔特·张伯伦，以换取观看他的篮球比赛。如果 D1 是一种正义的分配，而且人们自愿地从 D1 移动到 D2，从他们在 D1 得到的份额中转让一些给别人（如果这一份额不是用来花的，那么它有什么用？），那么 D2 不也是正义的吗？如果人们有资格来处理他们（在 D1 中）对之拥有资格的资源，那么这不是也包括他们有资格把它给予威尔特·张伯伦，或者同他进行交换？其他任何人能基于正义对此抱怨吗？其他每一个人在 D1 中已经拥有他的合法份额。在 D1 中，对于任何人所拥有的东西，任何其他人都无法基于正义提出要求。在某些人把某些东西转让给威尔特·张伯伦之后，第三方**仍然**拥有他们的合法份额，**他们的**份额并没有变化。通过什么样的过程，这样一种两个人之间的转让能够引发第三方对所转让的部分提出基于分配正义的合法要求，而在转让**之前**第三方对这两个人的持有都没有提出任何基于正义的要求？* 为了在这里杜绝不相关的反对

162

* 一种转让是否有可能对第三方产生工具性的作用，改变其可能的选择？（但是，如果转让双方以这种方式独立地使用他们的持有，这又有什么错？）我将在下面讨论这个问题，但在这里请注意，这个问题承认这一点，即终极的、内在的、非工具性的善（比如说纯粹的功利体验）之分配是可转让的。可能会有这样的反对意见，这种转让可能使第三方变得更加嫉妒，因为它使他的相对于其他人的地位变得更糟了。我对这一点百思不得其解：如何能认为这涉及正义的要求。关于嫉妒，请看第 8 章。

意见，我们可以设想这种交换发生在一个社会主义社会，发生在工作以后的业余时间。在他做完日常的打篮球工作以后，或者在他做完任何其他日常工作以后，威尔特·张伯伦决定**加班**以赚取额外的金钱。（他首先完成工作定额，然后再加班做额外工作。）或者我们也设想，人们喜欢观看的是一个技巧纯熟的变戏法者，他在下班以后进行表演。

在一个假定人们的需要已经得到了满足的社会里，为什么还会有人加班工作呢？也许，他们关心需要之外的东西。我喜欢在我读的书里写上点什么，我喜欢在空闲时有许多书供我浏览。如果在我的后院就有瓦德纳图书馆*的资源，这会令人非常愉快，让人非常方便。但我想，任何社会都不会为每个希望这些资源是其（在 D1 下）正常分配之一部分的人提供这样的资源。这样，人们或者必须正常工作而没有他们想要的某些额外东西，或者被允许做某些额外事情以得到某些这样的东西。根据什么理由这种最终产生的不平等能够被禁止？还请注意，除非禁止，否则小工厂就会在社会主义社会里出现。我砸锅卖铁，用（D1 下的）一些个人财产换取材料并造了一架机器。我向你（以及其他人）每周提供一次哲学讲座，以换取你给我的机器安装一个手柄，而我则可以用这架机器的产品交换其他的东西，如此等等。（这架机器使用的原材料是别人在 D1 下所

163

（接上页）在本章中，这里以及其他地方，**如果**条件是合适的，即如果背景制度的存在能够保证满足分配份额的某些条件，那么一种包含有纯粹程序正义之要素的理论可能会发现我说的东西是可以接受的。但是，如果这些制度本身不是人们自发行为的总和或看不见的手的结果，那么它们施加的约束就需要证明。在任何情况下，**我们的**论证都不会假定比最低限度的守夜人式国家更多功能的背景制度，而这种守夜人式国家的功能仅限于保护人们免于谋杀、攻击、盗窃、欺诈等等。

　　* 哈佛大学最大的图书馆。——译者注

拥有的，他们给我是为了换取听我的讲座。）每个人都可能参与这类活动，以得到超出在 D1 下所分份额的东西。有些人甚至可能想放弃他们在社会主义工业中的工作，以便全部时间都在这种私人部门工作。关于这些问题，我将在下一章进行更多的讨论。在这里，我仅仅希望指出，甚至生产资料方面的私人所有也会在一个社会主义社会里出现，只要这个社会主义社会不禁止人们按照其愿望使用他们的某些资源，而这些资源则是他们在社会主义的分配 D1 中得到的。⑥ 这种社会主义社会将不得不禁止赞成交易的成年人之间的资本主义行为。

由威尔特·张伯伦的例子和社会主义社会中企业家的例子所表明的一般要点是，不对人们的生活进行持续地干预，任何最终—状态原则或模式化的分配正义原则都不能得到持续的实现。通过人们各种各样的自愿行为，例如，通过人们与其他人

---

⑥ 见约翰·亨利·麦基（John Henry Mackay）的小说《无政府主义者》的节选，重印于克里莫曼和佩里（Leonard Krimmerman and Lewis Perry）编，《无政府的模式》，纽约：Doubleday Anchor 图书公司，1966 年。在这本书里，一位个人主义的无政府主义者向一位共产主义的无政府主义者提出了这样的问题："在一种你称作'自由共产主义'的社会制度里，你会禁止人们通过他们自己的交换媒介来相互交换他们的劳动吗？还有，你会禁止他们为个人用途而占用土地吗？"这部小说继续说："这个问题是无法逃避的。如果他回答'是'，那么他就是承认社会有权利控制个人，而抛弃了他一直热情捍卫的个人自主性；另一方面，如果他回答'不是'，那么他就是承认了他一直坚决否认的私人所有权……这样他就回答说：'在无政府情况下，任何人都有权利组成一种自愿的社团，从而在实践中实现他们的想法。我无法理解，把任何人从他使用和占用的土地和房屋中赶走如何能够是正义的……每一个严肃的人都必须表明态度：或者拥护社会主义，从而拥护强制和反对自由，或者拥护无政府主义，从而拥护自由和反对强制。'"与其相反，我们发现诺姆·乔姆斯基（Noam Chomsky）写道："任何一贯的无政府主义者都必定反对生产资料的私人所有，""所以，这种一贯的无政府主义者……将是……某种特殊类型的社会主义者。"见丹尼尔·格尔林（Daniel Guerin）的《无政府主义：从理论到实践》一书的导言，纽约：每月评论出版社，1970 年，第ⅩⅢ和第ⅩⅤ页。

交换物品和服务，或者把东西给予其他人，而转让者在所赞成的分配模式下是有资格拥有这些东西的，这种原则所赞成的任何模式都会变为它所不赞成的模式。为了维持一种模式，或者必须不断干预以阻止人们如其所愿地转让资源，或者必须不断（或周期性地）干预以从某些人那里取走资源，而这些资源是别人出于某种理由而愿意转让给他们的。（但是，如果对于别人自愿转让给他们的资源设定人们可以保留多久的时间限制，那么为什么还让他们对这些资源保留一段时间呢? 为什么不立即没收它们?）可能有人反驳说，所有人都将自愿地不做任何会打乱这种模式的事情。这种说法不现实地预先假设了：（1）所有人都非常想维持这种模式（那些不这样想的人会接受"再教育"或被迫进行"自我批评"吗?）；（2）每个人对于他自己的行为以及其他人正在从事的行为都能得到足够的信息，以发现他的哪些行为将打乱这种模式；以及（3）这些不同的、远隔千山万水的人们能够协调他们的行为以保持同这种模式相吻合。请比较这种方式：当市场通过价格来反映和传达高度分散的信息并协调人们的行为时，它在人们的欲望之间保持一种中立的态度。

　　说每一种模式化的（或最终—状态）原则都注定被个人的自发行为所破坏，而这些个人自发地转让他们在这种原则下所得到的一些份额，这也许有些言过其实。因为，也许某些**非常弱**的模式没有被这样的自发行为所破坏。* 随着时间的推

----

　　* 仅仅要求分配是帕累多最佳（Pareto－optimal）的模式化原则是稳定的吗? 一个人可能给另外一个人一份礼物或一笔遗产，第二个人可以用它同第三个人进行交换，以使双方获益。在第二个人做出这种交换之前，不存在帕累多最佳。一种稳定的模式是不是由一种在各个帕累多最佳位置中进行选择的原则所展示的，而这些帕累多最佳位置满足了另外一种条件 C? 看起来不存在一种反例，这是不是因为脱离某种处境的任何自发行为并不表明最初处境不是帕累多最佳?（最后一

移，任何带有平等主义成分的分配模式都会被个人的自发行为所颠覆；每一种令人非常满意以致实际上被设为分配正义之核心的模式化条件，也会如此。即使存在着这种可能性，即某些较弱的条件或模式在这种方式中可能不是不稳定的，但最好还是对所讨论的这类有趣的、令人满意的模式给予确切的描述，并对它们不稳定的原理给予证明。由于这种模式化越弱，资格体系本身就越有可能满足它，所以合理的推测是，任何一种模式化或者是不稳定的，或者能够为资格体系所满足。

森的论证

考虑一下阿马特亚·森（Amartya K. Sen）最近提出的一种普通论证，我们的结论就会得到强化。[7]假设个人权利被解释为这样一种选择的权利，即在两个选择对象中选择哪一个在其社会排序中处于更高的位阶。再加上一个更弱的条件：如果一个选择对象与另一个相比得到了一致的喜爱，那么它在社会排序中就处于更高的位阶。如果有两个人，对不同成对的选择对象（每对的成员都不相同）都拥有上面所说的个人权利，那么由个人对这些选择对象进行某种喜爱排位，就不会有一种线性的社会排序。让我们假设，一个人 A 有权利在（X，Y）

（接上页）种要求对于遗产来说是不合理的，在此抛开不论。）但是，随着时间的推移，原则能够被满足，因为在此期间，会产生新的可能性。当新的可能性产生出来的时候（威尔特·张伯伦长大了，并开始打篮球），以前曾满足帕累多最佳标准的分配可能就不是如此了。虽然人们的行为将倾向于移至一种新帕累多最佳位置，但这种新帕累多最佳位置不需要满足这种可满足的条件 C。要确保持续地满足 C，就需要持续地进行干预。（一种模式是由某种看不见的手的过程所维持的，当出现偏离该模式的时候，这种看不见的手的过程就会进行平衡以使其符合该模式，这种理论上的可能性应该加以研究。）

　　⑦　《集体选择和社会福利》，霍尔登－戴伊公司，1970 年，第 6 章及其注释 6。

之间做出决定，另一个人 B 有权利在（Z，W）之间做出决定。而且假设，他们的个人喜爱如下（并假设没有其他的个人）：个人 A 的喜爱顺序为，W→X→Y→Z；个人 B 的喜爱顺序为，Y→Z→W→X。根据一致性条件，在社会排序中，W 高于 X（因为每个人的排序中都是 W 高于 X），Y 高于 Z（因为每个人的排序中都是 Y 高于 Z）。也是在社会排序中，根据个人 A 在这两种选择对象中的选择权利，X 高于 Y。合并这三种二元排位，在社会排序中，我们得到了：W 高于 X，X 高于 Y，Y 高于 Z。然而，根据个人 B 的选择权利，Z 在社会排序中必须高于 W。没有任何可转换的社会排序能够满足所有这些条件，从而社会排序不是线性的。到目前为止，森是这样论证的。

　　麻烦来自于，把个人在各种选择对象间进行选择的权利当做了在社会排序中决定这些选择对象之相对位阶的权利。让个人给**成对**的选择对象排位，并且分别给单个的选择对象排位，这种办法并不好；这些成对的排位被输入某种由合并偏爱所形成的序列，就产生出一种成对的社会排序；在社会排序中，在最高位阶的成对选择对象中所进行的选择是由个人做出的，而个人拥有在这种成对选择之间做出决定的权利。这种体系也有这样一种结果，尽管**每一个人**都更喜爱某一个选择对象，但是另一个对象仍能够被选择。例如，个人 A 选择 X 高于 Y，在这里，（X，Y）在社会排序中是位阶最高的**一对**，尽管所有人，其中包括 A，都更愿意 W 高于 X。（但是，个人 A 的选择是给定的，他只能在 X 和 Y 之间进行选择。）

　　一种更合适的个人权利观点是如下这样的。个人权利是相互可能的（co-possible），每个人都可以如其所愿地实行他的权利。这些权利的实行确定了世界的某些特征。在这些所确定的特征的约束下，一种选择可以基于社会排序通过某种社会选择机制而做出，如果还留有任何选择要做出的话！权利并不决定一种社会排序，而是设定约束，社会选择在这些约束内被做出，如排除某些选择对象，确定某些选择对象，等等。（如果我有权利选择是住在纽约还是住在马塞诸塞州，并且我选择了马塞诸塞州，那么包含我住在纽约在内的一些选择并不是进入社会排序的合适对象。）即使所有可能的选择对象都先被排序，而不问任何人的权利，事情也不会有任何改变：因为最高位阶的选择对象是被设立的，这意味着**它没有被任何人的权利实行所排除**。权利并不决定一个选择对象在社会排序中的地位，也不决定两个选择对象的相对地位。权利**作用于**一种社会排序是为了约束它所产生的选择。

如果对持有的资格就是处置它们的权利，那么社会选择就必须在人们如何实行其权利的约束下才能做出。如果任何一种模式是合法的，属于社会选择的领域，从而这种模式就受到人们权利的约束。**那么人们应如何看待森的论证结果？**一种选择首先拥有一种社会位阶、然后在**它的**约束下行使权利，这种选择根本就不是选择。为什么不直接选择最高位阶的对象而抛开权利呢？如果处于最高位阶的对象本身为个人选择留有某种空间（而且这里是选择的"权利"应该进入的地方），那么就必须有某种东西来阻止这些选择从这个最高位阶的对象转向另外一个对象。这样森的论证又一次导致我们得出这样的结果，即模式化需要对个人行为和选择进行不断地干预。[⑧]

再分配与所有权

显然，模式化的原则允许人们选择把资源用在自己身上而

167

[⑧]　如果背景制度并不禁止某些打乱模式的行为（各种资格的交换或转让），而是通过使它们失效来阻止它们，那么压制将更不引人注意。

非别人身上，而这些资源是他们在所赞成的分配模式 D1 下有资格拥有的（或者不如说得到的）。如果一帮人中的每一个人都愿意把自己在 D1 中得到的一些资源用在另外一个人身上，那么这个另外的人得到的东西就多于他的 D1 份额，这样就扰乱了所赞成的分配模式。维持一种分配模式竟然成了一种极端的个人主义！模式化的分配原则并不给予人们以资格原则所给予的东西，而仅仅是追求更好地分配。因为它们并不给予人们选择的权利，即选择用其所拥有的东西去做什么的权利，选择追求某种目的的权利，而这种目的（内在地，或者作为一种工具）包含了另一个人的地位提高。对于这样的观点，家庭就是扰乱的例证，因为在家庭内部发生的转让打乱了所赞成的分配模式。或者家庭自身变成了一种分配的单位，变成了纵坐标的占据者（基于什么理由？），或者在家庭中禁止爱的行为。我们应该顺便指出，激进分子对家庭持有一种矛盾的立场。家庭内部的友爱关系被看做是一种应该极力效仿的模式，并应扩展到整个社会，同时家庭又被斥责为是一种令人窒息的制度，应该加以破除，应被谴责为是一种狭隘关切的所在，而这种狭隘关切则妨碍达到激进的目标。难道我们要说：把适合于家庭内部的友爱和关心的关系、这些自愿采取的关系推行到整个社会，这不合适吗？* 顺便说一下，爱是另外一种关系的有趣例

---

* 罗尔斯的差别原则过于严格，这表现在，即使在个人之间相互友爱的家庭内部，它作为一种指导原则也是不合适的。我们将在本章的第二节来讨论这个问题。即使他们终生都奉行一种最大程度地提高其最不幸同胞的地位之方针，一个家庭是不是就应该把其资源用于最大程度地提高其状况最差、天资最差的孩子的地位，从而扣减其他孩子的资源以用于他们的教育和发展？肯定不是这样的。那么，它如何能被认作是一种合适的方针而推行到整个社会？（我想罗尔斯会这样回答：某些适用于宏观层面的原则并不适用于微观情况。我将在下面讨论这个问题。）

证，而这种关系是历史的（像正义一样），是依赖于实际发生的事情的。一个成年人可能因为另一个人的性格而去爱这个人，但是，被爱的是这另一个人，而不是这种性格。⑨ 爱不可以转让给具有相同性格的其他人，甚至不可以转让给在这些性格方面"打分"更高的人。即使引起爱情的这种性格改变了，这种爱情也会持续下去。一个人爱的是所实际碰到的这个特殊的人。为什么爱是历史的，并以这样的方式同人有关而不是同性格有关，这是一个有趣的、令人迷惑的问题。

模式化的分配正义原则的倡导者只关注确定谁应得到什么的标准，他们只愿意考虑那种支持某些人应该拥有某些东西的理由，以及那种支持总体持有图景的理由。无论给予是不是比接受更好，模式化原则的倡导者都完全忽视了给予。在考虑物品、收入以及其他东西的分配时，他们的理论是接受者的正义理论，他们完全忽视了一个人拥有把某种东西给予某人的权利。即使在每一方都同时既是给予者又是接受者的交换中，模式化的正义原则也只关注接受者的角色及其所拥有的权利。这样的讨论倾向于只关注人们是否（应该）拥有继承的权利，而非人们是否（应该）拥有遗赠的权利，或者拥有持有权利的人们是否也有权利选择别人来持有他们的东西。对于为什么通常的分配正义理论是这样由接受者定向的，我没有一种好的解释。忽视给予者和转让者以及他们的权利意味着忽视生产者以及他们的资格。但是，为什么它**全**被忽视了？

模式化的分配正义原则必然需要**再**分配的行为。任何一种实际上自由达到的持有状态都符合某种既定模式，这种可能性

---

⑨　见格雷高利·弗拉斯托斯（Gregory Vlastos）"柏拉图哲学中作为爱之对象的个人"，载于他的《柏拉图研究》，普林斯顿：普林斯顿大学出版社，1973年，第3—34页。

是很小的；当人们进行交换和给予的时候，这种持有状态将继续符合这种模式，这种可能性是零。从一种资格理论的观点看，当其发生的时候，再分配确实是一种包含了侵犯人们权利的严重事情。（属于不正义的矫正原则范围内的那些所得是一种例外。）从其他的观点看，它也是严重的。

对劳动所得征税等于是强迫劳动。* 一些人认为这种主张显然是真的：从一个人那里拿走 n 小时的劳动所得犹如拿走 n 小时，犹如强迫这个人为了另外一个人的目的而工作 n 小时。另外一些人则认为这种主张是荒谬的。但即使是这些人，**只要**他们反对强迫劳动，也会反对强迫无业的嬉皮士为贫困者（needy）的利益而工作。** 而且，他们也会反对每个人为了贫困者的利益而每周额外工作 5 个小时。但是在他们看来，一种以税收拿走 5 个小时工资的制度看起来与强迫某个人工作 5 个小时的制度是不同的，因为与等额税收的具体劳动相比，它为被强迫的人们提供了更广范围的行为选择。（但是，我们可以设想一种渐变的强迫劳动制度，从规定一种特别行为的制度，到允许在两种行为中进行选择的制度……如此进行下去。）另外，人们也

---

* 对于我在下面出示的论证是否表明这样的征税就是**强迫**劳动，我没有把握，所以，"等于是"意味着"在某种程度上是"。或者换一种说法，这种论证是否强调了这种征税与强迫劳动之间的巨大类似性，是否表明按照强迫劳动来看待这样的征税是有道理的和使人深受启发的。后一种态度使人们想起约翰·威斯顿姆（John Wisdom）如何看待形而上学家的主张。

** 我在这里以及其他一些地方宽泛地说到**需要**，这一事实没有什么意义，因为我一向拒绝包括需要在内的正义标准。即使某种东西确实依赖于这个观念，人们也需要更加仔细地考察它。对于怀疑论的观点，请见肯尼斯·明诺格（Kenneth Minogue）《自由主义的心灵》，纽约：兰顿书屋，1963 年，第103—112 页。

可以想象这样一种制度，在基本需要的数额之外对每种东西都征收一定比例的税。一些人认为，这不是强迫某个人额外工作数小时，因为并没有固定数量的额外工作小时是他必须完成的，也因为如果他使其收入刚好抵消他的基本需要，他就可以完全避免缴税。对于这些人来说，这不是一种很典型的强迫观，虽然这些人**也**认为，**只要**人们所面对的选择变得相当糟糕了，那么他们就是被迫去做某些事情。然而，这两种观点**都不是**正确的。其他人违反不得越界的边界约束，故意进行干预，威胁使用强力来限制选择，在这种情况下人们或者交纳税收，或者（大概是更坏的选择）刚好维持生存——这个事实使税收制度成为一种强迫劳动，并使它区别于没有强迫但选择受限的其他情况。⑩

　　有的人愿意工作更长时间，以获得超出满足基本需要的更多收入；他更喜爱某些物品或服务，而不是在业余时间可以进行的休闲或活动。有的人则更喜爱休闲活动，而不愿意加班工作，不愿意通过工作更长时间来获得额外的物品或服务。假设如此，如果一种税收制度为了帮助贫困者而夺走一个人的某些闲暇（强迫劳动）是不合法的，那么一种税收制度为了同样目的而夺走一个人的某些物品怎么就是合法的？有些人的幸福需要某些物质性物品或服务，有些人的欲望和喜好使其幸福不依赖这样的物品，为什么我们要区别对待这两类人呢？为什么喜爱看电影（并必须赚钱买票）的这个人就应该响应需要的召唤去帮助贫困者，而喜爱看日落（从而不需要赚额外的钱）的这个人就不必如此呢？再分配主义者宁愿忽视其愉快无需额

170

---

　　⑩　这种论述应该包括的更多细节，见我的论文"压制"，载于《哲学、科学和方法：纪念恩斯特·内格尔文集》，S. 摩根贝塞、P. 苏佩斯和 M. 怀特编，纽约：圣马丁出版社，1969 年。

外劳动就能容易得到的人，而把负担加在那些必须为自己的愉快而工作的可怜的倒霉蛋身上，这不确实让人感到奇怪吗？如果真要增加什么负担的话，那么人们也会认为事情应该相反。为什么具有非物质或非消费欲望的这个人就被允许无阻碍地从事他最喜欢最容易的选择，而其愉快或欲望涉及物质事物并必须为多赚钱而工作（从而为任何认为他的活动值得付钱的人提供服务）的这个人在实现其选择时会受到限制？也许在原则方面并不存在任何差别。也许人们认为，答案只涉及管理上的方便。（这些难题和问题不会使认为强迫劳动是可接受的这些人感到不安，而这种强迫劳动或者是为贫困者服务的，或者是为了实现某种可取的最终—状态模式。）在一种更加充分的讨论中，我们必须（而且希望）扩展我们的论证以包括利息和企业利润等。那些怀疑这种扩展是否能够行得通的人，那些想在所得税与劳动之间画出一条界线的人，将不得不陈述极其复杂的、模式化的、**历史的**分配正义原则，因为最终—状态原则无法以任何一种方式来区分收入的**来源**。就目前而言，这样做就足够了，即摆脱最终—状态原则，澄清各种各样的模式化原则如何依赖于关于利润和利息的来源、不合法性或较少合法性的特殊观点，而这些特殊观点可能都被误解了。

一种合法的制度化的最终—状态模式给予人们以什么样的对他人的权利？相对于应加以解释的这种观念的其他部分，对 X 的所有权观念的核心是权利，即决定将用 X 来做什么的权利，以及在涉及 X 的各种受到约束的选项中选择哪一个应加以实现或尝试的权利。[11] 这些约束是由社会上实行的其他原则或法律设定的，而在我们的理论中，是由人们（在最低限度的国家中）所拥有的洛克式权利设定的。我对我的刀子的所

---

⑪　有关这一段以及下一段的论题，见阿门·阿尔基恩的著作。

有权允许我把它放在我想放的任何地方，但是不允许放在你的胸膛里。我可以在涉及这把刀子的各种可接受的选项中选择哪一个加以实现。这种所有权观念有助于我们理解为什么早期的理论家把人们说成是对自己和自己的劳动拥有所有权的人。他们把每一个人都看做是拥有做出决定权利的人，即决定自己应该做什么和成为什么，以及看做是有权利收获自己行为所带来利益的人。

从各种受到限制的选项中选择一个加以实现的权利可以为**个人**所拥有，也可以为一个**群体**所拥有，而这个群体有某种程序来达成共同的决定；这种权利还可以来回传递，这样，今年我来决定 X 应是一种什么状况，明年你来决定（也许毁坏 X 的选择应被排除）。或者，在同一时期，关于 X 的某些类型的决定由我来做出，另外一些类型的决定由你来做出。以及其他诸如此类的事情。对从中进行选择的各种选项的限制**类型**，对于决策权力可以被拥有、分割和合并的方式**类型**，我们缺少一种适当的、有成效的、分析的方法对其加以分类。一种所有权**理论**中应包括这样一种对限制和决策方式的分类，并从为数不多的原则中得出大量有意义的陈述，而这些陈述涉及限制和决策方式合并在一起的**后果**和效果。

当分配正义的目的—结果原则被纳入社会的法律结构的时候，它们（像大多数模式化原则那样）使每位公民对社会总产品的某些部分产生出一种强制性的所有权要求，也就是说，对个别地和共同地制造出来的产品总额的某些部分产生出一种强制性要求。这个总产品是由这样的个人所生产出来的，这些个人进行劳动，使用别人省吃俭用才积累下来的生产工具；这个总产品是由这样的人们所生产出来的，他们或者组织进行生产，或者发明了生产新东西的工具，或者发明了生产东西的新方法。正是在这种大量的个人行为的基础上，模式化的分配原则给予每个人以一种强制性要求。每个人对别人的行为和产品都有一种要求，而不管别人是否同这种要求发生了任何特殊的关系，也不管他们是否愿意在慈善活动或交换行为中接受这种要求。

无论是通过对工资征税，或是对超过一定数额的工资征税，还是通过夺走利润，还是通过一口**社会大锅**以致什么东西来自哪里和什么东西去向哪里都是不清楚的，模式化的分配正义原则都涉及侵占别人的劳动。夺走别人的劳动成果等于是夺走他的时间，命令他做各种各样的事情。如果人们在某个时期强迫你做某些工作，或做某些没有报酬的工作，那么他们就是抛开你来决定你应做什么，来决定你的工作应服务于什么样的目的。他们抛开你做出这种决定的过程使他们成为你的**部分拥有者**，它给了他们一种对你的所有权。这恰如基于权利对动物或非生物拥有这样的部分控制权力和决定权力，就是拥有对它的所有权。

分配正义的最终—状态原则和大多数模式化原则创制了别人对人们及其行为和劳动的（部分）所有权。这些原则涉及一种转换，即从古典自由主义者的自我所有观念转换为对**其他**人们的（部分）所有权观念。

诸如此类的思考使最终—状态原则和其他的模式化正义观念面对这样一个问题，即为达到所选模式而必需的行为本身是不是没有违反道德的边界约束。任何主张对行为存在着道德的边界约束的观点，任何主张并非所有道德考虑都能被纳入所要达到的最终状态的观点（见第3章，边码第28—30页），都必须面对这样的可能性，即它的某些目标是无法通过任何道德上可允许的、可得到的手段达到的。只要这些为实现该原则所唯一可用的行为本身违反了某些道德约束，那么一个资格理论家就将面对由背离了正义原则所引起的关于持有的社会冲突。

既然背离头两个正义原则（获取原则和转让原则）会涉及到别人对侵犯权利的直接强硬干预，既然道德约束在这些场合并不排除自卫行为和报复行为，所以资格理论家所面对的问题将不会十分紧迫。资格理论家在把矫正原则应用于并非本人违反头两个正义原则的人时无论遇到什么困难，而这些困难是在平衡各种冲突的考虑以正确表述复杂的矫正原则本身时所产生的，他都不会因应用这种原则而违反道德的边界约束。而模式化正义观念的倡导者则常常面对这两者之间的正面冲突（如果他们对冲突的两方面都很珍视，那么这种冲突还是尖锐的），一方面是关于个人应该如何加以对待的道德边界约束，另一方面是展示了**必须**加以实现的最终状态或其他模式的模式化正义观念。

　　如果一个国家已经使最终—状态或模式化的分配原则制度化了，那么一个人可以移民到别的国家吗？对于某些原则（例如哈耶克的原则）来说，移民不存在什么理论问题。但是对于另外一些原则来说，它则是一个棘手的问题。请考虑这样一个国家，它拥有一种义务的最低社会保障制度，以帮助最贫困者（或者它如此组织起来以便最大程度地提高处境最差群体的地位），而任何一个人都不可以拒绝分担其义务。（任何人都不可以说："不要强迫我为别人做贡献，而且如果我处于贫困的状况，也不要通过这种义务制度为我提供保障。"）超过某种水平的所有人都被迫为帮助贫困者做出贡献。但是，如果移民到他国是允许的，那么任何人都可能愿意移居到另外一个国家，而这个国家除了没有义务的社会保障制度以外其他方面都是（尽可能）相同的。在这样的场合，这个人离开的**唯一**动机就是避免分担这种义务的社会保障制度。而且，如果他确实离开了，他原来国家中的贫困者将不会得到来自他的任何（被迫的）帮助。什么原理能够解释这种结果：这个人被允许移民，然而却不许在国内拒绝这种义务的社会保障制度？如果为贫困者提供保障具有压倒一切的重要性，这确实不会允许国内的拒绝，但是它也会反对国外的移民。（在某种意义上，它是否也支持绑架居住在没有义务性社会保障的地方的人，而这些人可能被迫为你们共同体中的贫困者做出贡献？）允许其目的仅是为了避免某种安排的移民，而不允许国内的任何人拒绝这种安排，也许这种立场的关键因素是一种在这个国家内部的对博爱情感的关切。"我们不希望任何不做贡献的人住在这里，不希望任何对需要援助的其他人没有表现出足够关心的人住在这里"。在这种场合，这种关切应该同这样一种观点联系在一起，即被迫的援助有助于在被援助者与援助者之间产生博爱情感（或者也许同这样的观点联系在一起，即知道某个人或其他人不愿意提供援助会妨碍产生博爱情感）。

洛克的获取理论

　　在我们转向详尽考察其他正义理论之前，我们必须对资格理论的结构增加一点复杂性，而增加复杂性的最好办法是思考洛克阐释获取的正义原则的尝试。洛克把对无主物的所有权看做是由某个人把他的劳动同无主物相混合（mixing）而产生的。这引起了许多问题。劳动所与之相混合的东西的界限在哪里？如果一位私人宇航员在火星上扫清一块地方，那么他使他的劳动与之相混合的（以致他能拥有的）是整个火星，是整个无人居住的宇宙，还仅仅是一小块特殊的地方？一种行动对哪一小块地方产生了所有权？一种行动使一个地域的熵减少了，产生所有权的最小地域就是这个减熵的地方而不是其他的地方？处女地（通过高空中飞行的飞机进行生态学调查）能够通过一种洛克式过程而产生出所有权吗？围绕一块地域修建一道栅栏，大概只能使一个人成为这道栅栏（以及它下面紧连着的土地）的所有者。

　　为什么把一个人的劳动与某种东西相混合就使这个人成为它的所有者？也许因为一个人拥有自己的劳动，所以这个人就拥有了一个先前无主的物，而在这个物中渗满了这个人所拥有的东西。所有权渗入了这个物的其余部分。但是，把我拥有的东西与我并不拥有的东西混合在一起，为什么不是我失去了我所拥有的东西，而是我得到了我并不拥有的东西？如果我拥有一罐番茄汁并把它倒入大海，以致它的分子（使其带有放射性，从而我可以进行检测）均匀地混合于整个大海之中，那么我是拥有了这片大海，还是愚蠢地浪费了我的番茄汁？也许应该换一种想法：施于某物的劳动使它得到了改善，使它更有价值了；任何人在一个物上面创造了价值，他就有资格拥有这个物。（强化这点的是这样一种观点，即劳动不是一件令人愉快的事情。如果人们无需努力就能够成就事情，就像《黄潜艇》的卡通人物在船的尾部拖着鲜花一样，那么他们是不是就对自己的产品——制造这些产品并没有**花费**他们什么东西——拥有更少的要求？）我们将这样的事实略去，即施于某物的劳动可能减少它的价值（给你发现的一块浮木喷上粉色的瓷漆）。为什么一个人的资格应该扩展到整个物品上面，而不是仅限于他的劳动所创造的**附加价值**上面？（参照价值也许有助于界定所有权的范围，例如，用"增加价值"来代替上面以熵为标准中的"减熵"。）任何可行的、连贯的增加价值的所有权方案迄今为止还没有发明出来，而且，任何这样的方案大概都会遇到反对意见，就像亨利·乔治（Henry George）的理论所遇到的反对意见一样。

　　如果可以改善的无主物的存量是有限的，那么把改善一个物看做是赋予对它的全部所有权，这是没有道理的。因为一个物归属于某个人所有时，就改变了所有其他人的处境。先前它们是可自由（在霍菲尔德的意义上）使用的对象，然而它们现在则不再是了。其他人处境方面（通过取消他们对先前无主物的行动自由而引起的）的这种变化不一定会使他们的处境变坏。如果我占有了科尼岛（Coney Island）上的一点沙子，那么其他任何人现在都不能像以前那样使用这点沙子了，但是，仍然留有足够多的沙子供他们使用。或如果不是沙子，那么别的东西也是这样。还有一种可能，我使用我占有的沙子所做的事情可能会改善其他人的地位，这样就抵消了他们失去使用这些沙子的自由所造成的损失。关键的地方在于，无主物的占有是否使其他人的处境变坏了。

为了确保其他人的处境不变坏，洛克提出了一个限制条款（proviso）：有"足够的和同样好的东西留给其他人共有"（第27节）。（如果这个条款得到了满足，那么他另外一个不浪费的条件是否还有任何存在的因由?）人们通常认为，这个限制条款在过去是成立的，但现在不再成立了。但是，对这一结论可以提出这样一种论证：如果这个限制条款不再成立了，那么它过去也不能成立，因为它不能产生一种永久的和可继承的所有权。让我们考虑一个人 Z，现在没有足够的和同样好的东西留给他占有。占有的最后一个人 Y 使 Z 失去了他以前对某物的行动自由，从而使 Z 的处境变坏了。因此，Y 的占有是不为洛克的限制条款所允许的。所以，占有的倒数第二个人 X 使 Y 处于一种更坏的地位，因为 X 的行为结束了可允许的占有。所以，X 的占有就不是可允许的了。这样，倒数第三个占有者 W 也同样结束了可允许的占有，由于 W 使 X 的地位变得更坏了，所以他的占有不是可允许的。诸如此类可以一直追溯到占有永久所有权的第一个人 A。

然而，这种论证进行得太快了。一个人的占有使另外一个人的处境变坏有两种方式：第一，使他失去通过任何一种特殊的占有来改善自己处境的机会；第二，使他不再能够自由使用（若无占有）他以前能够使用的东西。一种**严格的**要求，即一种占有不应使别人的处境变得更坏，不仅排除第二种方式，而且也排除第一种方式，只要没有采取什么措施来抵消机会的减少。一种**更弱的**要求则只排除第二种方式，而不排除第一种。如采用这种更弱的要求，我们就不能像上面论证中那样从 Z 到 A 飞快回溯，因为虽然 Z 这个人不再能**占有**了，但仍留有一些东西供他像以前那样**使用**。在这种情况下，Y 的占有并不违反这种更弱的洛克式条件。（随着人们可自由使用的东西的减少，使用者会面临更严重的不便和拥挤等，在这种意义上，其他人的处境可能变得更坏了，除非在达到这一点之前很远占有就停止。）如果这种更弱的限制条款得到了满足，是否任何人就都不能合法地抱怨了，这一点是有争议的。无论如何，既然这一点不如在更严格的限制条款情况下那么清楚，所以洛克可能是用留有"足够的和同样好的东西"来意指这种严格限制条款，也可能他的意思是不浪费条件会使这种回溯论证所要达到的终点向后推延。

　　一种允许占有和永久所有权的制度（不再有可得到的和有用的无主物）是否使那些不再能够占有的人们的处境变坏了？各种为人所熟知的赞成私人所有权的社会思考在这里出现了：通过使生产工具掌握在那些能够最有效率地（最有效益地）使用它们的人手里，它增加了社会产品；因为随着由不同的人控制资源，一个怀有新主意的人不必只有说服某一个人或一小伙人才能进行试验，实验由此得到了鼓励；私人所有权能够使人们自己来决定他们希望承受什么样式和类型的风险，并产生出承受风险的专业类型；私人所有权通过使某些人拥有不是用于当前消费而是用于未来市场的后备资源，保护了未来的人们；它为那些不随和的人提供了就业的门路，让这些人不

177

必去说服任何人或任何小团体来雇用他们，等等。这些考虑出现在洛克式理论中以支持这样一种主张，即私人所有权的占有满足了存在于这种"留有足够的和同样好的东西"的限制条款背后的意图，而**不**是作为一种对所有权的功利主义辩护。它们开始反驳这样的主张：因为这种限制条款被违反了，所以任何对私人所有权的自然权利都无法通过一种洛克式的过程产生出来。如要进行这样一种论证以表明这种限制条款得到了满足，其困难在于，如何为对比确定适当的底线。洛克式占有**如何能够使人们的处境不会变得更坏？**⑫ 这种确定底线的问题需要更为细致的研究，而我们在这里无法提供这种研究。要想弄清不同的占有理论和底线设置理论留有多大的余地，可取的做法是评估原始占有的一般经济重要性。这种重要性也许可以通过所有收入的百分比和当前财富的百分比来加以测量，而前者基于未被利用的原料和既定资源（而非基于人的行为），主要是代表土地之原有价值的租金收入和**处于自然状态的**原料价格，后者代表过去的这样的收入。*

178　　我们应该指出，不仅仅是赞成**私人**所有权的人需要一种所有权合法起源的理论。那些相信集体所有权的人，例如相信由居住在一个地区的人所组成的群体共同拥有其领土或矿产资源，也必须提供这样一种所有权如何产生的理论；他们必须表

---

⑫ 请把这点同罗伯特·保尔·沃尔夫（Robert Paul Wolff）的观点相比较，见他的"反驳罗尔斯的正义理论"，载于《哲学杂志》1966 年 3 月 31 日。在底线由差别原则确定的情况下，沃尔夫的批评对罗尔斯并不合适。

* 我还没有看到一种精确的评估。在《自由的机制》（纽约：哈珀－劳公司，1973 年，第ⅩⅣ页和第ⅩⅤ页）中，戴维·弗里德曼（David Friedman）讨论了这个问题，并提出美国国民收入的百分之五作为所提到的头两项因素的上限。然而，他并没有试图评估当前财富的百分比，而它基于过去的这样的收入。（"基于"这种模糊的观念仅仅说明这个论题需要加以研究。）

明，为什么住在那里的人有权利来决定用这块土地和资源做什么，而住在其他地方的人（对同样的这块土地和资源）则没有这种权利。

限制条款

无论是否能够把洛克的特殊占有理论讲清楚以便处理各种难题，我都认为，任何关于获取的适当正义理论都会包含一个限制条款，类似于我们已经讨论过的洛克的限制条款中更弱的那一个。如果其他人不再能自由使用这个物从而其地位变坏了，那么一个通常产生对原本无主物的永久的、可继承的所有权的过程就不会如此了。对**这种**使别人的处境变坏的特殊方式加以规定是非常重要的，因为这种限制条款并不包含其他的方式，它不包括因其占有机会更受限制所导致的变坏（即我们上面讨论过的第一种方式，对应于更严格的条件），它也不包括我如何使一个销售者的地位"变坏"，如果我占有材料制造了他正在销售的某些东西，从而导致与他竞争。某个人的占有将会违反这种限制条款，但只要他对其他人给予赔偿以使他们的处境不致变坏，他仍然可以占有；除非他确实赔偿了其他的人，否则他的占有将违反获取的正义原则的这种限制条款，从而将是一种非法的占有。* 一种包含这种洛克式限制条款的占有理论会正确地处理这种情况（而任何不包含这种限制条款的理论都会面对这种情况的反驳），即某个人占有了某种生活

179

----

* 傅立叶（Fourier）主张，由于文明的过程剥夺了社会成员的某些自由（采集、放牧和打猎），作为对损失的赔偿，一种由社会保证的对个人的最低保障得到了辩护。见亚历山大·格雷（Alexander Gray）《社会主义传统》，纽约：哈珀－劳公司，1968年，第188页。这种观点有些过强了。如果要赔偿的话，这种赔偿只应该给予这些人，即对这些人来说，文明的过程纯粹是**一种损失**，受益于文明并不能抵消这些特殊自由的被剥夺。

必需品的全部供应。*

一种理论不仅必须把这种限制条款包括进它的获取正义原则之中，而且也必须包含一种更复杂的转让正义原则。对关于获取的这种限制条款的某些反思限制了转让行为。如果我对某种物资的全部占有违反了洛克的限制条款，那么我占有其中一些并从拥有它的其他人那里购买了所有其余的，这也会违反洛克的限制条款，尽管这种占有和购买分别看都没有违反洛克的限制条款。如果这种限制条款排除了某个人占有世界上的所有饮用水，那么它也排除了他购买所有饮用水。（更弱一些说，而且更模糊一些说，它可能排除他对某些饮用水的供应收取某种价格的费用。）这种限制条款（几乎？）决不会生效：某个人对别人想要的某种稀缺物资获取的越多，其余部分的价格就越高，从而他要想获取它的全部也就变得越加困难。但至少我们仍然可以设想发生这种情况：某个人同时秘密地向某种物资的各个所有者投标购买，而每一个所有者都在假定他能轻易地

180

---

* 例如，拉什多尔的例证：某个人领先于其他人几英里来到沙漠中唯一的水源，而其他人也将来到这里并完全占有它。哈斯汀斯·拉什多尔（Hastings Rashdall），"哲学的所有权利理论"，载于《所有权、它的义务和权利》，伦敦：麦克米兰出版公司，1915 年。

我们应该注意 A. 兰德（A. Rand）的所有权理论（见《自私的德性》中的"人的权利"，纽约：新美国丛书，1964 年，第 94 页），而在这种理论中，所有权来自生命权，因为所有人的生存都需要物质的东西。但是，生命权不是一种对一个人生存所需要的任何东西的权利，因为其他的人可能对这些别的东西已经拥有权利了（见该书的第 3 章）。顶多，生命权应是一种拥有或争取拥有一个人生存所需要的任何东西的权利，只要这种拥有没有侵犯任何人的其他权利。关于物质的东西，问题在于，对它的拥有是否确实侵犯了其他人的什么权利。（所有无主物的占有也会如此吗？在拉什多尔的例子中，占有这个水坑也会如此吗？）既然一些专门的考虑（诸如洛克的限制条款）可以用来处理物质的所有权，所以人们在应用任何设想的生命权（如上面所修正过的）之前，**首先**需要一种所有权的理论。这样，这种生命权就不能成为一种所有权理论的基础了。

从其他所有者那里购买更多的情况下卖给了他；或者，除了一个人所拥有的之外，某种自然灾害毁掉了某种物品的所有供应。一个人在一开始时就占有某种物品的所有供应是不被允许的。他后来得到它的全部并不表明他的原始占有违反了这种限制条款（即使根据一种同上述从 Z 向 A 的回溯论证相类似的相反论证），而违反洛克式限制条款的是这种原始占有**加上**所有后来转让行为这两者的结合。

每一位所有者对其财产的所有权都包含着关于占有的洛克式限制条款之历史阴影。这就排除了这样的转让，即这些转让合在一起就违反了洛克式限制条款；这也排除了这样的使用，即在这种使用方式中，与其他人合作或者独立于他们，使别人的处境与其底线处境相比变坏了，以致违反了这种限制条款。一旦知道某个人的所有权与洛克式限制条款相冲突，那么对他可以用"他的财产"（很难再毫无保留地这样称呼它）做什么就存在着严格的限制。这样，一个人就不可以占有沙漠中这个唯一的水坑，也不可以随意收费。如果他在沙漠中拥有一个水坑，而除了这个之外，这个沙漠中的所有其他水坑都不幸地干涸了，那么他也不可以随意收费。这种不幸的环境（应该承认这不是他的错）使洛克的限制条款生效，并限制了他的所有权。* 同样，在一个地区唯一的岛上，岛屿所有者的所有权并不允许他命令失事船只的遇难者作为闯入者离开他的岛屿，因为这违反了洛克的限制条款。

请注意，这种理论不是说所有者没有这些权利，而是说这

---

* 如果他的水坑没有干涸是由于他采取了一些预防的专门保护措施，那么情况就会有所不同。请把我们在本书中关于这种情况的讨论与哈耶克进行对比，见《自由宪章》，第 136 页；也与 R. 哈默威（Ronald Hamowy）进行对比，见"哈耶克的自由概念：一种批判"，《新个人主义评论》1961 年 4 月号，第 28—31 页。

些权利被压倒了以避免某种灾难。（被压倒的权利并没有消失，在我们所讨论的情况中，它们留下了一种缺席的踪迹。)⑬ 不存在任何外部的（和**特定的**?）压倒力量。为处理这些情况提供办法的思考内在于所有权理论本身，内在于它的获取和占有理论。然而，这些结果的范围可能与某种关于灾难的条件的范围是一样的，因为与一个私人占有的社会之生产能力相比，这种比较的底线是如此之低，以致违反洛克式限制条款的问题只出现于灾难的场合（或者一种沙漠—岛屿处境）。

某个人掌握了维持其他人生存的某种必需品的全部供应，这一事实并**不**意味着他（或任何人）对某物的占有（当即或者后来）使一些人的处境与底线处境相比变坏了。一位医学研究者合成了一种新物质，这种新物质能有效地治疗某种疾病，而且他拒绝以低于他所开出的价格出售，但他并没有通过使他们得不到他已经占有的东西而使其他人的处境变坏。其他人能够轻易地拥有他所占有的同样材料，这名研究者占有和购买化学制品并没有使这种化学制品变得稀缺，以致违反了洛克的限制条款。其他某个人从这位医学研究者那里购买了全部这种合成物质，他也没有使别人的处境变坏。这位医学研究者使用容易得到的化学制品来合成这种药剂，就像唯一能做某种特殊手术的外科医生吃容易得到的食品以维持生存和有精力工作一样，这两个事实都不违反洛克的限制条款。这表明，洛克的限制条款不是一种"最终—状态原则"，它关注占有行为影响别人的特殊方式，而不关注所最终达到的处境之结构。⑭

---

⑬ 我在"道德复杂性与道德结构"一文中讨论了这种压倒及其道德踪迹，《自然法论坛》，1968 年，第 1—50 页。

⑭ 《赔偿原则》（第 4 章）引入了模式化的考虑吗? 虽然它要求对这些追求自身安全的人所强加的损失给予赔偿，但是它并不是一种模式化原则。因为它只是试图消除禁令给那些可能对别人有风险的人所带来的那部分损失，而不是消除所

有人掌握了某种公共用品的全部供应，也有人用容易得到的物质制造出了这种全部供应，而在两者之间，还有人以并没有剥夺其他人拥有它的方式而占有了某种东西的全部供应。例如，某个人在一个偏僻之处找到了一种新物质。他发现，它能够有效地治疗某种疾病，并占有了它的全部。他并没有使其他人的处境变坏。如果他没有偶然发现这种物质，其他任何人也不会拥有它，而没有它，其他人仍然保持原样。然而，随着时间的流逝，别人会发现这种物质的可能性在不断增加。基于这一事实，便会产生一种关于他对这种物质的所有权的限制，以致其他人不落到他们的底线位置以下，例如，对它的遗赠会进行限制。某个人通过使别人得不到他本来会拥有的某种东西而使他的处境变坏，这个论题也可以用来说明专利的情况。一个发明者的专利并没有使别人得不到某个物品，因为，没有发明者，就没有这个物品。但是，对于其他独立从事于发明这种物品的人，专利就会具有这种影响。因此，这些能够为独立发明承担举证责任的独立发明者就不应该被禁止如其所愿地利用他们自己的发明（包括把它卖给别人）。而且，一个已知的发明会极大地减少实际独立发明的机会，因为知道了某种发明的人通常不会再去尝试发明它，从而在这里，独立发现的观念在最好的情况下也是模糊不清的。然而，我们可以假定，在不了解原创发明的情况下，有时候后来的某个人也有可能发明它。这导致对专利权施加一种时间限制，而按照经验估计，在对发明缺少了解的情况下，独立发现要花多长时间，专利权的有效时间则接近于这种时间。

我相信，市场制度的自由运行不会与洛克的限制条款发生

<hr>

（接上页）有的损失。它对强加禁令的人规定了义务，这种义务产生于他们自己的特定行为，这样就消除了这些被禁止的人可能对他们发出的抱怨。

实际冲突。(请回忆第一部分我们故事中的关键：一个保护机构如何变成支配的，以及一种**事实上的**垄断权就在于这个事实，即它是在与其他机构的冲突中而不仅仅是与它们的竞争中使用武力。关于其他商业机构，则另当别论。) 如果这是正确的，这种限制条款在保护机构的活动中就不会发挥一种非常重要的作用，而且也不会为未来的国家行为提供重大的机会。确实，如果不是受先前**非法的**国家行为的影响，人们并不会认为违反这种限制条款的可能性比任何其他的逻辑可能性更为重要。(在这里，我提出了一种经验的、历史的主张，就像不同意这种主张的人所做的那样。) 这样我们就完成了对资格理论的复杂性所做的说明，而这种复杂性是洛克的限制条款带来的。

第二节

罗尔斯的理论

通过详细思考约翰·罗尔斯 (John Rawls) 近来对正义理论的贡献，我们可以使我们关于分配正义的讨论更为集中。《正义论》⑮ 是政治哲学和道德哲学领域一部有力的、深刻的、精致的、内容广泛的、系统的著作，起码自约翰·斯图尔特·密尔 (John Stuart Mill) 以来，还没有见到可以与之匹敌的作品。它是各种发人深省的思想之源泉，而这些思想被整合进一种优美的整体。现在，政治哲学家们或者必须在罗尔斯的理论框架内工作，或者必须解释不这样做的理由。我们已经阐发的思考和区分，既受到了罗尔斯对另外一种理论选择的有力展示的启发，也有助于阐明罗尔斯对另外一种理论选择的有力展示。即使那些对罗尔斯的系统看法进行深思熟虑以后还是不为其

---

⑮　罗尔斯：《正义论》，麻省剑桥：哈佛大学出版社，1971 年。

所动的人，仍能够从对它的仔细研究中获益良多。我不仅仅是指一个人在克服（他所认为的）错误时像密尔那样磨砺自己的观点。读罗尔斯的著作而没有把许多东西吸收或者转变为他自己深化了的观点，这是不可能的。阅读完他的著作，而对于道德理论可以做什么和在统一性方面达到什么程度，对于一种理论体系能够**美妙**到何种程度，没有一种全新的和振奋人心的看法，这也是不可能的。我在这里只容许自己集中讨论与罗尔斯的分歧，因为我确信，我的读者自己已经发现其著作的众多优点。

社会合作

我从考虑正义原则的作用来开始。为了观念的确定，我们假定，社会是一个或多或少自足的个人联合体，这些个人在相互关系方面承认某些行为规则具有约束力，而且大多数人按照这些规则来行动。我们还假设，这些规则标示了一种合作体系，而这种合作体系的目的是推进合作参与者的善。这样，虽然一个社会是一种互利合作的风险事业，但它的典型标志不仅是利益的一致，而且是利益的冲突。因为与每一个人都靠自己的努力单独生活相比，社会合作能够使所有人都过上一种更好的生活，所以存在着利益的一致。因为人们对其合作所产生的更大利益如何加以分配不是无动于衷的，他们每个人在追求自己的目的时都更喜欢更大的一份而非更小的一份，所以存在着利益的冲突。这样就需要有一套原则在各种社会安排中间进行选择，以决定这种利益的划分，达成关于适当分配份额的协议。这种原则就是社会正义的原则：它们提供了在社会的基本制度中分派权利和义务的方法，而且它们确定了社会合作之利益和负担的适当分配。[16]

---

⑯ 罗尔斯：《正义论》，麻省剑桥：哈佛大学出版社，1971 年，第 4 页。

让我们设想有 n 个人不在一起合作，每个人都是靠自己的努力单独生活。每一个人 i 收到了一份工资、回报和收入等等，它们用 Si 来代表，而所有个人单独行动所得到的总额是：

$$S = \sum_{i=1}^{n} Si$$

通过一起合作，他们能够得到一个更大的总额 T。按照罗尔斯分配的社会正义问题就是这些合作的利益应如何加以分配或分派。这个问题可以有两种理解：总额 T 应如何加以分派？或者，由社会合作所产生的增加额，即社会合作的利益 T−S，应如何加以分派？后一种表述假定，每一个个人都从总额 T 的次总额 S 中得到了他的份额 Si。关于这个问题的两种表述是不同的。一种在第二种理解下对 T−S 的"看来公平"的分配，再加上对 S 的非合作的分配（每一个人 i 都得到了 Si），两者之和并没有产生出一种对 T 的"看来公平"的分配（第一种理解）。另外，一种对 T 的看来公平的分配可能给予某个特殊的个人 i 的份额要少于他的份额 Si。（要解决该问题的第一种表述所带来的难题，可以设立一个约束 Ti≥Si，在这里 Ti 是在总额 T 中任何个人 i 所得到的份额，而这种约束会排除这种可能性，即 Ti＜Si。）罗尔斯没有区分对该问题的这两种表述，在其行文中似乎他关心的是第一种，即总额 T 应如何加以分配。为了支持关注第一种理解，人们可能主张，由于社会合作所产生的利益十分巨大，非合作的份额 Si 与任何合作份额 Ti 相比都是非常小，以致它们在提出社会正义问题时都可以忽略不计。然而，我们应该指出，从事相互合作的人们肯定不会一致同意对划分合作利益的问题做这样的理解。

为什么社会合作**产生出**分配正义的问题？如果根本就没有任何社会合作，如果每一个人都靠自己的努力单独得到他的份额，那么是否就不存在任何正义问题并且也不需要正义理论？

如果我们假设，罗尔斯看来也是这样认为的，这种情况确实**不会产生分配正义的问题**，那么基于社会合作的什么事实这些正义问题才会出现？在社会合作中什么东西导致出现正义问题？这样说是不行的：只有存在社会合作，才会有冲突着的要求，而独自进行生产并（开始）养活自己的个人不会相互提出正义的要求。如果有 10 个鲁滨孙，其中每一个都在不同的岛屿上单独工作了两年，借助 20 年前留下来的发报机进行无线电通讯联系而得以相互了解并知道他们具有不同所得的事实，再假设可以从一个岛屿向另一个岛屿转送物资，那么他们不可以相互提出要求吗？⑰ 所得最少的这个人难道不会基于需要、基于他的岛屿是自然条件最差的或基于他在自然禀赋方面是最不能养活自己的而提出一种要求？他难道不可以说，正义要求别人给他更多一些；他难道不可以声称，他得到的东西是如此之少，以致可能处于一种极度贫困状态，可能就要饿死，而这是不公平的？他可以继续说，这些不同的、个人的、非合作的份额源于有差别的自然禀赋，而这些自然禀赋不是应得的，正义的任务就是矫正这些任意的事实和不平等。与其说在缺少社会合作的状况中任何一个人都**不会**提出这样的要求，不如说关键在于这样的要求显然没有依据。为什么它们显然没有依据？在非合作的社会状态中，可以说，每一个个人应得其靠自己努力而独力得到的东西，或者换一种说法，任何其他人都不能对这份持有提出一种**正义**要求。在这种状态中谁有资格得到什么，这是一目了然的，所以不需要任何正义理论。基于这种观点，社会合作引入了一股浑水，从而使谁有资格得到什么变得不清楚或不确定了。与其说，任何正义理论都不适用于这种非合作

---

⑰　见密尔顿·弗里德曼《资本主义与自由》，芝加哥：芝加哥大学出版社，1962 年，第 165 页。

的状况（如果一个人在非合作状态下偷了另外一个人的产品，那么它不也是不正义的吗？），我宁愿说，它显然是一种适用于正确的正义理论的状况：资格理论。

社会合作如何改变了事情，以致适用于非合作状况的同一资格原则对于合作状况就变成不适用的或不适当的了？有人或许说，人们无法把从事合作的不同个人的贡献分开，每一个东西都是所有人的共同产品。对于这种共同的产品，或者对于它的任何部分，每个人都有理由提出同等分量的要求；所有人都拥有同等合适的要求，至少，任何一个人都不比任何其他人拥有一种明显更合适的要求。出于某种原因（按照这种思路），必须决定这个共同社会合作的总产品（个人资格不再分别地适用于它们了）应如何加以划分：这就是分配正义问题。

个人资格不再适用于这种合作生产出来的产品的各个部分吗？首先，我们假定，社会合作基于劳动分工、专业化、比较优势和交换，等等，每个人都单独工作，对他得到的某些投入进行加工，同别人签订合同，而后者则继续进行加工或运输他的产品，直到它达到其最终消费者的手里。人们合作做出了这些事情，但是他们分别地工作，每个人都是一个微型公司。[18]每个人的产品都很容易辨认出来，而且，交换是在开放的市场进行的，采用竞争性的定价，具有一定的信息限制，等等。在这样一种社会合作体系中，什么是正义理论的任务？有人或许

---

[18]　关于为什么经济包含有（由一个以上的人们所组成的）公司，以及为什么每个人不是同其他人签订契约或续签契约，见科斯（Ronald H. Coase）"公司的本性"，载于《价格理论》，G. 斯蒂格勒和 K. 鲍尔丁编，伊利诺斯州霍姆伍德：欧文公司，1952 年；又见阿尔基恩和德姆塞茨（Armen A. Alchian and Harold Demsetz），"生产、信息成本和经济组织"，《美国经济评论》，1972 年，第 777—795 页。

说，无论持有导致什么结果，都将取决于交易比价或价格，而交易在这种比价或价格上做出，这样正义理论的任务就是为"公平价格"设定标准。要追踪公平价格理论之各种迂回曲折的路线，这里不是一个适当的地方。甚至为什么这些问题应该在这里出现，这也是难以了解的。人们是自愿同其他人进行交换的，是自愿转让资格的，其行为没有受到限制，可以自由与任何一方以任何相互接受的比价进行交易。[19] 这样前后相继的社会合作是由人们的自愿交换联系在一起的，为什么它会产生出关于东西应如何加以分配的特别问题？为什么这种适当的（并非不适当的）持有状态不是这种通过相互同意的交换过程而**实际产生**的持有状态，而在这种交换中，人们自愿给予其他人以他们有资格给予或持有的东西？

　　现在让我们放下这种假定，即人们单独工作，仅仅通过自愿的交换以前后相继的方式合作，转而考虑人们在一起工作，共同生产某种东西。现在要想分开人们的各自贡献，这是不可能的吗？在这里，问题不在于边际生产力理论是否是一种关于公平的或公正的份额的恰当理论，而在于是否存在某种关于可辨认的边际产品的连贯观念。看起来，罗尔斯的理论不大可能依赖于这种很强的主张：不存在任何这样一种合理的、可用的观念。无论如何，我们又一次面对大量双边交易的情况：资源的所有者就其资源的使用分别同企业家们达成了协议，企业家们同单个的工人达成了协议，或者工人的群体首先达成某种联合协议，然后再向企业家提出一揽子交易，等等。在自由市场

――――――――――――

　　[19]　无论如何，我们在这里或其他地方都不假定，经济学家所谓"完美竞争"的人为模式的条件都得到了满足。克兹纳（Israel M. Kirzner）提出了一种合适的分析模式，见他的《市场理论与价格体系》，新泽西州普林斯顿：冯诺斯兰特公司，1963 年；也见他的《竞争与企业家精神》，芝加哥：芝加哥大学出版社，1973 年。

上，人们以通常方式所确定的交易比价（价格）转让他们的持有或劳动。如果边际生产力理论有理由被认为是正确的，那么在这些持有的自愿转让中，人们大体上将会收到他们的边际产品。*

188 　　但是，如果这种边际产品的观念是不起作用的，以致要素的边际产品在共同生产的实际状况中是不能被这些要素的雇用者或购买者辨认出来的，那么对这些要素的最终分配就不会符合边际产品的模式了。某些人把边际生产力理论（在其适用的场合）看做是**一种模式化的正义理论**，这些人可能认为，这种共同生产的情况和边际产品的不确定性为某种正义理论提供了机会，以便由它来确定适当的交易比价。但是资格理论家将会发现，由当事人的自愿交换所导致的任何一种分配都是可接受的。** 关于边际生产力理论的可用性（workability）问题

---

　　* 我们应该指出，收到边际产品，与收到这个人**使其**存在的东西或**生产出**的东西，两者不是一回事。相对于要素 F2……Fn，一个单位的要素 F1 的边际产品是一种**虚拟**观念。它是这两者之间的差别，一方面是得到最有效率利用的要素 F1…Fn 的总产品（已知有效率的，假如对发现最有效率地利用要素的方法会导致成本过高持一种谨慎态度），一方面是要素 F2……Fn（缺少要素 F1）之最有效率的利用的总产品。这两种不同对要素 F2……Fn 的最有效率的利用（一个有附加的单位要素 F1，另一个则没有）将不同地利用它们。而且，无论每个人将为一个附加的单位 F1 合理地支付多少，F1 的边际产品（相对于其他要素）都不会是它连同 F2…Fn 和其他 F1 的单位所**产生出来**的东西，而是它造成的差别，即如果这个 F1 不在其中，其余的要素最有效率地组织起来以应付它的缺席，那么就会存在这种差别。这样，这种边际生产力理论最好不要被理解为一种关于实际生产产品的理论，不要被理解为某种其因果谱系包含有这种要素单位的东西，而要理解为一种关于某种要素的在场所造成的差别（虚拟界定的）的理论。如果这样一种观点与正义相关联，那么它看起来最符合资格理论。

　　** 相信马克思关于资本与劳动者之间交换关系的分析削弱了这种观点（即由自愿交换所导致的持有状态是合法的）的读者，或者相信称这样的交换为"自愿"是一种歪曲的读者，在第 8 章会发现有一些相关的思考。

是错综复杂的。[20] 让我们在这里仅仅关注促使资源所有者趋于边际产品的强烈个人刺激，以及倾向于产生这种结果的市场压力。生产要素的雇用者不是一些傻瓜：他们不知道自己正在干什么，把他们珍视的持有非理性地和任意地转让给别人。确实，罗尔斯对不平等所持的立场要求，对共同产品的分别贡献是可分离的，至少在某种程度上是这样。因为罗尔斯特意这样论证，如果不平等有助于提高社会上处境最差群体的地位，如果没有不平等，这种处境最差群体甚至会变得更差，那么不平等就有理由被看做是正义的。这些有益的不平等至少部分地来自于这种必要性，即有必要向某些人提供刺激以使其从事各种各样的活动或者担任各种各样的角色，而这些活动或角色不是每个人都能同样胜任的。（罗尔斯**不**是在设想，需要不平等来充填每个人都能同样胜任的岗位或者由苦力来承担的岗位，而这些岗位要求，最低的技巧也会得到最高的收入。）但是，这些刺激支付给**谁**？付给哪些行动的履行者？当必需向某些人提供刺激以使其从事生产性活动时，就不要谈论什么共同的社会产品，而任何个人贡献都无法同这些共同的社会产品分开。如果这种产品是无法拆分开的，那么就无法知道这种额外刺激给了哪些关键的人，无法知道由现在这些被刺激起来的人所生产出来的额外产品是不是大于刺激他们所花的费用，从而也就无法知道提供刺激是有效还是无效，它所包含的是一种净收益还是一种净损失。但是，罗尔斯对可辩护的不平等的讨论预先假定这些东西都是可以知道的。所以，我们设想的关于共同产品

189

㉑ 见马克·布劳格（Marc Blaug）：《经济理论回顾》，伊利诺斯州霍姆伍德：欧文公司，1968 年，第 11 章。对于近来关于资本的边际生产力问题的研究，见哈克特（G. C. Harcourt）的 "关于资本理论的一些争论"，《经济文献杂志》，1969 年 6 月号，第 369—405 页。

之不可分的、非由部分组成的性质的主张眼看着就消失了，这样就使支持这种观点——没有社会合作就没有分配正义的特别问题——的理由成为不清楚的，如果不是神秘的话。

合作条件和差别原则

在社会合作与分配份额的关联中，还有一个问题促使我们注意罗尔斯的实际论述。罗尔斯设想了理性的、互不关切的个人在某种处境中聚在一起，而具有这些特征的个人或许是从他们的其他特征中抽象出来的，这些其他特性则并非是为这种处境所预备的。在这种假设的选择处境中——罗尔斯称之为"原初状态"（original position），他们选择了正义观念的首要原则，而这些原则用来指导以后所有关于他们的制度的批评和改革。在做出这种选择的时候，任何人都不知道他在社会上的位置，他的阶级立场或社会地位，或者他的天资或能力，他的力量和理智，等等。

> 正义原则是在无知之幕（veil of ignorance）后面被选择的。这能够确保任何人在选择原则时都不会因受自然的机遇或社会环境的偶然性的影响而处于有利或不利的地位。既然所有人的处境都是相似的，而且任何人都不能谋划有利于其特殊境况的原则，所以这种正义原则是一种公平的协议或交易的结果。[21]

在这种原初状态中，人们会一致选择什么呢？

> 在原初处境中的人们会选择两个……原则：第一个原

---

[21] 罗尔斯：《正义论》，麻省剑桥：哈佛大学出版社，1971年，第12页。

则要求在分派基本权利和义务方面的平等，而第二个原则
主张，只要社会和经济的不平等，例如财富和职权的不平
等，给每一个人、特别是给社会的最不利成员带来补偿利
益，那么它们就是正义的。这些原则排除了在这样的基础
上为制度进行辩护，即一些人的苦难被更大的利益总额所
抵消。一些人应该拥有的更少以便其他人能兴旺发达，这
可能是便利的，但不是正义的。只要如此不幸运的人们的
处境因此而得到改善，那么一少部分人所得到的更大利益
中就不存在不正义。这种直觉的观念是，既然每个人的幸
福都依赖于一种合作体制，而没有这种合作体制任何人都
不会拥有一种满意的生活，所以利益的划分应该这样以便
吸引每一个人都参与这种自愿的合作，其中包括这些处境
更差的人。然而，只有所提出的条件是合理的，这才是可
以期望的。上面所说的两个原则看来是一种公平的协议，
以这种协议为基础，当某种可行体制是所有人的福利的一
种必要条件时，这些禀赋更好或者其社会地位方面更幸运
的人，而这两者都不能说是应得的，才能够期望其他人的
自愿合作。②

　　被罗尔斯称为差别原则的第二个原则主张，制度结构应该
这样加以设计，以致在这种制度下的处境最差群体的情况至少
同在其他任何制度结构下的处境最差群体（不一定是同一个
群体）的情况一样好。罗尔斯论证说，如果原初状态中的人
在做出正义原则的重大选择时遵守最小—最大化（minimax）
方针，他们会选择差别原则。我们在这里所关心的，不是在罗

---

② 罗尔斯：《正义论》，麻省剑桥：哈佛大学出版社，1971 年，第14—15
页。

190

尔斯所描述的原初状态中人们实际上是否会遵守最小—最大化方针以及实际上是否会选择罗尔斯所规定的特殊原则。但我们还是要问,原初状态中的个人为什么要选择一种关注群体而非关注个人的原则。应用最小—最大化原则不是将会使原初状态中的每个人都赞成最大程度地提高处境最差**个人**的地位吗?可以肯定,这种最小—最大化原则将把评价社会制度的问题还原为最不幸者的生活如何令人沮丧的问题。然而,通过把关注转移到群体(或代表性的个人)身上来避免这种还原,这看起来**有些特别**,而对于站在个人立场的这些人来说其动机也是不适当的。㉓另外,哪些群体得到了适当的考虑,这也是不清楚的。为什么排除了抑郁病患者群体、酗酒者群体或者有代表性的截瘫病人?

如果差别原则没有为某种制度结构 J 所满足,那么在制度结构 J 下的某个群体 G 的情况比它若在另一种制度结构 I 下的情况就更差,而制度机构 I 满足了差别原则。如果另一个群体 F 在 J 下的情况比它若在差别原则所支持的 I 下的情况更好,那么这是否足以说,在 J 下,"一些人……拥有的更少以使其他人能兴旺发达"?(在这里,人们可能心里在想,G 拥有的更少以使 F 能兴旺发达。人们也能对 I 说同样的话吗?F 在 I 下拥有的更少以使 G 能兴旺发达?)让我们假设,在一种社会里,下面这种情况很盛行:

> 1. 群体 G 拥有总量 A,群体 F 拥有总量 B,以及 B 大于 A。事情也可能加以不同安排,以致 G 所拥有的会多于 A,以及 F 所拥有的会少于 B。(这种不同安排可能涉

㉓　罗尔斯:《正义论》,麻省剑桥:哈佛大学出版社,1971 年,第 16 节,特别是第 98 页。

及一种从 F 转让某些持有给 G 的机制。）

这是否足以说：

2. 因为 F 的情况好，所以 G 的情况差；G 的情况差，**以便使** F 的情况好；F 的情况好使 G 的情况变差了；G 的情况差**是由于** F 的情况好；**因为** F 的情况是如此之好，所以 G 的情况不是更好。

如果这样，那么陈述 2 的真理性是依赖于 G 比 F 处于一种更差的地位吗？然而，还存在另外一种可能的制度结构 K，它使持有从处境最差群体 G 转让给群体 F，从而甚至使 G 的情况变得更差了。存在制度结构 K 的可能性是否使这种说法成为真的：在 J 下，因为 G 的情况是如此之好，所以 F 的情况不是（甚至）更好？

我们通常并不认为，一个虚拟语句（如 1）的真理性足以支持某种直陈的因果关系陈述（如 2）的真理性。如果你自愿变成我的忠实奴隶，假设我能够克服最初的不安，那么这会在各个方面改善我的生活。我现在处于这种状况的原因是因为你还没有变成我的奴隶吗？因为你使自己成为一个更贫困者的奴隶会使他得到许多改善而使你自己变得更差，我们是不是应该说，因为你仍然处于你所处的情况，所以这个贫困者的情况变差了？他拥有的更少是为了使你能兴旺发达？从

3. 如果 P 要从事行为 A，Q 就不会处于状况 S。

我们将得出结论

192

　　4. P 不从事行为 A 对于 Q 处于状况 S 是有责任的; P 不从事行为 A 引起了 Q 处于状况 S。

只要我们也相信

　　5. P 应该从事行为 A, 或 P 有一种职责去从事行为 A, 或 P 有一种义务去从事行为 A, 等等。[24]

　　因此, 在这种情况下, 从 3 到 4 的推论是以 **5 为先决条件的**。人们不可以把从 3 到 4 当做论证的一步**以便达到 5**。在某种特殊处境下一些人拥有的更少以使其他人能兴旺发达, 这一陈述通常基于对一种处境或一种制度框架的评价, 而它被引入就是为了支持这种制度框架的。既然这种评价**不完全**是从虚拟语句中推论出来的 (如 1 或 3), 所以必须为它提出一种**独立**的论证。*

　　如我们已经看到的, 罗尔斯主张,

　　　　既然每个人的幸福都依赖于一种合作体制, 而没有这
　　　种合作体制任何人都不会拥有一种满意的生活, 所以利益
　　　的划分应该这样以便吸引每一个人都参与这种自愿的合

---

　　[24]　我们在这里简化了 5 的内容, 但并没有损害我们现在的讨论。显然, 除了 5 以外的其他信念当其同 3 合取时, 就证明了得出 4 的推论。例如, 关于物质条件的信念 "如果 3, 那么 4"。它是某种类似于 5 的东西, 与我们在这里的讨论是相关的。

　　*　尽管罗尔斯没有清楚地把 2 与 1 区分开, 以及把 4 与 3 区分开, 但我并不认为, 他做出了一步不合法的推论, 即从后者的虚拟语句溜向前者的陈述语句。即使这样, 这种错误也是值得指出的, 因为它是一种人们容易犯的错误, 也因为它看起来会支持我们所反对的立场。

作，其中包括这些处境更差的人。然而，只有所提出的条件是合理的，这才是可以期望的。上面所说的两个原则看来是一种公平的协议，以这种协议为基础，当某种可行体制是所有人的福利的一种必要条件时，这些禀赋更好或者其社会地位方面更幸运的人……才能够期望其他人的自愿合作。[25]

毫无疑问，差别原则提出了这些禀赋较差者会愿意合作的条件。（他们是否能为自己开出**更好的**条件？）但是，这是一种这些禀赋**更差**者能期望得到其他人**自愿**合作的公平协议吗？涉及社会合作所产生的收益，情况是对称的。禀赋更好者通过同禀赋更差者的合作而受益，**而且**，禀赋更差者也通过同禀赋更好者的合作而受益。然而，差别原则在禀赋更好者与禀赋更差者之间并不是中立的。这种不对称从何而来？

如果一个人问，每个人从这种社会合作中得到了**多少**，这种对称性就被颠覆了。这个问题可以以两种方式加以理解。或者，与在**非合作**体制中的个人持有相比较，人们从社会合作中得到了多少利益？也就是说，对于每一个人 i，$T_i - S_i$ 是多少？或者另一种，不是与**没有任何**合作相比较，而是与更有限的合作相比较，每一个人从普遍的社会合作中得到了多少？对于普遍的社会合作，后者是一个更合适的问题。因为在决定普遍社会合作的利益应如何加以持有的原则上，人们无法达成一致的协议，所以，如果有某种有益的合作安排赢得某些人而不是所有人同意参与，那么就并非所有人都处于非合作的处境之中。这些人将参与这种范围更窄的合作安排。为了使注意力集中于禀赋更好者和禀赋更差者一起合作的利益上面，我们必须尝试

---

[25] 罗尔斯：《正义论》，麻省剑桥：哈佛大学出版社，1971 年，第 15 页。

设想范围更窄的部分社会合作体制，在这种体制里，禀赋更好者仅仅在他们自己之间进行合作，禀赋更差者也仅仅在他们自己之间进行合作，而没有两者之间的交叉合作。这两个群体的成员从他们各自群体里的内部合作中受益，而且与假如根本就没有任何社会合作相比，他们拥有更大的份额。一个人从禀赋更好者和禀赋更差者之间范围更广的合作体系中获得多少利益取决于他从这种更广范围合作中得到多少增殖收益，也就是说，按照这个数额，他在普遍合作体制中得到的份额大于在群体内部（而不是群体交叉）的有限合作体制中得到的份额。如果一个群体（采用一种简单标准）从普遍合作（当与群体内部的有限合作相比较时）中得到的平均增殖收益大于另外一个群体的收益，那么**普遍**合作就或者对于禀赋更好者是更有利的，或者对于禀赋更差者是更有利的。

　　人们可能思索，在群体的平均增殖收益之间是否存在着不平等，如果存在不平等，那么怎么办。如果禀赋更好者的群体包括这样的人，他们想方设法完成某种对其他人拥有更大经济优势的东西，诸如新的发明，关于生产的新观念，或者制造产品的新方式，经济工作的技巧，等等，* 那么就难以避免得出

---

　　* 他们不一定从一出生就**禀赋更好**。在罗尔斯使用这个词的语境中，"禀赋更好"所意味的东西无非是：完成更有经济价值的工作，有完成这种工作的能力，有一种更高的边际产品，等等。（在这里，不可预料的因素所扮演的角色，使先前所设想的两个群体的区分变得复杂了。）本书遵循罗尔斯把人分为禀赋"更好"和"更差"，只是为了批评**他**为证明其理论所提出的思考。资格理论不依赖任何这样的假定，即这种区分是很重要的甚或是可能的，也不依赖任何精殖主义的假设。

　　既然资格理论家并不接受这种模式化的原则，即"按照他的自然禀赋分配"，所以他能够坦然承认，一种熟练的禀赋在市场中能带来什么，依赖于其他人的禀赋和他们愿意怎样使用它们，依赖于由市场所表达的购买者的意愿，依赖于他能提供什么东西以及其他人能够替代他提供什么东西，依赖于由其他人的无数选择和行为之总和所构成的环境。与其类似，我们较早时看到，关于劳动的边际产品

这样的结论，即禀赋**较差者**比禀赋更好者从这种普遍合作体制中得到的**更多**。这个结论意味着什么？我的意思不是说，这种禀赋更好者应该得到比他们在普遍社会合作的资格制度中所得到的更多。*这个结论**所意味的**东西是对这样一种情况的深刻怀疑：以公平的名义对自愿的社会合作（以及从中产生的持有状态）施加限制，以便使这些已经从这种普遍社会合作中大大受益的人更加受受益！

　　罗尔斯可能会要求我们想象这些禀赋更差的人说一些诸如此类的话："禀赋更好者注意：你们通过同我们合作而受益。如果你们想要我们合作，你们就必须接受合理的条件。我们提出这样的条件：只有我们得到的**尽可能的多**，我们才会同你们合作。也就是说，我们合作的条件应该给予我们最大的份额，以致如果试图再多给我们一些，我们结果得到的反倒更少。"所提出的这些条件是多么慷慨，可以通过想象这些禀赋更好者

194

195

（接上页）所依赖的社会要素（《正义论》，第308页），罗尔斯所提出的一些类似考虑不会使一位资格理论家感到担忧，即使这些思考会削弱这种证明理由，而这种证明理由是由按照边际产品分配的模式化原则的倡导者提出来的。

　　*　假如他们能够辨认出自己，也能够相互辨认出来，他们就可以**尝试**团结起来形成一个群体并共同与别人讨价还价，以得到一种更大的份额。假设大多数人都卷入其中，而且对一些禀赋更好的个人存在着刺激，促使他们打破秩序并同禀赋更差者达成分别的协议，在这种情况下，如果这种禀赋更好者的联盟没有能力对其背叛者实行制裁，那么它就会崩溃。仍然留在这种联盟中的禀赋更好者可以使用联合抵制作为一种"制裁"，并拒绝同背叛者合作。为了打破联盟，这些禀赋较差者将不得不为一些禀赋更好者提供足够的背叛刺激，以补偿由不再能够同其他禀赋更好者进行合作所带来的损失。也许它会付钱给某个背叛联盟的人，这个人仅仅是一个相当大的背叛者群体的组成部分，而这个原始联盟则通过给**背叛它**的人以某些特别好处尽力使这种背叛群体保持在很小的规模，如此等等。这个问题是一个非常复杂的问题，并被这个明显的事实而弄得更加复杂了（尽管我们使用了罗尔斯的分类术语），即在决定人们归属于哪个群体的禀赋之间不存在任何鲜明的分界线。

做出的几乎对称的相反建议而看出来："禀赋更差者注意：你们通过同**我们**合作而受益。如果你们想要我们合作，你们就必须接受合理的条件。我们提出这样的条件：只要**我们**得到的尽可能的多，我们就会同你们合作。也就是说，我们合作的条件应该给予我们最大的份额，以致如果试图再多给我们一些，我们结果得到的反倒更少。"如果这些条件显得非常蛮横，而它们确实如此，那么为什么这些禀赋更差者所提出的条件就不是显得同样蛮横呢？假如某个人有胆量直言不讳地把它说出来，那么为什么这些禀赋更好者不应该把这后一建议当做一种下策？

　　罗尔斯投入大量精力来解释为什么这些更少受惠者不应该对得到的更少进行抱怨。简单的说，他的解释就是：因为这种不平等对他有利，所以更少受惠的人不应该对此抱怨；他在这种不平等制度中得到的比他在一种平等制度中所得到的**更多**。（尽管他在另外一种不平等制度中能够得到的还要更多，因为这种制度把别的某个人置于他下面。）但是，罗尔斯**仅仅**在下面这个段落中讨论了这些**更**受惠者是否会觉得或应该觉得这些条件是不是令人满意的问题，而在这个段落中，A 和 B 是任何两个具有代表性的人，其中 A 是更受惠者：

　　　　困难在于如何表明 A 没有任何理由进行抱怨。也许他被要求拥有比他原本拥有的更少，是因为他拥有的更多会导致 B 的减少。现在能够对这个更受惠的人说什么呢？首先，每个人的幸福都依赖于一种社会合作体制，没有这种社会合作体制，任何人都不能拥有一种满意的生活，这是清楚的。其次，只有这种体制的条件是合理的，我们才能要求每一个人的自愿合作。因此，差别原则看起来就是一种公平的基础，在这种基础上，当某种可行的安排是所有人的善的必要条件时，这些禀赋更好者或这些在其社会

环境方面更幸运者，才能期望别人与之合作。㉖

罗尔斯设想对更受惠者所说的东西并**没有**表明这些人没有理由抱怨，而且，如果他们有任何抱怨的话，它也根本不会削弱其分量。所有人的幸福都依赖于社会合作，而没有社会合作任何人都不能有一种满意的生活，这种话也可以由提出任何其他原则的人说给禀赋更差者，其中包括最大程度地提高禀赋最好者地位的原则。这个说法也与其类似：只有这种体制的条件是合理的，我们才能要求每一个人的自愿合作。问题在于：什么条件**会是**合理的？罗尔斯迄今为止设想所说的东西仅仅是提出了他的问题，而这些东西并没有把他提出的差别原则同我们想象禀赋更好者提出的几乎对称的相反建议区别开，或者同任何其他建议区别开。这样，当罗尔斯继续说，"因此，差别原则看起来就是一种公平的基础，在这种基础上，当某种可行的安排是所有人的善的必要条件时，这些禀赋更好者或这些在其社会环境方面更幸运者，才能期望别人与之合作"，这时在他的句子中出现这个"因此"是十分令人困惑的。既然位于它之前的句子在他的建议和任何其他建议之间是中立的，所以差别原则为合作提供了一种公平基础，这个结论**无法**从在它之前这个段落的语句中推论出来。罗尔斯不过是在重复，它看起来是合理的，而对于任何不认为它看起来是合理的人，这很难说是一种令人信服的回答。* 罗尔斯并没有表明，当 A 被要求拥

㉖ 罗尔斯：《正义论》，麻省剑桥：哈佛大学出版社，1971 年，第 103 页。

* 我在这里把罗尔斯的讨论当做这样一个问题，即它涉及禀赋更好或禀赋更差的个人，而这些个人知道他们具有这样的禀赋。此外，人们也可以想象，这些考虑是由原初状态中的某个人进行的。（"如果我最终是禀赋更好的人，那么……如果我最终是禀赋更差的人，那么……"）但是这种解释行不通。为什么罗尔斯煞费苦心地说，"这两个原则……看起来就是一种公平的基础，在这种基础上，这

有的更少以便另一个人 B 可以拥有比他本来会拥有的更多时，

（接上页）些禀赋更好者或这些在其社会地位方面更幸运者，才能期望别人的自愿合作"（《正义论》，第 15 页）。在什么时候谁做出了这种期望？这如何能够被翻译成由原初状态中的某个人所思索的虚拟语句？同样，罗尔斯的这种说法也有问题，"困难在于如何表明 A 没有任何理由进行抱怨。也许他被要求拥有比他原本拥有的更少，是因为他拥有的更多会导致 B 的减少。**现在能够对这个更受惠的人说什么呢？**……差别原则看起来就是一种公平的基础，在这种基础上，这些禀赋更好者……才能期望别人与之合作……"（《正义论》，第 103 页）。我们是否应该这样来理解：当原初状态中的某个人思考他最终是一个禀赋更好者的可能性时，他想知道他对自己说什么？而且他是否会这样说，差别原则因此看起来是一种合作的公平基础，而不管这一事实，即这时他正在思索他是禀赋更好者的可能性？或者，即使后来当他知道自己是禀赋更好者的时候，他在这时是否还会说，差别原则对他来说看起来是公平的？另外，我们要想象他什么时候可能会发出抱怨？在原初状态中不会，因为这时他赞成差别原则。在原初状态的决定过程中，他也不会担心他以后将会抱怨。因为他知道，无论最终结果是什么原则，都是他在原初状态中马上就要理性地选择的，所以他没有理由来抱怨。我们要想象他抱怨自己吗？而且，对于任何后来的抱怨不是都可以这样来回答，"你赞成了它（或者，如果原初状态这样设置，你就会赞成它）"？罗尔斯自己在这里所关心的"困难"是什么？试图把它塞进原初状态会使它更加神秘。另外，原初状态中的人在进行合理的、自利的算计时，思考什么是一种"公平协议"（第 3 节）或一种"公平基础"（第 103 页），这不是公然承认他拥有，至少是利用特殊的道德观念吗？

　　我看不出有任何前后一贯的方式，可以把罗尔斯所对待和谈论的禀赋更好者与禀赋更差者之间的合作条件问题放入原初状态的结构和观点。所以，我认为，罗尔斯在这里是他自己说给原初状态**外面的**人，或者说给禀赋更好的人，或者说给他的读者，以使**他们**相信罗尔斯从原初状态中抽出的差别原则是公平的。比照罗尔斯如何向不平等社会中属于处境最差群体的人来为社会秩序进行辩护，这是富有教益的。罗尔斯想要告诉这个人，这种不平等最终对他有利。这是在告诉某个知道他自己是谁的人："能向每个人特别是这些最少受惠者对这种社会秩序加以辩护"（第 103 页）。罗尔斯并不想说，"你要是赌一把，你就会输掉"，或者诸如此类的东西，甚至也不会说"然后你在原初状态中选择它"，因为他**确实**不希望仅仅说给原初状态中的某个人。除了原初状态之外，他也希望有这样一种考虑，而这种考虑会说服不平等社会中某个知道自己地位低下的人。说"你拥有的更少以使我可以兴旺发达"，这**不会**说服任何知道其地位低这个更受惠者 A 没有任何理由进行抱怨。他无法表明这点，因为 A **确实**有理由进行抱怨。他没有理由吗？

原初状态与目的—结果原则

如何能够假设禀赋更差者所提供的这些条件是公平的？让我们想象这样一块不知从哪里来的社会馅饼（social pie），**任何人**对它的任何部分都没有任何要求，任何一个人也不比任何其他人拥有任何更多的要求，然而关于它应该如何加以分配，他们必须达成一致的协议。毫无疑问，抛开讨价还价中的恐吓和威胁，一种平等的分配会被提出来，而且作为一种解决方案也被认为是合理的。（在谢林所说的意义上，它是一种焦点解决方案。）如果**不知什么原因**这块馅饼的大小不是固定的，而且人们认识到，出于某种原因，追求一种平等分配将会导致得到的整个馅饼比另外一种分配所能得到的更小，那么人们就会愿意同意一种不平等的分配，而这种不平等的分配会提高最小份额的量。但是在任何实际处境中，这种认识不是揭示了对这块馅饼的各个部分应该拥有不同的要求吗？谁能够使这块馅饼变得更大？是不是如果给谁更大的一份，他就会使这块馅饼更大，而如果在平等分配体制下给他平等的一份，他就不会这样做了？向谁提供刺激以使其做出这种更大的贡献？（这里没有任何关于不可分开的共同产品的谈论；大家知道刺激应该提供给**谁**，至少知道事后奖金应该发给谁。）为什么这种可以辨别出来的不同贡献不能导致某种不同的资格呢？

如果东西像吗哪（manna）*一样从天上掉下来，任何人对

（接上页）下的人，而且罗尔斯也正确地拒绝了这种说法，即使对于原初状态中的某个人这种说法的虚拟形式不是没有力量，如果我们能弄懂它的意思的话。

　　*　基督教《圣经》中所说古代以色列人经过旷野时得到的神赐食物。——译者注

它的任何一个部分都没有特别的资格，而且，除非所有人都同意某种特殊的分配，否则任何吗哪都不会掉下来，并且不知什么原因吗哪的数量随这种分配而变化，那么这种主张就是合理的，即被置于如此处境以致不能为了得到更大份额而进行恐吓或威胁的人们会同意按照差别原则来进行分配。但是，对于思考由人们生产出来的东西应该加以如何分配，**这是一种合适的方式吗**？在一种场合，**存在**着不同的资格，在另外的场合，则不存在不同的资格，那么为什么会认为应该得到相同的结果呢？

一种程序将分配正义原则建立在理性的人们所一致同意的东西之上，而这些人对自己本身或自己的历史都一无所知，这种程序**确保了正义的最终—状态原则将被当做基本的原则**。或许，某些正义的历史原则是从最终—状态原则中推论出来的，犹如功利主义者试图从**他的**最终—状态原则中推论出个人权利和禁止惩罚无辜者，等等；或许，这样的论证甚至也能够被构造出来，用以支持资格原则。但是，看起来，任何历史原则都不会首先赢得罗尔斯原初状态中当事人的同意。因为人们在无知之幕的后面聚在一起来决定谁得到什么，而任何人对人们可能拥有任何特别资格都一无所知，所以他们对待所要分配的任何东西都会像天上掉下来的吗哪一样。*

假设有一群学生，他们已经学习了一年，参加了考试，得到了位于 0 和 100 之间的分数，不过他们还不知道自己得了多少分。他们现在集合在一起，对谁得到了什么分数都一无所

---

* 原初状态中的人是否对此感到怀疑：**他们**到底有没有**权利**来决定东西应该如何加以分配？他们也许这样来推理：既然他们正在决定这个问题，所以他们必须假定他们有资格这样做，所以特别的人对持有不能拥有特别的资格（因为那样的话，他们就没有权利一起来决定全部持有应该如何加以分配了），从而所有东西都可以合法地像天上掉下来的吗哪一样加以对待。

知，在这种情况下他们被要求在他们自己之间分配分数，并使其总合等于一个给定的数额（这个数额就是他们从教师那里实际得到的分数总额）。首先，让我们假设，他们要共同决定一种特殊的分数分配，他们要给在聚会现场的每一个人以一个特殊的分数。在这里，假设对他们相互威胁的能力加以足够的限制，他们大概会同意每个人都得到相同的分数，每个人的分数等于总分数除以得分人数。可以肯定，这些分数**不会**碰巧与他们实际得到的那些特殊分数一样。其次，我们假设，在他们聚会所在的布告栏上张贴了一张告示，其标题为大写的"**资格**"，上面列有每个人的名字及其分数，所列的分数与教师的打分是一致的。这种特殊的分数分配仍然不会得到那些考试成绩很差的人的同意。即使他们知道"资格"是什么意思（也许我们必须假设他们不知道是什么意思，以便配合罗尔斯原初状态中的人在算计时不考虑道德因素），为什么他们应该同意教师的分配呢？他们有什么自利的理由同意它？

　　再次，我们假设，他们一致同意不要一种**特殊的**分数分配，而是选择指导分数分配的一般原则。他们将选择什么原则？平等原则，即给每个人以同样的分数，将拥有最大的可能性。另外，如果最终分数总额是可变的，而这取决于他们如何分配它，取决于他们中的每个人得到了什么分数，而且即使他们之间不存在相互竞争（例如，他们中的每个人都与不同群体的成员竞争某种岗位），一种更高的分数也是可欲的，那么诸如最大程度地提高最低分数的分配分数原则**可能**看起来就是有道理的。这些人是否会同意非最终—状态的、**历史的**分配原则：按照一个称职的不偏不倚的教师如何给他们的考试打分，来给他们分数？* 如果所有参与决定的人都知道这种特殊分

200

---

* 我的意思不是假定，所有教师都是这样的，也不是说大学里的学习都应

配是由历史原则产生出来的, 那么他们也不会同意它。因为这时的情况与较早他们决定一种特殊分配时的情况是一样的, 而我们已经看到, 那时他们不同意按资格来分配。这样, 我们假设, 人们并不知道这种特殊分配实际上是由历史原则产生出来的。他们不能因为这种历史原则对他们看起来是公正的或公平的, 就选择它; 因为在原初状态中不允许这样的观念发挥作用。(否则人们就会在那里争论——像在这里一样——正义所要求的是什么。) 每个人都从事于一种计算, 以确定接受这种历史原则是否符合他自己的利益。在历史原则中, 分数依赖于天性、得到开发的智力、人们如何努力工作和偶然因素, 等等, 而对于这些东西, 原初状态中的人几乎都是一无所知。(如果有人想, 既然他在思考这种原则时他的推理非常好, 他一定是智力禀赋更好者中的一位, 那么这是冒险的。谁知道别人在进行他们的推理时使用了什么样的令人眼花缭乱的论证, 也许他们出于策略的原因而深藏不露。) 原初状态中的每个人将按照这些可变的维度对自己的地位进行概率分布的计算。每个人的概率计算会使历史—资格原则优先于每一种其他原则, 这看来是不可能的。现在让我们来考虑这样一种原则, 我们可以把它称为逆向—资格原则 (reverse - entitlement principle)。它按照大小次序开列出一份关于历史资格的清单, 然后给按资格应得最少的人以最多, 给按资格应得第二个最少的人以第二个最多, 如此等

(接上页) 该来打分。我所需要的只是某种关于资格的例证, 而这种例证的细节读者会比较熟悉, 以便检验原初状态中的决策。打分是一个简单的例子, 而当它同这种与时俱进的打分实践服务于什么样的最终社会目的交织在一起的时候, 它就不是如此简单了。我们可以抛开这种复杂性, 因为他们在打分有效地服务于这些目的的基础上选择历史原则, 这就足以说明我们的下述观点, 即他们的基本关切和基本原则是最终—状态的。

等。㉗ 在罗尔斯的原初状态中自利的人的任何概率计算，或者我们所考虑的学生的任何概率计算，就他们关切的是自我利益而言，都会导致他们把资格原则和逆向资格原则看做同等位阶的！（什么样的计算能使他们把这些原则中的一种原则看做优于另一种？）他们的计算不会使他们选择这种资格原则。

　　原初状态中人们在无知之幕的后面来决定采用何种原则，这种决定问题的性质限制他们只能选择最终—状态的分配原则。自利的人基于原则是否对他有利来评估任何非最终—状态的原则，他对任何原则的计算所关注的都是他在该原则下会得到什么结果。（这些计算包括考虑他将要去从事的劳动，而在打分的例子里则没有这个问题，除非作为过去劳动的折旧。）这样对于任何一种原则，原初状态的当事人将关注该原则所导致的利益分配 D，或者该原则可能导致的一种从分配 D1…Dn 的概率分布，而且在假设该原则能够实现的情况下，关注他自己在每个坐标 Di 中占据每一位置的概率。假如他不是使用个人概率，而是使用决策理论家所讨论的其他决策规则，问题的实质不会有任何改变。在这些计算中，该原则所扮演的唯一角色就是产生一种利益（或者他们关切的无论什么东西）的分配，或者产生一种关于利益分配的概率分布。只能通过比较它们所产生的各种不同分配来比较不同的原则。这样，原则就从这幅场景中退出去了，每一个自利的人都在各种不同的最终—状态分配中做出一种选择。或者原初状态中的人直接同意一种最终—状态分配，或者他们同意一种原则；如果他们同意一种原则，他们也只是在考虑最终—状态分配的基础上同意它。他们所同意的这种**基本**原则，他们所有人能够一致同意的这种基

　　㉗　但是，请回忆这种理由：为什么说使用资格的数量观念并没有准确把握资格原则（本章边码第 157 页的注释）。

本原则，**一定**是最终—状态原则。

罗尔斯的构造无法产生出历史的或资格的分配正义观念。他的程序所产生出来的这种最终—状态的正义原则，当同事实信息相结合时，也可能用来尝试**得出**历史—资格原则，而这种历史—资格原则属于非资格正义观念下的派生原则。㉘ 要弄清这种尝试如何能够曲折地得出和解释这种**特殊的**历史—资格原则，这是困难的。而且，在人们看来，从最终—状态原则中尝试得出任何近似于获取、转让和矫正原则的东西，犹如功利主义在试图从其原则中得出（近似于）通常的正义格言时会产生歪曲。这些尝试并没有产生出所希望的特殊结果，而且它们为试图得到的那种结果提出了错误的理由。如果历史—资格原则是基本的，那么罗尔斯的构造在最好的情况下也只是产生出与其相似的东西，但它会为它们提出错误的理由，而且它所得出的结果有时会同正确的原则发生冲突。人们在原初状态中选择原则时所使用的程序预先假设，任何历史—资格的正义观念都不是正确的。

有人可能对我们的论证提出这样的反驳，罗尔斯的程序意在**建立**关于正义的全部事实，他的理论没有提出独立的资格观念，所以不能使用这种资格观念来批评他的理论。但是，我们并不需要任何**特殊**阐发的历史—资格理论作为基础来批评罗尔斯的构造。如果**任何一种**这样的基本历史—资格观点是正确的，那么罗尔斯的理论就不是正确的。这样我们就能够对罗尔斯所提出的理论类型以及它必定产生的原则类型做出这种结构

㉘　若干年以前，哈耶克论证说（《自由宪章》第 3 章），随着时间的推移，自由的资本主义社会能比任何其他制度结构更大程度地提高这些处境最差者的地位。使用现在的术语说，他的论证意味着，它能最好地满足由差别原则所表达的最终—状态的正义原则。

性的批判，而无须首先充分阐述一种特殊的历史—资格理论作为对他的理论的一种替代。除非我们可以肯定任何适当的历史—资格原则都无法得到，否则我们就会被误导去接受罗尔斯的理论以及他对正义问题的解释，即正义原则是由理性的、自利的人在无知之幕的后面选择出来的。

　　既然罗尔斯的构造不能产生出一种历史的或资格的正义观念，那么他的构造中就存在着某些特征，而正是这些特征使它不能产生。除了关注这些特殊的特征，除了说它们在原则上使罗尔斯的构造无法产生一种历史的或资格的正义观念，我们还做了什么？这种批评一点力量都没有，因为我们会这样回答说，除了它实际上产生出的观念以外，这种构造在原则上无法产生出任何观念。非常清楚，我们的批评要比这更为深刻（我希望读者也清楚这一点），但是要阐明这种深度的必要标准，这是困难的。为了避免使这种批评显得瘸腿，让我们再做一些补充：正如罗尔斯所陈述的，支撑无知之幕——在拒绝接受资格观念中发挥了最大作用的特征——的根本观念，就是防止有人按照自己的利益来剪裁原则，防止根据自己的特殊条件来设计原则。但是，无知之幕不仅发挥了这种作用，而且它还确保无知的、非道德的个人之合理计算中将不会有一丝一毫的资格考虑，而这些个人在做出决定时所受到的约束反映了道德的某些形式条件。* 也许，在一种**类似于**罗尔斯的构造中，某种比无知之幕更弱的条件能够有助于排除对原则的专门剪裁，或许，选择处境的其他"类似结构的"特征能够被阐明，以

---

　　* 有人可能认为，资格原则也是以有违道德的方式加以专门剪裁的，所以他可能不会接受我的这种观点，无知之幕超出了它所说的目的。既然对原则的专门剪裁就是为了自己的利益**不公平地**剪裁它们，既然资格原则的公平问题正好就是这个问题，所以难以决定究竟是谁在以假设为论据：是我对无知之幕的力量的批评，还是在本注释中我所设想的对这种批评的反驳。

204 反映关于资格的思考。但是，现在看来，原初状态中任何形式
的选择处境都没有反映关于资格的思考，这些思考甚至根本就
没有被考虑，更不用说被压倒、超出或者干脆放在一边。既然
原初状态中人的处境结构不包含一丝一毫的资格原则，所以这
些原则根本没有任何办法被选择，而且罗尔斯的构造在原则上
也无法产生出它们。显然，这不是说，资格原则（或者"自
然的自由原则"）不能被列入原初状态中人们所思考的原则清
单。罗尔斯甚至根本就没有考虑这点，也许因为已经非常清
楚，把它列入清单加以考虑是不会有任何意义的。

宏观与微观

我们先前曾指出过这样一种反对意见，它怀疑是否存在任
何独立的资格观念。这同罗尔斯的这种主张有关，即他所阐述
的原则仅仅适用于整个社会的基本的宏观结构，而任何微观的
反例对于这些原则都是不相关的。从表面来看，差别原则是**不
公平的**（尽管这同原初状态中从事选择的任何人都没有利害
关系），而且，存在着大量针对它的反例，这些反例关注微观
情况，而这些微观情况则容易理解和处理。但是，罗尔斯并**不**
主张差别原则可以适用于所有的情况，而是认为它仅仅适用于
社会的基本结构。我们如何能够确定它是否适合于社会的基本
结构？既然我们在自己的直觉和判断中对整个社会结构的正义
没有多大的把握，所以我们可以尝试通过关注微观情况来支援
我们的判断，而对于微观情况我们则确实比较有把握。对于我
们当中的许多人，思想试验的一个重要组成部分就是达到罗尔
斯称之为"反思平衡"的过程，而在这种思想试验中，我们
在假设的微观情况下反复试验各种原则。如果这些原则在我们
所思考的判断中并不适用，那么它们也就不会是普遍适用的。
205 而且我们可以认为，既然正确的正义原则是普遍适用的，所以

在微观情况下不适用的原则就不能是正确的。至少自柏拉图以来这已经成为我们的传统，原则可以在大小两种情况下反复试验。柏拉图认为，放大的原则更容易加以辨认，而其他人则可能观点相反。

　　然而，罗尔斯好像是在使用不同的原则，而这些不同的原则分别适用于宏观背景和微观背景，适用于社会的基本结构和我们能够理解和把握的具体情况。基本的正义原则是不是以这种方式**冒出来的**，即它仅适用于最大社会结构而不适用于它的部分？也许人们能想到这种可能性：整个社会结构是正义的，尽管它的任何一个部分都不是正义的，因为每一部分的不正义出于某种原因而相互平衡或抵消了，从而总的不正义就被抵消了或不存在了。但是，抛开它不能履行所设想的抵消其他现存不正义的任务，一个部分如何能够满足最基本的正义原则的要求而同时仍明显是不正义的呢？如果一个部分涉及某种特殊领域，也许会这样。但是，一个正常的、普通的、日常的部分，一个并不拥有不同寻常特征的部分，如果它符合基本的正义原则，那么它最终应该是正义的；如果不是这样，就必须提供专门的解释。一个人不能仅仅说人们正在谈论的原则是仅仅适用于基本结构的，就轻易地把微观的反例打发走了。基本结构拥有什么特征，拥有微观情况所不拥有的什么特征，以致某些特殊道德原则只适用于它，而到了别的地方就不中用了呢？

　　单凭关注所说的复杂整体之直觉性正义来进行论证，这有特别的不利之处。因为复杂整体是不容易审视的，我们不能轻易地掌握相关的每一件事情。整个社会的正义可能依赖于它满足许多不同的原则。这些原则单个来说都具有令人信服的力量（说明它们适用于广大范围的特殊微观情况），但是当它们合并在一起的时候，可能就会产生令人惊异的结果。也就是说，一个人可能惊异于某种制度形式，并且只有这种制度形式，满足了所有的原则。(请比较这些时候所产生的惊异：发现了某种东西，并且只有这种东西，能满足许多不同的、个别的、令人信服的适当性条件；以及这些发现多么使人感到启迪。) 或许，它是一个放大了的简单原则，当它被放大的时候，事情最初看起来是令人非常惊异的。我不是主张在宏观场合突然出现的新**原则**可能是令人惊异的，而是认为旧的微观原则最终在宏观场合如何被满足可能是令人惊异的。如果是这样的话，那么一个人就不应该依赖关于整体的判断，就不应该认为关于整体的判断提供了核查其原则的主要根据或者唯一根据。要改变一个人关于某种复杂整体的直觉判断，一种主要途径就是认清原则之更广的和通常令人惊异的含义是牢固地建立在微观层面上的。同样，要发现一个人的判断是错误的，通常肯定要凭借以微观层面为根据的原则之严格应用来颠覆它们。出于这些理由，试图通过排除对原则的微观检验来保护它们，这是不可取的。

　　关于轻视对基本原则的微观检验，我能想到的唯一理由就是，微观处境中可能包含有特殊的资格。让我们继续论证，显然在这种考虑中，基本原则将同这些资格发生冲突，因为这些原则是在比这些资格更深的层面上发挥作用。既然它们是在比这些资格更深的层面上发挥作用，所以任何包含资格在内的微观处境都不能作为检验这些基本原则的例子来加以使用。请注意，这种推理可以接受罗尔斯的程序之假定，即任何基本的资格观点都不是正确的，以及有一些层面是如此之深，以至任何资格都不能在那么深的层面上发挥作用。

　　是不是所有资格都可以归为相对肤表的层面？例如，人们对自己身体各个器官的资格是否属于肤表的层面？应用最大程度地提高处境最差者之地位的原则，有可能会涉及对身体器官的强制性再分配（"你这么多年来一直拥有视力，现在你的一只——甚或两只——眼睛应该移植给别人"），或者趁早杀死一些人，以利用他们的身体来提供拯救他人生命所必需的器官，否则这些人就会夭折。[29] 提出这样的例子看起来有些歇斯底里。但是，我们不得不举出这样极端的例子，以检验罗尔斯不允许使用微观的反例是否合理。如果我们关注这些资格和权利，而这些资格和权利的基础明显不是社会的或制度性的，那么就非常清楚，并非微观场合中的所有资格都可以被理解为肤表的和非法的东西，从而不能用它来验证所假设的原则。基于什么理由，其细节我留给大胆的读者来规定，这些微观例子被裁定是不中用的？基于什么理由而能够主张，基本的正义原则只需要应用于社会的基本制度结构？（而且，我们能不能把关于身体器官或结束人的生命的这些再分配实践纳入一个社会的基本结构？）

　　我们因其同历史—资格的正义观念根本不相容而批评罗尔斯的理论，这具有讽刺的意味。因为罗尔斯的理论本身描述了一种（抽象地构想出来的）带有结果的过程。他并没有为他的两个正义原则展示一种直接的演绎论证，而这种论证是从隐含它们的其他陈述中推论出来的。罗尔斯论证的任何演绎表达都应该包含元陈述（metastatements），即关于原则的陈述：诸如，为某种处境中的人们所一致同意的任何原则都是正确的。这样的元陈述与表明这种处境中的人们一致同意原则 P 的论证相结合，一个人就可以推论原则 P 是正确的，从而推论出这个原则 P。在这种论证中的某些地方，"P" 出现在引号中，以便把这种论证与一种关于原则 P 之真理性的直接演绎论证区别开来。与直接的演绎论证不同，一种处境和过程在这种论

207

---

　　[29]　考虑到罗尔斯主张自由原则以词典式次序优先于差别原则的理由比较薄弱，这个问题是特别严重的。

证中得到了规定，而从这种处境和过程中出现的任何原则都被认为是正义的原则。（在这里我抛开了这两者之间的复杂相互作用问题：一方面是人们希望得出的正义原则，一方面是人们规定的原初处境。）正如对于一个资格理论家来说，任何从（由转让原则规定的）合法过程中出现的持有状态都是正义的，对于罗尔斯来说，任何从原初状态中通过一致同意的约束过程而出现的原则都是（正确的）正义原则。两种理论都规定了出发点和转换过程，而且两种理论都接受了它的结果，而无论其结果是什么。按照这两种理论，由于它的因果传承，它的历史，无论最终出现什么结果都是应该加以接受的。而且，任何涉及一种过程的理论，都必须从某种**自身**并非是该过程之结果的东西开始（否则，它的出发点就要大大向后移），也就是说，从论证这种过程的基本优先性的一般陈述开始，或者从这种过程本身开始。资格理论和罗尔斯的理论两者都涉及一种过程。资格理论为产生持有状态而规定了一种过程。支撑这一过程的（获取、转让和矫正）三个正义原则，把这种过程当做它们的主题时，它们自身是分配正义的过程原则，而不是分配正义的最终—状态原则。它们规定了一种正在进行着的过程，而**没有**确定它最终会怎样，**没有**提供某种它必须满足的外在的模式化标准。罗尔斯的理论为产生正义原则而提出了一种过程 P。这种过程 P 包含着原初状态中的人们在无知之幕的后面一致同意正义原则。按照罗尔斯，从这个过程 P 中出现的任何原则都是正义原则。但是，我们已经论证过，这个产生正义原则的过程 P 本身无法产生出作为基本正义原则的过程原则。过程 P 一定产生出目的—状态或目的—结果原则。在罗尔斯的理论中，尽管差别原则应用于一种正在进行着的和持续着的制度过程（这种过程包括基于这种原则下的制度预期而**得出的**资格，也包括所得出的纯粹程序正义的成分等），但它仍然是一种目的—结果原则（然而不是一种**即时**原则）。差别原则确定了这种正在进行着的过程最终结果会怎样，并且提供了一种它必须满足的外在的模式化标准，而任何没有满足这种标准之检验的过程都会被拒绝。一种原则支配了一个正在进行着的制度过程，这个事实并不能使它成为一种过程原则。假如这能使它成为一种过程原则，那么与其说功利主义是一种目的—结果原则，就不如说它也是一种过程原则了。

这样，罗尔斯的理论结构就展示出一种两难困境。如果过程是非常重要的，那么罗尔斯的理论就是有缺陷的，因为它不能产生出关于正义的过程原则。如果过程不是非常重要的，那么由罗尔斯得出原则的过程 P 所产生的原则就没有得到足够的支持。契约式论证包含这样一种假定，从某种过程中产生出来的任何东西都是正义的。一种契约式论证的力量依赖于这种基本假定的力量。因此可以肯定，任何契约式论证都不应该这样来构造，以致使过程原则不能成为基本的分配正义原则，而我们正是按照这种分配正义原则来判断社会制度的；任何契约式论证都不应该这样来构造，以致使它的结果与结果所依赖的假定在性质上是不同的。[30] 如果过程好得足以在上面建立一种理论，那么它们就好得足以成为这种理论的可能结果。一个人不能自相矛盾。

我们应该指出，差别原则是一种特别强的模式化最终—状态原则。如果（在想象中）通过删去某些人以及他们的分配份额，一种不正义的分配（按照该原则）能够从这种原则所认为是正义的分配中产生出来，那么我们把这种分配原则称为

---

[30] "原初状态的理念是建立一种公平的程序，以致所一致同意的任何原则都是正义的。目的是把纯粹程序正义的观念用作理论的基础。"罗尔斯，《正义论》，麻省剑桥：哈佛大学出版社，1971 年，第 136 页。

有机的（organic）。有机的原则所关注的特征依赖于模式的**整体性**。相反，"按照他在一种特殊自然维度 D 方面的得分来分配"，这种形式的模式化原则就**不**是有机的原则。如果一种分配满足了这种原则，当某些人以及他们的持有被删去的时候，它会继续满足这种原则，因为这种删除并不影响其余人们的持有比率，或者不影响他们在维度 D 方面的得分比率。这些不变的比率将继续保持原样，并且继续满足这种原则。

差别原则是有机的原则。如果处境最差群体以及他们的持有从一种状态中被删去了，那么关于所导致的状态和分配是否会最大程度地提高这种新的处境最差群体的地位，没有任何保证。也许，如果顶层群体拥有的更少，那么新的底层群体就能拥有的更多（尽管没有办法实行从顶层群体到原底层群体的转让）。*

无法满足这种删除条件（即在删去人们和他们的持有的情况下，一种分配仍然保持是正义的）是有机原则的标志。让我们再考虑增加条件，而这种增加条件要求，如果两种分配（在互不相关的两群人中间）都是正义的，那么由这两种正义分配之联合所组成的分配也是正义的。（如果地球上的分配是正义的，而且某个遥远星球上的分配是正义的，那么这两种分配的总和也是正义的。）"按照他在一种自然维度 D 方面的得分来分配"，这种形式的分配原则违反了这个条件，因此（让我们把它）称为**非集合的**。因为，虽然在每个群体内部所有份额的比率与维度 D 方面所有得分的比率是对应的，但是它

---

* 这样，差别原则制造了**两种**利益冲突：顶层和底层之间的冲突，**以及**中间阶层和底层之间的冲突。因为，如果底层没有了，那么差别原则可以用于改善中间阶层的地位，而这个阶层的人就变成了新的底层群体，其地位应最大程度地加以提高。

们在两个群体之间则不需要是对应的。* 持有正义的资格原则同时满足了删除条件和增加条件，从而资格原则是非有机的和集合的。

我们在离开差别原则的性质这个主题之前，应该提及托马斯·斯坎伦（Thomas Scanlon）的有趣但我认为是错误的思考："不存在任何不同于差别原则的合理的原则，在差别原则与严格平等之间也不存在任何合理的原则。"㉛ 怎么能是这样的情况：除了绝对平等以外，任何合理的平等主义原则都不能排除巨大不平等，以使处境最差的代表者获得**微小的**利益？对于平等主义者，不平等是一种成本，一种负面因素。严格的平等主义者根本不允许存在任何不平等，把不平等的成本视为无限大。差别原则允许这种成本是**任何**数额，只要（对处境最差群体）有**某种**无论多么小的利益。这没有把不平等视为一种巨大的成本。我整理了我的评论之后，下面的原则就跃入我的大脑，我把它称为平等主义的普遍原则1：只有其收益超过其成本，一种不平等才可以被证明为是正义的。按照罗尔斯，假设它的收益只是指处境最差群体的收益，那么我们如何（以一种可以与其收益相比较的方式）来衡量它的成本？成本应该相等于这个社会里不平等的总额，而对不平等可以容有各种不同的看法。这样，让我们把处境最好的代表者的状况与处境最差的代表者的状况之间的差别看做一种特殊制度中不平等

---

* 设第二个群体中的个人与第一个群体中的个人相比，其在维度 D 方面的得分是后者的一半而所拥有的份额则是其两倍，而在第一个群体内部任何两个人之间的份额和维度 D 方面的比率都是相同的。这样就可以推出，在第二个群体内**部**，任何两个人的份额比率与他们的得分比率都是相同的。然而，在这两个群体之间，这种比率的同一性则**不能**成立。

㉛ 托马斯·斯坎伦（Thomas Scanlon）："罗尔斯的正义理论"，《宾夕法尼亚大学法律评论》1973 年 5 月号，第 1064 页。

（从而它的成本）的尺度。设 X_w 是在制度 X 中处境最差代表者的份额，X_B 是在制度 X 中处境最好代表者的份额。再设 E 是一种有效率的平等制度（在这种制度中，每一个人的所得不少于在任何其他平等制度中的所得）。（$E_B = E_w$），这样我们得到了下面平等主义的普遍原则 1 的基本规定（其他的规定会使用其它的不平等尺度）：如果 $U_B - U_w > U_w - E_w$，那么一种不平等的制度 U 就不能被证明为是正义的。（或者它应该是 ≥？）只有处境最差群体所得到的收益（$U_w - E_w$）大于（或等于？）不平等的成本（$U_B - U_w$），一种不平等才能被证明为是正义的。（请注意，这包含间隔尺度和人际比较的衡量。）这是一种中间立场，平等主义者可能觉得它很有吸引力，而且与差别原则相比，它是一种更强的平等主义原则。

除了严格的平等主义，甚至还有**更强**一些的平等主义原则，而支持它的思考与出于道德原因拒绝简单的成本—收益原则的思考是类似的。㉜ 这样我们就得到了平等主义的普遍原则 2：只有 a. 它的收益超过它的成本，**以及** b. 没有**其他**的不平等制度 S，而这种制度 S 中的不平等更少，以致 U 超出 S 的**额外**收益并不超过 U 超出 S 的额外成本，一种不平等制度 U 才可以被证明为是正义的。同以前一样，把 $X_B - X_w$ 当做一种制度 X 中不平等的成本，我们就得到了下面平等主义的普遍原则 2 的基本规定：一种不平等制度 U 可以被证明为是正义的，只有：

　　a. $U_w - E_w > U_B - U_w$，以及

　　b. 没有制度 S，以致 $S_B - S_w < U_B - U_w$，以及 $U_w - S_w \leq (U_B - U_w) - (S_B - S_w)$。

　　㉜　见我的"道德复杂性与道德结构"，《自然法论坛》，1968 年，特别是第 11—21 页。

（注意 b 达到的结果是：不存在任何带有比 U 更少不平等的制度 S，以致 U 超出 S 的额外收益小于或等于它的额外成本。）

按照严格性的**升序**排列，我们就有了这些平等主义的原则：差别原则，普遍的平等主义原则 1 的基本规定，普遍的平等主义原则 2 的基本规定，以及严格的平等原则（选择 E）。可以肯定，一名平等主义者将发现中间两种原则比差别原则更有吸引力。（这样，一名平等主义者可能会思考，原初状态的结构或它里面的人的本性发生了什么变化，以致使这些平等主义原则中的一个被选择。）显然，我自己并不认为这些平等主义的原则是正确的，但是这些思考有助于准确说明差别原则在何种程度上是平等主义的，并且使这种主张显得没有道理，即除了严格平等以外，差别原则是最合理的平等主义原则。（然而，也许斯坎伦的意思是说，任何更强一些的平等主义原则都将增加不平等的成本，而目前还没有任何一种理论能使人们精确估算会增加多少成本。）

我们应该提到一种方式，而依靠这种方式，甚至更为严格的平等主义原则也可以从罗尔斯的原初状态中得出来。罗尔斯设想，合理的自利的人在无知之幕的后面选择支配他们的制度的原则。在《正义论》的第三部分，他进一步设想，当在体现这些原则的社会中长大的时候，人们由此发展出一种正义感和一种特殊心理（以及对他人的态度等等）。这是这种论证的第一阶段。这种论证的第二阶段涉及**这样的**人，他们是第一阶段的结果，是社会按照第一阶段的原则运作的结果，并把**这些**人置于原初状态之中。第二阶段原初状态中的个人所具有的心理和正义感是第一阶段的产物，而不再（仅仅）是合理的自利的个人。现在，这些人为他们要居住于其中的社会选择指导原则。他们在第二阶段所选择的原则与第一阶段中别人所选择的原则会是同样的原则吗？如果不是同样的，那么设想人们是在一种体现第二阶段原则的社会里长大的，现在由他们来决定**他们**应该发展什么样的心理，并把**这些**作为第二阶段产物的人置于第三阶段的原初状态之中，而且，像先前那样继续重复这个过程。我们应该说，这种重复的原初状态产生了特殊的原则P，如果1. 有一个 n 阶段的原初状态，在那里 P 被选择，而且 P 在 n + 1 阶段的原初状态中也被选择，或者2. 如果在原初状态的每个新阶段都有新原则被选择，那么这些原则最终都汇集于 P。否则，这种重复的原初状态不会产生出任何特殊的原则，比如说，原初状态的各个后续阶段在两套原则之间来回摆动。

　　罗尔斯的两个正义原则实际上是由这种重复的原初状态产生出来的吗？也就是说，在第二个阶段，作为他的两个正义原则运作的结果，具有罗尔斯所描述的心理的**人们**被置于原初状态中的时候，他们自己选择了这些原则？如果是这样，那么这会强化罗尔斯的结论。如果不是这样，那么我们就面临这样的问题：原初状态是否产生出了任何原则；它们是在什么阶段产生出来的（或者它们是否最终产生出来了）；以及**这些**原则究竟是什么。对于那些愿意在罗尔斯的框架内工作而不考虑我的论证的人，这看起来是一个有趣的研究领域。

天资与任意性

　　在罗尔斯讨论他称之为自然的自由体系时，他最接近于思考资格体系：

　　　　自然的自由体系选择一种有效率的分配方式大致如下。让我们假设，我们从经济学理论知道，按照关于竞争性市场经济的常规假定，收入和财富将以一种有效率的方式加以分配，我们还知道，在任何一个时期所产生的有效率的特殊分配都是由资产的最初分配决定的，也就是说，由收入和财富、以及自然的才智和能力的最初分配决定的。伴随着每一次最初分配，都产生出一种确定的有效率的结果。这样就导致，如果我们要认可这个结果是正义的，而不仅仅是有效率的，那么我们必须也认可基础，而在这种基础上，随着时间推移资产的最初分配被决定了。

在自然的自由体系中，这种最初分配是由一种安排控制的，而这种安排隐含在职业向才智开放的观念中。这种安排以（由第一个正义原则所规定的）平等的自由和自由的市场经济的背景为先决条件。它们要求一种形式的机会平等，所有人起码都具有进入所有有利的社会地位的相同法律权利。但是，由于除了必须维持必要的背景制度以外，没有做出任何努力来维持社会条件的平等或近似，所以这种资产的最初分配总是受到自然和社会的偶然性的强烈影响。比如说，收入和财富的现存分配就是天资（natural assets）——即自然的天分和能力——的先前分配的叠加结果，而无论这些天资是已经得到发展还是有待于实现，在使用时社会环境对它们是有利还是不利，以及偶然性对它们是意味着好运还是坏运。从直觉来看，自然的自由体系的最明显不正义在于，它允许分配的份额受这些从道德观点看是如此任意的因素的不适当影响。[33]

---

[33]　罗尔斯：《正义论》，麻省剑桥：哈佛大学出版社，1971年，第72页。罗尔斯继续讨论他称之为对他的两个正义原则的自由主义解释，其目的是消除社会偶然性的影响，而"从直觉上说，这种社会偶然性看起来是有问题的……因为它允许财富和收入的分配受才能和天资的自然分配所决定……分配的份额受自然的抽奖结果所决定，而这种结果从道德观点看是任意的。没有理由允许收入和财富的分配受历史和社会的运气所决定，也没有理由允许它们受天资的分配所决定"（第73—74页）。

在这里，我们看到了**罗尔斯**拒绝自然的自由体系的理由：它"允许"分配的份额受这些从道德观点看是如此任意的因素的不适当影响。这些因素是："自然的天分和能力的……先前分配，而无论这些天资是已经得到发展还是有待于实现，在使用时社会环境对它们是有利还是不利，以及偶然性对它们是意味着好运还是坏运。"请注意，这里**根本**没有提到人们如何选择去发展他们自己的天资。为什么单单把它漏掉了？也许因为这些选择也被看做是这些因素的产物，超出了人们的控制，从而"从道德观点看是任意的"。"一个人认为自己对于优良性格是应得的，而这种优良性格能够使他做出努力来培养他的能力，这种主张是同样成问题的；因为他的性格在很大程度上依赖于幸运的家庭和社会环境，而他不能声称对此是有功的。"㉞（关于性格以及它与行为的关系，这里预先假设了什么观点？）"从道德的观点看，这种天资的最初赋有和早期生活中他们成长和成熟的这种偶然性是任意的……一个人愿意做出的努力受他的自然能力、技巧和对他开放的选择所影响。在其他情况相等的条件下，禀赋更好者更有可能做出自觉的努力……"㉟　只有把关于人的值得注意的**所有事情**都完全归因于某些"外部"因素，这条论证路线才能够成功地阻止援引人的自主选择和自主行为（以及它们的结果）。所以，对于一种希望支持自主存在物拥有尊严和自尊的理论，特别是对于一种（包括关于善的理论）极其依赖人的选择的理论，贬低人的自主和人对其行为的首要责任是一条危险的路线。人们怀疑，罗尔斯的理论所预先假设和依赖的这种不崇高的人类形象是否能够与人类尊严的观点相吻合，而罗尔斯的理论目的就是导向和

㉞　罗尔斯：《正义论》，麻省剑桥：哈佛大学出版社，1971 年，第 104 页。
㉟　同上书，第 311—312 页。

体现这种人类尊严的观点的。

在我们探讨罗尔斯为什么拒绝自然的自由体系之前，我们应该注意原初状态中这些人的处境。自然的自由体系（按照罗尔斯）是对他们**确实**接受的这一原则的**一种**解释：社会不平等和经济不平等应这样加以安排，以致它们两者可以合理地被期望对每一个人都有利，而且从属于职位和公职对所有人开放。然而，原初状态中的人们是否对这一原则的**所有**各种不同解释都进行了清晰的思考和选择，这仍然是不清楚的，尽管这看起来是最合理的解析。（在第 124 页开列原初状态中所考虑的正义观念时，罗尔斯的图表**不包含**自然的自由体系。）他们肯定清晰地思考了一种解释，即差别原则。罗尔斯并没有讲在原初状态中思考自然的自由体系的人们为什么会拒绝它。他们不能提出这样的理由：它使所产生的分配依赖于**道德上**任意的天资的分配。正如我们以前看到的那样，我们必须假设的是，人们在原初状态中的自利计算没有（而且不能）使他们采纳资格原则。无论如何，我们的评价和罗尔斯的评价是建立在不同的考虑之上的。

罗尔斯目的明确地**设计了**原初状态及其选择处境，以体现和实现对这一事实的否定的反思评价，即允许持有的份额受天资的影响："我们决定寻找一种正义观念，而这种正义观念能废除自然禀赋和社会环境的偶然性……"㊱（罗尔斯在许多地方都提到废除自然禀赋和社会环境的偶然性这个论题。）这种追求决定了罗尔斯的理论所具有的形态，支持了他关于原初状态的描述。不是说这些**确实**应得其自然天赋的人若被置于罗尔斯的原初状态中就会选择不同的原则，而是对于这样的人，大概罗尔斯不会主张，支配**他们**相互关系的正义原则是由他们在原初状态中所选择的东西来确定的。记住罗尔斯的构造多么依

㊱　罗尔斯：《正义论》，麻省剑桥：哈佛大学出版社，1971 年，第 15 页。

215

赖这个基础，这是非常重要的。例如，罗尔斯论证说，某些平等主义的要求不是出于嫉妒，而是出于对不正义的痛恨，因为它们应该符合他的两个正义原则。[37] 正如罗尔斯认识到的那样，[38] 如果支持原初状态（它产生出罗尔斯的两个正义原则）的这些考虑本身体现了嫉妒或以嫉妒为基础，那么这种论证就会被削弱。因此除了有助于理解罗尔斯为何拒绝其他的观念，以及评价他对资格观念的批评是否有力，内在于他理论中的理由还为探索这种需要提供了动机，即正义观念应适合于废除社会环境和自然天资方面的差别（以及它们在社会环境方面所引起的任何差别）。

　　持有为什么不应该部分地取决于自然禀赋？（它们也取决于这些禀赋如何得到发展和如何利用。）罗尔斯的回答是，这些自然的禀赋和天资是不应得的，"从道德观点看是任意的"。对这种回答的适当性可以有两种理解：它可以是这样一种论证的一部分，即自然差别所导致的分配结果应该加以废除，我将把它称为肯定的论证；它也可以是这样一种论证的一部分，即反驳可能存在的反论证，而这种反论证主张自然差别所导致的分配结果不应该加以废除，我将把它称为否定的论证。肯定的论证试图证明，自然差别所导致的分配结果应该加以废除，而否定的论证仅仅是反驳关于这些差别不应该加以废除的**某一种**论证，这样就为这种可能性留下了空间，即（出于其他理由）这些差别不应该加以废除。（否定的论证也留下了这种可能性，即自然差别所导致的分配结果是否要加以废除，这是一件道德上**中性**的事情。请注意这两种说法之间的差别：一种说法是，事情应

　　㉝　罗尔斯：《正义论》，麻省剑桥：哈佛大学出版社，1971 年，第 538—541 页。
　　㉞　"要想表明正义原则部分地依赖于嫉妒，那么就必须证明，原初状态的一些条件产生于这种性格倾向。"《正义论》，第 538 页。

该是这种情况；另外一种说法是，它并非不应该是这种情况。)

肯定的论证

我们从肯定的论证开始。自然禀赋方面的差别从道德观点看是任意的，这种观点如何能在这样一种论证中发挥作用，而这种论证要证明由天资方面的差别所导致的持有方面的差别应该加以废除？我们将考虑四种可能的论证，首先是论证 A：

1. 任何人对他拥有的持有在道德上都应该是应得（deserve）的；不应该出现这种情况，人们拥有他们不应得的持有。

2. 人们对他们的天资在道德上不是应得的。

3. 如果一个人的 X 部分地决定了他的 Y，而且他的 X 是不应得的，那么他的 Y 也是不应得的。

所以，

4. 人们的持有不应该部分地由他们的天资来决定。 217

这个论证将用作其他类似的、更为复杂的论证的一个代表。㊴ 但是，罗尔斯明确地、坚定地**拒绝了**按照道德应得来分

㊴ 例如：

1. 任何两个人的持有之间的差别应该在道德上是应得的，道德上不应得的差别不应该存在。

2. 人们在天资方面的差别在道德上是不应得的。

3. 人们之间受不应得的其他差别所部分决定的差别本身也是不应得的。

所以，

4. 人们的持有之间的差别不应该受他们天资的差别所部分决定。

配的观点。

　　常识中存在着这样一种倾向，即设想收入、财富以及一般来说生活中的好东西都应该按照道德应得来加以分配。正义是符合美德的幸福。虽然人们认识到这种理想根本无法完全实现，但（按照常识）它还是分配正义的适当观念，起码是一种**自明的**原则，而且，当环境允许时，社会应该努力实现它。作为公平的正义现在拒绝这种观念。这样一种原则在原初状态中不会被选择。[40]

　　因此，罗尔斯无法接受任何像论证 A 中第一个前提那样的前提，从而这种论证的任何一种变体都不会被用作一种根据，以支持他拒绝由天资方面不应得的差别所导致的分配份额方面的差别。罗尔斯不仅拒绝第一个前提，而且他的理论也不能与它共存。如果刺激能极大改善处境最差者的命运，他赞成给人们提供刺激，而这些人之所以收到刺激并拥有更大的份额，则通常是由于他们的天资。我们早些时候曾指出，持有正义的资格观念，作为一种非模式化的正义观念，也不同意按照道德应得来进行分配。任何人都可以给任何其他人以他有资格拥有的任何持有，而无论这个接受者对于成为该接受者在道德上是不是应得的。按照合法的资格进行分配，而这种资格是被合法地转让给他的，这不是一种模式化原则。

　　如果论证 A 及其第一个前提被拒绝了，那么如何构思这种肯定的论证就不清楚了。其次，让我们考虑论证 B：

---

　　[40]　罗尔斯：《正义论》，麻省剑桥：哈佛大学出版社，1971 年，第 310 页。在这一节的其余部分，罗尔斯继续批评按照道德应得进行分配的观念。

1. 持有应该按照某种模式加以分配，而这种模式从道德观点看不是任意的。

2. 从道德观点看，人们拥有不同的天资**是**任意的。

所以，

3. 持有不应该按照天资来加以分配。

但是，天资方面的差别可能同其他的差别相**关联**，而这些差别从道德观点看不是任意的，而且也对分配问题明显具有某种潜在的道德相关性。例如，哈耶克证明，在资本主义条件下，分配一般是按照对他人的公认服务来进行的。由于天资方面的差别将产生出服务于他人能力方面的差别，所以分配方面的差别与天资方面的差别之间存在着某种关联。这种体系的原则**不是**按照天资进行分配，而按照对他人的公认服务来进行分配，但是，在这种体系的条件下，天资方面的差别将导致持有方面的差别。如果上述结论3的外延要加以扩大以排除这种情况，那么就应该明确加以规定。但是，要是增加这个前提，即具有某种大体上相同外延的描述（这种描述从道德观点看是任意的）的任何模式本身从道德观点看都是任意的，这就会导致过强，因为它将产生这样一种结果，**每一种**模式从道德观点看都是任意的。也许应该避免的关键事情不是单纯的相同外延，而是某些道德上任意的特征，正是这些特征**引起**分配份额方面的差别。这样，让我们考虑论证C：

1. 持有应该按照某种模式加以分配，而这种模式从道德观点看不是任意的。

2. 从道德观点看，人们拥有不同的天资是任意的。

3. 如果对为什么一种模式包含了持有方面的差别的部分解释是，人们中的其他差别引起了这些持有方面的差别，如果这些其他差别从道德观点看是任意的，那么这种模式从道德观点看也是任意的。

所以，

4. 天资方面的差别不应该在人们中间引起持有方面的差别。

这个论证的前提3主张，用来支持某种模式的任何道德任意性都会传染给这种模式，使它在道德上也是任意的。但是，任何模式都会具有某些道德上任意的事实，以作为它如何产生出来的部分解释，其中包括罗尔斯所提出来的模式。差别原则的运作会给予一些人比其他人更大的分配份额，哪些人能得到这些更大的份额至少部分地取决于这些人与其他人之间的差别，而这些差别从道德观点看是任意的，因为一些拥有特殊天资的人会得到更大的份额，以作为他们以某种方式使用其天资的刺激。也许某种类似于3的前提能够得到这样的阐述，以致能排除罗尔斯希望排除的东西，同时却不排除他**自己的**观点。然而，由此所产生的论证还会**假定**，持有的状态应该实现某种模式。

持有的状态为什么应该被模式化？模式化并**不是**一种正义理论所固有的，正如我们在提出我们的资格理论时所看到的那样：一种理论应该关注的是产生持有状态的根本原则，而不是一种持有状态所实现的模式。如果对此加以否认，即关于这些根本原则的理论**是**关于分配正义的一种单独理论，而不是来自其他领域的各种不同考虑的一种集合，那么问题就变成了是否

存在任何关于分配正义的单独主题，而这种单独主题需要一种单独理论。

　　对于先前所说的吗哪从天而降的情况，可能有更加令人信服的理由来寻找一种模式。但是，既然东西已经是被人所持有的（或者已经达成了应如何持有它们的协议），所以就不需要寻找某种适合于无主物的模式；既然持有实际上据以产生或形成的过程本身不需要实现任何特殊的模式，所以没有任何理由期望将产生出任何模式。这种情况不适合进行这样的发问："这些东西的情况怎么样，我们终究要用它们做什么？"在没有吗哪从天而降的世界上，东西只能是由人们制造出来的、生产出来的或转让的，根本不存在任何单独的分配过程以使一种分配理论成为一种关于这种单独分配过程的理论。读者可以回忆我们先前所提出的论证：通过按照该模式而拥有持有的人们之自愿的交换和赠送，等等（大体说来），任何实现某种特殊模式的持有状态都可以转变为**另外一种**不符合这种模式的持有状态。当人们认识到模式化会有这种后果，即人们不可以选择去做打乱模式的事情，即使是用他们合法拥有的东西也不行，在这个时候，这种持有**必须**加以模式化的观点可能看起来就更没有道理了。

　　关于模式化的正义观念，也许还有另外一条路线应该提到。让我们设想，每一个道德上合法的事实都有一个"统一的"解释以表明它在道德上是合法的，而且，这些事实的**合取**（conjunctions）属于事实领域，而这个事实领域应被解释为在道德上是合法的。如果 p 和 q 每一个都是道德上合法的事实，它们各自拥有 P 和 Q 作为道德上合法的解释，而且，如果 p∧q 也是被解释为道德上合法的，并且如果 P∧Q 并不构成一种"统一的"解释（而仅仅是不同解释的一种合取），那么就会需要某种更深层的解释。把这种考虑应用于持有，让我

220

们假设，存在着一些分别的资格解释，它们表明了我拥有我的持有的合法性，以及你拥有你的持有的合法性，这样就提出了下面的问题："我持有我拥有的东西，你持有你拥有的东西，为什么这是合法的？为什么这种共同事实**以及在它内部所包含的全部关系**是合法的？"如果两种分别解释的合取不能被用来以一种统一的方式解释共同事实的合法性（其合法性没有被看做是由它的组成部分的合法性所构成的），那么看起来就需要某种模式化的分配原则来表明它的合法性，来使任何非统一的持有状态合法化。

对特殊的事实给予科学的解释，通常的做法是考虑被解释事实的某种合取，这种事实的合取不需要分别的解释，而是通过对合取单元（conjuncts）的解释的合取而得到解释。（如果 E1 解释了 e_1 并且 E_2 解释了 e_2，那么 $E_1 \wedge E_2$ 就解释了 $e_2 \wedge e_2$。）如果我们要求，任何两个合取单元以及在某处的合取应以某种统一的方式加以解释，而不仅仅是通过分别的、不同的解释的合取来进行解释，那么我们就会被驱使去拒绝大部分通常的解释，去寻找一种基本模式，以解释看起来是分离的事实。（当然，科学家通常对明显分离的事实确实提供了一种统一的解释。）探讨这种拒绝的有趣后果是非常有价值的：拒绝承认（即使在一开始）任何两个事实是可以合法分离的，是可以有分别的解释的，而这些分别的解释的合取就是对它们的全部解释。如果我们对**全部**合取都要求给予统一的解释，那么我们关于世界的理论将会是什么样子的？也许是患妄想狂的人心目中的世界的一种外推。或者，不带贬义的说，它是拥有某种吸毒体验的人心目中的世界。（例如，它是有时抽大麻以后我心目中的世界。）这样一种关于世界的幻象非常不同于我们平时看到它的样子。起初，合取解释之适当性的这种条件会导致这样的世界观而使我们感到吃惊，后来，我们则认识到，这样一种适当性的条件一定会导致一种如此之深、如此全面模式化的世界观。

对于道德上合法的、分离的事实之合取的道德合法性的解释，一种类似的适当性条件将会导致这样一种观点，而这种观点要求持有的状态应展示出一种总体的模式化。有令人信服的论证来施加这样一种适当性的原则，这看来不大可能。一些人可能发现这种统一的看法只对一个领域是有道理的，例如涉及持有状态的道德领域，但是对于一般非道德解释的领域就不是这样了，反之亦然。在解释非道德事实的场合，挑战就是提出这样的统一的理论。如果一个人提出了这种统一的理论，而这种理论引入了一些新颖的思考，并且（除了旧事实的合取以外）没有解释**新**事实，那么要做出关于它的可接受性的决定，可能是非常困难的，而且这在很大程度上依赖于我们看待旧事实的新方式是否具有令人满意的解释力。在道德解释和说明的场合——这些解释和说明要表明各种不同事实的道德合法性，情况则有所不同。首先，设想一种统一的解释是适当的和必要的，在这种场合就更加缺少理由。假如在产生持有的相同基本原则出现于不同的解释中的时候，需要某种更高程度的解释统一性，那么在这种场合则没有什么必要追求**更高**程度的解释统一性。（罗尔斯的理论虽然包含他称为纯粹程序正义的因素，但却没有满足解释合取的一种更强的适当性条件，而这也意味着这样一种条件无法满足。）其次，一种统一的解释会要求塑造被解释的"道德事实"，而这在道德场合比在科学场合更加危险。（"因为没有任何能够产生出它们两者的统一的模式化解释，所以它们两者就不可能**是**事实。"）发现一种关于这些严重掺假的事实之统一解释，这种成功对这种解释理论能够提供多大的支持，这是不清楚的。

现在我转向最后一种肯定的论证，这种论证的目的是从天 [222]

资的分配在道德上是任意的这种陈述，推论出分配的份额不应该取决于天资这种结论。这种论证关注的是平等观念。既然罗尔斯的大部分论证都用于证明或表明从平等份额的一种特殊偏离是可接受的（如果这种偏离服务于改善处境最差者的地位，那么一些人可以拥有更大的份额），所以，也许对他的以平等为核心的基本论证进行重构将会是富有教益的。这种重构的论证是这样的：如果对人们之间应该存在差别的结论没有任何道德证明，那么人们之间的差别从道德观点看就是任意的。并非所有这样的差别都是在道德上应加以反对的。除非有一种道德理由使差别应该得到承认，否则我们相信这些差别不应该得到承认，只是在这样的场合，是否拥有这样的道德证明才会看起来是重要的。所以说，存在一些反对差别的根据，而这些差别能够被道德理由所压倒（或者仅仅被抵消？）；在任何缺少这样足够分量的道德理由的场合，所存在的就应该是平等。这样，我们就有了论证D：

1. 持有应该是平等的，除非有一种（有分量的）道德理由来证明为什么它们应该是不平等的。

2. 对于他们与其他人们之间在天资方面的差别，人们不是应得的；没有任何道德理由来证明为什么人们应该在天资方面存在差别。

3. 如果没有任何道德理由来证明为什么人们应该在某些特性方面存在差别，那么他们在这些特性方面的实际差别就没有提供而且也无法产生一种道德理由来证明他们应该在其他特性（例如持有）方面存在差别。

所以，

4. 人们在天资方面的差别不是一种证明为什么持有应该是不平等的理由。

5. 人们的持有应该是平等的，除非有某种其他的道德理由（诸如，提高这些处境最差者的地位）来证明为什么他们的持有应该是不平等的。

我们很快就将讨论与第三个前提相类似的陈述。在这里让我们先关注第一个前提，即平等的前提。在缺少特别的道德理由来偏离平等时，为什么人们的持有就应该是平等的？（为什么认为**应该存在某种**特殊的持有模式？）为什么平等是这种体系的静止（或直线运动）位置，而只有道德力量才能使之偏离？许多支持平等的"论证"不过是**断言**：人们之间的差别是任意的，是必须加以证明的。作者们通常以这样一种方式来陈述支持平等的根据："对人的差别对待需要加以证明。"⑪ 对这类断言最有利的处境是这样的：有一个人（或群体）正在对待所有的人，而这个人（或群体）**没有**权利或资格来随其

⑪　"利益的平等分配……不需要给出理由，因为它是'自然的'——其正确和正义是自明的，不需要证明，因为在某种意义上它被认为是自证的……这种假定是：平等不需要理由，只有不平等才需要理由；一致、有规律、相似、对称……不需要加以特别的解释，而差别、不一致的行为和行事的变化需要解释，并且作为规则，则需要证明。如果我有一块蛋糕，我想把它分给 10 个人，那么我要是给每个人正好它的十分之一，无论如何这不需要证明。而如果我抛弃这种平等分配的原则，我就应该出示一种特别的理由。这就使平等成为这样一种观念，它在本性上就决不会是偏心的……"以赛亚·伯林（Isaiah Berlin）："平等"，收于 F. A. 奥拉夫森编：《正义和社会政策》，新泽西州英格伍德·克利夫斯：普林提斯 – 霍尔公司，1961 年，第 131 页。为了追求与力学的相似，请注意这种实体性的理论立场，它规定一种特殊的状态或情况是不需要解释的，而任何对它的偏离都应该按照外力来加以解释。见恩斯特·内格尔（Ernest Nagel）对达勒姆伯特的讨论，而后者试图为牛顿的第一运动定律提供一种先验论证，《科学的结构》，纽约：哈克特、布鲁斯和世界公司，1961 年，第 175—177 页。

所愿甚至随心所欲地给人以特殊的对待。但是，如果我去了一家电影院而没有去紧挨着它的另一家，那么我还需要来证明对这两家电影院老板的区别对待吗？我喜欢去其中的一家，这不是足够了吗？差别对待需要加以证明，这**只是**适合于当代**政府**。对于政府，存在着一种对待所有人的集中过程，而又没有资格给人以随心所欲的对待。然而，在一个自由的社会里，大部分的分配都不是通过政府的行为进行的；根本做不到推翻局部的个人交换之结果，所以也就谈不上什么"国家行为"了。当**任何一个人**都不是在进行这种对待的时候，当所有人都有资格随其所愿地处置其持有的时候，为什么"差别对待必须加以证明"这个格言被认为应该有一种广义的使用，这是不清楚的。为什么人们之间的差别必须加以证明？为什么认为我们对能被改变、纠正和补偿的任何不平等都必须加以改变、纠正和补偿？也许正是在这个地方社会合作插进来了：虽然在所有个人之间（比如说，在基本善或人们所关心的东西方面）没有任何平等的根据，但是也许在一起合作的个人之间就有这种根据。然而，弄清支持这种观点的论证是困难的，可以肯定，并非所有一起合作的个人都明确赞成把这种根据当做他们相互合作的一个条款。而且，如果把它当做一种合作条款，就会为处境较好者提供一种不适当的刺激，使他们拒绝同一些疏离的、比他们处境更差的人合作，或者不允许他们之中的任何人同这些人合作。因为这样的社会合作对处境较差者有利，而通过建立处境较好群体与处境较差群体之间所设想的平等关系，这种社会合作会严重损害处境较好群体的地位。在下一章，我将讨论近来支持平等的一种主要论证，一种结果证明是不成功的论证。在这里，我们只需要指出，论证 D 在不应得的天资与关于分配份额的某种结论之间所打造的关联，把平等**设定**为一种（只有出于道德理由才能偏离的）准则，从而论证 D 本身无法被用来确立任何这样关于平等的结论。

否定的论证

为人们不应得其天资这种主张与持有方面的差别不应该取决于天资方面的差别这种结论之间的联系寻找一种有说服力的肯定论证是不成功的，现在我们转向我们称之为否定论证的东西：用人们不应得其天资这种主张来反驳对罗尔斯观点的一种可能有的反论证。（如果平等的论证 D 是可接受的，那么反驳可能的反论证的否定论证就会构成肯定论证的一个组成部分，而这种肯定论证表明平等的根据在某种特殊的场合是不可压倒的。）请考虑下面对罗尔斯可能有的反论证 E：

　　1. 人们对他们的天资是应得的。
　　2. 如果人们对 X 是应得的，那么他们对来自 X 的任何 Y 都是应得的。
　　3. 人们的持有来自他们的天资。

所以，

　　4. 人们对他们的持有是应得的。
　　5. 如果人们对某种东西是应得的，那么他们就应该拥有它（而且这压倒了关于这个东西可能有的任何平等根据）。

罗尔斯会通过否认它的第一个前提来反驳对其立场的这种反论证。这样我们就看到，天资是任意的这种主张与分配份额不应该取决于天资这种陈述之间存在着**某种**联系。无论如何，不应太看重**这种**联系，因为在类似的脉络里还存在着其他的反论证，例如以这样两个前提开始的论证 F：

225

    1. 如果人们拥有 X，而且他们拥有 X（无论他们对于拥有它是不是应得的）**没有**侵犯任何别人对 X 的（洛克式）权利或资格，而且通过一种其自身没有侵犯任何人的（洛克式）权利或资格的过程，* Y 来自（产生于）X，那么这个人对 Y 是有资格的。

    2. 人们拥有他们所拥有的天资没有侵犯任何别人的（洛克式）资格或权利。

这样论证继续进行：对于他们所制造的东西，对于他们劳动的产品，对于别人给他们或与之交换的东西，人们是有资格的。诸如这样的说法不是真的：只有一个人在挣得 Y 的过程中所使用的东西（其中包括天资）是他挣得的（或**应得的**），他才挣得 Y（一种保有他所画的一幅绘画的权利，一种因写作《正义论》而得到赞扬的权利等等）。他只是使用他碰巧**拥有**的东西，这没什么不合法的。支撑着应得的基础本身无需**从头到尾**都是应得的。

无论如何，我们可以把关于应得的陈述与关于资格的陈述加以比较。而且，如果我们说人们对于他们的天资是有资格

---

    * 我们可以通过增加这样一种过程来强化这个前提：如果这个人对 X 是有资格的，那么这个过程会产生一种对 Y 的资格。我用"洛克式"权利和资格是指（在本书第一部分中所讨论的）那些反对武力和欺诈的权利和资格，而它们在最低限度的国家里是得到承认的。既然我相信这些是人们拥有的唯一权利和资格（除了他们特别获得的以外），所以我无需对洛克式权利给予特殊说明。一个人要是相信某些人对别人的劳动果实拥有权利，他就会否认所陈述的第一个前提的真实性。如果没有对洛克式权利给予特殊说明，那么他可以承认第一个前提的真实性，但否认第二个前提以及以后各步骤的真实性。

的，而这种说法是正确的，即使不能说他们对它们是应得的，那么用"有资格"来全部代替"应得"，与上面 E 相对应的这种论证**将**是成立的。这样我们得到了论证 G：

1. 人们对他们的天资是有资格的。

2. 如果人们对某种东西是有资格的，那么他们对来自它的任何东西都是有资格的（通过某种具体的过程）。

3. 人们的持有来自他们的天资。

所以，

4. 人们对他们的持有是有资格的。

5. 如果人们对某种东西是有资格的，那么他们就应该拥有它（而且这压倒了关于这个东西可能有的任何平等根据）。

无论从道德的观点看人们的天资是不是任意的，他们对它们都是有资格的，从而对来自它们的东西也是有资格的。*

为了避免差别原则的严格应用，而我们已经看到差别原则的严格应用会导致比通常的再分配理论更强的对他人的所有

---

* 如果从任意的东西所产生的东西不具有任何道德意义，那么任何一个特定个人的存在也都不具有道德意义，因为从道德的观点看，众多精子使一个卵子受精（据我们所知）完全是任意的。这对罗尔斯立场的精神实质而非字面意义提出了另外一种更含糊的批评。每一个现存的人都是这样一种过程的产物：成功的这个精子并不比失败的数百万个精子是更应得的。我们是否应该按照罗尔斯的标准所判定的那样，希望这个过程更公平，希望这个过程中的所有"不平等"都加以矫正？对于在道德上谴责这种使我们得以存在的过程的任何原则，对于会削弱我们存在的合法性的任何原则，我们都应该感到担忧。

权，承认人们对其天资的资格（论证 G 的第一个前提）可能是必要的。罗尔斯觉得他避免了这一点，[42] 因为在他的原初状态中，人们按照词典式序列安排自由原则优先于差别原则，而这不仅应用于经济福利，而且应用于健康长寿等等。（见本章注释 29。）

我们没有发现任何有说服力的论证能（有助于）证明，由天资方面的差别所导致的持有方面的差别应该加以消除或降低到最小程度。人们的天资从道德观点看是任意的，这个论题能不能加以不同的使用，例如，用来证明原初状态的**形成**？十分清楚，如果形成原初状态的目的是废除由天资差别所导致的持有差别，那么我们需要对这个目标进行论证，从而我们退回到对这样一种结论的不成功的论证，即持有方面的差别应该加以废除。相反，原初状态也可以通过这样一种方式形成：使原初状态的参与者不知道他们自己的自然禀赋。在这种方式中，自然禀赋从道德观点看是任意的，这一事实有助于树立无知之幕，也有助于证明无知之幕的合理性。但是，它是如何做到的？为什么关于自然禀赋的知识应该从原初状态中排除出去？根本原则大概是这样的：如果任何特殊的特征从道德观点看是任意的，那么原初状态中的人们就不应该知道自己拥有它们。但是，这样就会使他们无法知道关于自己的任何东西，因为他们的每一种特征（理性、选择能力、拥有超过三天的生命、拥有记忆力以及能够同与其类似的其他有机体交流）都基于这种事实，即产生出他们的精子和卵子包含有特殊的遗传物质。这些特殊的精子和卵子包含有特殊的有机化合物（人的基因，而不是麝鼠或树木的基因），这种自然事实**从道德观点看**是任意的。从道德观点看，它是一个偶然事件。然而，原初

㊷   但是，也请参看我们下面关于罗尔斯把自然才能看做集体资产的讨论。

状态中的人们还是应该知道自己的某些属性。

　　仅仅因为这些特征（诸如理性等）**产生于**道德上任意的事实，我们就把关于它们的知识排除出去，也许我们的性子太急了。因为这些特征也有道德意义，也就是说，道德事实依赖于它们，或者是从它们中产生出来的。在这里我们看到了这种说法的模棱两可：一种事实从道德观点看是任意的。这种说法可以意味着，对于这个事实为什么应该成为这个样子，没有任何道德理由；这种说法也可以意味着，对于这个事实成为这个样子，既没有道德意义，也没有道德后果。理性和选择能力等在第二种意义上不是道德上任意的。如果它们基于这种理由而避免了被排除出去，那么现在的问题是，天资（罗尔斯希望把关于它的知识从原初状态中排除出去）在这种意义上也不是道德上任意的。至少，资格理论的主张——道德资格可以产生于这样的事实或者部分地依赖于这样的事实——现在提出了这样的问题。因此，在对持有的差别源自于天资的差别这个结论缺少论证的情况下，关于原初状态的任何东西如何能够建立在这种（模棱两可的）主张上面，即天资的差别从道德观点看是任意的，这是不清楚的。

集体资产

　　罗尔斯的观点看起来是这样的：每一个人对天资的总体（被看做一种共同基金）都拥有某种资格或要求，而任何一个人则都没有不同的要求。自然才能的分配被看做是一种"集体的资产（collective asset）"。[43]

　　这样我们看到差别原则实际上代表了一种协议，大家

---

[43]　罗尔斯：《正义论》，麻省剑桥：哈佛大学出版社，1971年，第179页。

一致同意把自然才能的分配当做一种共同资产，并且分享
这种分配的利益，而无论这种分配的结果如何。这些天生
有利的人们，无论他们是谁，只有按照改善这些不利者之
处境的条件，才可以从自己的好运中得益……任何一个人
对于自己更强的自然能力都不是应得的，对于在社会上占
有一个更有利的出发点也都是不应得的。但是，这并不意
味着人们应该消除这些区别。有另外一种方式来对待它
们。基本结构能够这样加以安排，以致这些偶然性能为最
少幸运者的利益服务。⑭

对于如何看待把自然才能当做共同资产，人们的观点并不
一致。一些人会效仿罗尔斯批评功利主义而发出这样的抱怨：
这"没有认真对待人们之间的区别"。⑮ 而且，他们对任何这
种类型的重建康德的适当性也表示怀疑，即把人们的才能和天
资用作别人的资源。"正义的两个原则……甚至排除把人当做
相互幸福之手段的倾向。"⑯ 只要人们坚持人与其才能、天资、
能力和特性之间存在着**非常**严格的区别，并且当这种区别是一
个悬而未决的问题时，是否存在一种统一的人的观念仍然是一
个问题。在我们中间（只有）这些失去特性的人没有被当做
手段，对此，我们作为拥有各种特性的人有什么理由应该感到
兴高采烈，这也是不清楚的。

人们的天资和才能对自由的共同体来说**是**一种资产，由于
拥有这种资产的这些人存在于他们的共同体之中而非别的什么
地方，这个共同体的其他人从他们的存在中受益，其处境也变

---

⑭　罗尔斯：《正义论》，麻省剑桥：哈佛大学出版社，1971年，第102页。
⑮　同上书，第27页。
⑯　同上书，第183页。

得更好了。（否则，他们就不会愿意同这些人打交道了。）时光流逝的生活不是一种总和不变的游戏，而对于这种总和不变的游戏，如果更大的能力或努力导致一些人得到的更多，那么这也意味着其他人得到的更少。在一个自由的社会，人们的天资确实使别人受益，而不仅仅是使自己受益。抽出更多的利益给别人，这能被用来证明把人们的天资当做一种集体资源是正当的吗？什么东西能证明这种抽出？

> 任何一个人对于自己更强的自然能力都不是应得的，对于在社会上占有一个更有利的出发点也都是不应得的。但是，这并不意味着人们应该消除这些区别。有另外一种方式来对待它们。基本结构能够这样加以安排，以致这些偶然性能为最少幸运者的利益服务。[47]

如果没有"另外一种方式来对待它们"呢？那么这是不是就意味着人们应该消除这些区别？关于天资人们所思索的东西到底是什么？如果人们的天资和才能**不能**被套上缰绳来为别人服务，那么是不是要做一些事情来消除这些卓越的天资和才能，或者禁止它们服务于这个人自己的利益或者他选择的其他人的利益，即使这种限制不会改善另外一些人的绝对地位，也就是说，这些人出于某种原因无法给别人的天资和才能套上缰绳来为他们自己的利益服务？主张嫉妒支持了这种正义观念，并且形成了它的根本观念的一个组成部分，这是如此不合理吗？*

㊼ 罗尔斯：《正义论》，麻省剑桥：哈佛大学出版社，1971年，第102页。

* 罗尔斯主张在原初状态中自由拥有一种词典式的优先性，这能防止差别原则对天资和才能强加一种人头税吗？罗尔斯的"集体资产"和"共同资产"这些

230   我们使用我们的持有正义的资格观念考察了罗尔斯的理论，通过使它同另外一种深刻而精致的分配正义观念交锋，我们也深化了对资格观念之内容的理解。此外，我相信我们已经探查到罗尔斯的理论中深藏的缺陷。我没有忘记罗尔斯反复申的观点，不能仅仅按照一种理论的某个特征或某个部分来评价它，而是必须评价整个理论（读者在读完罗尔斯的书之前，他不会知道一种完整的理论是什么样），而且不要期望有一种完美的理论。无论如何，我们已经考察了罗尔斯理论的主要部分以及它的关键假设。像任何人一样，我完全意识到了我对持有正义的资格观念的讨论是多么简略。但是，正如罗尔斯要拒绝功利主义，无需先有一种全面的替代理论，我相信，我们要拒绝罗尔斯的理论（而它不可否认地优越于功利主义），也无需先阐明一种全面的替代理论。要想朝一种更好的理论前进，

（接上页）说法**暗示了**一种人头税的合法性。这样的话，这些没有好好利用自己天资和才能的人就是在滥用公共资产。（在浪费公共财产？）罗尔斯可能不想从他使用的这些术语中做出这样强的推论，但是我们需要听到更多的理由来说明为什么原初状态中的人们不会接受这种强的解释。这种自由观念需要一种能排除人头税但却允许其他税收项目的解释。天资和才能无需人头税也能被套上缰绳，"套上缰绳"是一个合适的措辞，正如一匹马被套上拴住马车的缰绳，这匹马不必动，但是如果它动了，那么它就必须一起拉上马车。

关于嫉妒，如果差别原则被用在或者 A 有 10 份 B 有 5 份，或者 A 有 8 份 B 有 5 份之间进行选择，那么它会选择后者。这样，无论罗尔斯采取什么观点（第79—80 页），差别原则都是低效率的，因为它有时会赞成现状，而反对一种帕累多更佳（Pareto - better）、但更不平等的分配。通过使这种简单的差别原则变换为一种错让的差别原则，这种低效率可以消除掉，而这种错让的差别原则主张最大程度地提高处境最差群体的地位，同时**接受这种约束**，即最大程度地提高次最差群体的地位，这种观点是森（A. K. Sen）提出来的（《集体选择和社会福利》，第 138 页，注释），也得到了罗尔斯的承认（第 83 页）。但是，这种错让的原则并没有体现罗尔斯所使用的那种赞成平等的根据。这样，罗尔斯如何向处境最差

而不是概述一种看似更有道理的观点，而这种观点从其非常不同的视点突出了这种目前构造得最好的理论的缺陷，人们还需要做些什么，或者人们还能够拥有什么？在这里，同在其他许多事情上一样，我们从罗尔斯那里学到了许多东西。

我们开始本章关于分配正义的研究是为了思考这样一种主张：对于一种比最低限度国家更多功能的国家，只有当它是达到分配正义所必需的，或者它是达到分配正义的最合适工具，它才能够得到辩护。按照我们所提出的持有正义的资格观念，基于分配正义的头两个原则，即获取原则和转让原则，没有任何证据支持这样一种更多功能的国家。如果持有的状态是正当产生的，没有任何证据支持一种以分配正义为根据的更多功能的国家。[48]（我们已经指出，洛克的限制条款实际上也没有提供根据来支持一种更多功能的国家。）如果这些原则被违反了，那么矫正原则就开始发挥作用。也许，最好把某种模式化的分配正义原则看做大致的经验规则，这种经验规则接近于应用正义的矫正原则所达到的一般结果。例如，在缺少大量历史资料的情况下，并且假设（1）不正义的受害者一般比其没有受害时处境会更差，而且（2）这些来自社会处境最差群体的人有最大的概率成为最严重不正义的受害者（的后裔），而他们应该得到这些从不正义中获益的人（假定这些人是处境更好者，尽管有时作恶者也属于处境最差群体）的赔偿，那么矫正不正义的**大致**经验规则可能看起来是这样的：这样来组织社会，以便最大程度地提高社会中任何最终成为处境最差的群

231

（接上页）群体中的人们证明这种错让原则**特有的**不平等是正义的？至于罗尔斯是否接受这种错让的原则，也许这些问题使其更不确定了（见第83页）。

[48] "但是，正义不是受怜悯所影响吗？"不能通过国家的枪炮来施加影响。当私人愿意转让资源来帮助别人的时候，这符合正义的资格观念。

体的地位。这种特殊的例子可能说明不了什么，但是对每一个社会却提出了这样重要的问题：在它的特殊历史是已定的情况下，什么样的可行的经验规则能最接近于在社会中认真应用矫正原则所达到的结果？这些问题是非常复杂的，最好留给更充分阐述的矫正原则来处理。在应用于某种特殊社会时缺少这样的充分阐述，人们就**不能**使用这里所提出的分析和理论来谴责任何特殊的转移支付体制，除非任何矫正不正义的考虑都明显不能被用来为它辩护。虽然引入社会主义作为对我们罪过的惩罚是走得太远了，但是过去的不正义是如此严重，以致为了矫正它们，一种更多功能的国家在短期内是必要的。

第八章 平等、嫉妒和剥削等等

平等

改造社会制度以使物质条件更加平等的合法性，虽然通常 被人们所接受，但很少得到**证明**。作家们指出，在一个特定的国家，总人口中 n% 的最富有者所持有的财富百分比大于其人口百分比，n% 的最贫困者所持有的财富百分比小于其人口百分比，而且，要使最贫困者达到顶层人口 n% 同样多的财富，那么就必须考虑底层人口的 p% （p 比 n 要大许多），如此等等。这样，他们就马上讨论这种情况应该如何加以改变。按照持有正义的资格观念，人们**不能**仅仅根据一种分配的外观或诸如此类的事实就决定国家是否必须做一些事情来改变这种情况。国家是否采取行动，取决于这种分配是如何发生的。某些产生这种结果的过程是合法的，而且，当事各方对他们的各自持有也是有资格的。如果这些分配的事实**确实**产生于一种合法的过程，那么它们自身就是合法的。显然，这**不是**说它们不可改变，只要不侵犯人们的权利，它们就可以改变。任何赞成某 种特殊目的—状态模式的人都可以自愿转让自己的一些持有或全部持有，以便（至少暂时地）更接近于实现他们所希望的模式。

持有正义的资格观念不做任何支持平等、其他总体最终状态或模式化的推定。仅仅这样**假定**是不行的：平等必须纳入任何正义理论。对平等的论证的缺乏是令人惊讶的，而这种论证应能足以对付非总体的、非模式化的持有正义观念。① （无论如何，并不缺少支持平等的无根据的推定。）我将讨论近年来为哲学家们所最为重视的一种论证，而这一论证是伯纳德·威廉姆斯（Bernard Williams）在其影响深远的论文"平等的观念"中提出来的。② （毫无疑问，许多读者会觉得某种其他论证是更为重要的，但是我希望仔细看看**这种**论证是如何进行的。）

　　抛开预防性医疗，医疗保健之分配的正当根据是不健康：这是一种必然的真理。在当今许多社会里，虽然不健康构成了得到照顾的一种必要条件，但是它并不构成一种充分条件，因为这样的照顾要花钱，而并非所有不健康的人都有钱。这样，拥有充分的金钱事实上变成了得到实际照顾的一种额外必要条件……当我们面对这种处境的时候，例如财富是得到医疗照顾的一种额外必要条件，我们可以再一次应用平等和不平等的观念：现在不是同健康者与不健康者之间的不平等有关，而是同富有的不健康者与贫穷的不健康者之间的不平等有关，因为我们面对的处境显然是，这些人的需要是同样的但没有得到同样的照顾，尽管需要是照顾的根据。这是一种不合理的状况……它是这样一种处境，在这种处境中，道理没有发挥作用；这种

① 关于各种平等论证（不是在最基本的层面上）的有益思考，见沃尔特·布鲁姆（Walter J. Blum）和小哈里·卡尔文（Harry Kalven, Jr.）：《累进税的不良案例》第 2 版，芝加哥：芝加哥大学出版社，1963 年。

② 伯纳德·威廉姆斯（Bernard Williams）："平等的观念"，载于《哲学、政治学和社会》第 2 辑，彼得·拉斯莱特（Peter Laslett）和鲁西曼（W. G. Runciman）编，牛津：布莱克威尔公司，1962 年，第 110—131 页；重印于芬伯格（Joel Feinberg）编：《道德概念》，纽约：牛津大学出版社，1969 年。

处境没有能够由道理来支配，从而没有能够由理性自身来支配。③

威廉姆斯看起来试图证明，如果对某一行为的各种不同描述中，有一种描述包含有该行为的"内在目标"，那么（这是一种必然的真理）：履行该行为或者分配该行为（如果它是稀缺的）的唯一正当根据同这种内在目标的有效实现相关。如果该行为的对象是别人，那么分配该行为的唯一正当标准就是他们对它的需要。这样，威廉姆斯说（这是一种必然的真理）：分配医疗保健的唯一正当标准就是医疗需要。如果这样，那么分配理发服务的唯一正当标准大概就是理发需要。但是，为什么这种行为的内在目标一定要优先于（譬如）这个人在履行该行为时的特殊目的呢？（我们略去了这样的问题，即一种行为是否可以分属于包含不同内在目标的两种不同描述。）如果某个人成为一名理发师是因为他喜欢同各式各样的人交谈，那么他把他的服务分派给他最喜欢与之交谈的人，这是不正义的吗？或者，如果他作为理发师的工作目的是赚钱交学费，那么他是否可以只为那些付钱或付小费很多的人理发？如果某些人的行为不具有涉及别人的内在目标，那么一名理发师为什么不可以使用同样的标准来分派他的服务？一名园丁是否需要把他的服务分派给那些最需要他的草坪？

一位医生的处境在哪些方面与此不同？为什么他的行为一定要通过医疗保健的内在目标来进行分派？（如果不存在"短缺"，那么某些医疗保健是否也可以使用其他的标准进行分派？）看起来很清楚，**他**不必这样做。难道就因为他有这种技能，**他**就应该承担按需要分派的代价？为什么在行医的特殊情

234

---

③　威廉姆斯："平等的观念"，第 121—122 页。

况下他就比别人更没有资格去追求自己的目标？这样安排事情以使医生在追求自己目标时按照需要分派医疗服务，这是**社会**做的，例如社会付钱给他这样做。但是，为什么社会一定要这样做？（社会是否也应该对理发这样做？）大概是因为医疗保健很重要，人们非常需要它。食品也很重要，尽管务农并**不像**行医那样拥有涉及其他人的内在目标。当威廉姆斯的论证的表层被剥去之后，我们面对的就是这种主张，社会（即以某种有组织的方式一起行动的我们所有人）应该为其所有成员的重要需要提供保障。显然，这种主张以前就提出过许多次。威廉姆斯重复了这种主张，但他没有出示支持它的证据。* 像其他人一样，威廉姆斯仅仅关注分派的问题。他忽视了准备加以分派和分配的东西或行为从何而来的问题。从而，他就没有考虑它们是否已经属于人们，而这些人对它们是有资格的（服务行为肯定属于这种情况，因为它们是人的**行动**），因此这些人可以自己来决定根据何种理由把这些东西给予谁。

机会平等

对于许多作者来说，机会平等看来是最低限度的平等主义目标，其问题（如果有问题的话）仅在于这种平等要求太弱。（许多作者也看到，家庭的存在对达到这一目标构成了多大的障碍。）有两种尝试提供这样平等的方式：一种是直接使机会

---

　　* 我们已经讨论了威廉姆斯的立场，而没有引入一种本质主义的观点：某些行为必然包含一些目标。我们是把这种目标同行为的**描述**联系在一起，因为本质主义的观点只会遮蔽讨论，而仍然无法解决这样的问题：为什么分派行为的唯一正当根据是它的本质主义目标。提出这样的本质主义主张的动机是为了避免某个人的这种说法：让我们假设某种"傻行医"（schmoctoring），它同正常的行医一样，只有一处不同，它的目标是为行医者赚钱。对于为什么这种**傻行医**服务应该按照需要进行分派，威廉姆斯出示了任何理由吗？

更好者的状况变得更坏，另一种是使机会更差者的状况变得更好。后者需要使用资源，所以它也包含了使某些人的状况变得更坏：拿走这些人的持有以便改善其他人的状况。但是，这些人对其持有是有资格的，它们不可以被夺走，即使其目的是为其他人提供机会平等。在缺少魔杖的情况下，得到机会平等的唯一手段就是说服每个人自愿献出他们的一些持有来达到它。

为奖金而赛跑的例子常被用来讨论机会平等。当某些人的出发点比别人离终点线更近的时候，这种比赛是不公平的，就像某些人被迫负重的赛跑，或者在跑时他们的运动鞋里有沙砾。但是，生活不是赛跑，我们大家也不是在为某人设立的奖金而竞争。没有统一的比赛，也没有什么人在裁判跑得快慢。相反，生活中存在着不同的人，这些人分别地给予其他人以不同的东西。这些给予东西的人（时常是我们每个人）通常并不在乎什么应得或比赛条件，他们只关心他们实际上得到什么。没有任何集中的过程来判断人们对其机会的利用，这也不是社会合作或交换所要**达到**的目的。

某些人一点机会都没有（这是真的，即使其他人并不因此而更为受益），对此，有一个理由可以说明为什么某种机会不平等看起来是**不公平的**，而不仅仅是不幸的。有资格转让某种持有的人，通常对于把它转让给某个特殊的人并没有什么特别的想法，这种情况不同于留给孩子遗产或者赠送某个特殊的人以礼物。他自愿转让给某个满足了某种条件的人（例如，能提供给他某种物品或服务作为交换的人，能做某种工作的人，能付某种薪水的人），而且，他也会同样地愿意转让给能够满足该条件的任何人。一方得到了这种转让，而拥有更少机会满足转让者之条件的另外一方则没有得到，这不是不公平吗？既然只要接受者满足了某种一般条件，转让者并不在乎他的转让对象是谁,那么在这种情况下成为一个接受者之机会平等就不会侵犯给予者的任何资格。它也不会侵犯拥有更多机会的人的任何资格。虽然他对他所拥有的东西是有资格的,但是他并没有这种资格,即他比别人拥有更多的东西的资格。如果具有更少机会的人拥有一种平等的机会,这不是**更好**吗? 如果一个人能够如此增加他的机会而又没有侵犯任何他人的资格(有魔杖?),那么为什么他不应该这样做? 这不是会更公平吗? 如果这**会**是更公平的,那么这种公平是不是也能够证明可以侵犯某些人的资格,以便获取资源来帮助那些拥有更差机会的人进入一种更平等的竞争位置?

在下面的情况中,这种过程是竞争性的。如果拥有更多机会的这个人并不存在,那么转让者可能同某个拥有更少机会的人打交道,而在这种情况下,这个人就变成了能与之打交道的最佳人选。它不同于这样一种情况:毫无关联的、然而类似的存在物分别生活在不同的行星上,他们面对着不同的困难,拥有不同的机会来实现各自不同的目标。在那里,一个人的状况对另一个人的状况**没有**影响。如果条件较差的行星比它实际的状况更好一些,这会更好 (如果条件较好的行星比它实际的状况更好一些,这也会更好),但这不是**更公平**。它也不同于这样一种情况:一个人虽然能够,但并不愿意**改善**别人的状况。在我们所讨论的这种特殊情况中,如果某个拥有更好机会的人并不存在,那么一个拥有更差机会的人就会变得更好。这个拥有更好机会的人不仅可以被看做某个状况更好的人或者某个不愿伸出援手的人,而且可以被看做某个这样的人,即他**阻止**或**妨碍**拥有更差机会的人变得更好。④ 通过成为一个更有吸

---

④　也许我们应该把罗尔斯对社会合作的关注,理解为这种社会合作基于个人的三方观念,第一个人同第二个人进行交易,而阻止第三个人同第二个人进行交易。

引力的交易参与者而妨碍了另外一个人，与通过偷窃他的东西而直接使另外一个人的状况**变得更坏**，两者不可以相提并论。但是，如果另外一个人对于他拥有满足某种条件的更好机会并不是**应得的**，那么拥有更差机会的这个人就不能有充分的理由对被另外一个人所妨碍而发出抱怨吗？（让我们略去第三个人可能对**他**发出的任何类似的抱怨。）

虽然我感觉到了前两个段落所提出的问题的力量（它们是我提出的问题），但是我不相信它们能颠覆一种彻底的资格观念。如果后来成为我妻子的这个女人因为我而拒绝了另一位求婚者（否则她会嫁给他的），这部分地是因为我的才智敏捷和相貌英俊（且不提我的可爱性情），而我对于这两者都不是应得的，那么这个被拒绝的才智和相貌较差的求婚者是否可以合法地抱怨不公平？我妨碍了另一位求婚者赢得这位美丽女士的芳心，这是否可以证明这样的做法是正义的：从别人那里取走一些资源来为他支付整容手术和特别智力训练的费用，或者为他发展某种我所缺乏的优秀品质支付费用，以便拉平我们被选择的机会？（我在这里假定，使拥有更好机会的这个人的状况变得更坏，以便拉平他们的机会，这是不允许的。属于这类情况的有：将他毁容，或给他注射药剂，或制造噪音使他不能充分利用他的智力。[5]）**不能得出任何这样的结果**。（这个被拒绝的求婚者会合法地向谁抱怨？抱怨什么？）如果不平等的机会产生于人们如其所愿地行动或转让他们的资格之累加结果，事情也不会有什么不同。对于消费品，事情甚至更为简单，因为没有理由主张消费品具有任何这样的三人组合的妨碍后果。一个儿童生长在一个拥有游泳池的家里，并且每天都使用它，

---

[5] 见科特·冯涅格特（Kurt Vonnegut）的故事"哈里森·伯格隆"，载于他的文集《欢迎来到猴舍》，纽约：德尔公司，1970年。

即使他比家里没有游泳池的儿童不是更**应得的**，这是不公平的吗？这样一种状况应该加以禁止吗？那么为什么要反对通过遗赠把游泳池转让给一个成人呢？

每个人**对**诸如机会平等和生命等事物都拥有一种权利，并且可以强行这种权利，对于这样的说法，主要的反对理由是：这些"权利"需要事物、物资和行为作为其基础，而**别人**可能对它们拥有权利和资格。任何人对这样的东西都不拥有权利，即它的实现需要利用别人已经对之拥有权利和资格的事物和行为。⑥ 别人对**特殊事物**（这支铅笔，**他们的**身体，等等）的权利和资格，以及他们愿意如何实行这些权利和资格，确定了任何特定个人和他能够得到的资源的外部界限。如果他的目标需要使用这些别人对之拥有权利的资源，那么他必须征得他们的自愿合作。即使是**实行**他决定如何利用他所拥有的东西的权利，也可能需要他必须对之拥有权利的其他资源，例如维持他生存的食物。在别人合作的帮助下，他必须把这些东西组织成一个恰当的整体。

特殊的人对特殊的事物拥有特殊的权利；**如果**你和他们能够一起获得达成协议的手段，那么也存在同别人达成协议的特殊权利。（没有人必须为你提供一部电话，以便你能够同别人达成协议。）当同这些作为基础的特殊权利发生冲突的时候，任何权利都不存在。既然任何达到某种目标的、轮廓清晰的权利都不可避免地同这种基础发生冲突，所以这样的权利就都不存在。对事物的特殊权利充满了权利的空间，没有为存在于某种物质条件下的一般权利留有余地。相反的理论则只是把这样普遍拥有的、达到某种目标或者存在于某种物质条件下的一般

---

⑥ 关于这一点，见汤姆森（Judith Jarvis Thomson）"为堕胎辩护"，《哲学与公共事务》1971 年秋季号，第55—56 页。

"权利"当做其基础，以便决定所有其他的权利。据我所知，迄今为止还没有人认真尝试提出这种"相反的"理论。

自尊与嫉妒

把平等与自尊联系在一起，这是有道理的。[⑦]　如果嫉妒的人不能（也）拥有一种别人拥有的东西（天分等），那么他宁愿别人也不拥有它。对于嫉妒的人，与其别人有而他没有，不如索性大家都没有。*

239

---

⑦　"人在很大程度上是他们觉得自己所是的东西，是他们认为自己所是的东西，正如他们的同伴认为他们所是的那样。由过去更野蛮的不平等的缓和所引起的个人自尊和社会环境方面的进步，同物质条件的改善一样，是对文明的真正贡献。"托尼（R. H. Tawney），《平等》，纽约：巴恩斯和诺贝尔公司，1964 年，第171 页。我对平等与自尊之间不同关系的探讨，不是从考察其他人的观点来开始。

*　关于你、另一个人以及所拥有的某种对象或品质，存在着四种可能性：

	他	你
1.	拥有它	拥有它
2.	拥有它	不拥有它
3.	不拥有它	拥有它
4.	不拥有它	不拥有它

如果你在 2 和 4 之间偏爱 4，同时在 3 和 4 之间偏爱 3，那么你（对他以及某种对象或品质；我在下面不再使用这种相对的说法）就是**嫉妒的**。（"同时"就是连接词"而且"。）如果你在 1 和 2 之间偏爱 1，同时对 3 和 4 采取无所谓的态度，那么你就是**猜忌的**。根本的观念在于，如果因为他拥有它你才想要它，那么你就是猜忌的。所陈述的条件是，只是因为他拥有它，你才想要它。一种更弱的条件是，如果因为他拥有它你才更想要它，那么你就是猜忌的。也就是说，如果你在 1 和 2 之间偏爱 1 胜于你在 3 和 4 之间偏爱 3，那么你就是猜忌的。同样，我们也可以为嫉妒提出一种更弱的条件。一个十分嫉妒的人如果自己没有这种东西，那么他宁愿别人也没有这种东西。一个部分嫉妒的人可能愿意别人拥有这种东西，尽管他自己没有，但是，与此相比，他更偏爱他自己有这种东西，别人也有这种东西。也就是说，他在 1 和 3 之间偏爱 1 胜于在 2 和 4 之间偏爱 2。如果你在 1 和 3 之间偏爱 3，同时在 3 和 4 之间也偏爱 3，那么你就是忌恨的。如果你在 1 和 4 之间偏爱 4，同时在 3 和 4 之间偏爱 3，那么你就是**恶意的**。如果你在 3 和 4 之间

240 　　人们通常认为，嫉妒是平等主义的潜在基础。其他人则回答说，既然平等主义原则是可以单独得到证明的，所以我们无需把任何阴暗心理归之于平等主义者，而平等主义者不过是希望正确的原则能得以实现。由于人们拥有巨大的创造性，能虚构原则使自己的情绪得到合理化，并且在难以**论证**平等自身就具有价值的情况下，这种回答起码可以说是未经证明的。（一旦人们接受了平等主义原则，他们可能就同意降低自己的地位以实行这些普遍原则，这一事实也不能证明这种回答。）

　　在这里，我更希望讨论嫉妒情绪的**奇特性**。为什么一些人**宁愿**别人在某些方面没有更高的得分，而不愿为别人的更好处境或者幸运感到高兴呢？至少他们可以对此不屑一顾吧？有一条线索看起来特别值得追踪：在别人的得分高于自己从而威胁到或削弱了他自己的自尊，并使他在某些重要方面对别人感到自卑的情况下，一个在某些方面具有某种得分的人，希望另外

（接上页）偏爱 3，同时对 1 和 4 采取无所谓的态度，那么你就是**争强好胜的**。

　　一个争强好胜的人是忌恨的。一个恶意的人是忌恨的。有的人是嫉妒的，但不是猜忌的（在更弱条件的意义上）。大部分猜忌的人都是嫉妒的，虽然这不是一条公理，但这是一种合理的心理学推测。恶意的人都是嫉妒的，这肯定是一条心理学法则。

　　让我们对比罗尔斯所提出的类似但稍有不同的区分（《正义论》，第 80节）。罗尔斯的嫉妒观念比我们的要更强一些。设 i（X）位于上面模型中的 i 排代表某物 X，i（Y）位于 i 排代表某物 Y，我们就可以形成一种罗尔斯思想的近似物。在罗尔斯较强的意义上，如果你在 4（X）和 4（Y）与2（X）和 1（Y）之间更偏爱 4（X）和 4（Y），也就是说，如果与他有 X和 Y 两者而你只有 Y 相比，你宁愿 X 和 Y 两者都没有，那么你就是嫉妒的。你愿意放弃某物以消除差别。罗尔斯所使用的"猜忌的"和"忌恨的"这两个词相当于我们的"忌恨的"，而他没有与我们的"猜忌的"相对应的东西。我们的"恶意"观念比他的更强，而他没有与我们的"争强好胜的"相对应的观念。

一个具有更高得分 H 的人的得分少于 H，即使这不会提高他自己的得分。别人的行为或性格如何能够影响一个人自己的自尊呢？我的自尊和价值感不是应该只依赖于有关我的事实吗？如果我正在以某种方式进行评价的是我自己，有关别人的事实如何**能够**起作用？答案显然是：通过比较别人，比较别人能够做什么，我们来评价我们自己做的**怎样**。一个生活于偏僻山村的人，在 150 次篮球跳投中能够投中 15 次，而这个村子里的所有其他人 150 次跳投只能投中 1 次。他认为（别人也这样想）自己非常善于此道。有一天，杰里·韦斯特来了。* 或者，一个数学家工作**非常**勤奋，碰巧想到了一个有趣的推测，并且很好地证明了一个定理。后来，他发现了一群数学天才。他虚构出一个推测，他们就能迅速地证明它或否证它（并非在所有可能的情况下，这是由于邱奇定理的作用**），能构思出非常精致的证明，而且他们自己也提出了非常深刻的定理，等等。

在这些场合中的每一个，当事人都会得出结论：他根本就不是**非常善于此道**，或者**非常内行**。对于事情做得怎样，不存在独立于别人做得怎样或能够做得怎样的标准。在其《文学与革命》的结尾处，在描述人在共产主义社会里（最终）将会成为什么样子的时候，托洛斯基（Leon Trotsky）说：

> 人将无法估量地变得更强壮、更聪明和更机敏，他的身体会变得更加和谐，他的运动会更有节奏，他的嗓音会

---

* 杰里·韦斯特（Jerry West），出生于 1938 年，美国 NBA 篮球明星，前洛杉矶湖人队球员。——译者注

** 邱奇（Alonzo Church），著名逻辑学家和计算机专家，提出"任何计算，如果存在一个有效过程，它就能被图灵机所实现"，这一命题被称为"邱奇定理"。——译者注

更加悦耳。生活方式将变得更有活力，更加激动人心。普通人将会达到亚里士多德、歌德和马克思的高度，而在这些山脊之上将会有新的山峰升起。

如果这种情况发生了，只达到亚里士多德、歌德和马克思的水平的普通人将不会认为自己善于此道，或不会认为自己在这些方面非常内行。他的自尊会出现问题！一些人处在所描述的玩篮球者或数学家的情况下，可能希望别人没有他们的天分，或者希望他们停止表现自己，至少是在他的面前。通过这种方式，他的自尊会免遭打击，会得到保护。

关于收入方面的某些不平等，行业内部权威职位的不平等，或者企业主与雇员之间的不平等，为什么会**如此让人痛恨**？**一种**可能的解释是：不是因为感到这种优越的地位是不应得的，而是因为感到它**是**应得的和赢得的。知道别人更为成功或者达到了更高的地位，这可能伤害一个人的自尊，使他感到作为一个人更没有价值。一家工厂的工人们近来对一个原先也是工人的成功者感到吃惊，他们会不断地**产生**这样的想法：为什么不是我？为什么我还在这里呢？而如果一个人不是每天都见到他，那么这个人就可以更容易地设法忽视这种事实，即某个地方的某个人更为成功。这一点不依赖于别人对其某些方面的优越地位是否是应得的，尽管它会使应得问题变得更加尖锐。有一个人跳舞跳得很好，这会影响你对自己跳舞跳得怎样的评价，即使你认为舞蹈优美在很大程度上依赖于不应得的天资。

242   作为体现这些思考的一种讨论框架（而**不**是作为一种心理学探索），请考虑下面这个**简单的**模型。有许多方面的品质人们认为是有价值的，如 D_1……Dn，而人们在这些方面的品质是相互不同的。对于哪些方面是有价值的，人们可能观点不尽相同；对于他们给予所认为是有价值的方面多大的权重（非零值），他们可能也意见不一。对于每一个人，都存在一个**实际能力图表**（factual profile），而这个图表展示了他在某个方面的客观地位。例如，在投篮方面，我们可能是“在 20 英尺外跳投 100 次平均得分为____，”而一个人的得分可以是 20、34 分或者 67 分。

为使事情简化，让我们假定，一个人相信关于他自己的实际能力图表是相当准确的。还存在一种**评价能力图表**（evaluative profile），而这个图表代表了这个人如何评价他自己在实际能力图表上的得分。存在着一些评价的分类（例如优秀、良好、中等、较差、极差），它们表达了他在每个方面对自己的评价。这些个人的评价，以及他如何从其实际得分得出这些评价，将依赖于他对与其类似的别人（“参照群体”）的实际能力图表之实际看法，依赖于他在童年就接受了的目标，等等。所有这些东西决定了他的抱负水平，而他的抱负则大体上以某种可描述的方式随着时间的推移而变化。每个人都会做出关于他自己的总体评价，在最简单的情况下，这完全依赖于他的评价能力图表，以及他对不同方面之权重的看法。至于这种依赖的程度**如何**，人与人之间是有差异的。一些人可能考虑他们在所有方面得分的权重总合；另外一些人如果在某些相当重要的方面做得很好，他们对自己的评价就是满意的；还有一些人则可能认为，如果他们在任何一个重要方面失败了，他们就会觉得一切都完了。

在一个社会里，如果人们普遍同意某些方面是非常重要的，在这些方面，人们之间在地位上存在着差别，而且某些惯例制度公开地按照人们在这些方面的地位把他们分成不同的群体，那么这些得分低的人对于那些得分高的人就会感到自卑。他们会感到作为人而自卑。（这样，**穷人**可能会认为他们就是

穷人。）人们可能试图通过改造社会来避免这样的自卑感，以
致或者用于把人们分成不同群体的这些方面的重要性被降低
了，或者人们没有机会公开地展示他们在这些方面的能力，或
者没有机会得知别人在这些方面的评分。*

看来很明显，如果人们由于他们在某些方面表现不佳而感
到自卑，因此如果这些方面的重要性被降低了，或者这些方面
的得分被拉平了，那么人们就会不再感到自卑。（"当然！"）
导致他们自卑感的这个原因被消除了。但很可能是这样一种情
况，即（对不同的人）具有相同效果的其他方面取代了被消
除的方面。在某一方面（比如说财富）的重要性被降低或拉
平以后，如果社会普遍认为某个**别的**方面是最重要的，例如审
美鉴赏力、审美吸引力、理智、卓越的体育才能、身材优美、
对别人的同情心、情欲亢奋能力等，那么同样的现象就会不断
重复发生。⑧

人们一般通过他们在一些最重要方面所处的地位来评价自
己，而在这些最重要的方面，他们与别人**是不同的**。人们不会
从其共同的人类能力来获得自尊，而这些共同的人类能力使他
们区别于没有这些能力的动物。（"我相当不错了，我有可以
分开的拇指，我能说某种语言。"）人们也不会由于他们拥有

---

　　* 如果根据共识，一个社会的最重要方面是难以识别出来的，从而无法直接
确定一个人在这个方面处于何种地位，那么人们就会相信，一个人在这个方面的
得分与在其他方面的得分是有关联的，而其他方面的得分能决定其相对的地位
（光晕效应）。这样，如果人们认为神恩的存在是最重要的方面，那么他们就会相
信，其他可以识别出来的重要事实表示了神恩的存在，例如世俗上的成功。

　　⑧ 请对比哈特利（L. P. Hartley）的小说《表面正义》。另外，布鲁姆和卡
尔文在《累进税的不良案例》第 74 页说："所有的经验看起来都证实了这种阴郁
的假设，即嫉妒将找到其他更少吸引力的、可以扎根的地方。"也见斯科伊克
（Helmut Schoeck）《嫉妒》，葛兰尼（M. Glenny）和罗斯（B. Ross）译，纽约：
哈科特、布鲁斯和乔芬诺维奇公司，1972 年。

选举政治领导人的权利而获得或保持自尊，尽管当选举权并不是被广泛享有的时候，事情可能会有些不同。在今日美国，人们不会因为自己能够读写而拥有价值感，尽管在历史上许多其他社会，读写可以成为价值感的原因。当所有人或几乎所有人都拥有某种东西或某种品质的时候，这种东西或品质就无法成为自尊的基础。自尊以**有差别的特性**为基础，这是它成为**自尊**的原因所在。正如研究参照群体的社会学家喜欢指出的那样，**他者**（others）是变化的。名牌大学的一年级学生可能基于所进入的院校拥有一种个人价值感。特别是在他们高中生活的最后两个月，这种价值感更加明显。但是，当他们与之交往的**每个人**都处于一种同样地位的时候，进入这些院校的事实就不再成为一种自尊的基础，也许当他们放假回家（或者在想象中）**面对没进这些名牌大学的人时除外**。

　　请考虑你如何着手帮助一个人建立自尊，而这个人可能由于有限的能力在别人认为重要的所有方面比其他所有人得分都低（而且，这个人在人们有理由认为重要的或有价值的任何一个方面得分都不高）。你可能告诉这个人，虽然他的绝对得分很低，但是他已经做得很好了（在其能力有限的条件下）。他比大多数人更多地实现了他自己的能力，比别人更多地实现了他自己的潜能。考虑到他的出发点和他具有的能力，他已经取得了伟大的成就。通过列举其他重要的（基本的）方面，而在这方面他与别人相比**确实**做得很好，这就重新引入了比较评价。*

---

　　* 是否有任何重要的方面不适于用来以比较的方式来评价自己？请思考李瑞（Timothy Leary）下面所说的话："我的雄心是成为当今活在世上的最神圣、最聪明、最仁慈的人。现在这听起来有些自大狂，但是我不明白为什么。我不明白为什么……活在世上的每个人不应该拥有这样的雄心。你应该尝试成为别的什么人？董事会主席，还是系主任，还是某个企业的老板？"参见其《狂热政治学》，纽

这些考虑使人们对这种可能性产生**某种程度**的怀疑：通过拉平自尊（恰好）所非常依赖的特殊方面的地位差别，来拉平自尊或减少嫉妒。有多少品质能引起别人的**嫉妒**，一个人就有多大的机会实现不同的自尊。现在请回忆托洛斯基的思索：在共产主义社会，每个人都达到了亚里士多德、歌德或马克思的水平，在其山脊上有新的山峰升起。但是，站在这种山脊上，就像能说某种语言或者能用手抓住东西一样，不会给人增加什么自尊或个人价值感。一些简单的、自然的假定可能会得出一种嫉妒不灭的原则。而且，人们可能担心，**如果**可供比较的方面不是无限的，如果巨大的进步在不断消除差别，而当有差别的方面出现减少的时候，嫉妒将会变得更加严重。因为随着有差别的方面之数量不断减少，许多人将会发现他们在**任何**一个方面都表现不佳了。虽然许多独自变化的正常分布之权重总额是正常的，如果每个人（这个人知道自己在每个方面的得分）赋予这些方面以与别人不同的权重，那么这些不同个人之不同权重的总额本身则无需是一种正常分布，即使在每个方面的得分是正常分布的。每个人可能都认为自己位于一种分布（即使是一种正常分布）的上部，因为每个人都是通过他

（接上页）约，1968 年，第 218 页。一个人希望尽可能成为神圣、聪明和仁慈的人，肯定任何人都不会反对；然而成为当今活在世上的最神圣、最聪明和最仁慈的人，这种雄心则有些奇特。同样，一个人可以希望尽可能成为开明的人（在东方传统的意义上），但是特别希望成为活在世上的最开明的人，或者成为比其他人都更为开明的人，这也有些奇特。一个人如何评价自己的开明程度只依赖于其自身，而不管别人是什么样子。这意味着，绝对最重要的事情本身并不适合于这种比较评价；如果如此，那么本书中的比较理论就不是普遍有效的了。无论如何，在存在例外的情况下，这个事实只具有有限的社会学意义（尽管具有巨大的个人意义）。这些不是以比较方式评价自己的人，无需在某些方面采取拉平行为，以支持他们的自尊。

自己特殊权重的观点来看待这种分布的。可供比较的方面越少，一个人成功使用不同权重战术作为自尊基础的机会就越少，而这种权重战术可以赋予他得分高的某个方面以更大的权重。（这意味着，嫉妒只能通过一举消除所有差别来加以减少。）

即使嫉妒比我们所考虑的更容易得到控制，然而通过干预来降低一些人的地位，以便减少别人在知道其地位时所感到的嫉妒和不快，这也是应予反对的。采取这种办法，就像知道做某些事情会使别人感到不快而禁止这些行为（例如，不同种族的夫妇手拉手走路）（见第 10 章）。这些情况涉及到**相同的外部干预**。社会为了避免自尊出现大范围的差别，最有希望的办法是使可供比较的方面不具有共同的权重，相反，应该有各式各样的不同方面和不同权重。这会增加每个人发现一些方面的机会，对于这些方面，**某些**其他人也认为是重要的，而他自己则做得相当好，以致可以对自己做出不偏不倚的赞扬评价。集中努力来消除某些重要方面，这无助于一种共同的社会权重过程之分散化。这种努力越集中和越得到广泛支持，就越有助于产生出一个共同赞成的方面，而这个方面将构成人们自尊的基础。

有意义的工作

通常人们认为，按照社会心理学法则和这样一种基本概括，即长期被人指挥和处于别人的权威之下（不是由你选择的）会降低你的自尊并使你产生自卑感，在一种工作体制中处于从属地位对自尊会产生有害的影响。如果在以民主方式选择这些权威人士时，在对他们提出建议和对他们的决定发表意见时，你发挥了某种作用，那么这种情况就会得到避免。

但是，交响乐团的成员不断地接受他们的指挥的命令

（通常是反复无常的和武断的，而且还伴有脾气发作），而且关于所演奏作品的整体诠释，也不征询他们的意见。然而，他们仍然保有高度的自尊，并不感到低人一等。军队的新兵不断地接到命令，告诉他如何穿戴，以及在他们的柜子里放什么东西，等等，但是他们也没有感到自己低人一等。工厂中的社会主义创建者同别人一样接受命令，也服从权威，然而他们并没有失去他们的自尊。在制度阶梯上向上攀登的人花大量时间用于执行命令，而没有产生自卑感。由于"处于从属地位而接受命令会降低自尊"这种概括存在着众多的例外，我们必须考虑这样的可能性：或者具有低自尊的从属者自己造成了这种情况，或者他们的地位迫使他们面对关于自己现状的事实，并思考对于作为一个独特的人所依据的自我价值要给予什么评价，而这些问题并没有现成的答案。如果他们相信对他们发出命令的人有权利这样做，而这只能基于某种**个人的**优越性，那么他们就会有特别大的压力去寻找答案。当然，按照资格理论，则不需要这样做。人们可以有资格来决定某些资源，其条件是别人也可以使用它们，而这不是由于他们拥有什么优秀品质。这样的资格也可以转让。也许，对有差别的自尊感到关切的读者将有助于使资格理论变得更加为人所知，从而削弱较低自尊的一个基础。显然，这不会消除所有这样的基础。有时，一个人的资格**将**明显来自于他自己的品质和先前的行为，在这样的场合，所面对的比较就不会是令人愉快的。

有意义的和令人满意的工作问题通常与自尊的讨论是连在一起的。有意义的和令人满意的工作据说包括：（1）发挥自己天分和能力的机会，面对挑战以及面对需要独创和自我导向之局势的机会（从而不是使人厌烦的和重复性的工作）；（2）相关的个人认为所参与其中的活动是有价值的；（3）在这种工作中，他理解他的行为在达到某种总体目标中所扮演的角色；以及（4）这样，有时候在决定其行为的过程中，他必须对更大的过程有所考虑，而他的行为属于这种更大过程的一部分。据说这样，一个人就能对自己所做的事情以及做事时的良好表现而感到骄傲，而且他能够感觉到，他是一个具有价值的人，做出了有价值的贡献。另外，还据说，要是没有这类工作的内在的可欲性和创造性，从事其他种类的工作会使人感到郁闷，会影响他们在其**全部**生活领域里的自我实现。

规范社会学——关于问题的原因**应该是**什么的研究，对我们所有人都具有极大的迷惑作用。如果 X 是坏的，并且也是坏的 Y 通过一个似乎可信的故事能够与 X 联系起来，那么拒绝这种结论就是非常困难的，即一件事情引起了另外一件事情。我们**希望**一件坏事是由另外一件坏事引起的。如果人们应该做有意义的工作，如果这是我们希望人们应具有的状况，⑨而且如果我们能够通过某种故事把没有这样的工作（这是坏的）与另外一件坏事联系起来（普遍缺少首创性和消极的休闲活动等等），那么我们就愉快地**跳跃**到这种结论，即第二个罪恶是由第一个罪恶**引起**的。显然，第二件坏事的存在可能**另有原因**。在某些种类的工作是可以选择的情况下，两件事情之间的这种相关性可能归咎于这一事实：这些表现出缺少独立性的人正是这些最愿意从事一些没有多少独立发展机会工作的人。

人们通常注意到，零碎的工作任务、机械性的活动以及规定详细的活动没有为发挥独立的创造性留有多少余地，而这并不是资本主义生产方式所独有的问题。这看起来与工业社会是

_____

⑨　某些人即使没有任何工作也可以生活圆满吗？另一些人做重复性的工作，这种工作不需要时刻保持注意并且有许多做白日梦的机会，他们也可以生活圆满吗？

并行不悖的。资本主义如何响应并且是否能够响应工人对有意义的工作的要求？当工作任务被分工以使其更具有意义的时候，如果工厂里工人们的生产力**提高了**，那么追逐利润的个人业主将会重组这种生产过程。如果工人们的生产力在这种有意义的劳动分工中**保持原样**，那么为了在争取劳动者的竞争过程中占有优势，企业也会改变它们的内部工作结构。

因此，应给予考虑的唯一有趣情况是，在对企业的工作任务进行有意义的分工或者大家轮换工作时，与意义更少的劳动分工相比，其**效率降低了（按照市场标准判断）**。这种降低的效率可以通过三种方式（或者它们的结合）产生。第一，工厂里的工人可能想望有意义的工作。这种工作具有其理论家所描述的所有优点，工人们认识到了这一点，而且为了得到有意义分工的工作，他们自愿放弃某些东西（部分工资）。他们的工作工资较低，但是他们觉得，他们的工作整体（较低的工资加有意义的工作）与意义较少而工资较高的工作相比是更值得想望的。他们拿出一部分工资做了一笔交易，以换取更有意义的工作和更多的自尊。许多人在做极其类似的事情：他们不是单凭所预期的未来现金收入的贴现价值来选择职业，他们也考虑社会关系、个人发展的机会、趣味性、工作安全性、工作的疲劳程度以及空闲时间的多少，等等。（许多大学教师在企业工作就能挣更多的钱。大学的秘书们放弃企业的更高工资来换取在她们看来压力更小、更为有趣的工作环境。还可以举出许多其他的例子。）并非所有人都想要同样的东西，或者同等程度地想要它们。基于所获利益的通盘考虑，他们在自己的各种就业活动中间进行选择。同样，看重某种不同工作组织的工人可能愿意放弃一部分工资以便得到这种工作，而且毫无疑问，这些**非常**看重这类工作的工人，在能够得到的各种工作中进行选择时实际上也会这样做。一个农民的生活节奏不同于装配线上工人（其总数不到美国体力劳动者的百分之五）的生活节奏，而后者的收入和生活也不同于商店职员。

但是，假设一种更有意义的工作对于某个工人不具有那么大的价值，那么他就不会为了得到这种工作而接受较低的工资。（在他生活的**哪个时期**它不具有那么大的价值？如果是在开始的时候，那么他的价值尺度**本身**就不是从事无意义工作的产物，而且，对于把其后来的性格归之于其工作经历，我们应该保持谨慎的态度。）

其他一些人会承担效率降低所带来的金钱代价吗？他们会这样做的，因为他们相信这个事业是重要的，即使对于单个工人本身没有重要到这种程度，以致他会愿意承担这种**金钱**代价。因此，第二，也许个人消费者会通过为自己所购买的商品**付更多钱**来承担这种代价。我们大家可以联合起来形成一种消费者合作组织，并只从其工作任务已进行有意义的分工的工厂中进行购买，或者我们可以由个人自行决定这样做。我们在多大程度上这样做，取决于与其他购买行为相比支持这样的行为对**我们**具有多大的价值：购买更多的其他商品；或者我们从其工作任务没有进行有意义分工的工厂中购买更便宜的东西，然后用节省下来的钱支持其他有价值的事业——例如医学研究、援助在奋斗的艺术家或者其他国家中的战争受害者。

但是，如果无论是对于单个工人还是对于单个消费者（包括社会民主运动的成员们）它都没有重要到这种程度，那么怎么办？还有什么其他的选择？第三，工人可能被禁止在其工作任务没有进行有意义的分工的工厂中工作，或者消费者可能被禁止购买这样的工厂所生产出来的产品。（在没有黑市的情况下，一种禁令**事实上**导致了另外一个。）或者，从业主的利润中拿出一部分钱用作支持进行有意义分工的工厂的资金。最后一点涉及一个更大的主题，我必须把它留到其他地方进行

250

讨论。但是，请注意，即使没有了私人所有者，所有企业都为其工人们所拥有，仍然存在着工作任务应该如何加以组织的问题。在组织生产的过程中，一些企业会决定共同分享所增加的货币利润，而另外一些企业或者也不得不这样做，或者不得不降低每个工人的年收入，或者不得不说服消费者为他们的产品支付更高的价格。也许，社会主义的政府在这样的体制中**会**禁止没有意义的工作，但是，除了它将如何为此立法的问题之外，它能根据什么理由把它的观点**强加**给所有愿意达到别的目标的工人？

工人的控制

资本主义制度中的企业可以向那些非常需要它们的人提供有意义的工作。它能同样提供民主的内部权力结构吗？在某种程度上，这是肯定的。但是，如果民主决策的要求扩展到诸如所有权这样的权力，那么它就不能。显然，作为一种选择，人们可以建立他们自己的民主管理的**合作**企业。任何富有的激进分子或者工人团体都可以购买现存的工厂，或者建立一个新的工厂，并启动他们喜欢的微观工业项目，例如工人控制的、民主管理的企业。然后这种工厂可以直接向市场出售它的产品。在这里，我们所面临的可能性类似于早先探讨过的可能性。有可能出现这种情况：这种工厂的内部程序不会降低按照市场标准来衡量的效率。即使花在工作上的时间减少了（一些时间用于民主决策的活动），然而在工作期间，他们可以工作得更有效率和更加勤奋，因为工厂是他们自己的，项目是他们赞成的，而按照市场标准，他们比其正统竞争者更为优越（参见路易斯·布兰克的观点）。在这种情况下，在建立财务上成功的这类工厂时不会有什么困难。在这里，我略去了这种工人控制的制度如何运行的通常难题。如果决定是通过工厂中工人的投票做出的，这将会导致在回报周期较长的项目上投资不足，因为对于现在进行投票的许多工人来说，与其进行投资，不如持有从现行分配中得到的现金，这或者是由于他们将不再在这里工作从而一无所获，或者是由于他们工作几年以后就退休了。如果每个工人**拥有**工厂的一份股份，而他可以出售或遗赠这种股份，那么这种投资不足（从而削弱未来工人的地位）就能够避免，因为未来的预期收入会提高他持有股份的当前价值（但是，然后……）。如果每一个新工人都有权利获得年净利润之平等的一份（或者一份平等的所有权），那么这会对这个团体吸收新工人产生影响。现有的工人以及这个工厂将会有一种强烈刺激来使**平均**利润（每个工人的利润）而非**总体**利润最大化，从而会雇佣更少的工人，而通常一个工厂会雇佣能带来利润的每一个人。* 用于扩张的额外资本将从何而来？工厂内部的收入将会有差别吗？（这种差别将如何确定？）以及诸如此类的问题。既然这种工团主义工厂的体制在不同工厂（带有不同的平均资本数额和不同的利润率）的工人之间会造成收入的巨大不平等，所以很难看出，赞成某种平等主义目的—状态模式的人们为什么会认为它很好地实现了他们的幻想。

如果这样组织起来的工人控制的工厂按照市场标准衡量是效率较低的，以致它出售的商品不如别的工厂的产品便宜，而别的工厂则很适合于低成本生产，因为它把其他价值放在第二位或者根本就不考虑其他价值，那么像以前一样，这个困难可以容易地以下面两种方式之一（或者两者的结合）加以解决。首先，这种工人控制的工厂可以付给每个工人更少的工资，也就是说，通过他们使用的某种共同决策机制，他们可以付给自

---

* 既然按照自己个人利益行动的工人会损害工人控制的工厂的有效运行，所以具有广泛基础的革命运动可能会尝试给这样的工厂配备"不自私"的员工。

己比更正统工厂里的工人所得到的更少的工资，这样就能使他
们的工厂以有竞争力的价格销售其产品。如果工人们因其比所
能挣到的更少工资而拒绝在工人控制的工厂里工作，**即如果对
于他们来说，这种就业的非金钱利益不是那么重要，还不如在
别处所挣的额外金钱能够使他们做的事情重要**，那么这种工人
控制的工厂可以尝试第二种选择，付给其工人有竞争力的工
资，但为其产品开出更高的价格。它将要求其产品的购买者比
从更正统工厂购买产品付更多的钱，它告诉购买者，他们购买
它的产品，就是在支持工人控制的工厂，因而就是在为社会正
义尽自己的一份责任。大概又会像以前那样，一些消费者会愿
意承受这笔额外的开支，而另外一些人则会觉得，与其为工人
控制的工厂做出这种慈善贡献，不如买更便宜的商品，把节省
下来的钱用于其他目的，其中包括其他的慈善贡献。如果没有
足够数量的人来支持这种工厂，那么（要是没有与消费毫无
关系的大量私人补贴）它就会倒闭。如果有足够数量的工人
或消费者愿意在某种范围内使用非金钱尺度并支持这项事业，
那么它就会成功。关键在于，在一个自由社会，**存在着实现工
人控制的方案的手段**，而这种方案的实现则是由人们的自愿行
为所产生的。[*]

　　人们可能认为，在一个大部分企业都属于私人所有的社会
里，即使工人控制的工厂是有效率的，它们也无法成立。但
是，如果它们被相信是有效率的，那么它们在市场经济中就能
够得到某种支持。因为这样的企业、公社或任何你所希望的社
会实验，一旦繁荣昌盛（以可观的数量），就能够用其成功来

---

　　[*] 同先前一样，如果这些办法都不管用，那么还有别的方法：强迫人们（工
人和消费者）在工人控制的方案中进行合作，并放弃其他情况下他们可以得到的
额外商品或工资。

回报任何原始投资，即使**它们**不喜欢私人投资的原则。请不要说，支持这些企业的成长违背了投资者的阶级利益，因为如果这些企业成功了，就会终结或消灭这种投资制度。投资者还不具有这种程度的利他主义。他们按照他们的个人利益而非阶级利益来行事。另一方面，在一种国家体制里如何集聚足够的资金来开创私人企业，假设有人愿意成为其劳动者和消费者，这也是更麻烦的问题。

即使获得外部投资比前面所说的更为困难，现在工会的财产中也有足够的基金可用于众多这类工人控制的企业的投资，而这些企业有能力为投资偿还利息，就像许多私人企业主使用银行贷款，甚至使用工会的贷款。为什么工会或工人团体不能开创属于**它们自己**的企业呢？工人们获得生产资料是非常**方便的**：买机器，租厂房，就像私人企业家那样。思考一下为什么工会并不开创自己的新企业，为什么工人不成立共同基金开创自己的新企业，这是富有教益的。

马克思的剥削

马克思主义经济学理论中什么东西剩下来了？这个问题具有重要的意义。随着劳动价值理论的解体，它独特的剥削理论之基础也消解了。当认识到，按照这种理论的剥削定义，在**任何社会**，只要为扩大生产（也许因为人口的增长）而存在投资，只要有人因不能工作或不能从事生产性工作而靠别人的劳动来**获得补助**，就会存在剥削，那么这种剥削**定义**的魅力和简洁性就消失了。但是在本质上，马克思主义理论是根据工人没有掌握生产资料来解释剥削现象的。工人不得不向资本家出卖自己的劳动（劳动力），因为他们必须使用生产资料来进行生产，他们无法单凭自身就进行生产。工人或者工人群体不能租用生产资料，然后等待几个月以后再出售产品，因为他们缺少现金储备来购买机器或者等待，直到现在正在制造的产品在将来出售而得到收入。因为工人在此期间必须吃饭。* 这样（故事继续进行），工人被迫同资本家打交道。（而且，保留劳动失业大军使资本家不需要为工人而相互竞争，也不需要哄抬劳动价格。）

请注意，一旦这一理论的其余部分被放弃了，而且，支持剥削的关键事实就是无法得到生产资料，那么**由此可以得出**，在一个工人**并非**被迫同资本家打交道的社会里，对劳动者的剥削就不会存在。（我们抛开了工人是否被迫同其他某个权力较为集中的群体打交道的问题。）因此，如果存在一个生产资料之公共所有和控制（如你所愿）的部分，而生产资料是不断扩大的，以便所有希望工作的人都能得到工作，那么这就足以消灭对劳动者的剥削。特别是，如果除了这个公共部分以外，还存在生产资料的私人所有部分，它雇用**愿意**在这个部分工作的工资劳动者，那么这些工人也就**不**是在被剥削了。（也许他们愿意在那里工作，对于说服他们到别处去工作的企图根本就不加理会，因为他们在这个部分工作可以得到更高的工资或回报。）因为他们不是被迫同生产资料的私人所有者打交道的。

让我们在这个问题上逗留一会儿。我们假设，这个私人部分是不断扩张的，而公共部分则变得越来越弱。我们再假设，越来越多的工人愿意在这个私人部分工作。私人部分的工资比公共部分更高，而且还在不断增加。现在我们设想，在一段时期以后，这个弱小的公共部分变得完全无足轻重了，也许它完全消失了。那么这个私人部分是否存在任何相应的变化？（根

---

　　* 生产资料从何而来？是谁以前放弃了当时的消费以便得到它们或者生产出它们？是谁现在放弃了当前的消费以便支付工资和生产要素，这样只有在出售产品后才能得到回报？是谁的企业家精明在始终发挥作用？

据假设，由于这个公共部分已经变得很小了，所以进入私人部分的新工人不会对工资有太大的影响。）这种剥削理论看起来一定会说，存在某种重要的变化；而这种说法是**非常没有道理**的。（它没有充分的理论证明。）如果私人部分的工资水平没有变化或者没有发生工资上涨，那么迄今为止还没有受到剥削的在私人部分工作的工人现在是不是正在受到剥削？虽然他们并不知道这个公共部分已经消失了，他们很少关注它，但现在他们是不是被迫在这个私人部分工作，是不是被迫到私人资本家那里寻找工作，从而基于这一事实他们是不是**受到了剥削**？因此，这种理论看起来能够得到维持。

不管这种无法得到生产资料的观点过去在多大程度上是真的，**在我们的社会里**，现在大部分劳动力在个人财产中都拥有现金储备，而且工会养老基金中也有大量现金储备。这些工人有能力等待，他们也有能力投资。这样就提出了为什么不用这笔钱来创立工人控制的工厂的问题。为什么激进分子和社会民主党人不积极推动此事呢？

工人可能缺少企业家的能力来识别有希望的盈利机会，来成立企业抓住这些机会。在这种情况下，工人可以尝试雇用企业家和经理人为他们开创企业，然后在一年以后再把权威职能移交给工人（工人是企业主）。（尽管在决定雇用什么人时也需要企业家才行，正如克兹纳所强调的那样。）不同的工人团体为企业家人才而相互竞争，并抬高这种人才的价格，而拥有资本的企业家则试图按照传统的私人所有制来雇用工人。让我们略去两者在市场中如何平衡的问题，而追问为什么工人团体现在不做这件事情。

开创一个新企业是**冒风险的**。人们无法轻易地识别出新的企业家人才，并且在很大程度上依赖于对未来需求、可用资源、不可预测的障碍以及机会等的估计。专业化的投资机构和风险资金投资公司得以发展起来就是为了管理这些风险。一些人不想管理这些投资的风险、支持新公司的风险或自己开创公司的风险。资本主义社会容许把承担这些风险同其他活动分开。福特汽车公司埃特塞尔（Edsel）分厂的工人不承担这个公司的风险，当它亏损的时候，他们并不交回自己的一部分工资。在社会主义社会，或者人们**必须**分担自己所在单位的风险，或者所有人都分担中央投资管理者之投资决定的风险。人们没有办法**摆脱**这些风险，也没有办法来选择承担这种风险而非那种风险（这需要某些领域的专业知识），就像人们在资本主义社会中那样。

　　通常，这些不想承担风险的人觉得有资格从那些承担风险并成功的人那里分一杯羹，然而同样这些人却觉得没有义务来帮助那些承担风险但失败的人分担损失。例如，赌场的服务人员期望从大赢家那里得到优厚的小费，但他们却不希望被要求分担输家的部分损失。对于成功并非来自随机过程的商家来说，这种分担的不对称性甚至比赌场的情况更为严重。为什么一些人觉得他们可以站在一旁看谁的风险公司情况好转（凭**事后聪明**知道谁挺过了风险并且盈利了），然后要求分享成功？为什么他们没有觉得，如果事情变坏了，那么他们必须承担损失，或者，如果他们想分享利润或控制企业，那么他们也应该进行投资和承担风险？

　　为了比较马克思主义理论如何对待这样的风险，我们必须简单地浏览一下这种理论。马克思的理论是一种生产资源的**价值理论**，这种理论主张，一个物品 X 的价值 V 等于体现在 X 中的社会之生产资源的总合。以一种更实用的方式来表达，两个物品的价值比率 V（X）/V（Y）等于体现在他们中的生产资源之数值比率 M（X 中的资源）/M（Y 中的资源），在这里，M 是这种数值的单位。这样一种理论要求对单位 M 加以

解释，而单位 M 的价值是独立于 V 比率而被确定的。如果我
们把生产资源的价值理论和生产资源的劳动理论结合起来，而
后者认为劳动是唯一的生产资源，那么我们就得到了劳动价值
理论。许多直接针对劳动价值理论的反对意见也适用于生产资
源理论。

另外一种理论可能对生产资源的价值理论提出这样的反
驳：生产资源的**价值**是由产生于它们（从它们制造出来）的
最终产品之价值决定的，而最终产品的价值则**不**是由它所使用
的资源之价值决定的。如果一台机器能用来制造 X（但不能制
造别的东西），另一台能用来制造 Y，每台机器都使用同样数
量的相同原材料来制造一个单位的产品，而且 X 比 Y 更有价
值，那么第一台机器就比第二台机器更有价值，尽管每台机器
都包含有同样的原材料，并且其制造时花了同样多的时间。第
一台机器由于能制造出更有价值的最终产品，所以它会要求比
第二台机器更高的价格。这可能会产生出一种错觉：因为它是
更有价值的，所以它的产品才是更有价值的。但是，这把事情
弄反了。因为它的产品是更有价值的，所以它才是更有价值
的。

但是，生产资源的价值理论所关心的不是生产资源的价
值，而只是它们的数值。如果只有一种生产要素，而且它是同
质的，那么这种生产资源理论至少还能加以非循环论证的陈
述。但是，若有一种以上的要素，**或者一种要素具有不同的种
类**，那么要想确立数值单位 M，以便以非循环论证的方式来陈
述这种理论，就会产生问题。因为必须确定一种生产要素的多
大数值应算作等于另一种生产要素的既定数值。**一种程序会参
照最终产品的价值**来确立这个数值单位，来解这个比率方程。
但是，这种程序将会基于最终价值的信息来界定这个数值单

257

位，所以它不能基于输入数值的信息来**解释**最终价值。* **另外**一种程序则可以发现某种共同的产品，而这种共同的产品能够由 X 和 Y 以不同的量生产出来，并使用最终产品之量的比率来确定输入的**量**。这样避免了一开始就考虑最终**价值**的循环论证，而是首先考虑某种产品的最终的**量**，然后用这个信息来确定输入的量（来界定数值单位 M）。但是，即使存在一种共同的产品，它也可能不是由各种不同的要素以最佳方式制造出来的，因此，用它来做比较，就可能得出一种使人误入歧途的比率。一个人不得不按照它们各自最佳功能来比较这些不同的要素。而且，如果两种不同的**产品**可以分别各由一种资源制造出来，但资源的数值比率**不同**，那么就会存在这样一个问题：选择哪种比率作为这些资源之间的比例常数。

我们可以通过思考保罗·斯威奇（Paul Sweezy）对简单抽象劳动时间概念的解释来说明这些困难。⑩ 斯威奇考虑了熟练劳动和非熟练劳动如何加以同等衡量的问题，并认为在最终产品价值的基础上加以同等衡量就是**循环论证**，因为最终产品的价值正是需要加以解释的东西。因此，斯威奇说，熟练依赖于两种东西：训练和自然差别。斯威奇把训练等同于花在训练上的**时间**长度，而没有考虑教师的技巧，尽管教师的技巧大体上是可以按照他花在培训上多少时间来衡量的（以及**他的**老师花了多少时间？）。斯威奇提出，让两个人做同一种东西，看他们各自做了多少，并找出加以同等衡量的比率，就可以得

---

* 在**某些**最终产品的价值是既定的情况下（具有很大的自由度），如果这种比率方程能被用来规定数值单位 M，并且能被用来为另一种最终产品确定价值，那么这种理论就会具有某种内容。

⑩ 保罗·斯威奇（Paul Sweezy）：《资本主义发展的理论》，纽约：每月评论出版社，1956 年。也见密克（R. L. Meek）《劳动价值理论研究》，伦敦：劳伦斯和威沙特公司，1958 年，第 168—173 页。

出他们的自然差别。但是，如果某种熟练劳动不是被看做一种生产同样产品的更快方式，而非熟练劳动也生产这种产品，而是看做一种生产**更好**产品的方式，那么这种确定数值单位 M 的方法就不会管用。（在比较伦勃朗的技巧与我的技巧时，关键的事实并不是他比我画得**更快**。）反复重述针对劳动价值理论的标准反例会使人乏味：发现了天然物体（具有比得到它们的必要劳动更高的价值）；不能复制的稀有物品（拿破仑的信件）；同一物品在不同地方的价值差异；熟练劳动产生的差别；供求波动引起的变化；其生产需要漫长时间的陈年物品（陈年葡萄酒）等等。[11]

迄今提到的问题涉及到简单抽象劳动时间的性质，而简单抽象劳动时间为衡量所有其他东西提供了所需的**单位**。我们现在必须引入另外一种复杂情况。因为马克思主义理论并不认为，一个物品的价值与生产它的简单抽象劳动时间是成比例的；相反，这种理论认为，物品的价值与生产它的简单抽象的、**社会必要**劳动时间是成比例的。* 为什么要引入社会必要

---

[11]　见欧根·冯·波姆－巴沃克（Eugene Von Böhm－Bawerk）《资本与利息》第 1 卷，伊利诺斯州南荷兰：自由主义者出版社，1959 年，第 12 章；以及他的《卡尔·马克思及其体系的终结》，新泽西州克利夫顿：奥古斯图－凯利公司，1949 年。

* "社会必要劳动时间是在现有社会的正常生产条件下，在社会平均的劳动熟练程度和劳动强度下，生产某种物品所需要的劳动时间。"卡尔·马克思：《资本论》第 1 卷，纽约：现代图书馆，第 46 页。请注意，我们也需要解释为什么正常生产条件是这样的，为什么某种特殊的劳动熟练程度和强度被用在**这种**特殊的产品上面。因为它不是相关社会中通常的平均熟练程度。大多数人可能在**制造**这种产品时会更为熟练，然而却可能有更为重要的东西需要制造，所以只剩下这些低于平均熟练程度的人在制造它们。相关的东西是这些实际上**制造**这种产品的人的熟练程度。人们也需要一种理论来解释，什么东西决定了哪些人在制造某种特殊产品方面具有不同的熟练程度。显然，我仅仅是提出了这些问题，因为它们**可以**由其他的理论来回答。

劳动时间这一附加的要求？让我们慢慢道来。

一个物品应该具有有用性，这种要求是劳动价值理论的一个必要组成部分，如果它要想避免反驳的话。假设一个人把劳动用于某种绝对无用的、任何人都没有需求的东西上。例如，他花时间高效率地打一个大绳结，任何其他人都不能比他打的更快。这个绳结具有那么多劳动时间的价值吗？一种理论不应具有这种结果。马克思是这样避免它的："一个物品不具有有用性，就不能有任何价值。如果一个东西是无用的，那么它所包含的劳动也是无用的。这种劳动并不被看作是劳动，从而不能创造任何价值。"⑫ 这是不是一种**特殊的**限制？在理论的其余部分是不变的情况下，它适用于谁呢？为什么并非**所有**有效率的劳动都创造价值？如果一个人不得不面对这种事实，即它是有用的而且也是**有需求的**（请设想它是有用的，但没有人想要它），那么也许只考虑**在任何情况下都必须面对**的需求，他就能够得到一种**完整的**价值理论。

即使附加这种**特殊的**限制，即物品必须具有**某种**用途，问题仍然存在。比如说，一个人在某种具有微小使用价值的东西上工作了 563 个小时（而且没有办法更有效率地制造它）。这满足了价值的必要条件，即物品必须具有**某种**有用性。那么它的价值现在是不是取决于劳动**时间**，从而产生出它具有难以置信的价值后果呢？不是。"因为花在它们（商品）上面的劳动，只有在它所花在上面的劳动对其他人也是有用的情况下，才能算作有效率的。"⑬ 马克思继续说："劳动是否对其他人是有用的，从而它的产品是否能够满足其他人的需求，只能通过交换行为来证明。" 如果我们把马克思的话解释为，不是有用

---

⑫　马克思：《资本论》第 1 卷，第 1 章，第 1 节，第 48 页。

⑬　马克思：《资本论》第 1 卷，第 2 章，第 97—98 页。

性是一种必要条件以及（一旦得到满足）劳动时间决定价值，而是有用的**程度**将决定已经花在某种物品上面的劳动具有多大的用处，那么我们就有了一种非常不同于劳动价值理论的理论。

我们可以从另外一个方向来探讨这个问题。假设有用的东西尽其所能地以高效率方式生产出来，但是，生产出来的东西太多了，以致无法以某种价格出售。在市场上能够全部售光的价格低于这些物品的明显的劳动价值，也就是说，投入到生产这些产品的有效时间比人们（以每小时多少钱）愿意支付的更多。这是否表明，决定某种产品价值的并不是用于生产这种具有有用性的物品的平均时间？马克思的回答是，如果存在这样一种生产过剩，以致它们无法在市场上以某种特定价格售光，那么这种劳动就是被无效地使用了（应该生产出更少的东西），即使这种劳动本身不是无效率的。这样，并非所有这些劳动时间都构成了社会必要劳动时间。这个物品所拥有的价值并不比花在它上面的社会必要劳动时间少，而是花在它上面的社会必要劳动时间比人们看到的要少。

> 假设市场上每块亚麻布所包含的劳动时间正好是社会必要的。尽管这样，所有亚麻布的总和所花费的劳动时间却可能是过剩的。如果市场无法以每码两先令的正常价格消化全部产品，那么这就证明了这个共同体把太多的劳动花在这种织物上面。这就好像每一个织工花在其特殊产品上的劳动时间比社会必要劳动时间更多一样。[14]

这样马克思主张，这种劳动不是社会必要的。**什么是社会**

---

[14] 马克思：《资本论》第1卷，第120页。

必要的，以及多少时间才算是社会必要时间，将由市场上所发生的事情来决定!![15] 不再有任何劳动价值理论，因为社会必要劳动时间的核心观念**本身**是按照一种竞争性市场的过程和交换比率来**界定的**![16]

261　　　我们已经回到了先前的话题，即投资和生产的风险，而我们看到这种劳动价值理论由此转变为一种按照竞争性市场之结果来界定的理论。现在让我们考虑一种按照简单抽象的社会必要劳动时间来支付报酬的制度。在这种制度下，生产过程所带有的风险由参与这一过程的每个工人来承担。无论他以什么效率工作多少时间，他都不会知道他工作的社会必要劳动时间是多少，直到看到有多少人愿意以多高的价格来购买他的产品。这样，一种按照社会必要劳动时间的数量来支付报酬的制度就会对一些勤奋工作的工人（在这种时尚潮流已过还在为呼啦圈制造商工作的人们，或者在福特汽车公司埃特塞尔分厂工作的人们）几乎分文不付，而对另外一些工人则会付得很少。（在一个社会主义社会，在极其缺乏做出投资和生产决定之能力的情况下，如果这个社会的统治者敢于完全按照工人工作的"社会必要"劳动时间之多少来支付给他们报酬，那么这会令人十分惊讶!）这样一种制度将会逼迫每个人都试图为其所制造的产品预测未来的市场，会使效率变得非常低，会导致对其产品之未来没有把握的人们放弃他们可以做得非常好的工作，

⑮　对比恩奈斯特·曼德尔（Ernest Mandel），《马克思主义的经济理论》，第1卷，纽约：每月评论出版社，1969年，第161页。"正是通过竞争，人们发现，无论体现在商品中的劳动时间是不是社会必要时间……当某种商品的供应超过其需求的时候，这就意味着在一定时期比社会必要更多的人类劳动用在生产这种商品上面……然而当供应少于需求的时候，这就意味着比社会必要更少的人类劳动用在生产这种商品上面。"

⑯　对比密克关于这个问题的讨论，《劳动价值理论研究》，第178—179页。

即使别人对这种产品的冒险成功具有极大的信心。如果一种制度容许人们转移他们不愿承担的风险，容许他们得到某种固定数额的报酬，而无论这种风险过程的结果怎样，那么显然这种制度具有优势。* 容许有机会使这种承担风险变得专业化，而这样的机会表现了资本主义社会的典型特征，那么这种制度就具有巨大的优势。

马克思试图回答下面这种康德式的问题：利润是如何可能的？⑰ 如果每件东西都得到了它的全部价值，如果不存在任何**欺骗**，那么如何能够有利润呢？对于马克思，答案存在于劳动力的独特性质之中：**它的**价值等于生产它的成本（进入它的劳动），然而它本身有能力生产出比自己价值更大的价值。（这对于机器也是真的。）把某种量的劳动 L 用于生产一个人类有机体，就会生产出某种东西，而这种东西有能力产生出比**L 更大的**劳动量。因为个人缺少资金而无法等待其劳动产品销售后的回报（见上面的讨论），所以他们无法从他们自己的这种能力中获取利益，并被迫同资本家打交道。鉴于马克思主义经济学理论的困难，人们会期望马克思主义者认真研究关于利润产生的其他理论，其中包括由"资产阶级"经济学家所提出的理论。虽然我在这里主要关注风险和不确定性的问题，但

262

---

　*　不能对每个具有这样风险的项目进行保险，因为这会导致对这些风险不做具体评估，而且，一旦对它们都给予保险，就会缺少激来努力促成更有利的结果。因此，承保人会监督或监视人们的行为，以避免所谓的"道德冒险"。见肯尼斯·阿罗（Kenneth Arrow）《风险承担理论文集》，芝加哥：马克汉姆公司，1971 年。阿尔基恩（Alchian）和德姆塞茨（Demsetz）在《美国经济评论》（1972年，第 777—795 页）中讨论了监视行为问题，他们之所以探讨这个主题，是因为他们试图通过监视**输入**来评估共同活动的边际产品问题，而不是因为风险和保险的问题。

　⑰　见马克·布劳格（Marc Blaug）对其理论的详细讨论，《经济理论回顾》，伊利诺斯州霍姆伍德：欧文公司，1962 年，第 207—271 页。

是我也应该提到创新（熊彼得）、非常重要的精明以及寻找其他人还没有注意到的（在广义上理解的）新套利机会。[18] 另外一种可供选择的解释理论，如果是正确的话，大概会消除掉大部分支撑着马克思主义经济学理论的科学动机。人们最终可能会产生这种观点，马克思的剥削是对经济学缺乏了解的人们的剥削。

自愿的交换

对于我一再说到自愿的交换，一些读者会表示反对，其理由是某些行为（例如，工人接受某种工资）并非真正是自愿的，因为当事人面对着有限的艰难选择，而且所有其他选择比他所选择的都更加糟糕。一个人的行为是否是自愿的，取决于限制他选择的东西是什么。如果是自然的事实，那么这种行为就是自愿的。（我可以自愿地步行到某个地方，尽管我更愿意能自己飞到那里。）其他人的行为为一个人可以得到的机会设置了限制。这是否使一个人的行为成为不自愿的，取决于这些其他人是否有权利这样做。

请思考下面这个例子。假设有 26 个男人和 26 个女人，每个人都想结婚。无论是男人还是女人，每种性别的所有人都同意根据喜爱程度把相同顺序的对方性别的 26 个人作为结婚对象：按照喜爱程度递减的顺序，分别把他们称为从 A 到 Z，以及从 A′ 到 Z′。A 和 A′ 自愿地选择对方结婚，而每一方都喜欢对方而非任何其他对象。B 最想同 A′ 结婚，B′ 则最想同 A 结婚，但是 A 和 A′ 的结婚已经把这些选择排除了。当 B 和 B′ 结婚的时候，不能仅仅基于这个事实，即还有他们更喜

---

[18]　见克兹纳（Israel Kirzner）《竞争与企业家精神》，芝加哥：芝加哥大学出版社，1973 年。

欢与之结婚的对象，就说他们的选择不是自愿的。这种最喜欢的选择需要其他人的合作，而其他人基于自己的权利已经选择了不合作。B 和 B′ 的选择范围比 A 和 A′ 的选择范围要更小。这种选择范围继续缩小，直到 Z 和 Z′，而他们面对的选择是或者同对方结婚，或者干脆就不结婚。两者中的每个人都更喜欢其他 25 人中的任何一个人，而他们通过选择已经把自己排除于 Z 和 Z′ 的考虑。Z 和 Z 是自愿地选择对方结婚的（在他们看来）。他们唯一的其他选择是更糟的，以及其他人愿意以某种方式实行自己的权利，从而塑造了 Z 和 Z′ 从中进行选择的外部环境，这些事实并不意味着他们的结婚不是自愿的。

　　同样的思考也适用于工人与资本所有者之间的市场交换。Z 所面对的选择或者是工作，或者是挨饿，而所有其他人的选择和行为没有为 Z 提供某种其他选择。（关于做什么工作，他可以有各种选择。）Z 是自愿地选择工作吗？（荒岛上的某个人必须劳动才能活下来，他是自愿地劳动吗？）如果从 A 到 Y 所有人的行为都是自愿的，并在其权利范围之内，那么 Z 的选择就确实是自愿的。这样我们就不得不向其他人提出这个问题。我们按照升序向每个人提出这个问题，直到 A，或者 A 和 B，他们选择以某种方式做事，从而塑造了 C 从中进行选择的外部环境。我们逐步向后追溯，从 A 到 C 的自愿选择影响了 D 的选择环境，从 A 到 D 的自愿选择影响了 E 的选择环境，如此进行下去，一直追溯到 Z。其他人自愿地从事选择，并在自己的权利范围内采取行动，而没有为一个人提供一种更令人满意的选择对象，这一事实并没有使他的选择成为不自愿的，尽管他是在各种不同程度的、令人不快的选择对象中进行选择。

　　我们应该指出，参与其他人的关系（其中包括自愿的交

换）的权利之结构具有一种有趣特征。* 参与某种关系的权利
不是一种同任何人参与关系的权利，甚至不是一种同想要或愿
意这样做的任何人参与关系的权利，而是一种同有权利参与它
的任何人（同有权利参与它的某些人……）一起参与这种关
系的权利。参与关系或交易的权利自身带有钩子，它们必须搭
上对方权利的相应钩子，而对方的权利钩子伸出来以便与它们
的相搭。一个囚犯被监禁在坚固的牢房中以致无法听到我的讲
话，我的言论自由权利并没有因此受到侵犯；如果这个囚犯被
禁止与我进行交流，那么我的得知信息的权利也没有因此受到
侵犯。如果 E. E. 黑尔（Edward Everett Hale）的"没有国家
的人"被禁止读某些作品，其出版社工作人员的权利并没有
受到侵犯；如果戈培尔（Josef Goebbels）被处死，从而不能向
读者提供更多的读物，那么读者的权利也没有受到侵犯。在上
述每一种场合，权利都是同别人处于某种关系的权利，而别人
在这种关系中**也**拥有一种成为对方的权利。成人通常拥有同任
何其他人处于这样一种关系的权利，只要其他人承认成人拥有
这种权利，但是这种权利也可能作为对错误行为的惩罚而丧失
掉。这种权利之钩的复杂性**并非**与我们讨论的所有问题都是相
关的，但是它确有含义。例如，它使这样一件事情变得复杂
了，即对讲演者在**公共**场所的讲演被打断立即进行谴责，而其
理由是这种打断侵犯了其他人**倾听**他们愿意倾听的任何观点的
权利。如果参与关系的权利只行使到一半，这些其他人确实有
权利倾听他们喜欢的任何观点，但是这些观点必须来自有权利
对他们发表演说的人。**如果**讲演者没有钩子伸出来搭住他们的
钩子，那么听者的权利就没有受到侵犯。（这个讲演者缺少一

---

* 由于我对这点不是非常肯定，所以这一段的内容是尝试性的，是一种有趣
的推测。

种带钩的权利，只能是因为他过去所做的某种事情，而不是因为他准备要讲的事情的**内容**。）我在这里所进行的这些思考，其意图不是为打断讲演进行辩护，而仅仅是对过分简单的谴责理由提出警告，而我自己也常常使用这样的理由。

慈善行为

我已经指出，个人可能非常愿意赞助某些他们所赞成的活动、机构和工作，例如工人控制的工厂、给别人带来机会、减少贫困和有意义的工作。然而当他们的税收负担加重的时候，这些赞成这种事业的人还会愿意给予这种对别人的赞助吗？他们不是希望**消灭**或**清除**贫困和无意义的工作吗？而他们的赞助不过是杯水车薪吗？如果他们继续付出而其他人则不这样做，他们不会感到自己是傻瓜吗？情况是不是这样的：他们**所有人**都赞成强制性的再分配，而如果没有了强制，他们则不会给予私人的慈善赞助？

让我们假设一种情境，在这种情境中存在着普遍赞成的强制性再分配，从富人那里转让一些财富给穷人。但是，让我们假设，政府也许是为了节省转让费用，它的强制性体制的运作方式是让每个富人每个月用汇票将他的赞助寄到一个接受者的邮政信箱，他既不认得这个接受者，这个接受者也不认得他。[19] 总的转让就是这些个人转让的总合。而且根据这个假设，每个付钱的人都支持这种强制性体制。

现在让我们假设，这种强制被撤销了。这些个人会继续自愿地做出他们的转让吗？先前一份赞助帮助了一个特定的人。

---

[19]　或者他寄几张汇票给几个不同的接受者，或者几个富人每人寄一笔钱给某个特定的接受者。因为这对我们的论证没有什么影响，所以我们就做一个简单的假设，富人和穷人的数量是相等的。

现在它还是会继续帮助这个人，无论其他人是否继续做出他们的赞助。为什么一些人不想再继续赞助了？有两种理由值得考虑：第一，与强制性体制相比，他的赞助对该问题的影响变小了；第二，与强制性体制相比，继续进行赞助需要他做出更大的牺牲。强制性体制下所完成的付出值得他做出这种付出。在一种自愿体制下，他不再给予赞助，或者是因为这种赞助给他带来的更少，或者是因为它要他付出的更多。

在缺少一些或全部其他赞助的情况下，为什么他的赞助的效果变小了？为什么它给他带来的更少？首先，这个人可能希望消灭和根除贫困（或者无意义的工作、人处于从属地位等等），对他而言，根除全部贫困高于消除每个人的贫困。[20] **没有**贫困等等理想的实现对他具有独立的价值。* （即使在其社会效果很差的情况下，所有人都不再给予赞助，这也是不可能发生的。）但是，既然只要其他人赞助他就会继续赞助（而且会认为他的赞助是非常重要的，如果其他人继续赞助的话），那么这就不能成为导致任何人停止赞助的动机。也许需要提示一下，关于为什么人们希望消除各种各样的罪恶，其理由不仅在于防止它们四处蔓延，而且在于每一种特殊的罪恶都是不可取的。一种罪恶从两件减为一件，与从一件减为零，是同样重

---

[20] 有 n 个人处于贫困状态，处于贫困状态中的任何一个人对这个人的功利都小于 $\sum_{i=1}^{n} u$（假如其他人仍处于贫困状态中，个人 i 则不是处于贫困状态中）。

这个陈述使用了条件功利的观念，而关于这个观念，见我未发表的博士论文"个人选择的规范理论"，普林斯顿大学，1963 年，第 4 章第 4 节；也见卢斯（R. Duncan Luce）和科兰茨（David Krantz）"预期的条件功利"，载于《计量经济学》，1971 年 3 月号，第 253—271 页。

* 人们有时候确实会碰到这样的人，对他来说，**普遍地**根除某种东西具有非常大的价值，而只根除它的一部分则几乎没有任何价值。这种人以抽象的方式关心人们，而对任何特定的人们则没有这样的关心。

要的。意识形态分子的一个标志就是否认这一点。一些人由于周围都是这样的意识形态分子而容易支持强制性赞助，而这些人最好花一些时间说服这些作为公民伙伴的意识形态分子，使其玄想回到现实。或者，他们起码应该赞成这样一种强制性制度：这种强制性制度只网罗这些（赞成这种强制性制度的）意识形态分子。

其次，关于为什么他的自愿赞助会给他带来的更少，为什么一些人在自愿的制度下停止了赞助然而却赞成一种强制性制度，一种更值得重视的理由是这种信念，即所要消除的现象包含着内部相互影响的恶化。只有所有的组成部分同时得到了帮助，某个特定组成部分的帮助才会有某种效果。这样一种帮助有两种作用，一是援助了某个特定的组成部分，二是减轻了其他组成部分的状况恶化。然而这种状况恶化的减轻对于每一个人来讲可能是微不足道的，或者可能是难以察觉的。在这种情况下，你拿出一些美元给一个人，许多其他人也拿出一些美元给其他别的人，那些别的人与你的赞助接受者会发生相互影响，这样就可能对你的赞助接受者产生一种重大影响，而这种影响值得你拿出一些美元。然而，要是只有你自己拿出一些美元给你的接受者，就不会对他产生这样大的影响。既然所产生的实际影响对你而言可能不值这些美元，所以你将不会自愿地赞助。虽然这仍然不是这些赞助为什么会停止的理由，但是，如果其他人停止了赞助，那么它就会成为这些赞助为什么会停止的理由，从而它就会成为这样的普遍赞助为什么难以开展的理由。为建立一种强制性体制而工作的人们也能够献身于开创协作事业。这个任务因这一事实而变得更加容易：人们不仅希望减少或消除某种罪恶，而且他们也希望对此有所贡献，希望成为解决该问题之过程的一个组成部分。这种愿望减轻了"逃票者"的问题。

现在让我们转向另外一个问题，即为什么这个人的赞助（这笔钱的数额同强制性体制下是一样多的）会要他"付出"的更多。他可能觉得，当其他人"脱身而去"不再给予任何赞助的时候，只有"傻瓜"或"笨蛋"才会做出这种特殊的牺牲；或者他的地位同不给予赞助的人相比变差了，他可能因此而感到心烦意乱；或者这种相对地位的变差会将他置于一种（相对于他人）更差的竞争位置，更难于得到他想得到的东西。群体中的每一个人可能都这样看自己和其他人，因此，群体中的每一个人可能都更愿意要一种强制的赞助制度，而非自愿的赞助制度。* （这些感觉可以同先前所开列的另外两个理由一起发挥作用。）

268　　　然而，如果所有人在其他所有人都给予赞助的情况下愿意给予，那么所有人可以共同约定，只要别人给予赞助，自己就给予赞助。假设在其他人都给予赞助的情况下一些人仍不肯赞助，这是没有道理的。因为这种制度直接把资金汇给接受者（他是从接受赞助的众多潜在接受者中间随机选择出来的），这就使"逃票者"的动机降低到最低程度，因为每个人的赞助都会有一种单独的效果。即使一些人有这样的动机，如果有足够多的其他人不受这些人的影响而退出，那么他们就能够通过只要别人给予赞助自己就给予的共同约定而（继续）赞助。这样，我们所考虑的情况就涉及某一收入阶层中的一些人拒绝给予，而无论其他人**是否**给予赞助。这些人不想成为逃票者，

---

* 虽然每个人可能都赞成某种强制性体制而非自愿体制，但不需要存在某种所有人都最赞成的强制性体制，甚至也不需要存在某种所有人都赞成的自愿体制。这笔基金可以通过比例税来筹集，或者也可以通过不同数额的累进税来筹集。所以，对某种特殊体制的一致赞成如何能够产生出来，这是不清楚的。（我的这种观点来自"压制"，载于《哲学、科学和方法》，S. 摩根贝塞、P. 苏佩斯和 M. 怀特编，纽约：圣马丁出版社，1969 年，第 440—472 页。）

他们根本就不想搭车。然而，其他人则可能愿意给予，只要能够承受得起的所有人都给予。这些拒绝者不会赞同**所有**那些被迫给予赞助的人，这样，再分配朝与我们假设相反的方向移动就不是移向一种帕累多更佳（Pareto – better）的位置。[21] 既然强迫这些对其财产是有资格的人违反他们的意愿去进行赞助，这违反了道德约束，所以这种强迫的倡导者就应该说服人们放开那些不支持自愿赞助体制的相对少数。或者，与那些不希望觉得自己是"傻瓜"的人相比，这些虽不愿意然而被迫给予赞助的人是相对**多数**？

在影响你的事情上拥有发言权

另外一种可能导致支持一种更多功能国家的观点主张，在做出严重影响他们生活的决定时，人们拥有一种发言权。[22]（然后论证说，需要一种更多功能的国家来实现这种权利，而且这种国家具有这样一种制度形式，即这种权利通过这种制度形式得以实行。）资格观念将检查人们生活被严重影响的各种方式。某些严重影响人们生活的方式侵犯了他们的权利（洛克所承认的那些权利），从而在道德上是被禁止的，例如，杀人，砍断人的胳膊。其他严重影响别人生活的方式则处于影响

[269]

---

[21] 犹如人们可能认为早先的情况就是这样。见霍克曼（H. M. Hockman）和罗杰斯（James D. Rodgers）"帕累多最佳的再分配"，《美国经济评论》，1969年9月号，第542—556页。也见哥尔德法伯（Robert Goldfarb）"帕累多最佳的再分配：评论"，《美国经济评论》1970年12月号，第994—996页，他试图证明强制性再分配在某些情况下是更有效的，而我们所设想的人际之间的转让制度使他的论证复杂化了。

[22] 在轻微影响他们生活的事情上，为什么不是也有发言权？为什么不实行某种权重投票制度（投票数量与效度不一定是成比例的）？见我的短文"权重投票与一人一票"，载于《代议制度》，彭诺克（J. R. Pennock）和查普曼（John Chapman）编，纽约：阿瑟顿出版社，1969年。

者的权限范围之内。如果四个男人向一个女人求婚，那么她嫁给谁（如果是其中之一的话）的决定就严重地影响了这四个人的生活、她自己的生活以及任何想嫁给这四个男人之一的人的生活。即使把相关人群只局限于这五个主要当事人，是否有人会提出这种建议：所有五个人投票来决定她应该嫁给谁？她有权利来决定怎样做，而其他四个人，对于严重影响他们在此时正被忽视的生活之决定，并没有一种发言权。他们对于**这个决定**没有一种发言权。托斯卡尼尼（Arturo Toscanini）在担任纽约爱乐乐团的指挥之后，到一个叫空中交响曲的乐团担任指挥。这个乐团是否能够继续盈利并存在，取决于他是否担任指挥。如果他退休了，其他音乐家将不得不另找工作，而且其中多数人大概不会得到一份同样令人满意的工作。既然托斯卡尼尼是否退休的决定将严重影响他们的生计，那么这个乐团的所有音乐家是否在做出这种退休决定时都拥有一种发言权？蒂德维克（Thidwick），这只心胸广阔的驼鹿，是否必须服从住在其鹿角里的全体动物的投票结果，而不穿越湖泊到一个食物更加丰富的地方？[23]

假设你有一辆面包车或一辆大客车，当你出国时，把它借给一群人使用一年。在这一年期间，这些人变得十分依赖你的大客车，这辆车与他们的生活已融为一体。到年底的时候你回来了，你说你要收回这辆车，而这些人则说，你独自使用这辆车的决定严重地影响了他们的生活，所以他们在决定这辆车的归属问题上拥有一种发言权。这种要求肯定是没有根据的。这辆车是你的，而使用它一年已经改善了他们的状况，并由此影响了他们的行为，使他们变得依赖它。如果他们把这辆车保养

㉓ 索斯博士（Dr. Seuss）：《蒂德维克，这只心胸广阔的驼鹿》，纽约：兰顿书屋，1948 年。

得很好，运行正常，事情也不会有改变。如果这个问题更早提出来，如果看起来他们在这件事情上可能有一种发言权，那么你和他们就会在这辆车的借用条件上达成一个协议，即一年以后关于它的决定权是完全属于你的。而且，如果借给他们使用一年的是你的打印社，而他们已经用它过上了一种否则不会有的更好生活，事情也不会有任何差别。对于这些严重影响他们的决定，而某个人（这个女人、托斯卡尼尼、蒂德维克、大客车所有者、打印社老板）有权利做出这些决定，其他人并没有一种发言权。（这**不**是说，某一个有权利做出决定的人在做决定时不应该考虑它对别人的影响。）* 当我们从考虑中排除了其他人有权利做出的决定以后，而且也排除了袭击我、偷盗我从而侵犯了**我的**（洛克式）权利的行为以后，那么在关于我对严重影响我的事情上是否拥有一种发言权的问题上，是否还有**任何决定**需要做出，这是不清楚的。**即使**还有一些东西要说，那么它们也不足以为一种不同性质的国家提供一个例证。

270

出借大客车的例子也有助于反对另外一种人们有时提出的原则：享用、使用和占用某种东西一段时间以后就给予一个人拥有它的资格或权利。大概正是这样的一些原则支持了租金控制法（rent-control laws），而这种法律给予住在某一公寓里的某个人以一种（接近于）固定租金住在那里的权利，即使这套公寓的市场价格已经上涨很高了。本着一种和解精神，我可以向租金控制法的支持者指出一种更有效率的选择，这种选择利用了市场机制。租金控制法的一个缺点是它没有效率，特别

---

*　同样，如果某个人在一块土地上建立一个"城镇"，这块土地的获得在过去和现在都没有违反洛克的限制条款，那么愿意搬到这里并住在这里的人们对于这个城镇的管理不会有一种发言权，除非所有者所建立的这个"城镇"的决定程序授予他们这种发言权。

是它会导致公寓的分配不当。假设我一段时间以来一直以每个月 100 美元的租金住在一套公寓里，而市场价格现在涨到了 200 美元。按照租金控制法，我会紧紧守着这套每月 100 美元的公寓。但是，有可能你愿意为这套公寓每月出 200 美元，而且也有这种可能，如果我能每月得到 200 美元，我会愿意放弃这套公寓。我会愿意把这套公寓转租给你，我每年从你那里得到公寓租金 2400 美元，然后付给房主 1200 美元，而且我会在市场上以比方说每月 150 美元的租金得到另一套公寓。这将使我每个月得到额外的 50 美元以作他用。与它的市场价格和控制价格之间的现金差额相比（以每个月 100 美元的租金），住在这套公寓里**对我**来说是不值的。如果我能够得到这个差额，那么我会愿意放弃这套公寓。

　　如果我被允许以市场价格自由转租这套公寓，而且我想转租多长时间都可以，那么这一切都非常容易加以安排。与不带转租条款的租金控制法相比，我在这样一种安排下的状况更好。它给予我一种额外的选择，虽然它并不强迫我利用这种选择。你的状况也更好了，因为你花 200 美元得到了这套公寓，这 200 美元是你愿意付出的，而按照不带转租条款的租金控制法，你就不会得到它。（也许，在你的租约有效期间，你还可以把它转租给别人。）公寓所有者的状况也**没有**变坏，因为在两种情况下他都是每年从这套公寓收到 1200 美元。带有转租条款的租金控制法允许人们通过自愿的交换来改善他们的状况，所以这种法律优于不带转租条款的租金控制法。如果后者比根本就没有任何租金控制更好，那么带有允许转租的租金控制就**更不用说了**。为什么人们觉得允许转租的制度是这样不可接受的？* 它的缺点

---

　　* 有时候居住者也会自己搬走，这样，下一个租房者可能会比在转租安排下支付更少的租金。所以，我们假设转租许可只局限于这些仍会住在原处的人们。

是，它使对房主的部分剥夺变得明显了。为什么从公寓转租得到额外金钱的应该是公寓的租用者而非公寓的所有者？至于为什么他应该得到租金控制法给予的补贴，而不是把这种补贴给予公寓的所有者，这个问题则容易被忽略。

非中立的国家

既然经济地位的不平等通常导致政治权力的不平等，那么为了避免政治不平等，而经济不平等通常与政治不平等是相互关联的，是不是需要一种更高程度的经济平等（以及一种更多功能的国家作为达到它的手段）？这种更高程度的经济平等是不是由此而被证明为正当的？在一种非最低限度的国家中，经济状况更好的人们想望更大的政治权力，因为他们能够利用这种权力为自己谋取各种经济利益。在这样的权力存在的地方，人们试图用它来达到自己的目的，这并不令人惊讶。为自己谋取经济利益而对国家的非法利用，是以一种先在的国家非法权力为基础的，而国家的这种非法权力以别人为代价使一些人发财致富。消除**这种**带来各种经济利益的非法权力，你就消除了或者极大地限制了追求政治影响力的动机。确实，还会有一些人渴望政治权力，他们在支配别人时会产生内在的满足。最低限度的国家能够最大程度地减少由渴望权力或经济利益的人来接管或操纵国家的机会，特别是如果它拥有相当警觉的公民的话，因为对于这样的接管或操纵来说，这种国家不是一个值得想望的对象。这样做没有什么东西可以得到，而且，即使它发生了，公民所承受的代价也降低到最低的程度。强化国家和扩大国家的功能，作为防止它被一部分人利用的工具，反倒使它成为一种更有价值的奖赏，一种更诱人的腐败对象，而任何人都能够利用它为官员提供使其称心如意的东西。话说得轻一点，这是一种糟糕的战略。

　　人们可能认为，这种最低限度的国家对其公民也不是中立的。毕竟，它强行履行契约，禁止侵犯行为，禁止偷盗，等等，而这些活动的最终结果会导致人们的经济状况出现差别。而要是没有这些强行（或者有其他的强行），所导致的分配就会有所不同，而且一些人的相对地位可能就颠倒过来了。假设拿走、掠夺或剥夺别人的财产**是**符合一些人的利益的，最低限度的国家使用或威胁使用武力防止这种事情的发生，这种国家事实上不是表现出非中立吗？

　　并非每一种给人们带来不同受益的强行禁止都使国家成为非中立的。假设一些男人对女人来说是潜在的强奸犯，而任何女人对男人来说或者相互而言都不是潜在的强奸犯。一种禁止强奸的禁令会是非中立的吗？按照假设，它给人们带来的受益是不同的，但是，潜在的强奸犯要是抱怨这种禁令在两种性别之间是非中立的，从而是一种性别歧视，这是荒谬的。禁止强奸有一个**独立的**理由（这个理由是）：人们有权利支配自己的身体、选择性伙伴和免于暴力侵犯及其威胁。这样一种可独立证明的禁令的实行对不同的人会产生不同的影响，但只要这个禁令是制度化的和具有连续性的，符合证明它的理由（某种与其类似的东西），而不是为了产生不同的受益，那么这就不是谴责它非中立的理由。（如果它**是**可独立证明的，但实际上是由于它的不同受益而得到支持和维持的，那么应该如何看待它？）主张一个禁令或规则是非中立的，就是**预先假设了**它是不公平的。

　　对于最低限度国家的禁令和强行也是一样。这种国家维持和保护一种过程，而这种过程则会导致人们拥有不同的财产，**只要**它所强行的规则和禁令没有独立的证明，那么就完全可以把它谴责为非中立的。但是，它有这种独立的证明。或者，对于主张这种最低限度的国家是非中立的人，他起码无法回避它的规则之内容和结构是否可以独立证明的问题。*

　　在本章和前一章，我们仔细讨论了一些最重要的考虑，而这些考虑被认为可以合理地证明一种比最低限度国家更多功能的国家。当这种考察结束的时候，所有这些考虑都没有达到其目的（它们合在一起也不会达到）。这种最低限度的国家仍然是能够得到证明的最多功能的国家。

再分配如何进行

　　我们在这两章的正规任务现在已经完成了，但是，关于再分配方案实际上如何进行，也许我们还应该说一些东西。自由放任式资本主义的支持者和激进分子双方一再指出，美国的穷人并不是政府经济方案和经济干预的最终受益者。政府对产业的大部分管制源于和倾向于保护已有公司的地位，使其免于竞争，而且，许多方案的最大受益者是中产阶级。据我所知，对于**为什么**中产阶级是最大的最终受益者，这些政府方案的批评者（来自左派和右派）没有提供任何解释。

―――――――――

　　* 主张国家及其法律是上层建筑的一部分，而上层建筑则是由生产和财产的基本关系所产生出来的，也许这种观点促使人们认为它是非中立的。按照这种观点，独立变项（基础）可以不考虑从属变项（上层建筑）来加以规定。但是，人们通常注意到，"生产方式"包括生产如何组织和引导，从而包括财产、所有权和资源控制权等观念。法律秩序被认为是可由下层基础加以解释的上层建筑现象，其实它本身在一定程度上就是基础。**也许**生产方式无需引入法律观念而只参照诸如"控制"这样的（政治科学）观念就能够加以规定。无论如何，关注实际上谁在控制资源可能会把马克思主义传统从这种思想中解放出来，即生产资料的"公共**所有**"将带来一种无阶级的社会。

　　即使主张基础完全决定上层建筑的这种理论是正确的，也不能由此推论出，上层建筑的某些部分不是可以独立证明的。（否则这种理论本身就会产生同样的难题。）这样人们就可以思考，什么样的上层建筑是可以得到证明的，并从事建立适合于它的基础。（正如，虽然病菌引起了病症，但是我们首先确定我们想要什么症状，然后再来解决原因问题。）

再分配方案还有一个令人困惑的难题：为什么投票者中状况最差的 51% 的人不投票支持一种再分配政策，而这种政策将以损害状况最好的 49 % 的人为代价来极大地改善他们自己的地位？这会损害他们自己的长远利益，这是真的；但作为他们没有投票支持这种再分配政策的解释，这听起来不像是真的。至于说这种下层多数缺少组织和政治精明，这也不是一种正确的解释。那么为什么**还没有**对大规模再分配问题举行投票呢？这个事实将一直是令人困惑的，除非人们注意到，下层 51% 的人不是唯一可能的（持续的）投票多数，也存在另外一种可能，比如说上层的 51%。这两种多数中哪一种能够形成，取决于中间 2% 的人如何投票。支持和策划赢得中间 2% 的人作为同盟军的方案，这是符合上层 49% 的人的利益的。与受到下层 51% 的人的（部分）剥夺相比，收买中间 2% 的人的支持，对于上层 49% 的人来说是更划算的。要收买中间 2% 的人成为他们的同盟军，下层 49% 的人所能提供的东西要少于上层 49% 的人所能提供的东西。因为下层 49% 的人提供给中间 2% 的人的东西将（这种政策形成制度以后）来自上层 49% 的人，另外，下层 49% 的人也将从上层 49% 的人那里拿走一些东西给自己。上层 49% 的人总是能够通过为中间 2% 的人提供比下层群体所能提供的多一点而节省支出，因此，他们**也**可以避免把钱花在下层 51% 的可能联盟中的其余部分上面，即下层 49% 的人身上。上层群体总是能够收买处于摇摆状态的中间 2% 的人的支持，以抵制会严重侵犯其权利的任何措施。

显然，说中间的 2%，这过于精确了。因为人们并不准确地知道他们所属的百分比是多少，而且，政策要想对准位于中间某处的 2% 的人，也不是一件容易的事。因此，人们会预期，一个比 2% **大得多**的中间群体将会是上层投票联盟的受益者。* 下层的投票联盟将不会形成，因为对于上层群体来说，收买摇摆的中间群体比让下层联盟形成是花费更少的。在解答一个难题的时候，我们发现了关于另外一个经常提到的事实的一种可能解释：再分配方案的主要受益者是中产阶级。如果这是正确的，那么这种解释意味着，对于其政策产生于民主选举的社会来说，要想避免使中产阶级成为它的再分配方案的最大受益者，这不是一件容易的事情。**

---

　　* 如果其他人考虑到下层的经济群体的投票率较低，那么摇摆的中间群体所处的位置就会发生变化。因此，支持按照最下层群体的利益来投票，以便使自己成为关键的摇摆群体，这是符合刚好位于当前受益群体下面的这些人的利益的。

　　** 我们可以进一步探讨我们论证的细节。为什么中间 51% 的人（上层百分之七十五减去上层百分之二十四又二分之一）不会形成一个联盟？用来报偿整个群体的资金来自于上层百分之二十四又二分之一的人，如果他们允许这种中间联盟形成，而不是收买它下面百分之二十六又二分之一的人以便形成一种上层 51% 的联盟，那么他们的状况就会变得更差。对于上层 2% 的人而非 1% 的人，故事会有些不同。他们不会努力与其下面 50% 的人结成联盟，而会尽力与上面 1% 的人一起阻止形成一个排斥他们两者的联盟。当我们把关于收入和财富分配的陈述与联盟形成的理论结合在一起的时候，我们就能够得出在多数决定规则的制度下一种关于最终收入再分配的准确预言。当我们增加一些复杂因素的时候，如人们并不知道他们所属的精确百分比以及可用的再分配手段是不完善的，这种预言可以放宽。这种修正过的预言在多大程度上符合事实？

第九章　民主过程

我们已经证明了最低限度的国家，回答了个人主义的无政府主义者的反驳，并表明支持一种更多功能或更大权力的国家的所有主要道德论证都是不充分的。尽管如此，一些读者还是觉得最低限度的国家非常薄弱，没有实质性内容。[①] 按照他们的观点，国家的强大表现在（由个人共同构成的）国家与仍然处于自然状态中的个人之间在权利方面的某种不对称。另外，一个强大的国家会拥有比单纯保护功能更大的权力和更大的合法行动领域。然而**没有合法的途径**来达到这种权利方面的不对称。有没有办法**继续**讲述我们关于（最低限度的）国家起源的故事：从自然状态开始，只通过没有侵犯任何人的权利的合法步骤，而达到更接近于现代国家的某种国家？[②] 如果继续讲述这个故事是可能的，那么它会表明人们现在生活于其中

---

① "随着国家的目的这样局限于提供外部和内部的安全保障，或者局限于实现某种法律秩序，主权国家最终降到了一种保险社会的水平，而这种社会所保护的是个人的自由和财产。"奥托·吉尔克（Otto Gierke）：《自然法和社会理论：1500—1800 年》第 1 卷，纽约：剑桥大学出版社，1934 年，第 113 页。对于一块领土上的支配的保护性社团，吉尔克将会抱怨得更加厉害了（别人则可能把这种抱怨看做赞扬）。

② 达到一种比最低限度国家更多功能的国家，还有另外一种**不合法的**路线，见弗朗兹·奥本海默（Franz Oppenheimer）《国家》，纽约：范伽德公司，1926年。虽然在本书中批判地分析洛克的达到一种权力更大国家的路线，这是合适的，但这是一件冗长乏味的事情，而且别人已经做过了。

的更多功能国家的一些本质方面，揭露这些国家的本性。我将朝这个方向做一种谨慎的尝试。

一致性与类似的例证

但是我们首先必须说明，通过出示一种类似的例证，来说服某个人改变他对一件事情的评价是困难的。我们现在假设你正在试图以这种方式来说服我改变自己对某一事情的评价。如果你的类似例证不是很相近，那么我可以接受你的评价，同时保留我对这件事情的原来评价。这种类似的例证越是相近，我越是会倾向于透过我原来的评价来看它。（"这还不是如此糟糕，因为它就像……"）演绎论证具有同样的困难，因为一个人可能与其接受一个不受欢迎的结论，不如拒绝他先前接受的一个前提。但是，演绎论证的困难通常要更小一些。因为一长串的演绎推理从一个人肯定的前提开始，而推理过程相当长，从而导致对结论的拒绝不是一目了然的。而一个例证如果要使人信服，就必须是非常相近的。（显然，推理的锁链越长，一个人也就越容易怀疑从中推出的结论。而且，当一个人弄清从它们能推出什么东西以后，他可能重新考虑他是否接受这种结论。）

你也可能通过出示**一串**例证，把我对你的出发点的判断或评价同我对所说事情的判断或评价隔离开来（从而达到一长串推理的效果）。你从一个距离很远的例证开始，一步一步达到与这件事情在结构上极其类似的例证。我同意你的距离很远的原始例证（它与这件事情的距离足以使它不受这件事情之视点的污染），这样，对我的挑战就是来解释，在一步一步成对的相似例证中，我在什么地方和为什么改变了我的判断。但是，这种画出界线的挑战很少能够说服人。（"我承认，画出界线是一个问题，无论它画在哪里，它都必须位于我对这件事情的明确判断的另一面。")

你可以通过一个完全类似的例证拥有一种最强有力的论
证，而这个例证凭自身就是极其清楚明白的，以致我对它的原
始判断不会受到我对所说事情的判断的影响或否定。找到这样
美好的例证是极其困难的。即使有了一个这样美好的例证，你
也需要解释它在什么地方与（所说的）类似事情有何不同，
以致我可以对它做出一种判断，对与其类似的事情做出另一种
判断；**此外**，你还面对这样一个问题，即出于论证的目的，你
要表明**这种**不同并**没有**使它们成为非类似的。③

关于论证的一致性存在一种更普遍的难题，而论证的一致
性在很大程度上依赖于这个问题："你如何把这件事情同那件
事情区别开来？"科学哲学家通常主张，对于任何一组给定的
数据，存在着无数的可能解释；对于解释关系 E 和任何一组
数据 d，无数可供选择的潜在解释存在于关系 E 和 d 之间。至
于为什么这样说，我们不想过多解释。（仅仅说通过任何数目
有限的点就可以画出无限多的不同曲线，这就**真的**足够了
吗？）据我所知，目前还没有任何论证能够表明，对于一组数
据，至少存在着**一种**解释，更不用说无数的解释了！在缺少对
关系 E 的适当说明的情况下，要想知道这种主张是不是真的，
这是困难的（人们会把它看做已经得到证明的定理）。如果我
们已经掌握的东西是 E 的必要条件，那么增加更多的条件作
为充足条件可能就会限制 E，从而就不会有无数的东西存在于
E 和 d 之间。（虽然也许有某种普遍论证能够表明，根据对 E
的**任何**合理解释，人们总是能够从位于 E 和 d 之间的旧东西

③　关于最后一点，见我的"新式排球难题与两个选择原则"，载于《纪念
C. G. 亨普尔文集》，N. 莱舍等编，荷兰：莱德尔，1969 年，特别是第 135—140
页。

中发现出新东西，而不是单纯的重复。）

这些关于解释的通常条件要求，存在于 E 和 d 之间的解释实质上应该包含某种类法则的（lawlike）或理论的陈述。在道德领域，相当于类法则陈述的东西是道德原则。假设**任何**一组特定的道德判断能够通过无数可供选择的道德原则（并非所有原则都是正确的）来加以解释，这不是同样合乎道理（或者不合乎道理）吗？道德原则不应该包含专名（proper names）和指示性表达（indexical expressions）等等，这种通常要求相当于科学哲学家的要求，即基本的类法则陈述不应该包含位置谓词（positional predicates）。④ 为了达到唯一的普遍道德原则与大量的特殊道德判断之间的和谐一致，这种使用普遍化条件的希望看起来类似于这种假设，即假设唯一基本的类法则陈述能够解释一组特定的数据。希望通过这样一种方式来改变一个人的某种特殊道德判断，即要求他把它与他拒绝做出的另外一个判断区别开来，或者使它与他做出的一个相反判断协调一致，这种做法看起来近似于这样一种假设：对于一组逻辑上一致的数据，**没有**任何一种或一组基本的类法则陈述能够解释它。

这些假设是非常强的，远远超出了人们所能够证明的范围。那么，人们能够希望通过伦理学的普遍论证来证明什么？任何（满足了普遍条件的）基本道德陈述都无法解释一个人做出的两种道德判断，这是一种信念；只用**这个**人能使用的概念所构成的任何基本道德陈述也都无法这样做，这是另一种信

④　见 C. G. 亨普尔《科学解释》，纽约：自由出版社，1965 年，第 266—270 页。在这里，我是在亨普尔的意义上使用"基本的"一词的，与第 1 章中的用法不同。从道德原则中排除指示性表达（"我"，"我的"）的要求缺乏充分的证明。

念；而后者比前者更合乎道理。另外，人们可能认为，如果一个人无法**得到**这种能够解释其判断的基本道德陈述，那么至少他可以合理地要求在他的道德世界里**存在着**这种基本道德陈述，即只使用**他自己的**道德概念的基本道德陈述。没有任何保证一定会是这样，然而有理由认为，他不可以仅仅这样回答来了事："是啊，某个道德天才可能会创造出我们做梦都想不到的新道德概念和理论术语，而根据它们，就可以通过唯一的基本原则来解释我所有的特殊判断。"人们将不得不解释和探讨为什么一个人不能满足于这种信念，即某种或某些基本道德法则（使用某些概念）能够解释他所有的判断。这看起来是一种能够完成的任务。

上面所提到的关于类似例证的困难适用于我们现在所做的事情。当处于这种徒劳的希望之中的时候——通过关于一件事情的固定观点来看另外一件事情，会对关于事情的判断产生污染，从而希望能够对判断的这种污染采取一些补救措施——我要求读者注意核查一下自己是否正在这样想："但这还不是如此糟糕，因为它就像……"现在，我们来探讨一种更多功能的国家是如何从我们的最低限度国家中产生出来的。

更多功能国家的产生

280　　让我们假设，在自然状态中，财产最初是按照获取的正义原则获得的，此后则是按照转让的正义原则，有主的财产同有主的财产、服务或许诺进行交换，或者干脆就是馈赠。也许各种各样财产权的精确轮廓是由这种考虑确定的，即外在性如何能够最有效地（以最低代价）加以内在化。⑤ 这个观念值得考

---

⑤　见哈罗德·德姆塞茨（Harold Demsetz）"朝向一种财产权理论"，《美国经济评论》，1967 年，第 347—359 页。

察一下。就你的行为影响了其他人的财产因而你被要求对他们给予赔偿而言，其他人的财产权内在化了你的行为的消极外在性（negative externalities）；就你的行为提高了你首先对之获得财产权的东西的价值而言，你的财产权内在化了你的行为的积极外在性（positive externalities）。在这些边界已经划定的情况下，我们大体上能够看出，一种把所有消极外在性都内在化了的制度会是什么样子的。然而，所有**积极**外在性的充分内在化应该包含什么？在它最强的形式中，它会包含你（每个人）收到你的（他的）行为给其他人带来的全部利益。既然利益是难以创造的，所以我们设想，它包含利益从其他人到你的转让，而这种转让使其他人回到相同的无差别曲线，而要是没有你的行为，他们原本就占据这种无差别曲线。（在缺少功利可不受限制地转让的情况下，无法保证这种内在化将会使当事人得到同样多的利益，就像他作为接受者在没有这种内在化时会有的那样。）起初，人们会觉得，这样强的内在化会消除同别人一起生活在社会里的**全部**利益，因为你从其他人那里得到的每种利益都是换来的，并（尽可能地）返还给了这些其他人。但是，既然人们希望得到这种利益的回报，那么在一个自由的社会里，人们之间就会存在为别人提供利益的竞争。为提供这些利益所得到的最终市场价格将低于接受者愿意支付的最高价格，而这种消费者的剩余就是同其他人一起生活在社会里的利益。即使社会不是自由的，不允许利益的潜在提供者之间进行价格竞争（而是用其他选择机制来决定谁提供这种利益），同其他人一起生活在社会里还是有益的。凡是在收到利益而给予充分回报的任何场合，也都存在着对提供给别人的利益的充分接收。在这种制度下，生活在社会里的好处不是别人为你提供利益，而是他们因为你提供给他们利益而给你的回报。

　　然而，如果现在把这种制度推到另外一个层面，那么它就

281

变得不一致了。因为你是从生活在这样一个社会里而受益的，即其他人为你给他们提供的利益而回报你。如果他人的存在为你提供了利益，那么**这种**利益是不是也被内在化了，以致你要为此做出充分的回报？比如说，你是否要为预期从别人那里得到的回报而做出回报？显然，这个问题可以重复无数次。既然收到回报是同其他人一起生活的利益所在，那么把**全部**积极外在性都加以内在化就不可能有稳定的结果。对上述这些行为的考虑会导致这样一种制度，个人 X 为 Y 所提供的"普通"利益而回报 Y，而不会导致这种制度，Y 为从 X 那里得到的利益而回报 X，而 Y 是在这种"普通"制度下从 X 的存在并付钱给 Y 而得到利益的。因为在后一种制度下，不存在利益的原始提供。另外，既然后一种制度是骑在"普通"制度上面的，所以它无法**取代**它。在缺少这种"普通"制度以及**它的**回报利益的情况下，后一种制度无从得以运转。

关于对积极外在性加以内在化，经济学家的讨论并不关注这种充分回报利益的**强**原则，而是关心是否存在更多的足够回报来抵消当事人的费用（而这种费用是他从事带有积极外在性的活动时产生的），以使这种活动能够得到鼓励。这种具有足够经济效率的**弱**回报形式，在关于对（积极）外在性加以内在化的问题上，构成了经济学文献的主题。

现在我们回到比最低限度更多功能的国家之产生的问题上来：人们并不把所有权看做是持有一件东西，而是看做拥有一种权利（也许它与一件东西相关联），而这种权利在理论上是可以分离的。财产权被看做是在关于某个东西之可允许的选择范围内决定哪一种选择要加以实现的权利。可允许的选择是那些没有越过别人道德边界的选择。再举一个例子，一个人对一把刀子的权利并不包括违背别人的意志而把它插入他们肋骨之间的权利（除非是有正当理由的惩罚犯罪或自卫等等）。一个人可以对一件东西拥有一种权利，另外一个人可以对同一件东西拥有另外一种权利。一座房子四周的近邻可以购买决定给它的外表刷上什么颜色的权利，而住在里面的人们则拥有决定其内部结构是什么（可允许的）样子的权利。另外，一些人可以共同拥有同一种权利，并使用某种决策程序来决定这种权利应如何实行。至于人们的经济状况，市场的自由运行、某些人的自愿联合（如基布兹*）和私人的慈善事业等大大降低了个人的贫困。但是我们可以假设，或者贫困没有得到完全的消除，或者一些人非常渴望得到更多的商品和服务。在所有这些作为背景的条件下，一个比最低限度国家更多功能的国家会如何产生呢？

一些渴望得到更多金钱的人想到了一个主意，他们自己组成公司，通过出售涉及自己的股份来筹集金钱。他们把权利进行细分，直到每个人对自己所独自拥有的权利变成一张由众多分立权利组成的长长清单。这些权利包括：决定他尝试以哪种职业借以谋生的权利，确定他将穿什么样式服装的权利，他在愿意嫁给他的人们中选择娶谁的权利，决定他将住在哪里的权利，决定他是否要抽大麻的权利，他在其他人愿意写作和出版的书籍中选择读哪些书的权利，等等。在这些范围广大的权利中，这些人像以前一样自己继续持有一些，而把其他的投放到市场上；他们出售了这些所有权的股份，也就是出售了这些涉及到自己的特殊权利。

起初，人们花钱买这些权利的部分所有权，只是当做一种玩笑或一件新鲜事。后来，把涉及到自己或第三者的可笑股票作为礼物送给别人变成了一种时尚。甚至在这种时尚消退之前，一些人就看到了某些更为严肃的可能性。他们打算出售涉

---

* 犹太人在以色列建立的集体农场。——译者注

及到自己的权利，而这些涉及到自己的权利可能对别人具有实际的用途或利益：决定从谁那里可以购买某些服务的权利（他们称为营业执照发放权），决定他们从哪些国家购买商品的权利（进口控制权），决定他们是否应该使用 LSD、海洛因、烟草或环己基氨基磺酸钙的权利（药品权），决定他们收入中的多大部分拿出来用于各种目的而不管其是否赞成这些目的的权利（税收权），决定什么样的性行为方式是可容许的权利（卖淫权），决定他们什么时候和是否参加战斗以及杀死谁的权利（征兵权），决定在什么价格范围内他们可以进行交换的权利（工资—物价控制权），在做出雇用、出售或租用决定时确定哪些根据是不合法的权利（反对歧视权），强迫他们进入司法程序的权利（传唤权），要求把器官移植给更需要者的权利（身体平等权）**等等**。出于他们各自不同的理由，其他的人们想要这些权利或者想有一种涉及到它们的发言权，因此数量巨大的股份被买卖，有时金额相当大。

也许任何人都没有完全把自己卖为奴隶，也许是因为保护性社团并不保护这样的契约。无论如何，最多也只有为数不多的几个完全身份的奴隶。几乎每个出售这些权利的人都刚好把权利总体（虽然其范围是**非常**广的）出售到接近于所有权，但是对其范围具有某些限制。由于对别人所拥有的涉及到他们的权利**存在**某些限制，所以他们不会完全成为奴隶。但是许多人拥有涉及到他们自己的分离权利，他们把它们拿出来出售，从而被某个人或某个小团体全部买下。这样，虽然对所有者的资格有所限制，但这些在某些方面被别人拥有的人还是感觉非常压抑，不得不服从股份持有者的欲望。既然这种一些人对另外一些人的非常广泛的支配是通过自愿的交换由一系列合法步骤产生的，而其出发点不是不正义的，所以它本身也不是不正义的。但是，虽然它不是不正义的，但一些人觉得它是令人无法忍受的。

新近组成公司的人们把这样一个限制条款写进每种股票的条件：它不能出售给已经拥有该股票某种数额以上的任何人。（既然条件越有约束性，股票的价值就越低，所以这种所限制的数额就不会很低。）一段时间以后，对一个人拥有所有权的许多原始小公司解体了，这或者是因为所有者在需要钱的时候一点点地把自己持有的股份卖掉了，或者是因为许多人买进这种公司的股份，以致在最终所有权的层面上，对这个人的股份的持有变得更广泛和更分散了。随着时间的流逝，出于这种或那种原因，每一个人都把涉及自己的权利卖光了，而在每一种权利上只为自己保留一个股份，以便如果他们想要出席股东会议，他们就能够参加。（假如在股东会议上他们投票的权力微不足道，而别人对他们的偶尔发言又漫不经心，那么他们仍然还保留涉及到自己的股份，可能就完全出于情感的原因了。）

被持有股份的巨大数量和这些股份之所有权的极其分散导致相当严重的混乱和没有效率。大量的股东会议不断地举行，以应外部要求做出决定：关于某个人发型的决定，关于某个人生活方式的决定，关于另外一个人发型的决定，如此等等。一些人把大部分时间都用在出席股东会议或者签署委托书来委托别人代替自己。劳动分工创造出了股东代表的专门职业，这些人把所有的时间都花在不同的会议上面。各种改革运动出现了，它们被称为"合并运动"。有两类合并得到了广泛的尝试。一种是个人的股东合并会议，在这种会议中，所有对某个特定的人的某种权利拥有某类股票的人都参加集会投票。他们每次投票决定一个问题，而且只有在该问题上有资格投票的人才参加投票。（这种合并提高了效率，因为对某个人的某种权利拥有某种股份的人通常也对这个人的其他权利拥有股份。）另一种是合并的股东会议，在这种会议中，所有对任何人的某一特定权利持有股份的人都一起开会并投票，比如说举行药品大会，每个人按照顺序进行投票。（效率在这里得到了提高，因为买某个人的特定权利的股份的人通常也购买其他人的相同权利的股份。）即使出现了所有这些合并，这仍然是一件让人受不了的复杂事情，而且花费太多的时间。人们试图卖掉股份，而只保留一种，正如他们所说的，"为了说话有些份量"。当人们试图卖掉的时候，每一股份的价格便大幅下落了，并导致其他人购买象征性的权利股份，而目前他们还不拥有这些股份。（这些象征性的股份可以交易，就像棒球卡一样，人们把它们积攒起来试图凑成完整的一套。孩子们受到鼓励来收集它们，作为他们未来发挥股东作用的一种准备。）

这种股份的极度分散实质上结束了一个人受**另外一个可辨认出来的人或小团体**的统治。人们不再处于一个他者的支配之下。相反，几乎每个人都在决定自己，而且他们也在决定几乎每一个人。其他人对一个人所拥有的权力之**范围**并没有减少，发生变化的地方在于谁拥有它。

目前为止，这种制度仍然过于浪费时间和臃肿庞大。补救的办法是举行一次规模巨大的合并大会。人们从四面八方赶来，交换和卖出股份，到闹哄哄三天大会结束的时候（嘿，瞧!），每个人对所有其他人（包括自己在内）的每一种权利都正好拥有一个股份。所以，现在可以只举行一次会议来决定所有人的所有事情，在这次会议上，每个人都只投一票，或者由他自己来投，或者把他的投票权委托给别人。不同于对每一个人都加以单独处理，现在所做出的普遍决定适合于所有人。起初，每个人都能够参加三年一次的股东会议并投票：他自己的一票加上他可能得到委托的票数。但是，这样出席股东会议的人就太多了，讨论也过于平淡乏味，时间拖得很长，因为每个人都想说上几句。最后决定，只有那些至少具有 10 万张投票权资格的人才可以出席股东大会。

如何把儿童包括进来是一个主要的难题。一个大公司股份（Great Corporation Share）是一笔有价值的财富，没有这种股份，一个人就不能成为股东，只好形只影单而对别人毫无影响。儿童要是等到他们的父母死去才能够继承股份，那么他们在大部分成年生活中都不能拥有股份。而且，也不是每个家庭都正好有两个孩子。这样，没有办法做到每一个年轻人正好有一个股份。给年轻人的股份从哪里来？当别人的股份都是买来的时候，白送大公司股份是公平的吗？因此，平分股份作为一种使青年人进入股东行会的方法被引进来了。自上一次三年一届的股东会议以来，有 m 个股东已经死去了，有 n 个人已经成年。这 m 个股份归还给董事会并且收回停用，这样把公开发行仍在使用的股份 s 的每一份分成每人一份的 $(s+n)/s$，其余的一小部分被合并成新股份分配给刚进来的年轻人。这些股份不是免费地分配给他们（这是不公平的），而是一种交换，来换取他们进入公司，签署涉及他们自己的股票并把它们让渡给这个公司。在交换涉及他们自己的股票时，他们每个人都收到了一个大公司股份，从而变成了股东行会的一个成员，共同决定公司事务之权利的一个享有者，每一个他人的部分所有者。每一张旧股票都处于被平分的地位，因为新人的加入意味着每一张股票是涉及更多人的一个股份。这样，人们加入和股票平分相互得到了证明。

人们把这种交换看做一种绝对公平的交易。在交换之前，一个人拥有涉及自己的全部股份，而没有涉及任何他人的丝毫股份。由于社会上的其他人为 $s+n-1$（用先前使用过的相同字母来代表），这样每个人都把自己并入 $s+n$ 股份，签署这样一个股份，并把它让渡给董事会。作为一种交换，他得到了涉及这个社会中所有其他人 $s+n-1$ 的一个 $1/s+n$ 股份，**外加**

涉及到他自己的同样股份。这样，他得到了 s + n 股份，每一股份代表了涉及到社会里 s + n 中每个人的 1/s + n 的所有权。用他所拥有的股份数乘以每一股份所代表的所有权的分数，我们得到了 (s + n) (1/s + n)，这个数等于 1。他最终从这种交换中得到的所有东西就是一个完整的所有权，而这个完整的所有权正是他签署并让渡给董事会的东西。人们会认为并且说，当每个人拥有每个人的时候，就是任何人都不拥有任何人。⑥每个人都相信，每个其他的人都不是一个暴君，而是一个同自己一样的人，也具有同样的地位。既然所有人都在同一条船上，就没有人把这种状况看做是一种支配，而且这条船上的众多乘客也会使它比单人划艇更容易忍受一些。既然所做出的决定能平等地适用于所有的人，所以（据说）人们得到了非个人的和非专断的规章制度的统治，而非人的统治。每个人都被认为从别人明智地统治所有人的努力中获益，而且每个人在这种努力中都是平等的，具有同别人平等的发言权。这样就建立起了一个股东一票的制度。也许，当人们认识到，他们所有人都不可避免地具有千丝万缕的联系，每个人既是股份持有者，也是股份被持有者，每个人既是他的兄弟的守护者，也被他的兄弟所守护，这时候博爱情感就会发扬光大。

　　偶尔，为数不多的叛逆者拒绝接受他们的大公司股份，拒绝签署股东行会的成员资格花名单。他们拒绝把他们的大名放进这个大公司的独立宣言，他们说他们不想成为这种制度的任何一部分，并拒绝给予这种制度以任何授权。其中一些人走得

---

　　⑥　"既然每个人把自己给予了所有人，那么……他就没有把自己给予任何人；而且，既然每个参与联合者都能够从其他参与联合者那里得到他让渡给他们的同样权力，那么每个人就得到了他失去的东西的等价物……" 让·雅克·卢梭（Jean Jacques Rousseau），《社会契约论》第 1 卷，第 6 章。

更远，他们呼吁解散这个公司！董事会中的急躁者要求关他们的禁闭，但是顾忌年轻人的不合作，而看起来他们并没有授予董事会这样做的明确权利。一些董事坚持认为，鉴于这些年轻人在公司的庇护下长大成人而受益，鉴于他们仍然留在公司的影响范围之内，他们已经默认地同意自己的所有权以股份形式被别人持有，所以不需要从他们那里得到进一步的授权。但是，既然每个人都认识到，默认的同意不如一张白纸，因此这种主张没有得到什么支持。一位董事说，既然所有的孩子都是他们的父母所生，他们的父母拥有他们，所以董事会对父母的所有权股份就使其延续到对孩子的所有权股份。在这种微妙的时刻，这种奇谈怪论无法派上用场。

我们要放慢我们故事的戏剧性节奏，以便考虑洛克关于父母对孩子的所有权的观点。⑦ 洛克必须详细讨论费尔默（Filmer），不仅为了把某种其他怪论清理出场，而且为了表明这种怪论并不是来自于他自己的基本观点，**而人们可能会认为是这样的**。这是洛克之所以写完《政府论》下篇以后又继续写上篇的原因。⑧ 对一个人已经制造出来的东西的所有权，看起来来自于洛克的财产理论。这样，如果制造和拥有世界的上帝把对它的所有权只**给了**亚当，那么洛克就会面对一个真正的难

---

⑦　见洛克《政府论》上篇，第6章，洛克对"父母拥有他们的孩子"这种观点的批评以及第9章，他反对在这种情况中（假设它存在）把所有权看做可转移的。

⑧　在洛克《政府论》标准版的导言中（第2版，纽约：剑桥大学出版社，1967年），关于洛克为什么继续写上篇，彼得·拉斯莱特没有给予任何**内在的**解释，而且他有点把这当做一件怪事（第48、59、61、71页）。洛克阐发自己关于财产的观点导他认为，详细讨论费尔默并且把自己同他区别开来是必要的，这看起来与拉斯莱特在第68页关于洛克财产观的说法是矛盾的，但是，人们可以看出，如果更仔细地考察拉斯莱特在第34页和第59页的论述，那么这种说法与其就不矛盾了。

题。虽然洛克认为并且论证说，这件事情并没有发生（第4章），但是他一定也想知道，**如果它发生了**，那么会导致什么结果。他一定想知道他的观点是否意味着，如果它发生了，那么其他人就会需要获得亚当的允许来使用他的财产以维持他们自己的生存，从而处于他的权力范围之内。（如果这样，如果礼物可以传给后代，那么……）这种观点要得到令人满意的结果（任何人都不是处于别人的统治之下），就依赖于有可能是另外一种情况的偶然性（上帝并没有给予亚当这样的礼物），而这会使拥有它们的某些人感到非常不舒服。（我在这里略去了这种回答：上帝必然是善的，所以，他没有给予这样一种礼物，这**不是**偶然的。一种道德观点要是必须采取**这种**论证路线以避免被看似偶然的事实所推翻，那么这种道德观点确实是非常不可靠的。）这样，洛克（在上篇第41、42节）讨论了其理论的本质部分，在这里他说到，每个人"当他没有别的手段维持自己生命的情况下，都有资格从其他人的富足中拿出这样多的东西，以使他免于极度贫困"，而其他人则不可以加以拒绝。

　　同样，洛克也必须解释为什么父母并不拥有他们的孩子。他的主要论证（上篇，第52—54节）看来依赖于这样一种观点，只有在一个人控制并且了解全部制造过程的情况下，他才能够拥有他所制造的某种东西。按照这个标准，人们在其土地上播下种子并给它们浇水，但是他们并不拥有后来长大的树木。确实，我们所做的大部分事情只是干预了或者引起了某种过程，而对这种过程的全部运作，我们并不了解，对这种过程产生的结果，我们也不能完全预先设计。（谁知道物理学家关于物质及其性质和功能所说的**所有**东西是不是如其所是？谁知道这些物理学家不知道什么？）然而在许多这样的场合，洛克确实想说，我们拥有我们所生产出来的东西。

洛克提供了第二种论证："即使上帝自己实行于人类身上的权力是基于父亲身份的权利，但是这种父亲身份与人间父母自认拥有的资格也是性质完全不同的，因为他所以是上帝，在于他确实是我们所有人的创造者，而所有父母都不能自称是他们孩子的创造者"（上篇，第53节）。推敲这种论证的含义是困难的。如果他的意思是说，人们不能拥有他们的孩子，因为他们自己本身就是被拥有的，从而没有能力具有所有权，那么这种说法将同样适用于他们制造出来的所有其他东西。如果他的意思是说，上帝远远超过孩子的父母，他是孩子的创造者，那么这种说法也适用于许多其他洛克认为可以拥有的东西（植物，非人类的动物），也许它适用于所有东西。（这种拥有的**程度**看来不足以成为建立一种理论的可靠基础。）请注意，洛克并**不**主张，孩子由于**他们**本性中的某种东西，不能为他们的父母所拥有，即使他们生出了他们。他并**不**主张，关于人们（他们并没有做任何不正义的、以致可以因此被剥夺生命的事情，第23、178节）的某种东西阻止了其创造者对他们拥有所有权，因为他认为，上帝是凭借创造出人的所有卓越性质而拥有他们的（第6节）。

既然洛克并不认为（1）内在于人们中的某种东西阻止了生出他们的人拥有他们，为了避免得出父母拥有他们的孩子这个结论，他必须证明，或者（2）在财产权如何从生产过程中产生出来的理论框架内，某种条件拒绝把父母生出孩子的过程当做产生所有权的过程，或者（3）关于父母的某种东西阻止了他们处于所有权关系或某种特殊的所有权关系之中，或者（4）父母并没有真正地生出他们的孩子。我们已经看到洛克试图从事（2）、（3）和（4），但这些尝试都有问题。后两种证明是没有什么希望的，洛克学派的人所提出的论证只能是（1）或（2）的某种变体。

　　请注意洛克强烈否认父母创造出了他们的孩子，使他们得以存在，而这种否认抽掉了父母有照顾他们的孩子的责任之基础。这样，洛克不得不接受这种说法，显然是作为一种没有道理可讲的道德事实，即自然法要求这样的父母照顾（第56节）。但是，这种说法没有解释，自然法为什么要求这种照顾**来自于父母**，为什么它不是另外一种情况，即某个人"从别人的辛苦劳作中受益，而他没有权利这样做"（下篇，第34节）。

　　我们的故事现在到了该结束的时候了。关于这些年轻人，所做出的决定是，他们完全可以不必加入股东行会。他们可以拒绝它的好处，离开这个公司所在的地方，而不必有任何为难情绪。（但是，既然在火星上的任何殖民地都无法存活6个月以上，所以就有很强的理由留在地球上，并且成为一个股东。）对于或者加入、或者离开的要求，这些人的反应是提出这样一种主张，既然这个公司并不拥有所有的土地，那么任何人都可以在这个公司所在的地方购买一些土地，并如其所愿地生活。虽然这个公司实际上自己并没有买下全部土地，但是原始的公司规则被理解为禁止土地脱离公司的控制，而这种原始的公司规则在合并大会期间是所有人都接受的。⑨ 问题是，这个公司能允许其他公司在自己中间产生吗？它能够容忍独立的非股份持有者所带来的危险吗？简言之，它能容忍一个不合作者吗？

　　有人建议，可以允许这些不服管的人选择不加入这个公司，而仍然留在这块领土之内。为什么不应该允许他们待在这

―――――――――

　　⑨　对比洛克在第116节和117节所提出的一个类似论证，并见第120节，在这里，洛克进行了一种非法的转换，即从有人要求社会来保证和保护他的财产变为他允许社会拥有对他的财产的全部管辖权。

个公司中间，只签订他们愿意与这个公司签订的契约，阐明他们自己对别人和公司所拥有的个人权利和义务（不止是不侵犯），为他们所收到的特殊东西支付费用，而独立地生活？[10]

但是，其他人回答说，这会太乱了，而且也会削弱这种公司制度。因为其他人（据说是"容易上当的其他人"）也有可能被引诱退出股东行会。那么谁会留下来？只有那些最没有能力养活自己的人。那么谁来照顾他们？而且，这些已经离开的人们如何管理自己？没有普遍的股份持有和利益相关，不强迫（有能力这样做的）所有人都来帮助别人，博爱能发扬光大吗？几乎所有人都认为，他们自己的历史经验表明，这种每个人在涉及所有其他人的生活方面（在**某种**规定的限度内）都拥有一种平等的发言权的制度，就可以想象的而言，是最好的和最公平的。他们的社会理论家一致认为，他们由**民主过程**（demoktesis）所得到的制度，这种民有、民治、民享的制度，是社会生活的最高形式；是一种决不允许从地球上消亡的制度。

在讲述这个离奇故事的过程中，我们最终达到了被认作现代国家的东西，而这种现代国家披有针对其公民的巨大权力甲胄。确实，我们已经达到了一种**民主的**国家。我们通过假设的故事解释了，通过一系列毫无争议的单个步骤，其间没有对任何人的权利的明显侵犯，它如何从一种最低限度的国家中产生出来，而这种解释则使我们处于一种更好的位置来关注和思索这种国家的本性以及它对待人们之间关系的基本方式。无论这个故事是真是假，姑妄听之。

我们也可以讲述其他的故事，一些起源是不正义的故事。

---

⑩　见赫伯特·斯宾塞（Herbert Spencer）《社会静力学》，伦敦：查普曼公司，1851 年，第 19 章 "不理会国家的权利"，斯宾塞在再版时把这一章删掉了。

请思考如下一系列事例，我们把它称为奴隶的故事，并且把它想象成关于你的故事。

　　1. 有一个奴隶，完全任凭他的凶残主人的随意摆布。他经常被打得很惨，或者半夜时被叫起来等等。

　　2. 这个主人温和了一些，只是在这个奴隶公然违反了他的规则时（如没有完成工作定额等）才打他。他给这个奴隶一点自由时间。

　　3. 这个主人有一群奴隶，他基于适当的理由来决定东西在他们中间如何分配，比如考虑他们的需要和业绩等等。

　　4. 这个主人允许四天归奴隶自己支配，而只要求他们一周在他的土地上工作三天。其余的时间是他们自己的。

　　5. 这个主人允许他的奴隶们离开农场到城里（或者他们愿意去的任何地方）去挣工资。他只是要求他们把所挣工资的七分之三交还给他。他保留了把他们召回农场的权力，如果有突发事件威胁到了他的领地的话；他也保留了提高或降低交还给他的工资比例的权力。另外，他还保留了禁止奴隶参与某些危险活动的权利，例如登山或吸烟等，因为这些活动会威胁到他的财政收入。

　　6. 这个主人允许他的全部一万个奴隶来投票，只有你除外，而且共同的决定由他们所有人来做出。他们进行开放的讨论，以及诸如此类的事情，而且，他们有权力决定从你的（以及他们的）收入中拿走多大比例用在什么事情上，也有权力可以合法地禁止你从事什么活动，等等。

　　让我们在这一系列事例中暂停一下，以评估情况。如果这

个主人订立契约转让他的权力，以致他无法收回它，那么你的
主人就变了。现在你有一万个主人，而不是一个；更确切地
说，你有一个长着一万个脑袋的主人。即使这一万个主人可能
比事例2中的仁慈主人更宽厚，但他们毕竟是你的主人，而
且，毕竟要做的事更多。一个宽厚的主人（如事例2）可能允
许他的奴隶（们）大胆说话，允许他们试图说服他做出某种
决定。这一万个脑袋的主人也能够这样做。

7. 虽然你仍然没有投票权，但是你可以自由（而且
被给予了这种权利）参与这一万个人的讨论，尝试说服
他们采纳各种政策，以及说服他们以某种方式对待你和他
们自己。然后，他们开始进行投票，来决定他们**巨大**权限
范围内的方针政策。

8. 由于赞赏你对讨论所做出的有益贡献，这一万个
人允许你投票，如果他们陷入僵局的话。他们承诺遵守这
种程序。讨论结束以后，你在一张纸条上记下你的投票，
而他们则离开去投票。如果发生了这种情况，即他们在某
个问题上僵持不下，5千人赞成，5千人反对，那么他们
就看你的投票纸，并把它计算在内。这种事从来没有发生
过，他们迄今还没有机会打开你的投票纸。（一个主人也
可以承诺让他的奴隶来决定涉及到自己的任何问题，只要
他的主人对这个问题绝对无关痛痒。）

9. 他们把你的投票同他们的投票加在一起。如果他
们恰好僵持不下，那么你的投票就会决定一切。如果不是
这种情况，那么它对选举结果就毫无影响。

问题在于：从事例1到事例9，哪一个转折使它不再成为

292

一个奴隶的故事？[⑪]

假设的历史

　　一个比最低限度更多功能的国家有可能产生于一种抵制过程吗？赞成这样一种国家的人们，可能拒绝同那些不参与这种国家之额外机构的人交往、交易和发生社会联系（包括抵制这些不参与者）。签名保证自己抵制不参与者的人越多，留给这些不参与者的机会就越少。如果抵制进展顺利，那么所有人可能最终都会愿意参与这种比最低限度更多功能的国家的额外活动，从而确实可能允许国家强迫人们做违背他们意愿的某些事情。

　　在这种安排下，如果某个人愿意面对可能向他发动的无论多么有效的社会抵制，那么他仍**可以**拒绝进入这种额外的过程、拒绝接受这种额外的限制或放弃进入它们的权利；这种情况不同于一个比最低限度更多功能的国家，在那里，所有人都是被迫参与的。这种安排**反映**了一个比最低限度更多功能的国家的某些制度特征，它也说明人们可能选择的协作活动如何能够达到某种结果而没有侵犯任何权利。在一个人口众多的社会里，诸如上面所描述的那样，一种实际的抵制能够得到成功，这是非常不可能的。有许多人反对这种额外机构，他们能找到足够的人与之交往，一起建立保护机构，以便在一个独立的飞地（不一定是地理上的）里顶住抵制。另外，他们也能够向抵制的某些参与者提供刺激来打破抵制（也许秘密地进行，以避免继续进行抵制的其他人做出反应）。当更多的人看到别人这样做并从中受益的时候，随着这些人退出抵制，这种抵制

---

　　⑪　见赫伯特·斯宾塞《人对国家》，爱达荷州卡尔德维尔：卡斯顿印刷公司，1960 年，第 41—43 页。

就会失败。只有社会里的几乎所有人都十分忠于这种比最低限度更多功能的国家之理想，以致欢迎它的额外限制并放弃个人利益以实现抵制，而且他们对此极其关切和极其重视，以致不断地影响他们的亲朋好友以达到这个目标，那么这种比最低限度更多功能的国家之类似物才能够得以建立。它**仅仅**是这种比最低限度更多功能的国家的类似物，在它下面，每个人都保留了是否参与的选择权，而这种选择权是合法的；而且，只有当它是以上述方式产生出来的时候，才会是这样。

　　假设的历史将如何影响我们当前对一个社会的制度结构的判断？让我们大胆提出一些尝试性的评论。如果现存社会的实际历史是正义的，那么这个社会就是正义的。如果现存社会的实际历史是不正义的，而且**任何**假设的正义历史都无法导致这个社会的结构，那么这种结构就是不正义的。更为复杂的是这种情况，一个社会的实际历史是不正义的，然而某种假设的正义历史能够导致它的现行结构（尽管也许不会导致它下面关于财产和职位的特殊分配）。如果假设的正义历史"接近于"实际的历史，而这种历史的不正义在产生和维持其社会结构的过程中并没有发挥什么重要作用，那么这种实际的结构就是正义的，正如人们期望得到的那样。

　　如果假设的正义历史包含着每个人对制度结构的同意和对他的权利的任何限制的同意（这些权利是由制度结构所体现出来的，这些限制是由对别人行为的道德边界约束所规定的），而如果某个实际的人并不同意，那么人们就必须把这种制度结构看做是不正义的（除非它通过某种其他假设的历史而被视为正义的）。同样，如果假设的正义历史包含着某些人的同意而他们实际上并不同意，而且现在的某些人对其他那些已经表示同意的人也并不赞成，那么人们就必须认为这种制度结构是不正义的。如果这种制度结构能够产生于某种假设的正

义历史，而这种假设的正义历史并不包含任何人对这种结构的
同意，那么人们对这种结构的评价将取决于他们对它产生于其
294 中的过程的评价。如果这种过程被认为要好于实际的历史过程
（根据假设，它胜过实际历史的是其他方面而非正义），那么
这大概会改善人们对这种结构的评价。一种正义的过程会导致
这种制度结构，但如果这个过程是被一些卑鄙的个人所操纵
的，它就不会提高人们对这种制度结构的评价。

既然一种从正义过程产生出来但又不包含任何个人同意的
结构不会含有对他们权利的限制，或者不会包含他们并不拥有
的权利，**所以就我们所关心的权利而言**，这种结构更接近于个
人权利的出发点，而这些个人权利则是由道德边界约束所规定
的。因此，它的权利结构将被看做是正义的。假如它们的实际
历史在通常情况下都是不正义的，与个人权利关系更为密切的
制度结构要比与其关系更为疏远的制度结构是更正义的，而这
些权利是个人基于这种道德边界约束所拥有的。**如果一种仅体
现个人权利的制度结构能以不正义的方式产生出来**，那么只要
它确实做了一些事情（矫正关于职位和财产的特殊不正义），
人们也会愿意忠于这样的制度结构，并使它变为任何可从它产
生出来的其他制度结构。而如果一种制度结构与体现在这种道
德边界约束中的个人权利是背道而驰的，那么人们就不会愿意
让它继续运行，即使它**可以**通过某种假设的正义历史产生出
来。因为对权利的现行限制会严重影响从它产生出来的东西，
此外，甚至这些现存限制也许不会得到同意。这样，个人权利
的形势将不得不加以重建。

第三部分

乌托邦

第十章 一种乌托邦的框架

任何比最低限度国家具有更多功能的国家都无法得到证明。但是，这种最低限度国家的观念或理想不是缺乏精神追求吗？它能够激动人心、鼓舞人们进行斗争或者做出牺牲吗？是否有任何人会在它的旗帜指引下走向街头抗争？① 与另外一端相比，与乌托邦理论家的希望和梦想相比，它看起来苍白无力。无论它有什么长处，似乎非常清楚，这种最低限度的国家决不是乌托邦。因此我们期望，对乌托邦理论的探讨应该不止于凸显最低限度国家作为政治哲学目标所具有的缺点和短处。这样一种探讨本身也有可能是非常有趣的。这样，让我们跟随乌托邦理论看看它通向哪里。

模型

我们希望加在（明显地）有资格被看做乌托邦的社会上

---

① "一个在道德上真正中立的国家，一个除了维持法律和秩序以外并不偏爱任何价值的国家，根本不会得到维持生存所需的忠诚。一名战士可以为女王和国家牺牲他的生命，但是却几乎不会为这种最低限度国家牺牲他的生命。一名警察，如果他相信自然法以及永恒的正确和错误，那么他可以同一个武装暴徒进行殊死搏斗，而如果他把自己当作一个相互保护和保险协会的雇员，而这个协会是一些精明的个人通过谨慎的契约建立起来的，那么他就不会这样做。某些理想对于鼓舞这些人来说是必需的，而没有这些人的合作，国家就不会存在下去。"卢卡斯（J. R. Lucas），《政治学原理》，牛津：克拉仁顿出版社，1966 年，第 292 页。卢卡斯为什么假定最低限度国家的雇员不能献身于它所保护的权利呢？

面的全部条件，要是放在一起看，则是相互矛盾的。要想同时并且持续地实现所有的社会善和政治善，这是不可能的。这种不可能是关于人类状况的一个令人遗憾的事实，既值得探讨，又使人悲哀。然而，我们在这里的主题是所有可能世界中的最好世界。* 对谁最好？所有可能世界中对我来说的最好世界将不会是对你来说的最好世界。我能够想象的所有世界中的这个世界，我最希望生活于其中的这个世界，将不会正好是你所选择的世界。尽管在某种严格的意义上，乌托邦必须对我们所有人都是最好的；对我们每一个人来说，它是可想象的最好世界。** 在什么意义上它能够这样呢？

---

　　* 在最好的可能世界的观念中，存在着模棱两可之处。与决策理论家所讨论的不同决策准则相对应的是制度设计的不同原则。谈论制度设计以使骑在人们头上的坏人无法做出伤害，谈论牵制和平衡，这可以被解释为是由最小—最大化原则引起的，或者更准确地说，是出于作为一种不十分严格的原则的最小—最大化考虑。（肯尼斯·阿罗和利奥尼德·霍维奇："无知条件下进行决策的一种最佳准则"，载于《经济学的不确定性和预期》，卡特和福特编，新泽西州克里夫顿：奥古斯图—凯利公司，1972 年，见第 1—11 页。）已经考虑过这件事情的所有人都同意，最大—最大化原则（这种原则选择具有许多可能后果的行为，其中一种后果比任何其他可能行为的任何可能后果都更好）是一种不够谨慎的原则，人们用它来设计制度是愚蠢的。任何社会，如果其制度充满了这样的盲目乐观，则必败无疑，或者至少，这种制度的高度风险使社会太危险了，以致无法选择在它里面生活。

　　但是一个社会要是没有按照最大—最大化原则制定其制度，它就无法达到一个最大—最大化社会所能够达到的高度（如果事情顺利的话）。哪一种社会可能是最好的？按照制度设计的"最好"原则（它体现为预防坏事发生的某些保护措施，而其代价是使一些好事更难以迅速办成），或者使事情最终变得最好的可能原则之一：最有利的不测事情能在这种最大—最大化社会中实现吗？也许任何人的乌托邦观念都不足以说明这个问题应如何加以回答。乌托邦的这一面，在这里令我们感兴趣的问题，是制度设计的最好原则。（也许，就其并非意味着从头开始创造基本制度是可能的或可欲的，我们应该谈论制度评价的原则，而非制度设计的原则。）

　　** 我的最好世界不是你的最好世界，这在某些人看来，说明我们当中至少有一些人是腐化堕落的。而且，在他们看来，这并不令人惊讶，因为我们不是在

请你想象一个生活于其中的可能世界，这个世界无需包含 299
现在活着的其他所有人，它可以包含从来没有实际存在过的
人。在你所想象的这个世界上，每一个理性的生物 * 都将拥有
为自己想象一个生活于其中的可能世界（在这个世界里，所
有其他理性的居民拥有相同的想象权利）的相同权利，正如
你拥有这种权利一样。你所想象的这个世界的其他居民可以选
择留在这个为他们所创造的世界里（他们也是因为这个世界
而被创造出来的），或者他们也可以选择离开它，居住在一个
他们自己想象出来的世界。如果他们选择离开你的世界，而住
在另外一个世界，那么你的世界就没有他们了。你也可以选择
抛弃你所想象的世界，因为现在它还没有自己的移民。这个过
程继续进行，一些世界被创造出来，人们又离开它们，去创造
新的世界，如此等等。

这个过程将会无限地进行下去吗？所有这些世界都是昙花
一现，还是存在着某些稳定的世界，而在这些稳定的世界里，
所有原始的居民都愿意留下来？如果这个过程确实产生出一些
稳定的世界，那么所有这些世界所满足的一般相关条件是什
么？

（接上页）乌托邦里长大成人的。所以，如何能够期望我们成为它的完美居民？
这样，乌托邦作品十分强调各种各样塑造年轻人的过程。只有**这样**的人才能够发
现乌托邦。到底他们与我们有多大差别？大概，一段短暂美好的历史将把诸如我
们这样的人变成诸如他们那样的人。乌托邦是我们的孙辈行将生活的地方。而且，
两代之间的沟不算宽，足以使我们幸福地看到我们是同一家庭的成员。人们无需
加以改造。对他们的乌托邦的模仿不会这样开始："首先我们开始进化，然
后……"或者"首先我们开始像西红柿一样在地上爬行，然后……"

　*　我用"理性的"或者"理性的生物"来简称拥有这些性质的存在物，而
根据这些性质，一个存在物拥有人类所拥有的所有权利。我在这里并不打算谈论
这些性质是什么。关于这个问题，第 3 章中有一些简要的导言性评论。

　　如果存在着稳定的世界，那么它们全部都要符合这样一种非常可取的描述，而这些世界就是根据这种描述建立起来的：这个世界的**任何一位**居民都无法**想象**另外一个他们会更愿意生活于其中的世界，而（他们相信）这个世界会继续存在下去，即使它的所有理性居民都拥有想象和移民的相同权利。这种描述是如此吸引人，以致驱使我们来看看这些稳定的世界还共同具有一些其他什么特征。为了使我们不必一再重复长长的描述，让我们把这样一个世界称为一个**社团**（association），而所有理性居民都可以离开这个世界而到他们能够想象的任何其他世界（在那里，所有理性居民也都可以离开，到他们能够想象的任何其他世界……）；另外，让我们把这样一个世界称为一个**东柏林**（east - berlin），而在这个世界里，一些理性居民不被允许移民到他们能够想象的某个社团。这样，我们最初的吸引人的描述就意味着：一个稳定社团的任何一位成员都无法想象另外一个社团，而（他相信）这个社团是稳定的，他更愿意成为它的一个成员。

　　这样稳定的社团是什么样子的？在这里，我只能提供一些直觉的、十分简单的论证。你不能建立这样一个社团，在这个社团中，你是绝对的君主，剥削所有其他的理性居民。因为这样的话，他们在一个没有你的社团里将会活得更好，至少，他们所有人会愿意居住在一个除你以外包含他们所有人的社团里，而不是留在你所创造的社团里。任何稳定的社团都不会是这样的：它里面的所有人（除一个人以外）都一起离开，到他们自己的社团去，因为它同这个假定是矛盾的，即原始社团是稳定的。这种推理也适用于两个人、三个人或者多个人，而没有他们，社团里的其他所有人都会活得更好。这样，我们就有了稳定的社团的一个条件：如果在一个稳定的社团里，A 是一组人，那么在 A 中就不存在任何亚组 S，从而也不会出现这种情况，即 S 的每个成员在只由 S 的成员所组成的社团里比在 A 里活得更好。因为，如果存在这样一个亚组 S，那么它的成员就会退出 A，建立他们自己的社团。*

假设在我想象和创造的世界上，你是（除我以外）所有理性存在物的代言人。是留在我的社团 A1，还是开创另外一个 A1′，而它包含你们所有人而不包含我，你为此做出的决定**同时也是这样一个决定**，即是否允许我作为一个新成员加入你

---

* 在一个详细的注释里，我们必须考虑是否有可能存在这样一个亚组 S，它仍然留在 A 里，因为 S 的成员无法在他们之间利益分配的具体问题上达成一致，或者是否有可能存在许多重叠着的亚组 S，而它们之间复杂的相互作用（一个人应该进入哪个亚组？）使所有人都留在 A 里。

我们所陈述的条件与游戏的内核观念有关。一种分配能被由一些人组成的联盟 S 所阻挠，如果在 S 的成员中间存在另外一种分配的话，而这种分配对他们更有利，并且 S 的成员能够不顾其他人（不顾 S 的其余人员）来实行这种分配。游戏的**内核**由所有这些分配构成，而它们不能被任何联盟所阻挠。在一个经济体中，这种内核正好相当于消费者所得到的这些分配，以致消费者的任何亚组都无法通过在自己之间重新分配资产来改善每一个成员的地位，而不顾这个经济体中的其他消费者。位于内核里的每一种分配都是帕累多—最佳，这是一种微不足道的后果；竞争性市场中的每一种均衡分配都位于这种内核之内，这则是一个有趣的定理。另外，对位于内核里的每一种分配来说，都存在着一个带有最初商品分配的竞争性市场，而这种竞争性市场产生出均衡的分配。

对于这些结果，以及在证明这些定理所必需的条件方面的轻微变化，见吉拉德·德伯鲁和赫伯特·斯卡夫（Gerard Debreu and Herbert Scarf）"关于经济体之内核的一个有限定理"，《国际经济评论》，1963 年第 3 期；罗伯特·奥曼（Robert Aumann），"带有交易者连续体的市场"，《计量经济学家》，1964 年；以及（对于一种非空的内核之充分条件的一种陈述）赫伯特·斯卡夫的"一种多人游戏的内核"，《计量经济学家》，1967 年。这些文章引发了范围更广的文献。见肯尼斯·阿罗和弗兰克·哈恩（Frank Hahn）《普遍竞争性分析》，旧金山：霍尔登－戴公司，1971 年。既然他们所研究的内核观念对于我们的可能世界显然是非常重要的，所以人们就会期望他们所达到的结果对我们的情况也有用。与这种可能世界模型有关的其他有用的、给人以启发的材料的一个纲要是吉拉德·德伯鲁的《价值理论》，纽约：威利公司，1959 年。不幸的地方在于，我们的可能世界模型在某些方面比这些相关研究是更为复杂的，从而不能直接照搬这些研究结果。

们所有人都已经所属的社团 A1′（在拓展的 A1′中给予我在 A1
中相同的角色）。在这两种情况中，影响决定的关键事实是相
同的：是有我你们的状况更好一些，还是没有我你们的状况更
好一些。这样，为了在我所能想象的众多世界 A1、A2……中
决定在哪一个世界上它的所有理性成员同我一起留在社团中，
而不是创造社团 A1′、A2′……而这些社团包含除我之外的他
们（所有人），我们可以把所有社团 A1′、A2′……都当做已经
存在的，并且问，它们中的哪一个会接受我作为一个新成员，
以及条件是什么？

　　如果我从这个社团中拿到的比我给它的更多，任何一个
社团都不会接受我：他们不愿意因接受我而遭受损失。我从这
个社团中**拿到**的东西，与我从它**得到**的东西，两者不是一回
事。我拿到的东西代表了在这种安排下他们对他们给我的东西
所做的估价，而我得到的东西则代表了我对自己成员身份所做
的估价。假设目前这个群体是统一的，并且可以由一个功利函
数来代表（Uy（x）是 x 对 y 的功利），那么只有在如下条件
下一个社团 Ai′才会接受我：

　　　U Ai′（接受我）≥U Ai′（不接受我）
　　即 U Ai′（在社团 Ai）≥U Ai′（在社团 Ai′）
　　即（在 Ai′中的这些人从我的成员身份所得到的东西）≥
（他们为使我加入这个社团而让给我的东西）

302　　任何社团都不会让我从他们那里得到的东西多于我贡献给
他们的东西。

　　我从任何社团所得到的东西一定要比这更少吗？如果一个社
团提供给我的东西少于他们从我的加入所获得的东西，那么这就
给了另外一个社团有利的机会，而这个社团要是同样看重我的加

入，就会为了使我加入他们的社团而非第一个社团，向我提供比第一个社团更多的东西（虽然少于他们获得的）。与此类似，第三个社团也会这样对付第二个。这些社团之间不会为了降低我的报酬而串通一气，因为我可以想象任何数量的加入者进入我所在的市场，从而这些社团只能为向我提供的报酬开出高价。

我们看来对经济学家的竞争性市场模型有了一种清楚的认识。这是非常可喜的，因为它使我们得以直接理解一种有力的、精致的和成熟的理论和分析。许多社团为了我的加入而进行竞争，与许多公司为了雇用我而进行竞争，两者在结构上是相同的。在这两种场合，我都收回了我的边际贡献。这样看起来，我们就有了这样一种结果：在每一个稳定的社团中，每个人都收回了他的边际贡献；在每一个世界里，要是它的理性成员能够想象世界并且移居于此，而它的任何成员都无法想象其他的他认为能够持续下去并愿意生活于其中的世界（每个人都拥有相同的想象和移民权利），那么每个人都收回了他对这个世界的边际贡献。

我们的论证迄今为止一直是直觉的，而且，我们在这里也不会提供任何正式的论证。但是我们将对这种模型的内容再说一些东西。设计这个模型的目的就是让你选择合你心意的世界，唯一的限制就是，其他人可以为自己做同样的事情，而且也可以拒绝留在你所想象的世界里。但是，仅仅这一点并不能在这种模型中产生出行使权利时所必需的那种平等。因为你已经想象并创造出了这些人当中的一部分，然而他们并没有想象出你。你可能是带着某些需要把他们想象出来的，特别是，你在想象他们时可能最需要的是与你创造出来的这些角色生活在同一个世界里，即使他们在这个世界里不过是一些可怜的奴隶。在这种情况下，他们不会离开你的世界而寻找一个更好的世界，因为在他们的世界观中，**不能有**一个更好的世界。没有任何其他的世界可以为他们的成员身份而成功地进行竞争，所以，他们的报酬在竞争性市场中也不会开价很高。

为了避免这种结果，对于被想象出来的这些存在物应是什么样的，应该加以什么样的自然的和直觉的限制？为了避免正面攻击的麻烦，即对被想象出来的人应是什么样的所施加的这些限制进行正面描述，我们提出了关于世界的限制，即世界不能被这样想象以致在逻辑上得出：（1）它的居民（或者居民之一）最想要的（或者最想要的之一）是在它里面生活；或者（2）它的居民（或者居民之一）最想要的（或者最想要的之一）是同某个（某类）人在同一个世界里生活，并且按照他所说的话行事。对于这两种情况中的任何**一**种，只要我们（或者别人）想象到它，就会引起麻烦，但是我们可以借助一个限制条款而明确地把它排除出去。只要这些情况是数量有限的，这样的构造能够被推翻，这种程序对我们的目的而言就是管用的。施加这种限制不会使我们的构造变得琐碎。因为对于按照边际贡献得到报酬这种结果，这种论证是一种重要的理论步骤（它是由经济学理论和博弈论提供的）；而关注于特定人们或某个特定可能世界的需要（wants）就会构成一个路障，使我们无法从原始出发点达到这一结果；消除这些所关注的需要，除了因为它事实上会妨碍得出这一结果以外，也有其独立的直觉理由；此外，为排除这些需要而对原始处境施加限制之细节本身则不可能具有什么独立的意义。这样，只要把这些需要排除出去就可以了。

我们无需为这种处境的认识论问题而烦恼。任何人都不能单凭这一事实，即"从中得出"不是一个有效观念，就不受这种限制的约束。因为只要一知道上面（1）或（2）（或者一个其他的限制条款）**确实**可以得出来，那么所想象的世界就被排除了。更为严重的是这个问题：某种东西可以因果地得出，即使它不能逻辑地得出。这样就没有必要把这样的话明确

地说出来了，即这些被想象出来的人中有一个最需要 X。按照
关于需要之产生的因果理论，比如说条件作用的某种理论，这
个人可以想象某个人经历了那段过去的历史，而他的经验主义
告诉他正是这段过去的历史因果地产生出对 X 的需要，并且
这种需要比他的其他需要都更强烈。各种各样的**特定**限制再次
出现了，但是看来最好是只增加这种额外限制，即想象者不可
以这样描述人们和世界，以致他知道会**因果地**得出……（正
如在"逻辑地得出"的场合那样继续进行下去）。纯粹是由于
他知道一些东西，才导致我们希望对其进行排除。要求从他所
想象的描述中实际上不要得出任何这样的东西，这种要求太高
了。如果他不知道它，那么他就无法利用它。

　　虽然世界的想象者不可以把其他人设计得特别有利于他自
己的地位，但是他可以想象其他人接受某些普遍的原则。（这
些普遍的原则也许对他的处境有利。）例如，他可以想象，包
括自己在内的这个世界上的所有人都接受了一种平等分配产品
的原则，容许任何人来到这个世界上并享有平等的一份。如果
一个世界的全体居民一致接受某种（其他）普遍的分配原则
P，那么这个世界里的每个人都会收到他们的份额 P，而不是
收到他们的边际贡献。一致同意是必需的，因为接受不同的普
遍分配原则 P′ 的异议者将会搬到另外一个世界里，而这个世
界只居住着 P′ 的拥护者。显然，在一个实行按边际贡献进行
分配的世界里，任何个人都可以自愿把他的一些份额作为礼物
赠给别人，除非**它们的**普遍分配原则要求按照边际贡献进行分
配并包含一个禁止赠送礼物的限制条款（尽管难以看出这样
做的动机是什么）。这样，在每一个世界里，或者所有人都收
到了他的边际产品，而他可以把其中一些转让给别人，从而使
他们收到的东西比边际产品更多，或者所有人都一致同意某种
其他的分配原则。在这里指出这一点看来是合适的：并非所有

的世界都是可欲的；所想象的某个世界上全体居民都赞成的特别原则 P 可能是极其糟糕的。我们所想象的构造只是用来关注人际关系的**某些方面**。

这种构造的特殊细节不仅允许有无限数量的、需要有人居住的共同体，而且也允许在他们的想象中包含着无限数量的候选者吗？如果这样，那么将是非常不幸的。因为在一个具有无限供给和无限需求的市场里，价格在理论上是无法确定的。②但我们的构造所涉及的是，每个人想象有限数量的其他人同他一起居住在他的世界里。如果这些人离开了，那么他还可以想象许多有限的其他人。离开的第一批人现在已经从这幅画面中消失了。他们并不与新来者竞争，而是忙于自己的构造世界任务。虽然对于一个人在这种过程中可以想象的人数没有上限，但是在任何一个世界里，实际上都不会有无限数量的人为份额而竞争。而且让我们想象这样一个世界：由于外部环境，一个人的边际产品是很低的，这样他不可能愿意留在那里原地不动。

是否存在任何稳定的世界？在一个社团里，某个人要是收到了自己相当低的贡献，他会想象另外一个社团，而他在这个社团里的贡献比第一个社团高，从而他会离开第一个社团（这使它变得不稳定）。根据这种推理，他会不会想象并选择居住在他的贡献（从而报酬）最大的社团？会不会每个人都

305

---

② 供应永远是有限的这个假定"在一种纯粹交换经济中是没有什么根据的，因为每个人都有一些存货以备交易。在生产发生于其中的经济中，这种事情就更不明确了。在某一任意给定的价格水平上，生产者发现提供无限多的供应是有利可图的，而要实现他的计划，显然将会同时使他对某种生产要素产生无限多的需求。这样的形势显然与均衡是不相容的，但是，既然均衡自身在这里是否存在还是一个问题，所以这种分析必然是极其微妙的。"肯尼斯·阿罗，"经济均衡"，《社会科学国际百科全书》第 4 卷，第 381 页。

同最赏识他的社团伙伴聚居于自己的社会里？是否存在某个群体（比同伙更大），其组成人员会最大程度地相互赏识？也就是说，是否存在某个这样的群体 G，对于 G 的**每个**成员 x，G－〔x〕比任何其他可能群体的人们都会更为重视 x 的存在？即使有某个这样的群体 G，但它（或另一个）是不是适合于所有的人，也就是说，对于每个人，是否存在着某个最大程度地相互赏识的群体，而他是其中的一个成员？

　　幸运的是，竞争不是如此激烈。我们无需把群体 G 看做是这样的，即对于 G 的每个成员 x，G－〔x〕比**任何其他可能群体**都会更为重视 x 的存在。我们只需要把群体 G 看做是这样的，即对于 G 的每个成员 x，G－〔x〕比任何其他**稳定的**可能群体的人们都会更为重视 x 的存在。稳定的群体 G 是一个最大程度地相互赏识的群体，对于它的每一个成员 x，G－〔x〕比任何其他稳定的可能群体都会更为重视 x 的存在。显然，对"稳定性"的这种循环解释不会有什么用，而且，"一个群体会存在下去，没有人会离开它"这种说法与有理论内涵的概念（theory－laden notions）的关联不够紧密，从而无法得出有意义的结果，比如说，存在着稳定的群体。博弈理论家在考虑稳定的联盟时面对着类似的问题，他们只得到了部分的成功，而我们的问题在理论上则更加困难。（确实，我们迄今为止还没有提出足以保证一个稳定的有限群体之存在的条件，因为这与我们所说过的东西是相容的，即按照高于 n 的某种度量尺度，一个具有 n 个成员的共同体的功利收益＝n^2。如果这个共同体平均分配其功利收益，那么随着人们离开自己的共同体而移居到更大的共同体，它的成员数量就会无限膨胀。）

　　当我们认识到这个假定太强了，即每个人只能得到其他人愿意给予他的东西，稳定社团的前景就会更好一些。一个世界可能给予一个人某种东西，而与那些愿意给予他这种东西的人们相比，这种东西对他来说具有更高的价值。对于一个人来说，主要的受益可能来自于同其他人一起生活在这个世界上，来自于成为正式社会网络的一个组成部分。从本质上讲，使他受益可以无需其他人做出牺牲。这样，在一个世界里，一个人可以得到某种东西，而对他来说，这种东西的价值高于从这个最重视他的存在的稳定社团中得到的报酬。虽然他们愿意给予的更少了，但是他得到的更多了。既然一个人希望使他得到的东西（而非给予他的东西）达到最大化，所以任何人都不会想象一个由低等生物组成的最受赏识的世界，而他对这个世界的存在是至关重要的。任何人都不会愿意成为一个蜂王。

　　一个稳定的社团不会由一些自恋的人所组成，而这些人在相同的领域争当老大。相反，它会包含各种各样的人，他们具有各种各样的美德和才智，每个人都从同其他人一起生活而受益，每个人都给其他人带来巨大的帮助和快乐，弥补相互的不足。另外，每个人都愿意自己周围是一群在美德和才智方面与自己相当的人，而不愿意在一伙平庸之辈中成为唯一的闪光点。所有人都欣赏别人的独特性，为自己相对较差但别人则充分发展了的方面和潜能而感到由衷的高兴。③

　　我们在这里所描述的模型看来非常值得深入探讨。它本身就非常有意义，有可能得出重要的成果，是探讨所有可能世界中的最好世界之主题的自然方式，并且构成了一个能应用最先进理论的领域，而这些先进理论（即决策论、博弈论和经济分析）是用来处理理性主体的选择问题的，它们对政治哲学

---

③　见约翰·罗尔斯《正义论》，麻省剑桥：哈佛大学出版社，1971 年，第 9章第 79 节"社会联合的观念"，以及艾因·兰德（Ayn Rand）的《地球战栗》（Atlas Shrugged），纽约：兰顿书屋，1957 年，第三部分，第 1 和第 2 章。

和伦理学肯定也是非常重要的工具。它应用这些理论，不仅表现为将它们的结果用于那些原本就打算使用它们的领域，而且表现为探讨一种局势，而这种局势则不是哪一个理论家所考虑的，用逻辑学家的专业术语说，这种局势是各种理论的一个**模型**。

模型投射到我们的世界

在**我们的**现实世界里，与可能世界之模型相对应的东西是各种各样、范围广泛的共同体（communities），这些共同体是按照人们的意愿形成的，如果人们被允许进入，他们就能够进入，如果他们希望离开，他们就能够离开；在一个可以尝试乌托邦实验的社会里，可以过各种不同类型的生活，可以单独地或共同地追求关于善的各种不同梦想。我们把这样一种安排称为**框架**（framework），这种框架的一些优点和详细内容将在我们探讨的过程中显露出来。在模型与模型的现实世界的投射之间，存在着重大的差别。在现实世界里，这种框架的运行所产生的难题来自于这样的根本差异，即我们在地球上的现实生活与我们一直讨论的可能世界模型之间的根本差异，从而提出了这样的问题，即使这种模型本身的实现是理想的，但它的苍白投射的实现**是不是**我们在这里所能做的最好事情。

1. 与模型不同，我们无法创造出所有我们希望他们存在的人。这样，即使存在着一个最大程度地相互赏识的可能社团，并且这个社团包含有你，但是它的其他成员可能实际上并不存在；另外，实际上与你生活在一起的其他人不会都是你的最忠实的拥趸（fan）。也可以有你希望生活于其中的某种特殊的共同体，但是没有足够的其他人（能被说服）希望生活在这样的共同体之中，以致它的人口总数不足以使其维持下去。在模型中，对于各种各样、范围广泛、未开发的共同体，总是有足够的其他人希望生活于其中。

2. 与模型不同，在现实世界里，共同体之间发生相互冲突，产生出外交关系和自卫的问题，需要以某些方式来裁决和解决共同体之间的争端。（在模型中，一个社团只是在拉走另外一个社团的某些成员时才会与其发生冲突。）

3. 在现实世界里，要想发现是否存在着其他共同体，以及这些共同体是什么样的，需要花费信息成本；要想从一个共同体到另一个共同体，也要支付搬家和旅行费用。

4. 此外，在现实世界里，某些共同体可能试图使它们的成员不了解他们也许会加入的其他共同体的性质，试图禁止他们自由离开自己的共同体而加入另外一个。这提出了这样一个问题，当有些人想要限制迁徙自由的时候，如何对迁徙自由加以制度化并且强制实行。

在现实世界与可能世界的模型之间的差别是难以克服的情况下，这种幻想与现实世界有什么关联呢？对于这样的幻想，在这里或其他任何地方，我们都不应该匆忙下结论，因为它们揭示了我们状况中的许多东西。如果不知道我们在各种可行选择中所达到的东西与我们所幻想的希望之间的差异有多大，我们就无法知道我们是否应该对所达到的东西而感到满意；只有怀有这样的希望以及它们的力量，我们才能够理解人们扩展其当前可行选择之范围的努力。一些乌托邦作家过于关注细节，以致把幻想与可行事务之间的界限弄得模糊不清，更不用提那些实际预言了。例如，傅立叶认为，海水将变成柠檬水，将进化出与人为善的反狮子（antilions）和反老虎（antitigers），等等。甚至最狂放的希望和预言（如托洛斯基的《文学与革命》的结尾）也表达了我们的悲痛和渴望，而要是没有这些悲痛和渴望，我们的形象就失去了光彩。我不是嘲笑我们的希望之内容不仅超越了现实世界和我们在未来才会认作是可行的事情，而且甚至超越了可能世界；我也不希望贬低幻想，或者使悲痛最大程度地局限于可能世界。

可能世界的实现涉及各种条件的满足。虽然我们实际上无法满足所有这些条件，但是我们能够满足其中许多条件。假如满足所有的条件会是最好的情况，但是（在我们无法满足所有条件的情况下）我们并不清楚是否应该对有可能满足的所有条件都一一尝试，即使这样做是有可能的话。与现实世界和可能世界之间的根本差异相比，也许无法满足全部条件更糟糕；也许我们应该故意违背某些有可能满足的条件，以便补偿或调整对某些其他考虑的（必要）违背。④

我们对支持这种框架的其他论证的思考，以及对反对这种框架的观点的讨论，将为支持（而非提出）这样一个命题提供例证：实现这种框架要好于实现其他选择，而这些其他选择要比它离这种可能世界的模型更远。我们在这里应该指出，这种框架在**某些**方面背离了可能世界的模型，虽然这使框架不如可能世界的模型那么可欲，但是使框架比任何其他实际可实现的境况都更可欲。例如，在这种框架的实际运行中，将只有一些数量有限的共同体，这样对许多人来说，任何一个共同体的价值和意义与他们所赋予它的价值和意义，两者无法**正好**相称。在这种框架下，每个人都会选择生活在这样的现实的共同

309

---

④　见理查德·利普塞和凯尔文·兰卡斯特（Richard Lipsey and Kelvin Lancaster）"次优的普通理论"，《经济研究评论》1956 年 12 月号，这篇文章引发出大量的相关文献。

体之中，而（大体上说）这种共同体能够最接近于实现对他
来说最重要的东西。任何一个共同体都不是正好符合某个人的
价值，这个问题之所以产生，是因为在它们的价值和意义问题
上，人们的意见并不一致。（如果没有意见的不一致，那么就
会有足够的其他人聚居于这种正好想望的共同体。）这样，如
果只有**一套**价值能够得到满足，那么就**没有**办法满足不止一人
的所有价值。其他人的价值会或多或少得到满足。但是，与只
有某一种类的共同体相比，如果存在着各种各样、范围广泛的
共同体，那么（大体上说）更多的人们将能够更接近于按照
他们的愿望来生活。

框架

如果对于某种特殊乌托邦描述的适当性，只有一种论证或
者一组相关理由，这是不行的。乌托邦是这么多不同追求的焦
点，所以一定存在着许多通向它的理论途径。让我们简略描述
一些交错的、相互支持的思路。[*]

第一条思路开始于这一事实：人们是不同的。他们不同的
地方有秉性、兴趣、理智能力、抱负、自然倾向、精神追求以
及他们希望度过的生活类型。他们在其所拥有的价值方面意见
不一；即使他们拥有共同的价值，他们也赋予其不同的重要
性。（他们希望生活于不同的气候环境之中——山区、平原、
沙漠、海滨、城市、小镇。）没有理由认为只**存在**一个共同
体，供所有人作为理想；而有许多理由认为，并非只存在这样
一个共同体。

我们可以在下列这些情况中加以区别：

---

[*] 为了不偏离这里的论证线索，而这种论证线索独立于本书的头两个部分，
我不在这里讨论支持个人自由的道德论证。

Ⅰ. 对于每个人，都存在着一种对他而言客观上最好的生活。

a. 人们是非常类似的，所以存在着一种对他们中的每个人在客观上都是最好的生活。

b. 人们是不同的，所以并不存在一种对所有人在客观上都是最好的生活。这样，

1. 不同种类的生活是非常类似的，所以（满足某些限制）存在着一种对所有人在客观上都是最好的共同体。

2. 不同种类的生活是如此不同，所以并不存在一种（能满足某些限制）对所有人在客观上都是最好的共同体（无论在这些不同的生活中哪一种对他们是最好的）。

Ⅱ. 对于每个人，如果善的客观标准能够辨识出来（如果它们存在的话），那么就存在着范围广泛、非常不同的各种生活，而它们同样都被看做是最好的；超出这个范围之外，任何其他生活对他而言在客观上都不是更好的，而在这个范围之内，任何一种生活在客观上都不比任何其他生活更好。⑤ 而且，在客观上并非低劣的各种生活的选项中，对于每一种生活选项，并非只有一个共同体在客观上是最好的。

对于我们的目的来说，或者Ⅰb2或者Ⅱ是有用的。维特根斯坦（Wittgenstein），伊丽莎白·泰勒（Elizabeth Taylor），伯特兰·罗素（Bertrand Russell），托马斯·默顿（Thomas Merton），约吉·贝拉（Yogi Berra），阿伦·金斯伯

---

⑤ 对比约翰·罗尔斯的《正义论》，第63节，注释11。罗尔斯以后的著作将在多大程度上进行修订以把这点考虑在内，这是不清楚的。

格（Allen Ginsburg），哈里·沃尔夫森（Harry Wolfson），梭罗（Thoreau），卡赛·斯滕格尔（Casey Stengel），犹太教仪式派拉比（The Lubavitcher Rebbe），毕加索（Picasso），摩西（Moses），爱因斯坦（Einstein），休·赫夫纳（Hugh Heffner），苏格拉底（Socrates），亨利·福特（Henry Ford），兰尼·布鲁斯（Lenny Bruce），巴巴·朗姆·达斯（Baba Ram Dass），甘地（Gandhi），埃德蒙特·希拉里爵士（Sir Edmund Hillary），雷蒙德·鲁比茨（Raymond Lubitz），佛陀（Buddha），弗兰克·西纳特拉（Frank Sinatra），哥伦布（Columbus），弗洛伊德（Freud），诺曼·梅勒（Norman Mailer），艾因·兰德（Ayn Rand），巴伦·罗斯柴尔德（Baron Rothschild），特德·威廉姆斯（Ted Williams），托马斯·爱迪生（Thomas Edison），H. L. 门肯（H. L. Mencken），托马斯·杰弗逊（Thomas Jefferson），拉尔夫·埃利森（Ralph Ellison），鲍比·费舍（Bobby Fischer），埃玛·戈德曼（Emma Goldman），彼得·克鲁泡特金（Peter Kropotkin），你和你的父母。真的存在**一种**对所有这些人都是最好的生活？想象一下他们全部都生活在某个你所见过的描述详细的乌托邦之中。尝试描述一下所有这些人都生活于其中的最好社会。它是农村还是城市？它在物质上是极其奢侈还是俭朴得仅满足基本需要？具有什么样的性关系？存在着任何类似于婚姻的制度吗？它是一夫一妻制的？孩子是由父母抚养吗？有没有私人财产？生活是宁静的和无忧无虑的，还是带有英雄主义的冒险、挑战、威胁和机会？有没有宗教？是只有一种宗教还是存在许多宗教？它在人们的生活中占有多大的分量？人们认为他们的生活重心是私人事务还是公共活动和公共政策问题？他们是一门心思地从事于某种特殊的技艺和工作，还是万事通和玩家？或者他们全神贯注于休闲活动？孩子的抚养是顺其自然还是严加管教？他们的教育集中在哪些方面？在人们的生活中体育运动占有什么地位（是作为旁观者还是作为参与者）？艺术呢？是感官快乐还是理智活动占统治地位？或者是其他什么东西？在服装方面有没有时尚？煞费苦心去美容吗？对死亡的态度是什么样的？技术和发明在社会里扮演了重要角色吗？以及其他诸如此类的问题。

对于所有这些问题只有一种最好的综合答案，对于生活于其中的**所有**人只有一种最好的社会，这种想法在我看来是难以置信的。（即使有这种答案或社会，但认为我们现在对它有足够的了解并能够把它描述出来，这甚至是更难以置信的。）如果一个人最近重读了莎士比亚、托尔斯泰、简·奥斯汀、拉伯雷和陀思妥也夫斯基的作品，而这些作品提醒他注意到人们是多么不同，那么他就不会去试图描述一种乌托邦。（这些作品也会提醒他注意到人们是多么复杂；见下面第三条思路。）

每一个乌托邦的作者都坚信自己的梦想是优越的和唯独自己是正确的，但是在展示供效仿的制度和生活方式时，他们彼此之间就不同了（丝毫不亚于上面列举的那些人之间的差别）。虽然每个作者所展示的理想社会图画都过于简单（甚至下面所讨论的多元共同体也是如此），但是我们应该认真对待这种差别之事实。没有一位乌托邦作者让他社会里的所有人都过完全相同的生活，把完全相同的时间分给完全相同的活动。**为什么没有这样呢？**这些理由不是也可以用来反对只有一种共同体吗？

这样得出的结论是：在乌托邦中并非只存在**一种**共同体，也并非只过一种生活。乌托邦将由各种乌托邦构成，由众多不同的和相异的共同体构成，在这些共同体中，人们在不同的制度下面过着不同的生活。对大部分人来说，一些共同体会比别的共同体更吸引人，而这些共同体也会有圆缺盛衰。人们或者离开一些共同体到别的地方去，或者在某个共同体中度过一生。乌托邦是各种乌托邦的框架，是这样一个场所，人们有权

312

在理想的共同体中自愿地联合起来，去努力追求和实现他们关于美好生活的梦想，但是在这里，任何人都不能把自己的乌托邦梦想**强加**给别人。⑥ 乌托邦社会是具有乌托邦精神的社会。（自然会有一些人安于现状。并非**所有人**都会加入专门试验的共同体，而且，开始拒绝加入的许多人，在了解清楚它们实际如何运作以后，将会加入这些共同体。）通过这种包含某些真理的虚构，我想表达出来的观点是，乌托邦是元乌托邦（meta - utopia）：可以进行各种乌托邦实验的环境；人们可以自由做自己事情的环境；如果更多的特殊乌托邦梦想要稳定地加以实现，那么必须首先在很大程度上加以实现的环境。

　　正如我们在本章开始时指出的那样，如果并非所有的善都能够同时加以实现，那么就不得不对它们加以权衡。第二条思路表明：没有什么理由使我们相信，一种独特的权衡体系会得到普遍的赞同。不同的共同体，其中每一个都带有细微不同的混合，将提供一个范围，每一个人则能够从这个范围内选择他的共同体，而这种共同体最接近于**他**在各种不同价值之间所做的平衡。（它的反对者会把这称作乌托邦观念的自助餐，而这些人则更喜欢只提供一种饭菜的餐馆，或不如说，更喜欢一个城镇只此一家的餐馆，而这家餐馆的菜单上只有一道菜。）

设计方法和过滤方法

　　通向乌托邦框架的第三条思路基于这一事实：人们是复杂的。正如他们之间各种可能的关系之网是复杂的一样。让我们假定（这种假定是虚假的），先前的论证是错误的，而且有一

---

　　⑥ 塔尔蒙（J. L. Talmon）讨论了一些以这种强制为基础的理论，见《威权主义民主的起源》，纽约：诺顿公司，1970 年，以及《政治救世主义》，纽约：布拉格公司，1961 年。

种社会对所有人都**是**最好的。我们如何能够知道这个社会是什么样的？有两种方式，我们把它们称为设计方法和过滤方法。

设计方法通过某种程序来构造某种东西（或者其描述），而这种程序本质上不包含构造其他类型的描述。这种过程的结果是得到一个对象。就社会而言，设计过程的结果是关于一个社会的描述，人们（或者一个人）坐下来，思考最好的社会是什么样的，于是就得到了这种结果。他们做出决定以后，就开始按图索骥，效仿这种模式中的每样东西。

既然人是极其复杂的，人有各种各样的欲望、抱负、冲动、才智、错误、爱好、愚蠢，既然他的相互交织和相互关联的各个层面、方面和关系是**厚重的**（社会科学家对人的描述与小说家的描述相比是单薄的），既然人际之间的关系和制度是复杂的，众多人们的行为协调也是复杂的，那么即使存在着关于社会的一种理想模式，但是以这种（相对于当前知识）**先验**方式达到它也是极端不可能的。即使我们假设，某个伟大天才**确实**是带着这种蓝图来的，但是谁能相信它会行得通呢？*

在历史的这个阶段，坐下来构思美好社会的情况，显然不是从零开始。我们对于利用设计方法以外的其他方法，已经有了一些知识，其中包括对下面介绍的过滤方法的一些利用。让我们想象这样一种情景是有益的：穴居人整天坐在一起，构思

---

* 我（或你）所认识的任何人或任何群体都无法为社会提供合适的"蓝图"（更不相信按照它去这样做了），而组成这个社会的存在物无论从单个还是从人际之间来讲都像他们自己一样是复杂的。"事实上，对于迄今已被描述过的任何一种乌托邦，任何一个精神健全的人在任何条件下都不会同意到它里面去生活，如果他有可能逃避的话"。亚利山大·格雷，《社会主义传统》，纽约：哈珀－劳公司，1968年，第63页。按照这种观点，对于希望根据一种模式来全面改造社会的群体来说，不把这种模式说得详细明白，以便使我们不知道事情在变化以后会如何，这在战略上是精明的。（"没有蓝图。"）追随者的行为是不好理解的，但是，也许蓝图越模糊，每个人就越有可能假定，所计划的和将发生的事情**正好**是他想要的东西。

什么是最好的可能社会，然后就开始着手把它建立起来。把这

314　用在我们身上，你没有什么理由感到可笑吗？

　　过滤方法包含着一种把许多选择对象排除于（过滤出）选择范围之外的过程。决定最终结果的两个关键因素是过滤过程的特殊性质（以及它所针对的是什么性质）和它所操作的这组选择对象的特殊性质（以及这组选择对象如何产生出来）。过滤过程特别适合这样的设计者，他们具有的知识是有限的，并不完全了解所要的最终产品的性质。因为它能够使他们利用其关于特定条件的知识，也就是说，要是他们不想受什么东西的干扰，就可以精心建造一个过滤装置来排除这些干扰者。设计一个合适的过滤装置，也许最终是不可能的，但是人们可以为这种设计任务尝试其他的过滤过程。一般来说，建造一个合适的过滤装置，即使是一个只针对某种特殊产品的过滤装置，与从零开始构造这种产品相比，所需要的知识看来要更少（其中包括关于什么东西是可欲的知识）。

　　另外，如果过滤过程包含着产生新候选者的各种方式，以致当先前过滤过程结束以后剩余成员的品质得到改善的时候，这些新候选者的品质也得到了改善，而且过滤过程也包含着各种过滤装置，当送入它的候选者的品质得到改善的时候，这些过滤装置就变得更有针对性了（也就是说，它排除了某些以前成功通过过滤装置的候选者），那么人们就可以合法地期望，经过长时间和连续的过滤操作以后，剩余下来的东西确实具有非常大的优点。我们对于过滤过程的结果不应该过于傲慢，因为我们自己也是过滤的一种结果。从优势的观点看——正是这种优势考虑使我们在建构社会时推荐使用一种过滤过程，进化是一种创造生物的过程，这些生物是由一个谦虚的神恰当地选择出来的，而这个神并不确切知道他希望创造的生物

是什么样的。*

---

*　请对比："由人类居住的这个世界并不是上帝所创造的头一批东西。在我们的世界以前，他创造了一系列世界，但是他把它们全都毁掉了，因为他对它们全都不满意，直到他创造出了我们的世界。"路易斯·金斯伯格（Louis Ginsburg），《圣经的传奇》，纽约：西蒙–舒斯特公司，1961年，第2页。

过滤方法的整个题目，其中包括确定性过滤方法和随机性过滤方法，以及它们对于不同任务所具有的差别，都是非常令人感兴趣的。据我所知，关于最佳过滤装置（相对于其任务）以及它们的特征，还没有任何详细的理论。人们会期望，在开始建构这样的一般理论时，关于进化（以及进化论本身）之数学模型的作品会是有用的和有启发性的。见莱温廷（R. C. Lewontin）"进化与博弈论"，《理论生物学杂志》，1960年；霍华德·莱文（Howard Levene）："基因多样性与环境多样性：数学方面"，载于《第五次伯克利专题研讨会》第4卷，以及其中所引的参考书目；克罗和金姆拉（Crow and Kimura）：《种族遗传学理论导论》，纽约：哈珀–劳公司，1970年。

作为另外一种说明，请考虑基因工程的问题。许多生物学家倾向于认为，问题在于**设计**，而这种设计规定最好的人是什么样的，以便生物学家能够把他们制造出来。因此他们为这样的问题而感到忧虑：应该制造什么样的人，以及谁将控制这个过程。他们并不想考虑这样一种体系，（也许是因为这会降低他们身份的重要性，）在这种体系中，他们管理一个"基因超市"，而这个"基因超市"能满足未来父母（在某些道德限制内）定制孩子的需要。他们也不想看到，人们的选择集中于为数不多的几种类型的人，如果确实存在这样的集中的话。这种超市体系具有巨大的优点，它在确定未来人们的类型时不包含任何集中的决定。如果担心某些重要的比例会发生变化，例如男女比例，那么政府可以要求对基因操纵进行管制以符合某种比例。为了简单起见，让我们假设所希望达到的比例是1：1，医院和诊所（起码作为一种登记制度）可以被要求对希望要孩子的夫妻进行配对，一对想要男孩的夫妻要配上一对想要女孩的夫妻，然后再帮助双方实现他们的愿望。如果想要某种性别孩子的夫妻更多，那么他们可以付钱给别的夫妻以配上一对，从而一个市场就会发展起来，而对下一个孩子的性别毫不在乎的那些人可以从中获得经济利益。在一种纯正的自由主义制度中，要想维持这样一种宏观比例，看来是非常困难的。在这种制度里，或者父母们赞助建立一种监视近来出生情况的信息服务系统，以了解什么性别出现供应短缺（从而在以后的生活中有更多的需求），并据此来调整他们的行为，或者感兴趣的人捐助一笔资金，以便提供奖金来维持性别比例，或使这种比例达到1：1，这样新的家庭和社会形式将随之发展起来。

315　　　对所设想的社会加以处理的过滤过程是这样一种过程，设计理想社会的人们考虑了许多不同种类的社会，他们批评其中一些，清除一些，对其他类型的进行修改，直到找出他们认为最好的一个。毫无疑问，每一个设计团队都是这样工作的，因此，不应该认为设计方法排除过滤的特征。（过滤方法也不需要排除设计的方面，特别是在其产生过程中。）但是人们无法预先确定哪些人提供的观念将会是最好的，从而所有的观念都必须加以试验（不仅仅是在计算机上进行模仿），看它们如何运作。* 只有当我们（**事后**）尝试描述什么样式从许多人的自

316 发协作行为中演化出来的时候，一些观念才会产生出来。

　　　如果这些观念必须加以实际试验，那么就必须有许多共同体来试验不同的样式。我们的框架所包含的过滤过程（清除共同体的过程）是非常简单的：人们尝试生活在各种各样的共同体之中，然后对于他们不喜欢的（发现有缺点的）共同体，他们或者离开，或者略加修正。一些共同体将被抛弃，另外一些将苦苦挣扎，一些将分裂，一些将兴旺发达，增加成员，并且在别的地方被复制。每一个共同体都必须赢得和保持其成员的自愿拥护。没有向任何人**强加**任何一种样式，而且，只要每个人都愿意按照某种样式的共同体来生活，那么最终将会导致一种样式。⑦

---

　　　* 对于某些作家，在他们认为他们已经把所有事情都想好并开始把它们记下来以后，最令人感兴趣的地方才显现出来。在这个阶段，有时在观点方面会发生变化，或者认识到，他们必须写的是一些不同的东西（在写之前，这些东西被认为是附属的、浅显的题目）。一个计划（即使是一个已经写下来的计划）与其在具体社会生活里的实行之间的差别是多么大呀。

　　　⑦ 关于一个类似过滤系统之运行和优点的富有启发性讨论，见 F. A. 哈耶克《自由宪章》，芝加哥：芝加哥大学出版社，1960 年，第 2 和第 3 章。一些乌托邦的努力在某种程度上与此符合。"（犹太人在巴勒斯坦共同定居点的起源的非教条主义特征）也决定了它们在所有实质方面的发展。新的形式和新的中间形式

　　在产生将要生活于其中并进行试验的特定共同体的阶段，设计方法开始发挥作用了。任何群体的人们都可以设计一种样式，并试图说服其他人加入这种样式的共同体的冒险试验。幻想者和怪人，狂躁者和圣徒，僧侣和放荡者，资本主义者、共产主义者和强调参与的民主主义者，各种组织的支持者，如法郎吉（傅立叶），劳动宫（福罗拉·特里斯坦），团结合作村（欧文），互助共同体（蒲鲁东），时间商店（约书亚·瓦伦），兄弟农场（Bruderhof），[⑧]基布兹主义（kibbutzim），[⑨]瑜

（接上页）一直在不断地分化——完全自由地。每个定居点都在特殊的社会和精神需要中成长起来，正如它们显露出来的那样——完全自由地，而且甚至在最初的阶段，每个定居点都获得了它自己的意识形态——完全自由地，每一个都极力宣传自己、扩展自己并建立它的合适范围——全部都是完全自由的。各种形式的每个倡导者都拥有他的发言权，每一种形式的赞成意见和反对意见都得到了坦率和激烈的辩论……在不同的时期和不同的形势下以这种方式产生出来的各种形式和中间形式代表了不同类型的社会结构……不同的形式与人们的不同类型相对应……正如新的形式是从原始的卡布扎（Kvuza）分化出来的那样，新的形式也是从原始的查鲁兹运动（Chaluz）分化出来的，而两者都拥有自己独特的存在方式，两者都需要自己特殊的实现……"马丁·布伯（Martin Buber），《乌托邦的道路》，纽约：麦克米兰公司，1950年，第145—146页。

这里所说的人们不需要试图发现最好的可能共同体；他们可以尝试仅仅改善自己的处境。然而，一些人可以有意识地设计和使用过滤过程，来过滤他们的选择，以达到他们（暂时地）认为是最好的共同体。比较卡尔·波普尔（Karl Popper）对科学方法之过滤过程的解释，而科学方法是有意识使用的，以期达到更接近于真理，见《客观知识》，纽约：牛津大学出版社，1972年。既然一些参与过滤过程（或平衡过程）的人将把达到最终目的作为一种目标，而其他人则不是这样，那么我们就应该仔细推敲看不见的手的过程之观念，以适应各种情况。

　　⑧　见本杰明·扎布罗基（Benjamin Zablocki）《欢乐的共同体》，巴尔的摩：企鹅丛书，1971年。

　　⑨　关于一个近来的报道，见海姆·巴凯（Haim Barkai）"基布兹：一种微观的社会主义实验"，载于《以色列、阿拉伯国家和中东》，欧文·豪和卡尔·戈斯曼（Irving Howe and Carl Gershman）编，纽约：矮脚鸡丛书，1972年。

伽隐修团（kundalini yoga ashrams），等等，所有这些人都可以有一试身手的机会，来实现他们的幻想，树立魅人的榜样。不要认为所尝试的每一种样式都是直接**从头开始**发明出来的。有一些是对已经存在的其他样式的修正（当明了其缺陷在哪里的时候），另外，许多样式的细节将在留有余地的共同体中自动地得到充实。当这些共同体对它们的居民变得更有吸引力的时候，先前那些被当做可得到的最好样式的样式就会被抛弃。而且，当人们生活于其中的共同体（按照他们的眼光）变得更好的时候，关于新共同体的观念通常也变得更好了。

　　这样，我们在这里所展示的乌托邦框架之运作显露出过滤过程的优点，而这种过滤过程体现了过滤装置与产生过程所幸存下来的产物之间的相互改善作用，以致所产生的和未被抛弃的产物之品质变得更好了。* 此外，在人们的历史记忆和记录是既定的情况下，它具有这样的特征，即一种已经被抛弃的选择（或者它的轻微修正）可以被**重新尝试**，这也许是因为新的或变化了的条件使它现在看起来更有希望或更加合适。这不像生物进化，在生物进化过程中，当条件变化的时候，先前被抛弃的变异无法轻易地得到恢复。进化论者也指出基因多样性（多种类型和多种形态）在条件发生巨大变化时所具有的优势。一种包含各种各样共同体的体系也具有类似的优势，这些共同体是沿着不同路线组织起来的，并且也许对不同类型的性格以及不同样式的能力和技艺都具有促进作用。

---

　　*　对于达到一种可欲的或最好的社会，这种框架不是唯一可能的过滤过程（虽然我并不认为其他的过滤过程在如此大的程度上具有这种特殊的相互作用优点），所以，过滤过程普遍地优于设计方法，这并不构成一种对它的**单独**证明。

框架作为乌托邦的共同基础

使用过滤方法是特别合适的，而过滤方法依赖于人们是生活在特殊共同体之中还是选择离开的个人决定。因为乌托邦建构的最终目的是得到共同体，即人们想望和自愿地选择生活于其中的共同体，或者，至少这必须是成功的乌托邦建构的副产品。我们提出的过滤过程将达到这一目的。另外，假如我们无法明确提出一些原则来预先驾驭所产生的各种复杂局势，那么一种依赖于人们之决定的过滤方法与机械运作的过滤方法相比就更具有优势。我们常常提出**看似自明的**原则，而不考虑我们是否能够预先标示出这种原则的所有例外。虽然我们无法预先把这种原则的所有例外都描述出来，但是我们确实认为，我们一般都能够认识到，我们面对的特殊情况**是一种例外**。⑩

同样，我们无法预先制定一种过滤方法，它将自动地只排除所有（或者客观上的，或者按照我们现在的观点，或者按照我们当时的观点）应该被排除的东西。我们将不得不为人们判断每一种特殊情况留有余地。这本身并不是一种赞成由每个人来自行判断的论证。情况并非是这样的：或者是对明确形成的规则加以机械地应用，或者是体系的运作**完全**依赖于选择，而根本没有任何指导方针。我们的法律体系就清楚地说明

---

⑩ 也就是说，我们认为，如果我们碰到某个特殊原则的一组例外之单个成员，那么我们通常（虽然没有必要总是）能够识别出它是一个例外，即使它并不符合我们迄今能够提供的关于例外的任何明确描述。面对这种特殊情况并且认识到它是原则的一种例外，通常使我们提供一种关于这种原则之例外的新明确标记，但（我们认识到）它还是不能标记出所有的例外。一个人做出了特殊的道德判断，然而却不能陈述出他确信没有例外的道德原则，关于这种人的道德观点的一种可能结构的讨论，见我的论文"道德复杂性与道德结构"，《自然法论坛》，1968年，第1—50页。

了这一点。因此，无法预先提出和制定无例外的原则，这一事实**本身**并不足以使我更偏爱在**没有**预先建立指导方针的情况下（除了那些保护这种论证的指导方针）由**每个人**来自行选择的方法。

我们已经证明，即使有一种共同体对所有人都是最好的，那么要找出这种共同体的性质，所提出的这种框架也是最好的手段。我们可以而且应该为这种观点提供更多的论证：即使有一种共同体对所有人都是最好的，这种框架的运作（1）对于任何这样的人都是最好的，他们想提供一幅社会是什么样子的图画，（2）对于任何这样的人都是最好的，他们确信这种图画确实是最好社会的图画，（3）对于众多已变得如此确信的人们是最好的，（4）是使一个社会保持稳定的最好方式，而人们在这种特殊样式下过着长治久安的生活。我无法在这里提供那些其他的论证。（而且，我在任何地方都无法提供所有这些论证；理解支持这种观点之正确性的**理由**就可以了。）然而，我确实希望指出，当我们放弃这种（虚假的）假定的时候，即有**一种**社会对所有人都是最好的，并从而不再把这个问题误解为所有个人应该生活在哪一种类型的共同体之中，那么这里所提供和提到的支持这种框架的论证甚至是更有说服力的。

相对于所有其他的乌托邦描述，这种框架有两种优势：首先，它是未来某个时候的几乎所有乌托邦思想家都可以接受的，而无论他的特殊梦想是什么；其次，它与几乎所有特殊乌托邦梦想的实现都是相容的，虽然它并不保证任何一种特殊乌托邦梦想的实现或普遍成功。* 任何一位乌托邦思想家都会同

---

　　* 我说**几乎**所有乌托邦思想家以及几乎所有特殊的乌托邦梦想，是因为一些具有武力和统治性质的"乌托邦思想家"是不可接受的，而且与他们也是无法相容的。

意，我们的框架对于一个由善良人组成的社会是合适的。因为他认为，善良的人们将自愿地选择生活在他赞成的特殊社会样式下，如果他们像他一样理性，从而能够同样看出它的优越性的话。而且大多数乌托邦思想家会同意，在**某个**时刻，我们的框架是合适的，因为在这一时刻（人们已经变得善良以后，以及不腐败的那代人已经出生以后），人们将自愿地选择生活在所赞成的社会样式下。* 这样，对于各种各样的乌托邦思想家和他们的对手，我们的框架将被承认是合适的共同基础，**或迟或早**。因为每一个人都认为，他自己特殊的梦想会在它下面得到实现。

具有不同乌托邦梦想的这些人相信这种框架是通达他们梦想的正确**道路**（当他们的梦想实现以后，这种框架也是允许存在的），所以他们会齐心协力来实现这种框架，即使相互知道他们具有不同的预期和偏好。只有当他们涉及某一种特殊样式之普遍实现的时候，他们的不同希望之间才会发生冲突。我们可以区分开三种乌托邦立场：**帝王式的**乌托邦思想，它主张强迫所有人都进入某一种样式的共同体；**传教士的**乌托邦思想，它希望说服所有人都生活在某一种特殊的共同体之中，但是不强迫他们这样做；**存在主义的**乌托邦思想，它希望某种特殊样式的共同体将存在下去（将能够生存下去），尽管不一定 ³²⁰

---

* 我说"大多数乌托邦思想家"，是由于下面这种可能的立场：

1. 样式 P 不仅对于不腐败的人是最好的，而且对于腐败的人也是最好的。

2. 然而，腐败的人不会自愿地选择生活在样式 P 下面。

3. 另外，**没有**办法使不腐败的人在我们以及我们的社会中间涌现出来，这是一个不幸的经验事实。

4. 因此，我们无法得到这样一种局势，大多数人希望生活在样式 P 下面。

5. 所以，既然 P 对所有人（腐败的和不腐败的）都是最好的样式，那么它就应该持续地和永久地强制实行。

能普遍化，但那些希望按照它来生活的人们则可以这样做。存在主义的乌托邦思想家能够全心全意地支持这种框架。各种不同梦想的拥护者在实现这种框架时可以进行合作，尽管他们充分意识到相互之间的差别。虽然传教士式的乌托邦思想家的追求是普遍的，但是他们也会联合起来支持这种框架，并认为完全自愿地信奉他们所喜欢的样式是极为重要的。然而，他们并不特别欣赏这种框架的另一个优点，即能够使众多五花八门的可能性同时实现。另一方面，帝王式的乌托邦思想家只要其他一些人与他们的意见不一致，就会反对这种框架。（当然，你无法满足所有的人，特别是如果存在着这种人的话，即只要不是所有人都满意，他们就不会满意。）既然任何一种特殊共同体都可以在这种框架内部建立起来，所以它与所有的特殊乌托邦梦想都是相容的，然而并不保证任何一种能得到实现。乌托邦思想家应该把这一点看做是一种巨大的优点，因为他们的特殊观点要是处于其他乌托邦体制而非自己的体制之下，就没有什么好下场了。

共同体与国家

　　这种框架的运行具有许多优点，而且几乎没有在极端自由主义梦想中人们所发现的那些缺点。因为虽然人们有在各种共同体中进行选择的充分自由，但是许多特殊共同体在内部则可以有许多限制，而这些限制基于极端自由主义是无法得到辩护的；也就是说，如果这些限制是由中央国家机构强加的，极端自由主义者就会谴责它们。例如，家长制对人们生活的干预，对哪些书籍可以在共同体中传看的限制，对性行为方式的限制等等。但是，这不过是以另一种方式指出，在一个自由的社会里，对于哪些限制是政府不可以合法地强加给他们的，人民可以达成契约。虽然这种框架是极端自由主义的和放任主义的，

但是在它内部的各个共同体却不必如此，而且也许在它内部的任何一个共同体都不会愿意成为这样的。这样，这种框架的这些特性就不必渗透于各个共同体之中。在**这种**放任主义的体系中，最终可能是这种情况：虽然"资本主义"制度是被允许的，但是并不存在实际起作用的"资本主义"制度；或者一些共同体有这种制度，而其他共同体则没有，或者一些共同体有它的一部分，或者随你怎么想。*

在先前各章中，我们已经谈到过个人可以不接受某些安排的特殊规定。那么为什么我们现在说在一个特殊的共同体中可以强加各种限制？这个共同体不是必须允许它的成员可以不接受这些限制吗？不是这样的；一个很小的共产主义共同体的创建者和成员可以完全正当地拒绝允许任何人不接受平等的分担（权利和义务），即使有可能来这样安排。这不是一条普遍原则：当这样做是可行的时候，每一个共同体或群体都必须允许内部的弃权。因为有时候，这样的内部弃权本身会使这个群体失去所想望的那种特性。这里存在着一个有趣的理论问题。一个国家或保护性机构不可以在一个共同体与其他共同体之间强制实行再分配，然而诸如基布兹（kibbutz）这样的共同体则可以在自己内部实行再分配（或者再分配给别的共同体或外面的个人）。这样的共同体不必为它的成员提供不接受这些安排的机会，只要他们仍然是这个共同体的成员。然而，我已经论证过，一个国家应该提供这种机会；人民有权利不接受国家的要求。正是在这一点上共同体与国家之间存在差别，而这种差别是不是造成了另外一种差别，即强加某种样式给其所有成

---

　　* 许多青年人崇尚与自然"和谐一致"，希望"顺其自然"和不要强迫事物违反其自然倾向，但却为计划经济观点和社会主义所吸引，而敌视均衡和看不见的手的过程，这是奇怪的。

员的合法性方面的差别？

一个人将接受一种不完美的一揽子交易（package）P（它可以是一种保护安排、一种消费品或一个共同体），它比购买不同的一揽子交易（一种完全不同的一揽子交易，或者带有某些变化的 P）从总体上要更好一些，而此时没有更好的、可以得到的、不同的一揽子交易值得他付出比 P 更高的成本，其中包括说服足够多的其他人一起做成另外一种一揽子交易的成本。人们认为，国家的成本分析就是这样考虑问题的，从而允许内部的弃权。但是，由于两个原因，这不是故事的全部。第一，单个共同体也能够以极小的（他可以愿意支付的）管理成本来安排内部的弃权，尽管无需总是这样做。第二，国家不同于别的一揽子交易，在别的一揽子交易中，个人自己无需承担不接受某种强制规定的管理成本。其他的人必须出钱来仔细设计他们的强制安排，以便使这些强制安排避开那些想拒绝它们的人。差别不完全在于可供选择的共同体有许多，而国家则很少。即使几乎所有人都希望生活在共产主义共同体中，以致不存在任何非共产主义的共同体，那么任何一个特殊共同体也不需要（虽然人们希望它会）允许居民个人不接受他们所承担的安排。单个拒绝者没有别的选择，而只能服从。其他人并没有强迫他服从，而且他的权利也没有受到侵犯。他没有权利要求其他人一起合作使他的不服从成为可行的。

在我看来，这种差别存在于面对面的共同体与国家之间的差别之中。在国家中，人们知道有许多不服从的个人，但不一定直接面对这些个人或者他们不服从的事实。即使人们觉得其他人的不服从是一种冒犯，即使存在着不服从者这一事实让人痛恨并且使人感到不愉快，但是这并不构成一种伤害，也没有使人们的权利受到侵犯。而在面对面的共同体中，人们无法避免直接面对他们觉得受到冒犯的东西。在直接的环境中，人们生活的方式受到了影响。

面对面的共同体与国家之间的这种区别与另外一种区别是平行的。一个面对面的共同体可以在其成员共同拥有的土地上存在，而一个国家的土地则不是被这样拥有的。这样，共同体作为一个团体有资格来决定在它的土地上实行什么规章制度；而一个国家的公民则并不共同拥有它的土地，从而无法以这种方式来规制它的使用。如果**所有**拥有土地的不同个人一起协调他们的行动，并制定一种共同的规章制度（例如，任何人如不把其收入的百分之 n 捐助给贫困者，则不可以居住在这块土地上），那么就能够达到同国家通过相关立法一样的**结果**。但是，既然这种行动一致的强度是由它最弱的一环决定的，即使进行中等程度的抵制（这种抵制是完全合法的），那么要维持这样一种行动一致的联盟也是不可能的，因为总会有一些讨好者做出背叛。

但是，有些面对面的共同体并不是处在共同拥有的土地上。在一个小村庄里，大多数投票者是否可以通过针对某些事情的法令，而他们觉得在**公共**街道上做这些事情是一种冒犯？他们是否可以立法禁止裸体、私通、施虐狂（对自愿的受虐狂）或不同种族的夫妻在街道上手拉手？任何私人所有者都可以随意为他的房地产规定用途。但是，如何对待公共的大街，在这里人们无法轻易避免看到他们觉得受到冒犯的景象？绝大多数人必须隐居于围墙之内以躲避冒犯的少数人？如果多数人可以为公共场所中的可见行为确定界限，那么除了要求任何不穿衣服的人都不得出现在公共场所以外，他们是否还可以要求任何不佩戴一种徽章的人都不得出现在公共场所，这种徽章证明他在这一年期间已经把其收入的百分之 n 捐助给了贫困者，而这样做的理由是他们看到有人不佩戴这种徽章（没有给予捐助）就觉得受到了冒犯？另外，这种多数决定的权利是从哪里冒出来的？或者，是否存在任何"公共的"场所或街道？（这里的某些危险，在第 2 章曾指出过，可以通过第 7 章的洛克式限制条款而得以避免。）既然我并不清楚如何解决这些问题，所以我在这里仅仅是把它们提出来而已。

变化的共同体

各个共同体可以拥有与这种框架之运行相容的**任何**特性。如果一个人发现一个特殊共同体的特性与自己志趣不合，那么他不必选择在它里面生活。这也适用于和有助于一个人来决定加入哪一个共同体。但是让我们假设，一个特殊共同体在其特性方面正在出现**变化**，而且正在变成一个人所不喜欢的共同体。"如果你不喜欢这里，请不要加入"比"如果你不喜欢这里，请离开"更有说服力。一个人在某个共同体中度过了其生命的大部分时光，深深扎根于此，结交了很多朋友，对共同体做了许多贡献，这时选择收拾一下就离开是一种困难的决定。对于这样一个共同体，无论是建立新的限制，还是废除旧的限制，或是大大改变它的特性，都会在某些方面影响它的个别成员，就像一个**国家**改变它的法律将会影响它的公民。这样，人们是不是将更不愿意授权给共同体在决定他们内部事务方面以这样大的自由度？对他们强加的限制是不是将会有更多的制约，而这些限制要是由国家强加的，就会构成对个人权利的侵犯？自由的拥护者决不会认为，美国的存在使沙皇俄国的行为合法化了。为什么在共同体的场合里事情就会有不同呢？⑪

---

⑪ 我们在这里谈到了共同体的移民问题。我们应该指出，基于个人理由或者由于适用于他的一般限制，而设置这些限制是为了保持一个共同体的特殊性质，某个人可能被拒绝进入他希望加入的共同体。

有各种各样的治疗方法，我在这里只讨论其中的一种。任何人都可以开创他们想望的、**任何种类的**（与这种框架之运行相容的）新共同体，而其他任何人也都可以不进入它。（不可以基于家长制的理由而排除任何共同体，也不可以强加一些更弱的家长制限制——例如强制性的信息发布程序和等待期——来消除人们决策过程中的一些所谓缺点。）改造已经存在的共同体则被认为是一件不同的事情。幅员广阔的社会可以为共同体选择某种偏爱的内部结构（它尊重某些权利，等等），而且可以要求共同体为这种结构的变化，为这些它愿意造成的变化，以某种方式赔偿这个共同体中的持不同见解者。在描述完解决问题的这种方法之后，我们看到它是**不必要的**。因为要达到同样的目的，个人只需要在同他们进入的任何共同体所达成的协议（契约）之明文条款中，包含这样一个条目，即对于一种特定结构（这种结构无需符合社会所偏爱的规范）的偏离，任何成员（包括他们自己）都将根据具体条件而得到这样的赔偿。（一个人可以把这笔赔偿用作离开这个共同体的经费。）

完全的共同体

在这种框架下，有一些群体或共同体将涵盖成员生活的所有方面，尽管其成员人数有限。（我假定，并非所有人都愿意加入一个大公社或公社联邦。）某些生活方面的某些事情涉及到每一个人，例如每一个人都拥有各种不得侵犯的权利，都拥有各种不经他人同意则不得跨越的边界。有一些人会觉得，这种对一些人生活的所有方面和所有人生活的一些方面的涵盖是不够的。这些人想望一种双重的总体关系，它既涵盖所有的人，也涵盖他们生活的所有方面。例如，所有人在其所有行为（原则上任何行为都不可以排除）中都要表现出某种挚爱、情感和乐于助人的意愿，所有人都一起从事某种共同的和重要的事业。

　　让我们考虑一个篮球队的成员，他们所有人在打篮球时都非常专注。（抛开他们想赢这一事实，尽管当一队人同另一队人相争时通常都会产生这样的情感，但这是偶然的吗?）他们主要不是为钱而打球。他们有一个基本的**共同目标**，并且每个人都要求自己服从这个共同目标，而不在乎自己这样会得分更低。如果所有人都紧紧联系在一起，行动一致地朝着一个共同目标前进，而每个人都把这个目标当做他自己最重要的目标，那么博爱情感就会发扬光大。他们将变得团结而不自私，**他们将成为一个人**。但是，篮球队员显然没有一种共同的最高目标，他们有各自的家庭和生活。然而，我们还是可以想象这样一个社会：所有人齐心协力达到一种共同的最高目标。在这种框架下，任何群体都能够这样联合起来，形成一种运动。但是，这种结构本身是多元性的，它本身既不提供也不保证将会出现所有人一致追求的某种共同目标。它会促使人们思考这样一个问题，即谈论"个人主义"和（这个词被杜撰出来以对立于）"社会主义"是不是合适的。另外也无需赘言，任何人都可以尝试把具有同样思想的人们联合起来，但是，无论他们的希望和渴望是什么，任何人都没有权利把他们的统一梦想强加给其余的人。

乌托邦的手段与目的

326　　　对"乌托邦思想"所提出的各种众所周知的反驳是不是也适用于我们在本书中所展示的这种观念？众多批评的焦点或者是乌托邦没有讨论达到它们的梦想的**手段**，或者是它们所讨论的手段无法达到它们的目的。批评者特别反对这一点：乌托邦思想家通常相信，他们通过现存社会结构内部的自愿活动就能够创造出新的条件并培育出他们的特殊共同体。他们基于三个理由而相信这一点。第一，因为他们相信，当某些人或群体的利益在于维持一种与理想不同的样式的时候（因为他们在这种样式中占有一种特权位置，并且受益于这种现实样式的不正义或缺陷，而这种现实样式在理想的样式中就会被消灭），这样，在通过自愿活动实现理想样式的过程中，如果他们的合作是必需的，那么这些人就能够被说服自愿地从事（违背他们利益的）一些活动，而这些活动有助于产生理想的样式。通过论证和其他理性的手段，乌托邦思想家希望说服人们相信这种理想样式是可欲的和正义的，而他们独有的特权是不正义的和不公平的，从而使他们采取不同的行动。第二，这些批评者继续说，乌托邦思想家相信，即使现存社会的框架允许那些没有从现实社会的缺陷和不正义中受益的人一起从事自愿的活动，而这些活动将足以给这个社会带来巨大变化，那么这些其特权受到威胁的人也不会主动地、暴力地强行干预，以粉碎这些实验和变化。第三，批评者断言，乌托邦思想家天真地认为，即便不需要这些特权者的合作，即便这些人放弃对这种过程的暴力干预，在非常不同的外部环境中，而这种环境通常对这种实验的目标是抵触的，也有可能通过自愿合作进行这种特殊的实验。小小的共同体如何能够抵抗整个社会的挤压？这些孤立的实验不是注定要失败吗？关于最后一点，我们在第8章已经看到，一个工人控制的工厂如何能够在一个自由社会里建立起来。概括起来要点在于：在一个自由社会里，通过人们的自愿行为，**存在**着实现各种微观局势的手段。人们是否愿意采取这些行为则是另外一回事。然而，在一个自由社会里，通过这样一种自发的过程，任何广泛的群众革命运动都有可能达到它的目的。随着越来越多的人们了解它如何运作，就会有越来越多的人希望参与进来或者支持它。因此，它会成长壮大，而无需强迫所有人、多数人或任何人进入这种样式。*

即使这些反驳都不成立，一些人还是认为人们的自愿行为是不可信任的，认为人们现在是如此腐败，以致他们不会自愿与实验合作，来建立正义、美德和美好生活。（即使他们确实愿意这样做，这种实验也只有在一个完全自愿的环境中才能成功，或者在某种现实环境中才能成功。）另外，只有他们不是腐败的（在他们不腐败以后），那么他们才（将）会合作。所以，这个论证继续进行，必须强迫人们按照良好的榜样来行动，而试图把他们领上坏的老路的那些人则必须保持沉默。⑫这种观点值得深入讨论，但在这里无法进行。既然这种观点的提议者自身显然也是难免犯错误的，所以大概不会有人愿意给予或容许他们拥有为扑灭他们认为是腐败观点所必需的专制权力。我们所想望的是这样一种社会组织，它对于远非理想的人们是最佳的，对于那些更优秀的人们也是最佳的，而且生活在这种社会组织里本身就会使人们变得更好和更接近理想。我们同托克维尔（Tocqueville）一样相信，人们只有是自由的，才

328

---

　　* 虽然发生于不同外部环境中的实验是可以允许的，也具有成功的可能性，而且不会受到对此有敌意的人们的强行干预，但是仍然存在一个问题，为什么这种实验没有生存下去的公平机会。因为如果整个社会没有一种自愿的框架，那么也可能存在这种实验，它发生在总体现实框架的一个自愿角落。而这种实验只有在一种**完全**自愿框架中**才**能成功，在现实框架中则不会成功。因为在现实框架中，虽然没有人被禁止从事对于这种实验成功所必需的活动，但是有可能存在对某些其他活动不合法的限制，而这些限制使人不太可能（概率可降到极低）从事对实验成功所必需的活动。举一个极端的例子，某个群体的任何人都被允许得到某种工作，但是所有人都被禁止教给他们这种工作所必需的技巧，而这种技巧的证书对于得到这种工作是唯一可行的途径（虽然其他一些极端困难的路线是开放的）。

　　⑫ 见赫伯特·马尔库塞（Herbert Marcuse）"压制性的宽容"，载于《纯粹宽容批判》，沃尔夫（R. P. Wolff）等编，波士顿：灯塔公司，1969 年。

会发展出并运用自由人所具有的美德、能力、责任感和判断力，是自由促进了这种发展，而且，只有是自由的，目前人们才不至于如此腐败，以致有可能构成一种例外情况，而这种自愿的框架就成为解决问题的关键所在。

对于乌托邦传统的作者在手段问题上的观点，不管这些批评是多么正当，我们都并不假定，人们能够自愿放弃自己的特权地位，而这些特权地位的基础是对其他人的生活进行直接的非法干预或通过政府进行的非法干预；我们也不假定，面对人们的可准许的自愿行为，而他们在这些行为中拒绝再让自己的权利受到侵犯，那些其非法特权受到威胁的人会平静地袖手旁观。我确实不想在这里讨论，在这样的环境中，可以合法地做什么事情，以及什么策略是最好的。读者很难对这样的讨论发生兴趣，除非他们接受了这种极端自由主义的框架。

对于乌托邦传统的作者之特殊**目的**以及他们所描述的特殊社会，已经产生了许多特殊的批评。但是有两种批评看起来对所有乌托邦作者都是适用的。

首先，乌托邦思想家想根据某种详细的计划来通盘改造整个社会，而这个计划是预先形成的而且以前也没有与其近似的。他们把一个完美的社会看做自己的目标，从而他们描述了一个静止的和僵化的社会，这个社会没有变化或进步的机会和期望，它的居民自身也没有机会选择新的样式。（因为如果变化是一种更好的变化，那么先前的社会状态由于是可以超越的，就不是完美的了；如果变化是一种更坏的变化，那么先前的社会状态由于允许退化，也不是完美的了。此外，变化若是不好不坏的，那又有何必要？）

其次，乌托邦思想家假定，他们所描述的社会将会运行良好而不会出现问题，社会机制和制度将如预计的那样发挥功能，而且人们也不会按照某些动机和利益来行动。他们或者漠然忽视了某些明显的问题，而这些问题是任何一个具有社会经验的人都会碰到的，或者对这些问题将如何得以避免或克服，做了最疯狂的乐观假定。（这种乌托邦传统是最大—最大化的。）

　　我们对这种社会内部每个特殊共同体的特性就不详加论述了，而且我们设想，这些作为社会组成部分的共同体之性质和构成是随时间推移而变化的。任何一个乌托邦作者实际上都没有确定他们的共同体的**全部**细节。既然关于这种框架的细节应加以确定，那么我们的程序与他们的程序有何不同？他们希望预先确定全部**重要的**社会细节，而没有确定的只是一些无关紧要的细节，他们或者对这些细节不太在乎，或者这些细节不涉及重要的原则问题。而在我们看来，各种共同体的性质是非常重要的，这些问题是如此重要，以致它们不应该由任何人来替别人加以解决。然而，我们是否希望详细描述这种框架的性质，而这种性质在特征方面是固定的和不可改变的？我们是否假定这种框架将运行良好而没有问题？我确实希望描述这样一种**类型**的框架，即它为各种各样的实验留有自由。* 但是，这种框架的全部细节将不会被预先确定下来。（这样做比预先设计一个完美社会的细节会更容易一些。）

　　我并没有假定，关于这种框架的所有问题都解决了。让我们在这里试举一二。关于中央权威（或保护性社团）所扮演的角色存在着问题：这种权威如何被选出来，此外，如何保证

---

　　* 一些作者试图这样为自由制度辩护：它导致实验和创新的一种最佳速率。如果这种最佳被解释为是由自由制度产生出来的，那么这种结果不是令人感兴趣的，而且，如果用其他方法来提供这种最佳，那么这样做可能会更容易达到目的，即强迫人们进行创新和实验，对那些不这样做的人课以重税。我们提倡的制度为这样的实验留有空间，但是不要求一定这样做；人们是自由的，可以去创新，也可以不去，如果他们希望的话。

这种权威做并且只做被期望去做的事情？在我看来，它的主要角色是确保这种框架的运行——例如，防止一些共同体侵犯和掠夺别的共同体以及它们的人员和财产。另外，它将以某种合理的方式来裁决共同体之间的冲突，而这种冲突是它们无法以和平方式加以解决的。什么是这样一种中央权威的最好形式，我不希望在这里探讨这个问题。如果某种形式不是永久固定的，而是为细节的改善留有空间，那么它看来是可取的。我在这里略去了一些困难而重要的问题，即如何对中央权威进行有力的控制，以使其履行适当的功能，因为我对于联邦、邦联以及权力的分散、牵制和制衡等方面的权威文献，没有什么特别的补充。⑬

　　我们已经提到过，乌托邦思想中，一个始终存在的成分是这样一种感觉：存在着某些原则，它们足够明显，以致能为所有具有善良意志的人们所接受；它们足够确切，以致能在特殊情况中提供明确无误的指南；它们足够清晰，以致所有人都会明白它们的指示；它们足够全面，以致能涵盖实际发生的所有问题。既然我并不假定存在着这样的原则，所以我也不假定政治领域行将消亡。政治机构的细节以及如何对它进行控制和限制的细节是如此凌乱，以致难以把它们纳入到人们对一种简单漂亮的乌托邦方案的希冀之中。

---

　　⑬　"关于这个问题，没有真正令人满意的理论解决办法。如果一个联邦政府拥有一种以武力干预一个州政府的宪法权力，其目的在于确保这个州履行其作为联邦成员的职责，那么则没有任何可靠的宪法屏障来阻止联邦通过一个果敢有力的中央政府而变成一个集权制国家。如果它并不拥有这样的权力，那么就无法保证，当果敢有力的州政府充分利用它们的宪法自由而自行其是的时候，联邦政府还能够维持这种联邦制度的特性。"麦克马洪（Arthur W. MacMahon）编，《联邦制：成熟与突变》，纽约：双日公司，1955年，第139页。当然也见，《联邦党人文集》。也见马丁·戴蒙德（Martin Diamond）的有趣论文"联邦党人的联邦主义观"，载于《联邦制论文集》，联邦制研究所，1961年。

　　除了裁决共同体之间的冲突，中央权威或机构还有其他的任务，例如，强制实行个人离开一个共同体的权利。但是，如果有理由认为一个人对其所希望离开的共同体的其他成员欠下某种债务，那么问题就出现了：例如，他是按照这样一种明确协议由他们付钱而接受教育的，即他只在这个家乡共同体（home community）使用他学来的技术和知识。或者，他已经赋有某种家族义务，而他离开这个共同体就背弃了这种义务。或者，要是没有这些牵累，他就希望离开。他能够从自己身上拿掉什么呢？或者，他希望自己犯了某种应加以惩罚的罪过以后再离开，而共同体会因为这种罪过而惩罚他。显然，这些原则是极其复杂的。儿童提出了甚至更为困难的问题。必须以某种方式保证，儿童应**被告知**这个世界里一系列选择对象的信息。但是，这个家乡共同体也许把这件事情看做是非常重要的：不要向他们的孩子透露这种信息，在一百英里远的地方有一个在性行为方面极为自由的共同体，以及诸如此类的信息。我提及这些问题，既是为了表明关于框架的细节所需要进行的一些零散思考，也是为了澄清我并不认为它的性质现在就能够被最终确定。*

　　即使这种框架的细节无法确定，但是对它就没有某种严格的限制，某种不可改变的限制吗？它是否有可能转换为一种非自愿的框架，而这种非自愿的框架允许强行排除各种各样的生活方式？如果能够设计出一种无法变为非自愿框架的框架，我们会希望把它设计出来吗？如果我们设计出这种永远自愿的普遍框架，我们是不是在某种程度上一笔勾销了其他可能的选

---

* 显然，我们可以在一个国家的不同地区尝试稍微不同的框架，当它们知道别的框架如何进行的时候，也允许每个地区可以稍微变换它们自己的框架。总体而言，仍然存在着某种共同的框架，尽管它的具体特性不会是固定不变的。

择？我们是不是正在事先说，人们不能选择过某种方式的生活；我们是不是正在设定一种人们可以移动的严格范围，这样就犯了静态乌托邦思想家常犯的错误？关于个人可与之进行对照的问题是：一种自由制度是否允许一个人把自己卖为奴隶。我相信它会允许。（其他作者不同意。）它也允许一个人承诺永远不使自己涉入这样的交易。但是，个人可以为自己选择某种事情，而任何人都不可以为别人选择。只要认识到，这种固定不变仅仅存在于**非常普遍的**层面上，而它所允许的特殊生活和共同体则是极其多样的，那么答案就是，"是的，这种框架应该被固定为自愿的。"但是请记住，任何个人都可以约定使自己接受任何特殊的约束，而且也都可以利用这种自愿的框架约定自己不受它的约束。（如果所有个人都要这样做，那么这种自愿的框架要等到下一代才会运行，那时他们会达到法定年龄。）

乌托邦最终会怎样

"好，它最终的结果究竟会是什么样的？人们在什么方向上竞相发展？共同体的规模将会有多大？会有一些大城市吗？规模经济将对共同体的大小产生怎样的影响？所有共同体都将是地理上的，或者是否会有许多附属的社团？大部分共同体是否都会追求特殊的（然而多样性的）乌托邦梦想，或者，许多共同体本身就是开放的，并不受这种特殊梦想的激励？"

我不知道如何回答这些问题，而且，对于在这种框架下不久的将来会发生什么，我只能猜测，但你不应该对我的猜测感兴趣。至于长期趋势，我则不打算去猜。

"所以，这就是所要达到的全部结果：乌托邦是一个自由的社会？"乌托邦还**不**是一个实现了这种框架的社会。因为谁能相信这种框架建立起来 10 分钟以后，我们就会拥有乌托邦？

事情与现在比没有什么差别。值得大书特书的是那些长期以来从许多人的个人选择中自发成长起来的东西。(并非这个过程的每个特殊阶段都是我们所有人希望达到的最终状态。这种乌托邦过程代替了其他静态乌托邦理论的乌托邦最终状态。)许多共同体将获得许多不同的特性。只有一个傻瓜，或者一个预言家，才会试图预言这些共同体的范围、限制和特性，比如说这种框架运行 150 年以后的共同体。

　　我既不想当傻瓜也不想当预言家，让我们强调这里所展示的乌托邦观念的双重性质来结束探讨：存在着这种乌托邦的框架，以及在这种框架内部存在着特殊的共同体。在我们看来，几乎所有的乌托邦文献都关心这种框架内部特殊共同体的特性。我没有对作为组成部分的共同体提出某种特殊描述，这一事实并**不**意味着，(我认为)这样做是不重要的、比较不重要的或者令人不感兴趣的。怎么会是这样呢？我们就**生活**在特殊的共同体之中。正是在这些特殊的共同体中，人们关于理想社会或美好社会的非帝王式梦想才能得以提出和实现。让我们去这样做正是这种框架的**目的所在**。没有这样的梦想——这些梦想促进和激励创造出各种带有特殊可欲性质的特殊乌托邦，这种框架就会没有生命。把众人的特殊梦想结合起来，这种框架就能够使我们得到所有可能世界中最好的世界。

　　这里所论述的这种立场总体上反对以详细的方式预先设计一种所有人都生活于其中的共同体，然而它同情自愿的乌托邦
333　实验，并为这种实验提供它能在其中繁荣发展的背景。这种立场是属于乌托邦阵营，还是属于反乌托邦阵营？我很难回答这个问题，但这种困难鼓励我认为，这种框架涵括了这两种立场的优点和优势。(如果它反倒是慌慌张张地把这两种立场的错误、缺点和短处结合在一起，那么自由和开放的讨论之过滤过程将会使之得到澄清。)

乌托邦与最低限度的国家

我们已经描述过的乌托邦框架相当于最低限度的国家。这一章的论证独立于第一部分和第二部分的论证（而且这一章的论证也是成立的），并从另外一个方向汇聚于同一结果，即最低限度的国家。在本章我们的讨论中，我们并没有把这种框架当做不同于最低限度国家的东西，而且我们也没有明显依赖我们早先关于保护机构的讨论。（因为我们需要两条独立的论证路线汇聚在一起。）我们不需要使我们在这里的讨论与我们早先关于支配性保护机构的讨论配合得严丝合缝，但要指出这一点，即无论人们关于中央权威（以及对它的控制）的作用达成什么结论，都会严重影响这种保护机构的（内部的）形式和结构，而他们愿意成为这种保护机构的委托人。

在第一部分，我们证明这种最低限度的国家在道德上是合法的；在第二部分，我们证明任何更多功能的国家都无法得到道德上的辩护，任何更多功能的国家都（将）会侵犯个人的权利。我们现在看到，这种在道德上得到赞成的国家，这种道德上唯一合法的国家，这种道德上唯一可以容忍的国家，正是能够最好地实现无数梦想家和幻想家之乌托邦追求的国家。它保留了我们能够从乌托邦传统中保持下来的所有东西，而对这种传统的其余部分则采取开放态度留给我们个人来追求。现在请我们回忆一下本章开始时提出的问题：这种最低限度的国家，这种乌托邦的框架，它不是一种鼓舞人心的梦想吗？

这种最低限度的国家把我们当做不可侵犯的个人，不可以被别人以某种方式用作手段、工具、器械或资源的个人；它把我们当做拥有个人权利的人，并带有由此构成的尊严。它通过尊重我们的权利来尊重我们，允许我们单独地或同我们愿意的人在一起，在我们能力所及的范围内，在拥有同样尊严的其他

个人的自愿合作的帮助下，来选择我们的生活，来实现我们的
目的和我们的自我观念。任何国家或由个人组成的团体怎么**敢**
做得比这更多。或许更少。

参考文献

Alchian, Armen. "Uncertainty, Evolution, and Economic", *Journal of Political Economy*, 58 (1950): 211 – 221.

阿门·阿尔基恩, "不确定、进化和经济学理论", 载于《政治经济学杂志》1950 年, 第 211 – 221 页。

Alchian, Armen and Allen, W. A. *University Economics*, 2nd ed. Belmont, Cal: Wadsworth, 1971.

阿尔基恩和阿伦, 《大学经济学》第 2 版, 加利福尼亚州贝尔蒙德: 瓦兹沃斯公司, 1971 年。

Alchian, Armen and Demsetz, Harold. "Production, Information Costs, and Economic Organization", *American Economic Review*, 62 (1972): 777 – 795.

阿尔基恩和德姆塞茨, "生产、信息成本和经济组织", 《美国经济评论》1972 年, 第 777 – 795 页。

American Law Institute, *Conflict of Laws*; *Second Restatement of the Law*, Proposed Official Daft, 1967 – 1969.

美国法学院: 《法律的冲突; 法律的再次重述》, 官方提案, 1967 – 1969 年。

Arrow, Kenneth. "Economic Equilibrium", *International Encyclopedia of the Social Sciences*, 4, New York: Macmillan, 1968, 376 – 389.

肯尼斯·阿罗, "经济均衡", 《社会科学国际百科全书》

第 4 卷，第 376 – 389 页。

Arrow, Kenneth. *Essays on the Theory of Risk – Bearing*. Amsterdam: North Holland, 1070.

肯尼斯·阿罗，《风险承担理论文集》，阿姆斯特丹：北荷兰公司，1970 年。

Arrow, Kenneth and Hahn, Frank. *General Competitive Analysis*. San Francisco: Holden – Day, 1971.

肯尼斯·阿罗和弗兰克·哈恩，《普遍竞争性分析》，旧金山：霍尔登 – 戴公司，1971 年。

Arrow, Kenneth and Hurwicz, Leonid. "An Optimality of Criterion for Decision – Making under Ignorance", in C. F. Carter and J. L. Ford, eds., *Uncertainty and Expectation*. Clifton, N. J.: Augustus Kelley, 1972.

肯尼斯·阿罗和利奥尼德·霍维奇，"无知条件下进行决策的一种最佳准则"，载于《经济学的不确定性和预期》，卡特和福特编，新泽西州克里夫顿：奥古斯图 – 凯利公司，1972 年。

Ashcroft, Richard. "Locke's State of Nature", *American Political Science Review*, 62, No. 3 (September, 1968): 898 – 915.

理查德·阿什克罗夫特，"洛克的自然状态"，《美国政治科学评论》1968 年 9 月号，第 898 – 915 页。

Aumann, Robert. "Markets with a Continuum of Traders", *Econometrica*, 32 (1964): 39 – 50.

罗伯特·奥曼，"带有交易者连续体的市场"，《计量经济学家》1964 年，第 39 – 50 页。

Barkai, Haim. "The Kibbutz: An Experiment in Micro – Socialism", in Irving Howe and Carl Gershman, eds., *Israel, the Arabs, and the Middle East*. New York: Bantam Books, 1972.

海姆·巴凯，"基布兹：一种微观的社会主义实验"，载于《以色列、阿拉伯国家和中东》，欧文·豪和卡尔·戈斯曼编，纽约：矮脚鸡丛书，1972 年。

Bedau, Hugo. "Civil Disobedience and Personal Responsibility for Injustice", *The Monist*, 54 (October 1970): 517–535.

雨果·贝多，"非暴力抵抗与非正义的个人责任"，《一元论者》1970 年 10 月号，第 517–535 页。

Bentham, Jeremy. *An Introduction to the Principles of Morals and Legislation.* New York: Hafner, 1948.

杰里米·边沁，《道德与立法原理导论》，纽约：哈夫纳公司，1948 年。

Berlin, Isaiah. "Equality", in Frederick A. Olafson, ed., *Justice and Social Policy.* Englewood, N. J.: Prentice – Hall, 1961.

以赛亚·伯林，"平等"，收于 F. A. 奥拉夫森编，《正义和社会政策》，新泽西州英格伍德：普林提斯 – 霍尔公司，1961 年。

Bittker, Boris. *The Case for Black Reparations.* New York: Random House, 1973.

鲍里斯·毕特克，《黑人赔偿案件》，纽约：兰顿书屋，1973 年。

Blaug, Marc. *Economic Theory in Retrospect.* Chicago: Irwin, 1962.

马克·布劳格，《经济理论回顾》，芝加哥：欧文公司，1962 年。

Blum, Walter and Kalven, Harry, Jr. *Public Law on a Private Law Problem: Auto Compensation Plans.* Boston: Little Brown, 1965.

沃尔特·布鲁姆和小哈里·卡尔文，《关于私法问题的公法观点：自动赔偿计划》，波士顿：小布朗公司，1965 年。

Blum, Walter and Kalven, Harry, Jr. *The Uneasy Case for Progressive Taxation*, 2nd ed. Chicago: University of Chicago Press, 1963.

沃尔特·布鲁姆和小哈里·卡尔文，《累进税的不良案例》第 2 版，芝加哥：芝加哥大学出版社，1963 年。

B? hm – Bawerk, Eugene von. *Karl Marx and the Close of His System.* Clifton, N. J. : Augustus Kelley, 1949.

欧根·冯·波姆–巴沃克，《卡尔·马克思及其体系的终结》，新泽西州克利夫顿：奥古斯图–凯利公司，1949 年。

B? hm – Bawerk, Eugene von. *Capital and Interest.* South Holland, Ill: Libertarian Press, 1959.

欧根·冯·波姆–巴沃克，《资本与利息》第 1 卷，伊利诺斯州南荷兰：自由主义者出版社，1959 年。

Boulding, Kenneth. *Conflict and Defense.* New York: Harper Bros. , 1962.

肯尼斯·博尔丁，《冲突和防御》，纽约：哈珀出版公司，1962 年。

Brozen, Yale. "Is Government the Source of Monopoly?" *The Intercollegiate Review* 5, no. 2 (1968 – 1969).

耶尔·布洛赞，"政府是垄断之源吗?"，《学院评论》第 5 卷，第 2 期（1968 – 1969）。

Buber, Martin. *Paths in Utopia.* New York: Macmillan, 1950.

马丁·布伯，《乌托邦的道路》，纽约：麦克米兰公司，1950 年。

Calabresi, Guido and Melamed, A. Douglas. "Property

Rules, Liability and Inalianability", *Harvard Law Review* 85, No. 6 (1972): 1089 – 1128.

卡拉布雷西和米拉米德, "财产规则、责任规则和不可剥夺性",《哈佛法律评论》, 1972 年, 第 1089 – 1128 页。

Chomsky, Noam. "Introduction" to Daniel Guerin, *Anarchism: From Theory to Practice*. New York: Monthly Review Press, 1970.

诺姆·乔姆斯基, "导论", 载于丹尼尔·古尔林,《无政府主义: 从理论到实践》, 纽约: 每月评论出版社, 1970 年。

Coase, Ronald. "The Nature of the Firm", in George Stigler and K. Boulding, eds., *Readings in Price Theory*. Chicago: Irwin, 1952.

罗纳尔多·科斯, "公司的本性", 载于《价格理论》, G. 斯蒂格勒和 K. 鲍尔丁编, 芝加哥: 欧文公司, 1952 年。

Coase, Ronald. "The Problem of Social Costs", *Journal of Law and Economics*, 3 (1960): 1 – 44.

罗纳尔多·科斯, "社会代价问题",《法学和经济学杂志》, 1960 年, 第 1 – 44 页。

Crow, James and Kimura, Motoo. *Introduction to Population Genetics Theory*. New York: Harper (Row, 1970.

詹姆斯·克罗和莫图·金姆拉,《种群遗传学导论》, 纽约: 哈珀–劳出版公司, 1970 年。

Dales, J. H. Pollution, *Property and Prices*. Toronto: University of Toronto Press, 1968.

J. H. 达勒斯,《污染、财产和价格》, 多伦多: 多伦多大学出版社, 1968 年。

Debreu, Gerard. *Theory of Value*. New York: Wiley, 1959.

吉拉德·德伯鲁,《价值理论》, 纽约: 威利公司, 1959

年。

Debreu, Gerard and Scarf, Herbert. "A Limit Theorem on the Core of an Economy", *International Economic Review*, 4, No. 3 (1963).

吉拉德·德伯鲁和赫伯特·斯卡夫，"关于经济体之内核的一个有限定理"，《国际经济评论》1963 年第 3 期。

Demsetz, Harold. "Toward a Theory of Property Rights", *American Economic Review*, 62 (1967): 347–359.

哈罗德·德姆塞茨，"朝向一种财产权理论"，《美国经济评论》，1967 年，第 347–359 页。

Deutsch, Karl and Madow, William. "Notes on the Appearance of Wisdom in Large Bureaucratic Organizations", *Behavioral Science*, January 1961: 72–78.

卡尔·多伊奇和威廉·马多，"大型官僚机构中关于智慧现象的笔记"，《行为科学》1961 年 1 月号，第 72–78 页。

Diamond, Martin. "The Federalists's View of Federalism", in *Essays in Federalism*, Institute for Studies in Federalism, 1961.

马丁·戴蒙德，"联邦党人的联邦主义观"，载于《联邦制论文集》，联邦制研究所，1961 年。

Feinberg, Joel. *Doing and Deserving*. Princeton, N. J.: Princeton University Press, 1970.

J. 芬伯格，《做事与应得》，新泽西州普林斯顿：普林斯顿大学出版社，1970 年。

Fiacco, Anthony and McCormick, Garth. *Nonlinear Programming: Sequential Unconstrained Minimization Techniques*. New York: Wiley, 1968.

安东尼·菲亚科和加斯·麦克科米克，《非线性程序：序列的非约束性最小化技术》，纽约：威利公司，1968 年。

Fletcher, George P. "Proportionality and the Psychotic Aggressor", *Israel Law Review*, 8, No. 3: 367-390.

G. P. 弗莱彻, "均衡性与患有精神病的侵害者", 《以色列法律评论》, 1973 年 7 月号, 第 367-390 页。

Fried, Charles. *An Anatomy of Values*. Cambridge: Harvard University Press, 1970.

查理斯·弗雷德, 《价值的解析》, 麻省剑桥: 哈佛大学出版社, 1970 年。

Friedman, David. *The Machinery of Freedom*. New York: Harper - Row, 1973.

戴维·弗里德曼, 《自由的机制》, 纽约: 哈珀-劳公司, 1973 年。

Friedman, Milton. *Capitalism and Freedom*. Chicago: University of Chicago Press, 1962.

密尔顿·弗里德曼, 《资本主义和自由》, 芝加哥: 芝加哥大学出版社, 1962 年。

Gierke, Otto. *Natural Law and the Theory of Society*, 1500 - 1800. Cambridge: Cambridge University Press, 1934.

奥托·吉尔克, 《自然法和社会理论: 1500—1800 年》, 纽约: 剑桥大学出版社, 1934 年。

Ginsburg, Louis. *Legends of the Bible*. Philadelphia: The Jewish Publication Society of America, 1956.

路易斯·金斯伯格, 《圣经的传奇》, 美国犹太出版协会, 1956 年。

Goffman, Erving. *Relations in Public*. New York: Basic Books, 1971.

厄文·戈夫曼, 《公共关系》, 纽约: 基本图书公司, 1971 年。

Goldfarb, Robert. "Pareto Optimal Redistribution: Comment", *American Economic Review*, December 1970: 994 – 996.

罗伯特·哥尔德法伯，"帕雷多最佳再分配：评论"，《美国经济评论》1970 年 12 月号，第 994 – 996 页。

Gray, Alexander. *The Socialist Tradition*. New York: Harper – Row, 1968.

亚历山大·格雷，《社会主义传统》，纽约：哈珀 – 劳公司，1968 年。

Hamowy, Ronald. "Hayek´s Concept of Freedom: A Critique", *New Individualist Review* (April 1961): 28 – 31.

罗纳尔德·哈默威，"哈耶克的自由概念：一种批判"，《新个人主义评论》1961 年 4 月号，第 28 – 31 页。

Hanson, Norwood Russell. *Patterns of Discovery*. Cambridge: Cambridge University Press, 1958.

诺伍德·拉塞尔·汉森，《发现的模型》，剑桥：剑桥大学出版社，1958 年。

Harcourt, G. C. "Some Cambridge Controversies in the Theory of Capital", *Journal of Economic Literature*, 7, No. 2 (June 1969): 369 – 405.

哈克特，"关于资本理论的一些争论"，《经济文献杂志》1969 年 6 月号，第 369 – 405 页。

Harman, Gilbert. "The Inference to the Best Explanation", *The Philosophical Review*, 74, No. 1 (1965): 88 – 95.

吉尔伯特·哈曼，"关于最好解释的推理"，《哲学评论》，1965 年，第 88 – 95 页。

Harman, Gilbert. "Quine on Meaning and Existence", *The Review of Metaphysics*, 21, No. 1 (1967): 124 – 151.

吉尔伯特·哈曼，"奎因论意义和存在"，《形而上学评论》1967 年 9 月号，第 124 - 151 页。

Harman, Gilbert. *Thought*. Princeton：Princeton University Press，1973.

吉尔伯特·哈曼，《思想》，新泽西州普林斯顿：普林斯顿大学出版社，1973 年。

Hart, Herbert L. A. "Are There Any Natural Rights?" *The Philosophical Review*, 64 (1955)：175 - 191.

赫伯特·哈特，"有自然权利吗?"，《哲学评论》1955 年，第 175 - 191 页。

Hart, Herbert L. A. *The Concept of Law*. Oxford：Clarendon Press，1961.

赫伯特·哈特，《法律的概念》，牛津：克莱伦顿出版社，1961 年。

Hart, Herbert L. A. *Punishment and Responsibility*. Oxford：Oxford University Press，1968.

赫伯特·哈特，《惩罚与责任》，牛津：牛津大学出版社，1968 年。

Hartley, L. P. *Facial Justice*. London：Hamilton, 1960.

L. P. 哈特利，《表面正义》，伦敦：汉密尔顿公司，1960 年。

Hayek, Frederick A. *The Constitution of Liberty*. Chicago：University of Chicago Press，1960.

弗雷德里克·哈耶克，《自由宪章》，芝加哥：芝加哥大学出版社，1960 年。

Hayek, Frederick A. *Studies in Philosophy*, *Politics and Economics*. Chicago：University of Chicago Press，1967.

弗雷德里克·哈耶克，《哲学、政治学和经济学研究》，芝加哥：芝加哥大学出版社，1967 年。

Hempel, Carl G. *Aspects of Scientific Explanation*. New York：
Free Press, 1965.

C. G. 亨普尔，《科学解释》，纽约：自由出版社，1965
年。

Herrnstein, Richard. I. *Q. in the Meritocracy*. Boston：At-
lantic Monthly Press, 1973.

理查德·赫恩斯坦，《精英阶层中的智商》，波士顿：大
西洋月刊出版社，1973 年。

Hockman, H. M and Rodgers, James D. "Pareto Optimal Re-
distribution", *American Economic Review*, 49, No. 4（September
1969）：542－556.

霍克曼和罗杰斯，"帕雷多最佳再分配"，《美国经济评
论》，1969 年 9 月号，第 542－556 页。

Hospers, John. *Libertarianism*. Los Angeles：Nash, 1971.

约翰·霍斯佩尔斯，《极端自由主义》，洛杉矶：纳什公
司，1971 年。

Hospers, John. "Some Problems about Punishment and the
Retaliatory Use of Force", *Reason*（November 1972）and（January
1973）.

约翰·霍斯佩尔斯，"关于惩罚和报复性使用武力的几个
问题"，《理性》1972 年 11 月号和 1973 年 1 月号。

Jacobs, Jane. *The Death and Life of Great American Cities*.
New York：Vantage Books, 1963.

简·亚柯比，《美国大城市的毁灭和生存》，纽约：卓越
丛书，1963 年。

Kant, Immanuel. *Groundwork of the Metaphysic of Morals*.
Translated by H. J. Paton as The Moral Law. London：Hutchin-
son, 1956.

康德,《道德形而上学基础》, H. J. 佩顿译, 伦敦: 哈钦森出版公司, 1956 年。

Kant, Immanuel. *The Metaphysical Elements of Justice*. Translated by John Ladd. Indianapolis: Bobbs - Merrill, 1965.

康德,《正义的形而上学原理》, 约翰·拉德译, 印第纳波利斯: 波伯斯 - 麦里尔出版公司, 1965 年。

Kessell, Reubin. "Price Discrimination in Medicine", *Journal of Law and Economics*, 1, No. 1 (October 1958): 20 - 53.

鲁本·克塞尔, "医疗中的价格歧视",《法律和经济学杂志》1958 年 10 月号, 第 20 - 53 页。

Kim, Jaegwon. "Causation, Nomic Subsumption, and the Concept of Event", *The Journal of Philosophy*, 70, No. 8 (April 26 1973): 217 - 236.

乔翁·金, "因果关系、名称分类和事件概念",《哲学杂志》第 70 卷, 第 8 期 (1973 年 4 月 26 日), 第 217 - 236 页。

Kirzner, Israel. *Market Theory and the Price System*. Princeton: D. Van Nostrand, 1963.

I. 克兹纳,《市场理论与价格体系》, 新泽西州普林斯顿: 冯诺斯兰特公司, 1963 年。

Kirzner, Israel. *Competition and Entrepreneurship*. Chicago: University of Chicago Press, 1973.

I. 克兹纳,《竞争与企业家精神》, 芝加哥: 芝加哥大学出版社, 1973 年。

Krader, Lawrence. *Formation of the State*. Englewood Cliffs, N. J.: Prentice - Hall, 1968.

劳伦斯·克拉德,《国家的形成》, 新泽西州英格伍德·克利夫斯: 普林提斯 - 霍尔公司, 1968 年。

Krimmerman, Leonard and Perry, Lewis. *Patterns of Anarchy*. *New York*: *Anchor Books*, 1966.

克里莫曼和佩里,《无政府的模式》,纽约:安科图书公司,1966 年。

Kristol, Irving. "When Virtue Loses All Her Loveliness'— Some Reflections on Capitalism and The Free Society'", *The Public Interest*, 17 (Fall 1970): 3 -15.

欧文·克里斯托尔,"当美德失去其所有可爱之处的时候——对资本主义和自由社会的一些反思",《公共利益》1970 年秋季号,第 3 - 15 页。

Leary, Timothy. *The Politics of Ecstasy*. New York: College Notes and Texts, 1968.

T. 李瑞,《狂热政治学》,纽约,1968 年。

Levene, Howard. "Genetic Diversity and Diversity of Environments: Mathematical Aspects", in Lucian Le Cam and Jerzy Neyman, eds., *Fifth Berkeley Symposium on Mathematical Statistics*. Berkeley: University of California Press, 1967.

霍华德·莱文,"基因多样性与环境多样性:数学方面",载于《第五次伯克利专题研讨会》,伯克利:加利福尼亚大学出版社,1967 年。

Lewis, David. *Convention*. Cambridge: Harvard University Press, 1969.

大卫·刘易斯,《习惯》,麻省剑桥:哈佛大学出版社,1969 年。

Lewontin, R. C. "Evolution and the Theory of Games", *Journal of Theoretical Biology*, 1961: 382 -403.

R. C. 莱温廷,"进化与博弈论",《理论生物学杂志》1960 年,第 382 -403 页。

Lipsey, Richard and Lancaster, Kelvin. "The General Theory of Second Best", *Review of Economic Studies*, 24 (December 1956): 11 –32.

理查德·利普塞和凯尔文·兰卡斯特，"次优的普通理论"，《经济研究评论》1956 年 12 月号，第 11 –32 页。

Locke, John. *Two Treatises of Government.* Edited by Peter Laslett, 2nd ed. Cambridge: Cambridge University Press, 1967.

约翰·洛克，《政府论》上、下篇，彼特·拉斯莱特编，剑桥：剑桥大学出版社，1967 年。

Lucas, J. R. *The Principles of Politics.* Oxford: Clarendon Press, 1966.

J. R. 卢卡斯，《政治学原理》，牛津：克拉仁顿出版社，1966 年。

Luce, R. D. and Krantz, David. "Conditional Expected Utility", *Econometrica*, 39 (March 1971): 253 –271.

R. D. 卢斯和 D. 科兰茨，"预期的条件功利"，《计量经济学家》1971 年 3 月号，第 253 –271 页。

Luce, R. D. and Raiffa, Howard. *Games and Decisions.* New York: Wiley, 1957.

R. D. 卢斯和 H. 莱法，《游戏和决策》，纽约：威利公司，1957 年。

Machlup, Fritz. *The Political Economy of Monopoly.* Baltimore: Johns Hopkins Press, 1952.

弗里茨·马什鲁普，《垄断的政治经济学》，巴尔的摩：约翰·霍普金斯出版社，1952 年。

Mandel, Ernest. *Marxist Economic Theory.* New York: Monthly Review Press, 1969.

恩奈斯特·曼德尔，《马克思主义的经济理论》，纽约：

每月评论出版社，1969 年。

Marcuse, Herbert. "Repressive Tolerance", in *A Critique of Pure Tolerance*. Boston: Beacon Press, 1965.

赫伯特·马尔库塞，"压制性的宽容"，载于《纯粹宽容批判》，波士顿：灯塔公司，1965 年。

Martin, James J. *Men Against the State: The Expositors of Individualist Anarchism in America*, 1827 – 1908. Dekalb, Ill: Adrian Allen, 1953.

詹姆斯·马丁，《反对国家的人：美国个人主义的无政府主义的解说者，1827 – 1908》，伊利诺斯州德卡尔：阿德里安 – 阿伦公司，1953。

Marx, Carl. *Das Capital*, 1. New York: Modern Library, n. d.

卡尔·马克思，《资本论》第 1 卷，纽约：现代图书馆，没有日期。

Meek, R. L. *Studies in the Labour Theory of Value*. London: Lawrence and Wishart, 1958.

R. L. 密克，《劳动价值理论研究》，伦敦：劳伦斯和威沙特公司，1958 年。

Michelman, Frank. "Pollution as a Tort", *The Yale Law Journal*, 80 (1971).

弗兰克·米歇尔曼，"作为一种民事侵权行为的污染"，《耶鲁法律评论》，1971 年。

Minogue, Kenneth. *The Liberal Mind*. New York: Random House, 1963.

肯尼斯·明诺格，《自由主义的心灵》，纽约：兰顿书屋，1963 年。

Mises, Ludwig Von. *Human Action*. New Haven : Yale University Press, 1949.

路德维希·冯·米塞斯,《人类行为》,纽黑文：耶鲁大学出版社, 1949 年。

Mises, Ludwig Von. *Socialism*, 2nd ed. New Haven : Yale University Press, 1951.

路德维希·冯·米塞斯：《社会主义》第 2 版，纽黑文：耶鲁大学出版社, 1951 年。

Mises, Ludwig Von. *The Theory of Money and Credit*, 2nd ed. New Haven : Yale University Press, 1953.

路德维希·冯·米塞斯：《货币和信用理论》第 2 版，纽黑文：耶鲁大学出版社, 1953 年。

Mishan, E. J. "Evaluation of Life and Limb: A Theoretical Approach", *Journal of Political Economy*, 79, no. 4 (1971): 687–705.

E. J. 米山, "对生命和肢体的估价：一种理论方法"，《政治经济学杂志》1971 年, 第 4 期, 第 687–705 页。

Nagel, Ernest. *The Structure of Science*. New York: Harcourt, Brace–World, 1961.

恩斯特·内格尔,《科学的结构》,纽约：哈克特、布鲁斯和世界公司, 1961 年。

Nelson, Leonard. *System of Ethics*. New Haven : Yale University Press, 1956.

L. 尼尔森,《伦理学体系》,纽黑文：耶鲁大学出版社, 1956 年。

Newman, Peter. *The Theory of Exchange*. Englewood Cliffs, N. J.: Prentice–Hall, 1965.

彼得·纽曼,《交换理论》,新泽西州英格伍德·克利夫斯：普林提斯–霍尔公司, 1965 年。

Nozick. Robert. "Newcomb's Problem and Two Princeples of Choice", in N. Rescher et al. , eds. , *Essays in Honor of C. G. Hempel*. Holland: D. Reidel, 1969, pp. 114 – 146.

罗伯特·诺奇克，"新式排球难题与两个选择原则"，载于《纪念 C. G. 亨普尔文集》，N. 莱舍等编，荷兰：莱德尔，1969 年，第 114 – 146 页。

Nozick. Robert. "The Normative Theory of Individual Choice", Ph. D. dissertation, Princeton, 1963.

罗伯特·诺奇克，"个人选择的规范理论"，博士论文，普林斯顿大学，1963 年。

Nozick. Robert. "Moral Complications and Moral Structures", *Natural Law Forum*, 13 (1968): 1 – 50.

罗伯特·诺奇克，"道德复杂性与道德结构"，《自然法论坛》1968 年，第 1 – 50 页。

Nozick. Robert. "Coercion", in S. Morgenbesser et al . , eds. , *Philosophy*, *Science and Method*. Mew York: St. Martin's Press, 1969, pp. 440 – 472.

罗伯特·诺奇克，"压制"，载于《哲学、科学和方法》，S. 摩根贝塞等编，纽约：圣马丁出版社，1969 年，第 440 – 472 页。

Nozick. Robert. "Weighted Voting and One – Man One – Vote", in J. R. Pennock and R. Chapman, eds. , *Representation*. New York: Athton Press, 1969.

罗伯特·诺奇克，"权重投票与一人一票"，载于《代议制度》，彭诺克和查普曼编，纽约：阿瑟顿出版社，1969 年。

Nozick. Robert. "On the Randian Argument", *The Personalist*, 52 (Spring, 1971): 282 – 304.

罗伯特·诺奇克，"关于兰德的论证"，《人格主义者》

1971 年春季号，第 282 – 304 页。

Oppenheimer, Franz. *The State.* New York：Vanguard Press, 1926.

弗朗兹·奥本海默，《国家》，纽约：范伽德出版社，1926 年。

Popper, Karl. *Objective Knowledge.* Oxford：Oxford University Press, 1972.

卡尔·波普尔，《客观知识》，牛津：牛津大学出版社，1972 年。

Proudhon, P. J. *General Idea of the Revolution in the Nineteenth Century.* London：Freedom Press, 1923.

P. J. 普鲁东，《19 世纪革命的普遍观念》，伦敦：自由出版社，1923 年。

Rand, Ayn. *Atlas Shrugged.* New York：Random House, 1957.

艾因·兰德，《地球战栗》，纽约：兰顿书屋，1957 年。

Rand, Ayn. *The Virtue of Selfishness.* New York：New American Library, 1965.

艾因·兰德，《自私的德性》，纽约：新美国丛书，1965 年。

Rand, Ayn. Capitalism：*The Unknown Ideal.* New York：New American Library, 1966.

艾因·兰德，《资本主义：陌生的理想》，纽约：新美国丛书，1966 年。

Rashdall, Hastings. "The Philosophical Theory of Property", in *Property, Its Duties and Rights.* London：Macmillan, 1915.

哈斯汀斯·拉什多尔，"哲学的所有权利理论"，载于《所有权、它的义务和权利》，伦敦：麦克米兰公司，1915 年。

Rawls, John. *A Theory of Justice*. Cambridge: Belnap Press of the Harvard University Press, 1971.

约翰·罗尔斯,《正义论》, 麻省剑桥: 哈佛大学出版社, 1971 年。

Roberts, Adam, ed. *Civilian Resistance as a National Defense*. Baltimore: Penguin Books, 1969.

亚当·罗伯特编,《作为国防的公民抵抗》, 巴尔的摩: 企鹅丛书, 1969 年。

Rothbard, Murray. *Man, Economy and State*, 2 vols. Princeton: D. Van Nostrand, 1962.

莫雷·罗斯巴德,《人、经济和国家》, 第 2 卷, 普林斯顿: 冯诺斯兰特公司, 1962 年。

Rothbard, Murray. *Power and Market*. Menlo Park, Cal.: Institute for Humane Studies, 1970.

莫雷·罗斯巴德,《权力与市场》, 加利福尼亚州门洛帕克: 人类研究所, 1970 年。

Rothbard, Murray. *For a New Liberty*. New York: Macmillan, 1973.

莫雷·罗斯巴德,《为了新的自由》, 纽约: 麦克米兰公司, 1973 年。

Rousseau, Jean Jacques. *The Social Contract*. London: Everyman's Library, 1947.

让·雅克·卢梭,《社会契约论》, 伦敦: 全民图书馆, 1947 年。

Scanlon, Thomas M. Jr. "Rawls' Theory of Justice", *University of Pennsylvania Law Review*, 121, No. 5 (1973): 1020 – 1069.

托马斯·斯坎伦, "罗尔斯的正义理论",《宾夕法尼亚大学法律评论》1973 年第 5 期，第 1020 - 1069 页。

Scarf, Herbert. "The Core of an N - person Game", *Econometrica*, 35 (1967): 50 - 69.

赫伯特·斯卡夫，"一种多人游戏的内核"，《计量经济学家》1967 年，第 50 - 69 页。

Schelling, Thomas. *The Strategy of Conflict*. Cambridge: Harvard University Press, 1960.

托马斯·谢林，《冲突的战略》，麻省剑桥：哈佛大学出版社，1960 年。

Schelling, Thomas. "Models of Segregation", *American Economic Review*, 54 (May 1969): 488 - 493.

托马斯·谢林，"隔离模型"，《美国经济评论》1969 年 5 月号，第 488 - 493 页。

Schoeck, Helmut. *Envy*. New York: Harcourt, Brace and World, 1966.

赫尔穆特·斯科伊克，《嫉妒》，纽约：哈克特、布鲁斯和世界公司，1972 年。

Seligman, Martin. "Unpredictable and Uncontrollable Aversive Events", in Robert Brush, ed. *Aversive Conditioning and Learning*. New York: Academic Press, 1971, pp. 347 - 400.

马丁·塞利格曼，"不可预料和不可控制的反感事件"，载于罗伯特·布鲁斯编，《反感的条件作用与学习》，纽约：学术出版社，1971 年，第 347 - 400 页。

Sen Amartya K. *Collective Choice and Social Welfare*. San Francisco: Holden - Day, 1970.

阿马特亚·森，《集体选择和社会福利》，旧金山：霍尔登 - 戴公司，1970 年。

Seuss, Dr. *Thidwick, the Big - Hearted Moose*. New York:

Random House, 1948.

索斯博士，《蒂德维克，这只心胸广阔的驼鹿》，纽约：兰顿书屋，1948 年。

Sharp, Gene. *The Politics of Non – violent Action*. Boston: Porter Sargent, 1973.

基恩·夏普，《非暴力活动的政治学》，波士顿：波特·萨根特公司，1973 年。

Singer, I. B. *In My Father's Court*. New York: Farrar, Straus, and Gireaux, 1966.

I. B. 辛格，《在我父亲的法庭上》，纽约：法拉、斯特劳斯和格罗克斯公司，1966 年。

Singer, Peter. "Animal Liberation", *New York Review of Books*, April 5 1973: 17 –21.

彼得·辛格，"动物解放"，《纽约书评》1973 年 4 月 5 日，第 17 –21 页。

Slobodkin, Lawrence. *Growth and Regulation of Animal Populations*. New York: Holt, Rinehart and Winston, 1966.

劳伦斯·斯洛博金：《动物种群的增长和控制》，纽约：霍尔特、林耐哈特和温斯顿公司，1966 年。

Spencer, Herbert. *Social Statics*, 1st ed. London: Chapman, 1851.

赫伯特·斯宾塞，《社会静力学》，第一版，伦敦：查普曼公司，1851 年。

Spencer, Herbert. *The Man Versus the State*. Ohio: Caxton, 1960.

赫伯特·斯宾塞，《人对国家》，爱达荷州：卡斯顿公司，1960 年。

Spooner, Lysander. *A Letter to Grover Cleveland on His False*

Inaugural Address: *The Usurpation and Crimes of Lawmakers and Judges*, *and the Consequent Poverty*, *Ignorance*, *and Servitude of the people*. Boston: Benjamin R. Tucker, 1886.

利森德·斯宾纳,《关于其虚伪的就职演说致格罗佛·克利夫兰的信：立法者和法官的篡夺和罪行，以及所导致的人民的贫困、无知和奴役》，波士顿：本杰明·图克公司，1886年。

Spooner, Lysander. *Natural Law*. Boston: Williams, 1882.

利森德·斯宾纳,《自然法》，波士顿：威廉姆斯公司，1882年。

Spooner, Lysander. *No Treason*: *The Constitution of No Authority*. Larkspur, Col.: Pine Tree Press, 1966.

利森德·斯宾纳,《不是叛国：权威的构成》，科罗拉多州拉克斯波：松树出版社，1966年。

Spooner, Lysander. *The Collected Works of Lysander Spooner*. Weston, Mass: M and S Press, 1971.

利森德·斯宾纳,《利森德·斯宾纳选集》，麻省威斯顿：M和S出版社，1971年。

Sweezy, Paul. *Theory of Capitalist Development*. New York: Monthly Review Press, 1956.

保罗·斯威奇,《资本主义发展的理论》，纽约：每月评论出版社，1956年。

Talmon, J. L. *The Origins of Totalitarian Democracy*. London: Secker and Warburg, 1952.

J. L. 塔尔蒙,《威权主义民主的起源》，伦敦：塞克尔－瓦堡公司，1952年。

Talmon, J. L. *Political Messianism*. London: Secker and Warburg, 1960.

J. L. 塔尔蒙,《政治救世主义》, 伦敦: 塞克尔-瓦堡公司, 1960 年。

Tandy, Francis. *Voluntary Socialism.* Dinver: F. D. Tandy, 1896.

法兰西斯·坦迪,《自发的社会主义》, 丹佛, 1896 年。

Tannehill, Morris and Tannehill, Linda. *The Market for Liberty.* New York: Arno Press, 1972.

莫里斯·塔奈希尔和琳达·塔奈希尔,《拥护自由的市场》, 纽约: 阿诺出版社, 1972 年。

Tawney, R. H. *Equality.* London: Allen and Unwin, 1938.

R. H. 托尼,《平等》, 伦敦: 阿伦-尤因公司, 1938 年。

Thomson, Judith Jarvis. "A Defense of Abortion", *Philosophy and Public Affairs*, 1, No. 2 (Fall, 1971): 47–66.

J. J. 汤姆森, "为堕胎辩护",《哲学与公共事务》1971 年秋季号, 第 47–66 页。

Tribe, Laurence. "Trial by Mathematics", *Harvard Law Review*, 84 (1971): 1329–1393.

劳伦斯·特里博, "用数学审判",《哈佛法律评论》1971 年, 第 1329–1393 页。

Trotsky, Leon. *Literature and Revolution.* New York: Russell and Russell, n. d.

L. 托洛斯基,《文学与革命》, 纽约: 拉塞尔-拉塞尔公司, 没有日期。

Tucker, Benjamin. *Instead of a Book.* New York, 1893.

本杰明·图克,《不是书本》, 纽约, 1893 年。

Tucker, Benjamin. *Individual Liberty.* New York: Vangard Press, 1926.

本杰明·图克, 《个人自由》, 纽约: 范伽德出版社,

1926 年。

Vlastos, Gregory. *Platonic Studies*. Princeton：Princeton University Press, 1973.

格雷高利·弗拉斯托斯，《柏拉图研究》，普林斯顿：普林斯顿大学出版社，1973 年。

Vonnegut, Kurt. *Welcome to the Monkey House*. New York：Dell, 1970.

科特·冯涅格特，《欢迎来到猴舍》，纽约：德尔公司，1970 年。

Weber, Max. *The Theory of Social and Economic Organization*. Glencoe, Ill.：Free Press, 1947.

麦克斯·韦伯，《社会和经济组织的理论》，伊利诺斯州哥伦科：自由出版社，1947 年。

Weber, Max. *Max Weber on Law in Economy and Society*, edited by M. Rheinstein. Cambridge：Harvard University Press, 1954.

麦克斯·韦伯，《麦克斯·韦伯论经济和社会中的法律》，麦克斯·莱茵斯坦编，麻省剑桥：哈佛大学出版社，1954 年。

Williams, Bernard. "The Idea of Equality", in Peter Lastett and W. G. Runciman, eds. *Philosophy*, *Politics and Society*, 2nd series. Oxford：Basil Blackwell, 1962.

伯纳德·威廉姆斯，"平等的观念"，载于《哲学、政治学和社会》第 2 辑，彼得·拉斯莱特和鲁西曼编，牛津：布莱克威尔公司，1962 年。

Wohlstetter, Roberta. *Pearl Harbor*：*Warning and Decision*. Stanford, Cal.：Stanford University Press, 1962.

罗伯塔·华尔斯特德，《珍珠港：警告与决策》，加利福尼亚州斯坦福：斯坦福大学出版社，1962 年。

Wolff, Robert Paul. "A Refutation of Rawls' Theorem on Justice", *Journal of Philosophy*, 63, No. 7 (March 31, 1966).

罗伯特·保尔·沃尔夫，"反驳罗尔斯的正义理论"，《哲学杂志》1966 年 3 月 31 日。

Zablocki, Benjamin. *The Joyful Community*. Baltimore：Penguin Books，1971.

本杰明·扎布罗基，《欢乐的共同体》，巴尔的摩：企鹅丛书，1971 年。

索　引

（本索引词条后的数字为英文版的页码，即本书的边码）

115

special rights, 具体的权利, 101 – 102, 108 – 110, 133 – 134

See also protective association, 也见保护性社团

Double jeopardy, 双重危险, 136 – 137

Egalitarian principles, 平等主义原则：

and the difference principle, 平等主义原则与差别原则, 210 – 213, 222 – 226

and envy, 平等主义原则与嫉妒, 240 – 246

overturned by liberty, 平等主义原则被自由所破坏, 164

and workers´control, 平等主义原则与工人控制, 251

emigration, 移民：

from a community under the framework, 在框架下从一个共同体移民, 330

from country with patterned principles, 从实行模式化原则的国家移民, 173 – 174

in possible worlds model, 在可能世界模型中移民, 299 – 309

end – result principles, 最终 – 结果原则, 153 – 155

and original position, 最终 – 结果原则与原初状态, 198 – 204

and sources of income, 最终 – 结果原则与收入来源, 170 – 171

end – state principles, see end – result principles, 最终 – 状态原则, 见最终 – 结果原则

end, people as, 人作为目的, 31 – 32, 228

enforcement of rights and justice, 权利和正义的强行, 12,

系，6